成人教育

成人（网络）教育系列规划教材

荣获全国高校现代远程教育协作组评比"网络教育教材建设金奖"

商业银行学

（第二版）

SHANGYE YINHANG XUE

主　编　王晋忠
副主编　王　茜　陈薇薇

西南财经大学出版社
Southwestern University of Finance &
Economics Press

继续（网络）教育系列规划教材
编审委员会

总　序

　　随着全民终身学习型社会的逐渐建立和完善，业余继续（网络）学历教育学生对教材的质量要求越来越高。为了进一步提高继续（网络）教育的人才培养质量，帮助学生更好地学习，依据西南财经大学继续（网络）教育人才培养目标、成人学习的特点及规律，西南财经大学继续（网络）教育学院和西南财经大学出版社共同规划，依托学校各专业学院的骨干教师资源，致力于开发适合继续（网络）学历教育学生的高质量优秀系列规划教材。

　　西南财经大学继续（网络）教育学院和西南财经大学出版社按照继续（网络）教育人才培养方案，编写了专科及专升本公共基础课、专业基础课、专业主干课和部分选修课教材，以完善继续（网络）教育教材体系。

　　本系列教材的读者主要是在职人员，他们具有一定的社会实践经验和理论知识，个性化学习诉求突出，学习针对性强，学习目的明确。因此，本系列教材的编写突出了基础性、职业性、实践性及综合性。教材体系和内容结构具有新颖、实用、简明、易懂等特点，对重点、难点问题的阐述深入浅出、形象直观，对定理和概念的论述简明扼要。

　　为了编好本套系列规划教材，在学校领导、出版社和各学院的大力支持下，成立了由学校副校长、博士生导师杨丹教授任主任，出版社社长、博士生导师冯建教授以及继续（网络）教育学院陈顺刚院长和唐旭辉研究员任副主任，其他部分学院领导参加的编审委员会。在编审委员会的协调、组织下，经过广泛深入的调查研究，制定了我校继续（网络）教育教材建设规划，明确了建设目标。

　　在编审委员会的协调下，组织各学院具有丰富继续（网络）教育教学经验并有教授或副教授职称的教师担任主编，由各书主编组织成立教材编写团队，确定教材编写大纲、实施计划及人员分工等，经编审委员会审核每门教材的编写大纲后再进行编写。自2009年启动以来，经几年的打造，现已出版了七十余种教材。该系列教材出版后，社会反响较好，获得了教育部网络教育教材建设评比金奖。

　　下一步根据教学需要，我们还将做两件事：一是结合转变教学与学习范式，按照理念先进、特色鲜明、立体化建设、模块新颖的要求，引进先进的教材编写模块来修订、完善已出版的教材；二是补充部分新教材。

希望经多方努力，力争将此系列教材打造成适应教学范式转变的高水平教材。在此，我们对各学院领导的大力支持、各位作者的辛勤劳动以及西南财经大学出版社的鼎力相助表示衷心的感谢！在今后教材的使用过程中，我们将听取各方面的意见，不断修订、完善教材，使之发挥更大的作用。

西南财经大学继续（网络）教育学院

2014 年 12 月

再版前言

　　商业银行学是对商业银行业务特点、管理规律、经营方法和发展趋势的系统性介绍和科学总结，是金融人才必备的专业知识，属于金融专业的基础和核心课程之一。

　　本教材借鉴国内外研究成果，适应我国市场经济发展和金融对外开放的要求，注重商业银行经营管理基本原理和一般实务操作，采取理论与实践相结合的方法，在系统介绍商业银行经营管理一般理论与实务的同时，紧密联系我国商业银行改革的前沿问题，旨在提高学生运用基本理论研究现实问题的能力。

　　具体而言，本教材有以下特点：一是反映了商业银行理论与实务的最新发展。这既体现在一些相对于传统教材新增的章节中，如商业银行营销、商业银行零售业务、电子银行等章节，也体现在对传统章节内容的更新上。二是突出商业银行学的应用性特点，注重与金融的实践相结合，所引用的实践情况和数据都是能反映现实状况的最新数据。三是把我国商业银行的经营实践作为一个重要内容，每章都在最后专门介绍我国商业银行的具体情况。四是整体风格清晰、简洁。

　　本教材适合金融专业和经济专业本科生学习，也适用于金融和经济部门的在职培训。

　　本教材由王晋忠主编，参加编写的人员及分工如下：李强、王茜（第 1 章），刘国泰、王茜（第 2 章），郁晓珍（第 3 章），潘佳佳、陈薇薇（第 4 章），谢宇轩（第 5 章），王晋忠（第 6 章），廖纯红（第 7 章），李寿华（第 8 章），柳冬健（第 9 章），成乾（第 10 章），廖航（第 11 章），刘国泰、王晋忠（第 12 章）。王茜、陈薇薇做了大量的协调组织工作，王晋忠负责总纂。

　　在本次再版修订中，我们介绍了近几年商业银行经营管理在理论和实践方面的最新成果，更新了过时或已变化了的数据和观点，更加体现出本教材的前沿性、系统性和实践性。在此次再版修订过程中，王梅、夏菲、武政杰、李诗文、王前未和王帆做出了较大贡献。

　　本教材在编写过程中得到了西南财经大学杨国富老师、张瑞老师，西南财经大学出版社李玉斗、李晓嵩的大力支持，在此深表谢意。

　　限于编写人员水平，书中错误在所难免，望专家、读者指正。

王晋忠

2016 年 4 月于光华园

1

目　录

第 1 章　商业银行概述

内容提要：商业银行是现代经济中十分重要的金融机构，本章对商业银行进行一个简要概述。首先介绍了商业银行的起源与发展，并阐述了商业银行的性质、职能和"三性"原则。其次对商业银行从不同层次、不同角度进行分类，如按资本所有权、按业务范围、外部组织形式等进行分类。最后从我国自身入手，介绍了我国商业银行体系和发展过程。

商业银行是最早出现的现代金融机构，是一国乃至世界各国金融体系的主体。商业银行发展到今天，与其当时所谓的"商业银行"的称谓已相去甚远。在当今市场经济背景下，商业银行既是间接融资的主体，又是直接融资的参与者，它们既掌管了社会各经济主体的相当部分的金融资产，又创造了绝大多数的流通货币，对一国经济发展起到了重要的作用。

第 1 节　商业银行的起源与发展

一、商业银行的产生

最早的金融系统之一产生于美索不达米亚地区。① 公元前 7 世纪，作为最初的支付手段和计价单位的银已成为唯一的货币。到了公元前 6 世纪，在希腊及雅典，功能超出支付手段与简单贷款的金融系统开始出现，并于接下来的 200 多年间得到了实质性的发展。

随着商品生产和交换的发展，地区和国家间的贸易往来不断发展，进而使得货币的需求量也随之增长。但当时，欧洲各国在政治上的割据和经济上的相互独立使得各国乃至一国内都铸造了不同材料、含量和外观形状的货币。这种状况严重阻碍了不同国家和地区间的商品交换和流通。为适应商品交换的客观需求，商人中逐渐分离出了一批专门从事货币铸造、现金保管、成色鉴定等服务的货币兑换商，并逐渐形成了一种特殊的行业——货币兑换业，这就是商业银行的雏形。

最初这些商人在市场上人各一凳，据以经营货币兑换业务，而在意大利文中，"banca"是"长凳"的意思，英文里的"bank"一词即由此演变而来。

---

① 富兰克林·艾伦，等. 比较金融系统 [M]. 王晋斌，等，译. 北京：中国人民大学出版社，2002.

此时的货币经营业具有以下特征：业务只涉及货币流通有关技术性处理，如鉴别成色、称重、记账等；兑换商收存客户的铸币保有100%的现金准备。

随着商品交换范围及数量的扩大，为了避免长途携带货币和保存货币的风险，商人们将货币交给货币兑换商保管并取得货币兑换商所提供的收据，再凭着收据，在另一个城市中兑换成当地的货币。后来商人们又将这些收据用于商业支付，并委托货币兑换商代收代付。这样货币兑换商所开出的收据便有了早期的汇票的性质，最初的兑换、结算业务和货币信用信托逐渐发展起来，原来的货币兑换商也演变成了以办理货币保管、结算和汇兑等业务的货币经营商。

随着商品交易的进一步发展，经过货币经营商手中的货币数量越来越多。货币经营商发现多个存款人不会同时支取存款，为了充分利用手中的货币，于是他们开始把汇兑业务中暂时闲置的资金贷给社会上的资金需求者，并收取很高的利息。尝到收息甜头之后，货币经营商便开始主动地由收取保管业务手续费到不收该费用，甚至以支付存款利息为诱饵，开办吸收各类存款的业务，筹集放贷资金，以赚取高额存贷差。当货币经营商经营借贷业务时，其就由单纯的支付中介转换为信用中介——银行。货币经营商兼营借贷业务是银行出现的主要标志，如图1.1所示。

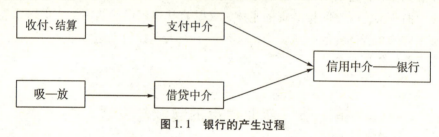

图1.1　银行的产生过程

在历史上，最早设立的银行为1580年成立的意大利威尼斯银行。随后又有阿姆斯特丹银行（1609年）、汉堡银行（1619年）、纽伦堡银行（1621年）、鹿特丹银行（1635年）等相继出现。

由于当时银行发放的大都是高利贷性质的贷款，借款者多为封建君主和投机商人，即使有个别商人和小商品生产者能获得银行贷款，大多最后都会被高额的利息压得破产。因而早期的带有封建社会高利贷性质的银行不适应资本主义生产方式和社会化大生产对货币资金的需求，其最终难逃被淘汰的命运。客观上，有必要按照资本主义经营原则组建与资本主义经济相适应的现代商业银行。

一般认为，资本主义银行主要是通过两条途径产生的：一条途径是过去的高利贷性质的私人银行，为适应商品生产发展的要求和满足资产阶级的需求而逐渐演变成的现代银行。另一条途径则是根据资本主义企业组织原则建立起来的股份制银行。股份制银行一般规模庞大、资本雄厚、利息率水平较低，满足了新兴资产阶级的需求。因此，股份制银行便成为资本主义银行的主要形式。1694年，第一家资本主义股份制银行——英格兰银行在英国诞生。它标志着资本主义现代银行制度开始形成。英格兰银行一开始就显示出了股份制银行的优越性。在信用业务上，英格兰银行限定利率为4.5%~6%，而不是过去高达20%~30%的高利息贷款；在银行职能上，形成了信用货币，从而突破了贵金属铸币的限制和垄断。

二、商业银行的发展

19 世纪中叶，随着科学技术的迅猛发展，资本主义生产力得到了空前的提高，新的资本大量投入和国际贸易额迅猛增加，传统的商业银行业务已无法满足资本主义扩大再生产中各种不同期限、用途的资金需求。再加上西方各国的经济条件和社会环境不同，商业银行的发展路径开始有了差异化。从历史角度考察，商业银行的发展大体沿着两种传统发展开来。

（一）英国式融通短期商业资金的传统

这一传统深受经济理论上的"商业放款论"或"实质票据论"的影响。根据这种理论，商业银行业务应集中于自偿性贷款。所谓"自偿性贷款"，是一种基于商业行为而能自动清偿的贷款。最典型的例证是国际贸易中的进出口押汇和国内贸易中的票据贴现与产销放款，厂商为购储原料及支付工资向银行借款周转，一旦产销完成后，贷款即可从销售收入中偿还。但消费性放款、房地产及股票抵押放款、固定资产放款等长期性放款，则通常不列于自偿性范畴。自偿性贷款应根据真正的商业行为而进行，并有真正的票据为凭证，因而也是符合实质票据论的放款。这一类放款，偿还期很短（通常为一年以内），流动性很高，对银行来说，比较安全可靠。自偿性贷款依贸易需要而自动伸缩，因此对货币信用量也有自动调节的作用。

"实质票据论"对英语世界和受英美传统所影响的国家的银行家都有深远的影响。但 200 余年的经验证明这一理论是相当片面和肤浅的。首先，如果商业银行坚持对工商企业只进行短期性自偿式贷款，则除非另有专营长期贷款的银行，否则经济便很难有高速和持续性增长的可能。其次，从个别银行来看，自偿式贷款似乎表面上提供了安全感，但从整个银行体系而论，却并非如此，因为所谓"流动性"资产，只是相对的而非绝对的。一种资产的流动性应视其是否易于脱手或转让而定。如果经济发生严重危机，而银行却坚持短期贷款必须如期偿还时，借款人可能会普遍无力偿付而宣告破产。在此情况下，短期资产或放款未必比长期资产或放款安全。最后，如果银行放款依商业需要而自动伸缩，则经济景气时，银行信贷会自动膨胀，刺激物价上涨；反之若经济不景气时，银行信贷自动收缩，则加速物价下跌，两者都有加剧商业循环波动幅度的作用，与中央银行的反循环政策相悖。

（二）德国式综合银行的传统

德国工业化开始的时间比英国晚，但在 19 世纪中叶以后，德国工业高速发展，在短短数十年间，已超过了英国。不少经济史学家认为，德国银行制度在促进工业化和现代化过程中起了很大作用。德国银行不仅提供短期商业或周转资金，而且也融通长期固定资本。此外，德国银行还直接投资于新兴企业，替新公司包销证券，积极参与新企业的决策和扩展过程，并在技术革新、地区选择、合并增资方面提供财务方便和咨询。换言之，德国银行并不将商业银行与投资银行严格区分，而是经营所有银行业务，它们被称为综合银行。德国银行在 20 世纪 30 年代世界经济恐慌时期，挽救了许多濒临破产的企业。挽救的主要方式是将无法清偿的银行贷款转化为银行投资。第二次世界大战后，德国银行又以大量长期贷款和直接投资的方式协助工商业复兴，终于造就德国战后的经济奇迹。

德国之所以有综合银行业务的迅速发展，原因在于其资本市场远比英美落后，故需要银行予以替代。德国式的综合银行虽然取得了极辉煌的成绩，但由于业务范围过广，因此在管理方面以及在资本和流动性方面都产生了一些问题，增加了银行风险。此外，德国式综合银行能直接投资于企业，并有权委派代表参加企业董事会和行使投票权，也引起外界对银行势力过分膨胀和违反公共利益的批评。1976年，德国政府通过了一项被称为"赫尔斯塔特"的新银行法，限制银行贷款，加强中央银行对银行体系的监督，并采取严格保障存款的措施。

无论综合银行制本身的得失如何，近几十年来，所谓英国式商业银行和德国式综合银行的区别已逐渐消失。即使在英语国家，商业银行的业务范围也在不断地扩展，甚至达到包括所有零售和批发银行业务的程度。多数国家中，商业银行事实上已成为"百货公司式"的银行。

第2节　商业银行的性质与职能

一、商业银行的性质

从商业银行的起源和发展历史看，商业银行可以界定为以追求利润最大化为目标，以金融资产和负债为经营对象，开展多样化的金融服务，发挥多种经济功能的金融企业。

依据《中华人民共和国商业银行法》（以下简称《商业银行法》）和《中华人民共和国公司法》（以下简称《公司法》）的规定，商业银行是依法设立的以吸收公众存款、发放贷款、办理结算等业务的企业法人。

商业银行的性质可以归纳为以下三个方面：

（一）商业银行是企业

了解商业银行是企业，必须明确货币是商品。商品经济是以交换为目的的经济，作为交换媒介和价值尺度的货币是从商品中独立出来的作为一般等价物的商品，即货币本身就是商品。明确货币是商品具有重要的意义，只有抓住货币是商品的这个本质，错综复杂的货币现象才不难理解。例如，利率是货币借贷的价格，银根反映货币资金的供求，而信用膨胀和通货膨胀实际上是货币贬值，是货币这个商品的质量问题。既然货币是商品，那么经营货币的银行自然就是企业。

作为企业，商业银行具有一般工商企业的所有基本特征。商业银行是依照相关法律规定设立的一种金融企业，其在建立初期必须具有管理部门规定的最低资本要求的自有资本，在经营过程中应始终以最大化盈利为目的，自主经营、自负盈亏、自我约束、自担风险、自谋发展，同时应遵从市场规律，接受政府监督，依法经营，照章纳税等。可以看出，商业银行与一般的工商企业是一致的。

（二）商业银行是特殊的企业

与一般的工商企业相比，商业银行又是一个特殊的企业。其特殊性体现如下：

1. 商业银行的经营对象和内容具有特殊性

一般工商企业经营的是物质产品和劳务，从事商品生产和流通；商业银行是以金融资产和负债为经营对象，经营的是货币和货币资本这一特殊的商品。

2. 商业银行责任的特殊性

一般工商企业只以盈利为目标，只对股东和使用其产品的客户负责；商业银行除了对股东和客户负责外，还承担着一定的社会责任。

3. 商业银行对于社会经济的影响具有特殊性

商业银行对整个社会经济的影响要远远大于任何一个普通工商企业。一旦商业银行发生经营困难或倒闭，它将对国民经济产生巨大的破坏作用，给整个社会带来不可估量的负面影响。一些国家的政局动荡、经济萧条、社会不稳定往往就是由于该国的金融系统主要是商业银行业的经营出现了危机。

（三）商业银行是特殊的金融机构

商业银行既有别于国家的中央银行，又有别于政策性银行和其他金融机构。

1. 商业银行不同于中央银行

中央银行在各国金融体系中居于主导地位，其职能是宏观调控和保障一国金融体系的安全与稳定。以我国情况为例，首先，中央银行是国家机关而商业银行是企业法人；其次，中央银行是在国务院领导下制定和实施货币政策的国家职能部门，商业银行是经营存贷款、办理结算业务的金融企业；再次，中央银行对商业银行等金融业实施管理，而商业银行是被管理的对象；最后，在我国，中央银行行长的人选是由国务院总理提名，全国人大或全国人大常委决定，由国家主席任免的，而商业银行人事组织机构的设置则是根据《公司法》和《商业银行法》的规定办理的。

2. 商业银行不同于政策性银行和其他金融机构

政策性银行是按照国家的产业政策或政府的相关决策进行投融资活动的金融机构，不以利润最大化为经营目标。政策性银行专门经营指定范围的业务和提供专业的服务。一般来说，政策性银行贷款利率较低、期限较长、有特定的服务对象，其放贷支持的主要是商业性银行的初始阶段不愿意进入或涉及不到的领域。对于其他金融机构（如财务公司、信托投资公司、租赁公司等），其业务范围相对比较狭窄，而商业银行的业务具有综合性的特点，包括负债业务（如存款、发行金融债券等）、资产业务（放款、证券投资等）和中间业务（办理结算等）。

二、商业银行的职能

商业银行的职能是指商业银行作为经营货币这一特殊商品的金融企业，通过其业务为整个经济社会所承担的功能。商业银行的职能由商业银行的性质所决定，是商业银行性质的具体体现。商业银行作为金融企业，具有下列几方面的职能：

（一）信用中介职能

信用中介职能是商业银行最基本的职能，最直接地反映商业银行的经营特征。信用中介是指商业银行在借贷活动中充当中间媒介。商业银行通过吸收存款，动员和集中社会上一切闲置的货币资本，然后又通过贷款把这些货币资本贷放给使用者。商业银行实际上是货币资本的贷出者和借入者之间的中介人。商业银行克服了直接信用的局限性，如时间需求不一致、数量不一致、借贷双方信用状况不易了解等问题。商业银行把社会上暂时闲置的货币资金聚集起来进行再分配，既是国民收入分配和再分配中的一个重要环节，也是社会总产品的一种分配形式，具有重要的经济意义。

（1）通过信用中介职能，可以将暂时从再生产中游离出来的闲置资本转化成职能资本，在不改变社会资本总量的条件下，通过改变资本的使用量，扩大生产规模，扩大资本增值。

（2）通过信用中介职能，可以把不能作为资本使用的小额货币储蓄集中起来，变为可投入再生产过程的巨额资本；把用于消费的收入，转化为能带来货币收入的资本，扩大社会资本总量，从而使社会再生产以更快的速度增长。

（3）通过信用中介职能，可以把短期货币资本转化为长期货币资本。在利润原则支配下，还可以把货币资本从效益低的部门引向效益高的部门，形成对经济结构的调整。

（二）支付中介职能

支付中介职能是指商业银行利用活期存款账户，为客户办理各种货币结算、货币收付、货币兑换和转移存款等业务活动的职能。由于商业银行具有较高的信誉和较多的分支机构，商业银行业务与企业和部门联系密切，因此社会各界都愿意委托商业银行保管货币和有价证券、办理货币收付和转账结算业务等。这样，商业银行就成为整个社会的"出纳"、支付中心。商业银行发挥支付中介职能，为客户转账办理非现金结算，对整个社会节约货币流通费用、加速资本周转具有重要意义。一方面，有利于商业银行获得稳定而廉价的资金来源。客户在利用商业银行支付中介的便利时，必须开立活期存款账户，并存入一定的资金。这样商业银行就集聚了大量的低息甚至无息的资金，有利于降低商业银行资金的成本。另一方面，商业银行的支付中介职能为客户提供良好的支付服务，可以节约流通费用，加速资本周转。随着现代商品信用经济进入网络化时代，商业银行为客户提供的形式多样的非现金结算，已成为社会经济中商品活动必不可少的环节，而商业银行也成为现代经济活动中最瞩目、最重要的机构之一。

（三）信用创造职能

商业银行的信用创造职能是在支付中介和信用中介职能的基础上产生的。信用创造职能指在支票流通和转账结算的情况下，商业银行利用其所吸收的存款发放贷款时，不以现金形式或不完全以现金形式支付给客户，而只是把贷款簿记到客户的存款账户上，这样就增加了商业银行的资金来源，最后在整个银行体系形成数倍于原始存款的派生存款。商业银行的信用创造功能依赖于以下两种商业银行的制度安排，即一是现代商业银行的部分存款准备金制度，二是现代金融体系的支票转账结算制度。但值得注意的是，商业银行并不能无限地进行信用创造，其信用创造受一系列因素的影响，如原始存款额、法定存款准备金率、放款付现率、贷款有效需求及定期存款准备金率等的影响。

商业银行的信用创造职能对于社会经济发展有重要的意义，当社会上闲置资源较多、经济发展对于货币资金的需求量较大时，商业银行通过信用创造，可以向经济过程注入必要的货币资金，从而促进闲置资源的利用和开发，推动经济发展。由于商业银行的信用创造职能通过调整社会资金总量可以对货币币值、利率水平、社会投资、价格水平、国民生产总值等重要经济变量产生重要的影响，因此商业银行在国民经济中占有特殊的地位，因而成为金融监管机构重点监管对象。

（四）金融服务职能

金融服务职能是指商业银行利用其提供的信用中介和支付中介服务，凭借自身的优势，如社会联系面广、信用可靠、信息灵通、装备先进，掌握了大量的市场信息和经济信息等，借助电子计算机、互联网等先进技术和手段，为客户提供全方位、多角度的金融经济信息服务，如信息咨询、决策支持、自动转账、保管箱、代发工资、代收水电费和手机费等各种费用的支付以及代理买卖有价证券等。通过提供这些服务，商业银行一方面扩大了与社会各界的联系和服务市场的份额，另一方面扩大了商业银行的服务收入，加快了信息传播，提高了信息技术的利用价值，促进了信息技术的发展。随着经济形势的不断发生变化，社会对商业银行提出了创新金融服务的要求。在这种形势下，整个商业银行的金融服务职能正发生着革命性的变化。一方面，商业银行向着电子银行、网上银行方向发展；另一方面，商业银行积极开展理财服务、私人银行服务、投资银行服务等新业务，这些新业务有利于满足日益增长的家庭理财和个人理财需求，也促进了商业银行业务的多元化、综合化和个性化发展。新业务在商业银行中的开展使得商业银行获得了一个新的名称——"全能银行"。

除了以上职能外，商业银行可以通过信用中介活动，调节社会各部门的资金余缺，同时在中央银行货币政策指导下，实现调节经济结构，引导资金流向，实现产业调整，因此商业银行还具有调节经济的职能。

第 3 节　商业银行的经营原则

商业银行是一种以经营金融资产和负债为对象的特殊企业。因此，商业银行具有一般企业的特点——开展业务的目的是为了获得利润。在整个商业银行的经营过程中，它以利润最大化作为经营的目标。当前的商业银行绝大多数是股份制银行。作为商业银行本身如果不能够为股东或所有者带来利润，股东就会行使"用脚投票"的权利。

作为一种特殊的金融机构，商业银行具有与一般工商企业不同的经营特点。其经营特点可以归纳为"三高"。一是高负债性。除了少量的自有资金外，商业银行开展业务的资金大部分是向社会公众借入的，这就使得商业银行成为全社会最大的债务人。鉴于此，商业银行经营非常突出的特点为高负债性。二是高风险性。在商业银行经营过程中会遇到各种各样的风险。例如，信用风险、利率风险、汇率风险、流动性风险、政策性风险等。由于商业银行的特殊性，这些风险一旦变为现实，社会公众就会纷纷去银行提取存款，造成"挤兑"，如果事态严重的话，会使商业银行的生存受到严重威胁，商业银行甚至整个社会经济有可能面临无法估量的损失。三是外部监管的高度严格性。正是由于商业银行在整个国民经济中举足轻重的作用，使得商业银行成为各国监管部门的重点监控对象。为了使商业银行的安全性得到保障进而使社会大众的利益得到保障，各国监管部门都对商业银行都制定了一整套严格的监管措施。

正是由于商业银行经营的"三高"特点，决定了其在业务经营过程中一定要遵循的经营原则。商业银行的经营原则是指商业银行在经营活动中所要遵循的行为准则。可将商业银行的经营原则归纳为安全性原则、流动性原则、盈利性原则，即俗称的"三性"原则。"三性"原则是商业银行经营管理的核心与终极目标，商业银行的一切经营管理活动，都是围绕着"三性"原则展开的。

一、流动性原则

（一）流动性的涵义

狭义的流动性是指在保持其资产不受损失的前提下，保证资产能够随时变现，以随时应付客户提现和满足客户贷款的需求。广义上的流动性包含两层意思：第一，负债的流动性，即银行能以较低的成本随时获得所需资金的能力。第二，资产的流动性，即银行的资产在不发生损失的情况下迅速变现的能力。

（二）流动性原则的必要性

第一，由于是以货币为其唯一的经营对象，银行整个经营活动都要通过现金收付进行，为了满足频繁的现金流动，必须保留足够的现金准备。第二，作为银行其对外负债主要是存款，各类存款随时都有可能被提取，不可能事先确定什么时候需要现金资产，需要多少。正是由于银行的这种不确定性的现金需求，因此银行有流动性的要求。第三，作为特殊的金融企业，能否对存款取现要求即时兑付，是保持信誉高低的主要标志，也是银行能否继续经营的关键。如果做不到这一点，银行信誉将受到极大损害，并可能由此而引发挤兑风潮，导致银行破产。

（三）商业银行保持流动性的主要方法

商业银行流动性体现在资产与负债两方面，保持其适度的流动性也主要依赖于商业银行资产业务与负债业务两个方面的操作。

在资产方面，商业银行要掌握一定数量的现金资产和流动性较强的其他金融资产，建立分层次的准备金是商业银行保持流动性的基本方法。

1. 建立分层次的准备金资产制度

准备金资产主要指银行持有的现金资产和短期有价证券。具体包括一级准备和二级准备。其中，现金资产包括库存现金、同业存款和在中央银行的存款。它们是货币性最强的部分，具有完全的流动性。因此，可将其视为应付流动性需要的第一准备或一级准备。短期有价证券一般指到期日在一年以内的流动性较强的债券。与现金资产相比，短期有价证券有一定利息收入，但流动性不及前者；与银行其他资产相比，短期有价证券的流动性则比较强，即变现的速度较快，变现中损失较少。因此，这些短期有价证券被视为应付流动性需要的第二准备或二级准备。其特点为期限短、质量高、变现快，是应付流动性风险的第二道防线。

2. 实施负债管理

实施负债管理是指以增加负债的形式从市场上借入资金来满足流动性需求，包括向中央银行借款、拆入超额准备金、对国外分支机构负债、发行可转让大面额存单、发行商业票据及出售贷款等形式。以负债形式取得资金满足其流动性需要，不仅拓宽了人们的视野，找到了保持流动性的新方法，而且为银行增加盈利资产、扩大资产规模创造了条件。但通过这一形式保持流动性需要考虑下列两个问题：一是资金成本问题。由于借入款的利息成本要比存款利息成本高，因此增加借入款的同时减少银行一级准备或二级准备才是有利的，必须使资产盈利的增加大于负债成本的增加。二是银行信誉问题。这是从市场上借入资金的重要条件，只有取得客户或投资者的信任，才能顺利筹措到所需资金。因此，银行在解决其流动性需求时，应主要从资产方面着手，力求保持资产的流动性，特别是保持足够的二级准备，而把从负债方面取得资金的流动性放在第二位，作为一种必要的补充。

3. 统筹规划银行的流动性需求与流动性供给

统筹规划银行的流动性需求与流动性供给是指将测定的流动性需要与银行所持有的流动性头寸联系起来做出规划，以解决面临的流动性问题。例如，有的银行在满足短期的流动性需要方面有所不足，而在满足长期的流动性需要方面有所富余，总的流动性头寸略有富余。它便可以把所持有的高级别的期限较长的证券，以回购协议的方式出售一部分，既可以取得所需要的短期流动性头寸，又不打乱证券的持有期限结构，仍可以满足其长期流动性需要。

二、安全性原则

（一）安全性的涵义

安全性是指避免经营风险，保证资金安全的要求。风险损失越小，安全性越强；反之，风险损失越大，安全性越弱。安全性原则可从资产和负债两方面考察，从负债角度来看，包括资本金的安全、存款的安全、各种借入款的安全等；从资产角度来看，包括现金资产的安全、贷款资产的安全、证券资产的安全等。由于资产和负债是相互联系、相互制约的，是一个问题的两个方面，资产处于无损状态且能增值，负债自然安全。因此，资产负债的安全主要取决于资产的质量。在资产流动性和盈利性一定的前提下，提高资产按期归还的可靠性，即可增加资金的安全性；反之，资产按期归还的可靠性低，资金的安全性就差。需要指出的是，资金的安全性应包括收回资产的本金及利息两个方面。因为资产所占用的资金是以负债方式筹措的，银行要为此支付一定的利息，如果银行只是收回资产的本金而没有收回应得的利息，它的资金就会因亏损而减少，从而损害资金的安全性。从这个意义上讲，银行非盈利的现金资产并不是一种十分安全的资产。尤其在通货膨胀时期，现金资产的本金不仅得不到利息的增值，反而还要遭受无形的贬值损失。因此，资金的安全性也要求银行非盈利资产不能过多，以免遭受机会成本的损失。另外，对资产的按期归还问题也要具体分析。银行的贷款资产都有固定期限，在到期日前一般不能提前收回；银行的证券资产虽有固定期限，却可为满足资金流动性的需要而提前转让出卖，变为现金资产。因此，对于证券资产来说，其安全性需进一步确定为在到期日前随时收回本息的可靠程度。

（二）安全性原则的必要性

一般来说，任何盈利企业都或多或少存在风险，都应在经营中避免风险，保证安全。但对银行来讲，安全性更有其特殊意义。

1. 银行主要依靠负债经营，对风险比较敏感

一般工商企业的资产结构中，自有资本往往占相当高比重。银行则不然，自有资本一般只占银行资产很小的部分。这主要因为银行是以货币为经营对象的信用中介机构，它不直接从事物质产品的生产与流通活动，不可能获得产业利润。银行贷款和投资取得的利息收入只是产业利润的一部分，如果银行不利用较多的负债来支持其资金运用，银行的资本利润率就会低于工商企业的资本利润率。同时，作为一个专门从事信用活动的中介机构，银行比一般工商企业更容易取得社会的信任，得到更多的负债。因此，在银行经营中有必要并且有可能保持较低的资本比率，但也正是这种较低的资本比率却使银行难以经受较大的损失，为保证银行正常经营，就必须充分注意资金安全。

2. 银行经营条件特殊，更需要强调安全性

由于银行是经营货币信用业务的特殊企业，其经营活动与社会各行业都有着密切关系，加之货币作为特殊商品，又是国民经济的一项综合变量。因此，银行的资产与负债既要受现实经济生活中各种复杂因素的影响，又要受政府或中央银行的人为控制。这样，不仅运用出去的资金能否收回难以预料，而且资金成本、资金价格的变动也不好控制，银行要想在动荡不定的市场经济中求得生存和发展，就必须在整个经营管理中强化安全观念。

（三）影响商业银行经营安全的因素

商业银行的安全性是商业银行按期足额收回资产本息的可靠程度。商业银行风险性是指商业银行在整个经营过程中，受多种因素的影响导致损失发生的可能性或不确定性。根据不同的标准可以将商业银行的风险分为不同的类型，目前银行界最为常见的一种划分标准是根据《巴塞尔协议》的"有效银行监管的核心原则"，按照商业银行风险的表现形式，将商业银行风险分为流动性风险、信用风险、国家和转移风险、市场风险、利率风险、操作风险、法律风险和声誉风险八个方面。特别地，一般意义上人们常常将商业银行风险归结为三大风险，即信用风险、市场风险和操作风险。这也是给商业银行造成损失最大的三类风险。它们是影响商业银行经营安全的主要因素，商业银行需要在加速金融创新与防范金融风险之间谋求平衡，保证经营的安全性。

三、盈利性原则

（一）盈利性原则的涵义

商业银行的盈利性原则是指商业银行经营获取利润的要求。追求盈利、实现利润最大化，是商业银行的经营目标，也是商业银行企业性质的集中体现。是否盈利及盈利水平的高低是评价和衡量商业银行经营效益的基本标准。

（二）盈利性原则的必要性

银行以盈利为经营原则，是由其经济性质、经营特点所决定的。从经济性质来看，一方面，银行作为经济实体，必须具有承担风险的能力。银行只有坚持盈利性原则从事经营活动，才能不断取得利润收入，保持其业务活动的顺利开展。当银行发生资金损失或经营亏损时，也才能通过以往的利润积累和今后的盈利收入来加以弥补。另一方面，银行作为国民经济的综合部门，作为社会信用活动的主要组织者和承担者，还应以提高社会经济效益为己任。遵循盈利性原则，能够使银行在经济效益的引导下自觉地重视信贷资金的运营效益，在实现自身盈利的过程中，推动企业及整个社会经济效益的提高。从银行的经营特点来看，银行是典型的负债经营机构，其业务活动建立在社会信用的基础上，而银行的盈利是影响银行信誉的重要因素，一个经营不善、亏损的银行必然会因没有安全感而失去其客户，银行一旦失去客户及社会的信任，也就等于失去了经营信用业务的资格。因此，盈利性是银行业务经营活动顺利发展的经济基础。

（三）影响银行盈利性的主要因素

1. 资产收益与资产损失

银行的收益主要来自于盈利资产的收益。银行收益的多少取决于银行资产的规模、盈利资产的数量和盈利资产收益率。银行在提高资产的收益时，必须同时注意控制银行经营中随时都可能发生的风险。风险产生，资本收益减少，甚至资本自身也会遭到损失。因此，避免风险、预防风险，是保证资产盈利的前提。

2. 资金成本

资金成本是银行应为取得资金而付出的代价。在资产收益一定时，资金成本高，资产收益就下降；反之，资产收益就会提高。

3. 银行的经营管理水平

银行的经营管理水平影响到银行的负债业务、资产业务、中间业务的规模和质量，影响资金的安全性、流动性、盈利性的有机结合，从而全面地决定着银行的盈利水平。

4. 中央银行的政策

中央银行的存款准备金政策、贴现率政策、再贷款利率政策等都会影响银行的盈利。

（四）增加银行盈利的主要途径

通过分析影响银行盈利的因素，可以看出，增加银行盈利的主要途径应从增加收入和减少支出两个方面着手。

1. 增加收入

商业银行的业务收入包括资产收益和其他业务收入。资产收益是商业银行从资产业务（放款和投资）中获得的收入，而其他业务收益则是商业银行从各项金融服务中获取的收益。商业银行要增加业务收入，首先必须提高资产收益。商业银行提高资产收益的途径主要有：扩大资产（放款和投资）的规模，这是增加资产收益的基础；合理安排放款和投资的数量和期限结构，保证资产收益的稳定安全；合理进行贷款定价；尽量减少非盈利资产，提高盈利资产的比重。

要增加业务收入除了提高资产收益外，还必须提高其他业务收入。由于业务收入主要依赖于金融服务业务（中间业务），因此扩大商业银行的业务范围，积极利用商业银行自身的信誉、信息、技术、设备、人才等优势，为客户提供多样化的金融服务，也是增加商业银行业务收入的重要途径。随着商业银行业务的全面开展，服务手续费收入在商业银行收入中的比重有越来越高的趋势。

2. 减少支出

减少支出要降低商业银行的经营成本。商业银行的经营成本，即支出，包括资产损失、存款成本和其他业务支出（如管理费用、纳税支出等）。降低商业银行的经营成本的主要途径有：尽量降低存款成本；尽量减少放款和投资损失；提高工作效率，减少各项管理费用。

以上所述的增加盈利的方法，就是我们常说的"增收节支"。

四、"三性"原则之间的辩证关系

总体来说，商业银行的"三性"原则既有相互统一的一面，又有矛盾的一面。它们之间存在着一种对立统一的辩证关系。

一方面，之所以说商业银行"三性"原则是相互统一的，是因为"三性"原则是一个不可分割的整体，单独强调某一方面，将导致严重的后果。作为企业，商业银行经营的首要目标为盈利性。但作为一个经营货币信用的特殊企业，商业银行在实现这个目标过程中又要受到流动性与安全性的制约，忽视这两者，单纯追求盈利，商业银行的经营必然陷入混乱。因此，现代商业银行在追求盈利性目标的同时，必须兼顾安全性和流动性。

另一方面，安全性、流动性和盈利性之间也存在着矛盾的一面。流动性强、安全性高的资产，其盈利性一般较低；反之，盈利性就较高。为了降低风险、确保资金的安全，商业银行就不得不把资金投向收益率较低的资产，进而降低了盈利性；反之，为了提高盈利性，商业银行必须以增加风险和牺牲资金的安全性为前提。

商业银行在经营活动中，全面协调"三性"之间的关系，审时度势，既应照顾全面，又需有所侧重。例如，在经济繁荣时期，由于商业银行的资金来源充足，因而商业银行应首先考虑到盈利性，而流动性、安全性次之。在经济不景气时期，由于企业贷款的还款风险增大，因而商业银行应将流动性和安全性放在首位，盈利次之。在商业银行持有较多的流动性、安全性好，但盈利性差的资产时，商业银行就应首先考虑盈利性，设法增加中长期贷款之类的盈利性较好资产的比重，反之亦然。

第4节　商业银行的分类

商业银行可以从不同层次、不同角度进行分类。按资本所有权划分，可将商业银行划分为私人商业银行、合股商业银行；按业务范围划分，可将商业银行划分为美国式职能银行、英国式全能银行和德国式全能银行；按外部组织形式划分，可将商业银行划分为单一银行制、总分行制、集团银行制和连锁银行制。

一、按资本所有权划分

按资本所有权的不同，我们可以把商业银行划分为私人商业银行和合股商业银行。

私人商业银行是由社会中的专业货币商发展起来的，是属于个体户性质的商业银行。这种商业银行由于资本额较少，经营的业务种类单调而往往容易被一些大的合股银行吞并或兼并。但是那些资本额较大、经营管理得当的私人商业银行却仍然被保留下来。这类商业银行在现代商业银行中占比很小。

合股商业银行是指以股份公司形式组建的商业银行，又称股份制银行，这种商业银行是现代商业银行的主要形式。我国现在的商业银行就主要组织形式来说就是股份制银行，具体分为以下几类：一是国有控股商业银行，如中国工商银行、中国银行、中国农业银行、中国建设银行和交通银行。二是企业集团所有的银行，如招商银行、光大银行、华夏银行、中信银行等。这类银行都是由各企业集团筹资建立的，企业集团是这些银行的最大股东。三是股份公司制的银行。在我国，股份公司制的银行又分为两类，即未公开发行股票的银行和公开发行股票的银行。我国股份制银行的股份大致由国家股、企业股、社会公众股、外国投资者股构成。

二、按业务范围划分

在不同的国家，各国法律规定的商业银行从事的业务范围有所不同。根据商业银行是否从事证券业务和保险业务，可以将商业银行分为美国式职能银行、英国式全能银行和德国式全能银行。

美国式职能银行只经营银行业务，但不能从事证券承销和证券业务，也不能从事保险的相关业务；英国式全能银行允许通过设立独立法人公司来从事证券承销的业务，但又不允许持有工商企业股票，并且也很少从事保险业务；德国式全能银行既能经营全面银行业务，又能经营证券和保险业务，还可以投资工商企业的股票。

随着最近几十年金融业的发展，尤其是在金融自由化趋势和金融业国际和国内竞争加剧的推动下，金融混业经营成为大势所趋，各国对银行投资的限制也逐步放松。例如，日本在 20 世纪 90 年代中期开始解除了对金融业间的限制；美国也在最近几十年内，逐步放开银行业务的限制，使商业银行的业务向证券和保险类业务渗透。

三、按外部组织形式划分

按外部组织形式划分，是现今比较通行的划分商业银行的方式。按照商业银行的外部组织形式，商业银行可划分为以下几类：

（一）单一银行制

单一银行制是指银行业务完全由一个营业机构来办理，不设立和不允许设立分支机构。因此，单一银行制也称为独家银行制。这种银行制度在美国非常普遍，是美国最古老的银行形式之一。因为美国是一个各州独立性较强的联邦国家，历史上经济发展很不平衡，东西部差距悬殊。为了适应经济均衡发展的需要，特别是适应中小企业的发展需要，反对金融权力集中、反对各州的相互渗透，各州都通过银行法禁止或限制银行开设分支机构，特别是跨州设立分支机构。

单一银行制的优点在于：

（1）限制银行业垄断，人为地缓和竞争的剧烈程度，减缓银行集中的进程。

（2）有利于银行与地方政府的协调，适应本地区需要，集中全力为本地区服务。

（3）在经营决策上由于不受总行牵制，自主性强、灵活性大，能够及时改变经营决策。

（4）管理层次少，有利于中央银行管理和控制。

单一银行制的缺点在于：

（1）银行业务多集中在某个地区、某个行业，容易受到经济发展状况波动的影响，筹资不易，风险集中。

（2）限制了银行在全国范围内的竞争，不利于银行业的发展。

（3）银行规模较小，经营成本高，不易取得规模经济效益。

（4）商业银行不设分支机构，与现代经济的横向发展以及商品交换范围的不断扩大存在着矛盾。同时，在电子计算机等高新技术大量应用的条件下，商业银行业务发展和金融创新受到限制。

目前美国大多数新银行成立之初仍然是单个组织，因为他们的资本、管理和人员都非常有限。尽管如此，为了能够打开新的市场和分散风险，大多数的美国银行仍希望能建立多家分行。

（二）总分行制

总分行制是一家总行和下设的若干家分支行形成的以总行为中心的庞大的银行网络。总分行制的特点是法律允许除银行总部之外，可以在同一地区或不同地区甚至在国外设立分支机构，从而形成以总行为中心的庞大的银行网络。这类银行的总部一般设在经济发达、通信便捷的大城市，从而有利于对下属分支机构进行领导和指挥。

实行总分行制的商业银行还可以进一步分类。依据职能的不同，可以分为总行制和总管理处制。总行制是指总行对各分支机构行使管理职能的同时，作为一级经营单位行使对外营业、办理各种业务的职能。总管理处制是指总行对于各级分支机构仅有业务管理职能，但总行自身不经营银行业务。依据总行对下属分支机构的管理方式划分，又可分为直属行制、区域行制和管辖行制三种。在直属行制下，所有分支机构均受总行直接管辖、指挥和监督；在区域行制下，将所属分支机构划分为若干区，每区设一区域级行为管理机构，该机构不对外营业，代表总行监督管理区域内各分支行，各分支行直接接受区域行领导，区域行直接对总行负责；在管辖行制下，各分支行中地位较重要的分支行作为管辖行，代表总行监督附近的其他分支行，同时仍对外办理营业业务。

实行总分行制的商业银行的显著特点是分支机构多、分布广、总规模巨大，形成一个银行网络。这一特点使得此类银行的经营管理具有的优点如下：

（1）分支机构多、分布广、业务分散，因而易于吸收存款、调剂资金、充分有效地利用资本，同时由于放款分散、风险分散，又可以降低放款的平均风险，提高银行的安全性。

（2）在现金准备方面，分支机构间的资金调拨灵活，就整个商业银行来说可相对降低现金准备额，减少非盈利资产占用。

（3）有利于商业银行扩大资本总额和经营规模，从而有助于商业银行实现规模经营。商业银行的扩大有利于采用现代化设备，从而提高整体的经营效率。

（4）由于商业银行规模较大、商业银行总数较少，因而国家在进行金融调控时，只需取得这些商业银行的积极配合就可以取得良好的调控效果，从而降低了国家宏观调控的难度。

（5）可以为客户提供多种便利的金融服务，特别是商业银行的国外机构，满足了客户开拓国际市场的需求。

当然，总分行制也有不少的缺点，其缺点主要表现如下：

（1）容易造成大银行对小银行的吞并，形成垄断，妨碍竞争。

（2）商业银行规模过大，内部层次、机构较多，管理困难，一旦总行没有完善的通信手段、成本控制方法和对下属分支行较强的控制能力，商业银行的经营效益就会大幅下降。

（3）由于实行总分行制，商业银行的分支行受当地经济的影响较小，因而分支机构的管理人员并不十分关心当地经济的发展。

总体来说，总分行制具有其他银行体制所无法比拟的优点，更能适应现代经济发展的需要，因而受到银行界的青睐。目前，世界上大部分国家都实行总分行制，我国也是如此。但对单一银行制和总分行制在经营效率方面的优劣却是很难简单评判。

（三）集团银行制

集团银行制是指由某一银行集团成立股权公司，再由该公司控制或收购至少两家或两家以上的银行而建立的一种银行制度。集团银行制又被称为银行持股公司制。在这种制度下，表面看来这些银行是相互独立、不受其他银行影响的，但实际上，这些银行的业务经营与决策均受到股权公司的控制。集团银行制在美国最为流行，这是因为由于美国国内对总分行银行制设有颇多限制，而经济的飞速发展却日益需要建立以总分行制为组织形式的商业银行，这样集团银行制就成为总分行制的最具吸引力的替代银行组织形式。集团银行使得银行可以更加便利地从资本市场筹集资金，并通过关联交易获得税收上的好处，也能够规避政府对跨州经营银行业务的限制。至于是否会造成银行业的垄断，降低银行经营效率则是难以说清楚的。

集团银行制又可细分为两种类型：一种是非银行性持股公司制，另一种是银行性持股公司制。前者是由主要业务不在银行方面的大企业用某一银行股份组织起来的；后者是由一家大银行组织一个控股公司，其他小银行从属于这家大银行。

集团银行制的优点在于：

（1）这种制度安排是规避限制、开设分行的一种策略，既不损害单元银行制的总格局，又能行总分行制之实，可以兼单一银行制和总分行制于一身。

（2）能够有效地扩大银行资本总量，做到地区分散化、业务多样化，更好地进行风险管理和收益管理，增强银行实力，提高银行抵御风险和竞争的能力。

（3）在经济和税收条件较好的情况下，可设立分支机构，从而弥补了单一银行制的不足。

当然，集团银行制也有自身的缺点，其容易形成银行业的过度集中和金融垄断，不利于银行开展竞争，限制了银行经营的自主性和创新活动。

世界主要发达国家的混业经营大部分都是通过银行控股公司或金融控股公司拥有分别从事不同业务的子公司来实现的，这些子公司在法律上和经营上都是独立的法人，可以实现人员、业务交叉融合的混业局面，并且可以实行有效的金融监管。

（四）连锁银行制

连锁银行制是指由一个人或某一集团购买若干银行的多数股票，从而达到控制这些银行的目的。当前国际金融领域的连锁制银行主要是由不同国家的大商业银行合资建立的，因而也称之为跨国联合银行制。这些银行的法律地位仍然是独立的，但实际上其业务和经营政策被一个人或某一集团所控制。连锁银行制与集团银行制一样产生于美国，其产生的原因同样是规避美国法律对设立银行分支机构的种种限制。两者的不同之处在于：连锁银行制没有持股公司这一机构实体的存在，它只是由一个人或一个集团同时控制着法律上完全相互独立的商业银行，所有权掌握在某个人或某一集团手中。在这种体制下，各银行由于受个人或集团控制，往往不易获取银行所需的大量资本，不利于银行的发展，因此近年来许多连锁银行有向集团银行转变的趋势。

除了以上几种划分依据外，还有其他的划分方法。例如，按照业务方向可以将商业银行划分为批发性商业银行、零售性商业银和批发与零售兼营性商业银行；按照商业银行的地域和经营范围可以将商业银行划分为地方性银行、区域性银行、全国性银行和国际性银行。

第5节　我国商业银行体系

一、我国商业银行的发展过程概况

我国商业银行的产生可以追溯到南北朝时期，在那时已经出现了抵押贷款业务。到了唐代，随着国内贸易的繁荣和发展，逐步产生了以经营银钱保管、汇兑和贷款业务，并出现了类似汇票的"飞钱"。在北宋时期，开始出现纸钱，称为"交子"。在随后的时期内又出现了"钱铺""钱庄"和"票号"等多种金融机构，但这些并不是现在意义上的银行。

鸦片战争后，一些外商银行纷纷进入我国开展金融业务，并凭借其特权攫取了巨额的利润。我国境内第一家银行是1845年英国人设立的丽如银行。1897年，中国通商银行作为中国人自办的第一家银行开始营业。

20世纪30年代，中华民国政府建立了以中央银行、中国银行、交通银行、中国农民银行、中央信托局、邮政储金汇业局、中央合作金库（简称"四行二局一库"）为主体，包括省、市、县银行及官商合办银行在内的金融体系。此外还有一批民族资本家兴办的私营银行及钱庄，其中约三分之一集中在上海，但多半规模不大且投机性强，在经济运行中所起的作用十分有限。

新中国成立后，我国在计划经济体制下形成了由中国人民银行"大一统"的银行体系，即银行不划分专业系统，各个银行都作为中国人民银行内部的一个组成部分，从而使中国人民银行成为既办理存款、贷款和汇兑业务的商业银行，又担负着国家宏观调控职能的中央银行。直至 1978 年党的十一届三中全会的召开，在将近 30 年的时间里，全国只有一家垄断所有金融业务的中国人民银行。

1978 年以后的改革开放使中国逐步由高度集中的计划经济向社会主义市场经济转变。总结 30 多年来的实践经验，可以把我国商业银行形成的途径概括为两条：一是从中国人民银行中分设或新建的专业银行向商业银行转化，二是新建立了一批商业银行。前者像中国农业银行、中国银行、中国工商银行，从中国人民银行分设出来，中国建设银行（当时称中国人民建设银行）从财政部分离出来。后者如中信实业银行、中国光大银行、招商银行、华夏银行、广东发展银行、福建兴业银行、深圳发展银行、上海浦东发展银行、中国民生银行。从此以后，中国商业银行体系逐步形成和完善了。

二、我国商业银行体系

基于发展历史、使用习惯、监管实践以及各类机构的总体特征，我国商业银行体系划分为国有控股银行、股份制商业银行、城市商业银行、农村银行业金融机构、中国邮政储蓄银行和外资银行六大类。

（一）国有控股银行

国有控股银行包括中国工商银行、中国农业银行、中国银行、中国建设银行和交通银行，通常称为大型商业银行。

在五家国有控股银行中，由于工、农、中、建四大银行有着类似的发展历史，往往合称为"四大银行"。下面简要介绍这四家银行，然后介绍交通银行。

1978 年开始改革开放后，"四大银行"逐步得以恢复和发展。为了加强国家对支农资金的管理，适应农村经济体制改革的需要，1979 年年初，中国农业银行得以恢复，成为专门负责农村金融业务的国有专业银行。同年 3 月，中国银行从中国人民银行中分离出来，专门经营外汇业务，成为经营外汇业务和管理国家外汇的专业银行。随后，中国人民建设银行（现在的中国建设银行）从隶属于财政部逐步独立为专门经营长期信用业务的专业银行。1984 年 1 月，为了能够承办原来由中国人民银行办理的工商信贷和储蓄业务，中国工商银行成立，成为专门办理城市金融、工商信贷业务的专业银行。至此，我国的专业银行体制得以确立，形成了中央银行和专业银行并存的二级银行体制。

1994 年，我国组建了三大政策性银行（中国进出口银行、国家开发银行和中国农业发展银行），基本完成了国有专业银行的政策性业务和商业性业务的分离工作。1998 年，财政部发行了特别国债，补充"四大银行"的资本金。1999 年，我国成立了四家资产管理公司，剥离了四大银行的不良资产，实行集中管理。2003 年年底，我国决定对中国银行、中国建设银行进行股份制改革试点，标志着中国国有商业银行股份制改革正式启动。2005 年 10 月，中国建设银行成功在香港上市；2007 年 9 月，中国建设银行在上海证券交易所上市。2006 年，中国银行又先后在香港和上海上市。2006 年 10 月，中国工商银行在上海和香港同时上市。2007 年 1 月，全国金融工作会议明确中国农业银行"面向三农、整体改制、商业运作、择机上市"的改革原则。2007 年 11 月，中国农业银行正式成立风险管理部，进一步整合、强化了中国农业银行风险管理体系，搭建全面风险管理构架，保证股份制改革顺利进行。2008 年 11 月 6 日，汇金公司向中国农业银行注资 1 300 亿元人民币等值美元，与财政部并列成为中国农业银行第一大股东，股份制改革进入实质性阶段。2009 年 1 月 16 日，中国农业银行股份有限公司举行挂牌仪式，并于 2010 年 10 月 15 日、16 日分别在上证 A 股和香港 H 股市场上市。

交通银行建于 1908 年，是中国早期的四大银行之一。新中国成立后，交通银行国内业务并入了当地中国人民银行和中国人民建设银行。一直到 1986 年 7 月，为适应中国经济体制改革和发展的需求，交通银行才被批准重新组建。1987 年，交通银行正式对外营业，成为国内第一家全国性的国有股份制商业银行。2005 年 6 月，交通银行在香港上市。2007 年 5 月，交通银行成功回归 A 股在上海证券市场上市。

（二）股份制商业银行

截至 2014 年 12 月底，我国股份制商业银行包括中信银行、中国光大银行、招商银行、华夏银行、广东发展银行、福建兴业银行、平安银行、上海浦东发展银行、中国民生银行、恒丰银行、浙商银行、渤海银行等。在四大国有商业银行完成股份制改造、城市商业银行也按股份制进行组建的背景下，用"股份制商业银行"这个名词来指上述 12 家银行已不准确。但是，由于没有更好的名称来概括这类银行，人们习惯上还是使用这一名称。股份制商业银行在一定程度上填补了国有商业银行收缩机构造成的市场空白，较好地满足了中小企业和居民的融资需求，方便了人们的生活。同时，打破了国有商业银行的垄断局面，促进了银行体系竞争机制的形成，带动了商业银行整体服务水平、质量和效率的提升。

（三）城市商业银行

城市商业银行是在原来城市信用合作社的基础上组建起来的。1979 年，第一家城市信用合作社成立。在接下来的一段时间内，信用合作社在大中城市正式推广，数量急剧增多。城市合作社的迅猛发展，在一定程度上缓解了企业的融资问题，从而促进了小企业的发展和当地经济的繁荣，成为支持地方经济发展的重要力量。但是，由于其组织体制和运行机制更像小型商业银行，再加上自身的规模小、资金成本高、股权结构不合理等缺陷，其经营风险逐步显露出来。为了更好地促进地方经济的稳定和发展，1994 年我国决定合并城市信用合作社，成立城市合作银行，后来正式更名为城市商业银行。

2006 年 4 月，上海银行宁波分行开业，成为城市商业银行第一家跨省区设立的分支机构，标志着城市商业银行的经营范围已经不再局限于一个城市的行政区域之内。2005 年，安徽省内的 6 家城市商业银行和 7 家城市信用合作社合并重组为徽商银行。2007 年江苏省内的 10 家城市商业银行在市场和自愿的基础上组建了江苏银行。这标志着我国城市商业银行开始了合并重组的征程。2009 年起，城市商业银行陆续取得多种非银行金融机构牌照及业务资格，进一步拓宽了经营领域。2012 年，为支持西藏地区社会经济发展，西藏银行获批成立。2013 年，中国银行业协会城市商业银行工作委员会成立，搭建起城市商业银行群体合作交流的统一平台。截至 2014 年年底，城市商业银行总数达 133 家，总资产规模达 18.08 万亿元，占银行业资产总额的 10.49%。其中，北京银行、上海银行和江苏银行总资产规模均已过万亿元。

（四）农村银行业金融机构

我国农村银行业金融机构包括农村信用社、农村商业银行、农村合作银行、村镇银行和农村资金互助社。其中，农村商业银行和农村合作银行是在合并农村信用社的基础上组建的；而村镇银行和农村资金互助社是从 2007 年开始成立的新型农村银行业金融机构。

为了加强农村信用社组织上的群众性、管理上的民主性和经营上的灵活性（简称"三性"），自 1984 年以后，信用社在农业银行的领导下，开始了以"三性"为主要内容的改革。1996 年，国家提出建立和完善以合作金融为基础、商业性和政策性金融分工协作的农村金融体系，决定农村信用社与农业银行脱钩，办成农民入股、社员民主管理、主要为入股社员服务的真正的合作金融组织。2000 年 7 月，农村信用社改革试点先后在江苏进行，提出用 3～5 年的时间使大部分农村信用社成为自主经营、自担风险、自我发展的适应农村经济发展需要的金融组织。2001 年 1 月，我国第一家农村股份制商业银行张家港市农村商业银行正式成立。2003 年 4 月，我国第一家农村合作银行宁波鄞州农村银行正式成立。2006 年年底，我国基本完成了农村信用社管理体制的改革，将管理交省级政府负责，初步形成"国家宏观调控、加强监管，省级政府依法管理、落实责任，信用社自我约束、自担风险"的管理框架。2007 年 8 月 10 日，随着海南省联社揭牌仪式启动，全国建立省级联社任务宣告全部完成。2010 年 12 月 16 日，重庆农商行在香港成功上市，成为农商行上市"第一股"。2010 年 12 月，全国农村信用社、农村商业银行负债资产首次突破 10 万亿元。

村镇银行是指经中国银行业监督管理委员会（以下简称银监会）依据有关法律、法规批准，由境内外金融机构、境内非金融机构企业法人、境内自然人出资，在农村地区设立的主要为当地农民、农业和农村经济发展提供金融服务的银行业金融机构。农村资金互助社是指经银行业监督管理机构批准，由乡镇、行政村农民和农村小企业自愿入股组成，为社员提供存款、贷款、结算等业务的社区互助性银行业金融机构。根据 2006 年 12 月 22 日中国银监会发布的《关于调整放宽农村地区银行业金融机构准入政策、更好支持社会主义新农村建设的若干意见》的规定，适当降低了农村地区新设银行业金融机构的注册资本，在投资人资格与境内投资人持股比例限制、业务准入条件与范围、新设法人机构或分支机构的审批权限和公司治理等方面也降低了门槛。

（五）中国邮政储蓄银行

2006 年 12 月 31 日，中国银监会正式批准中国邮政储蓄银行开业。2007 年 3 月 20 日，中国邮政储蓄银行正式挂牌营业。中国邮政储蓄银行的营业网点超过 3 600 个，其中 2/3 以上分布在县及县以下农村地区，是我国连接城乡的最大金融网，也是农村金融服务体系的重要组成部分。从未来的发展规划来看，中国邮政储蓄银行将继续依托邮政网络经营，按照公司治理架构和商业银行管理要求，建立严格的内部控制和风险管理体系，实现市场化经营管理。

（六）外资银行

最早进入中国的外资银行可以追溯到 1979 年日本输出入银行在北京设立的代表处，从此拉开了外资银行进入中国的序幕。2006 年 12 月 11 日，我国加入世界贸易组织的过渡期结束后，我国取消外资银行在中国境内经营人民币业务的地域和客户对象的限制，标志着我国银行正式全面对外开放。从此，外资银行在设立具有独立资格的法人银行（外商独资银行或中外合作银行）后，就可以享受国民待遇经营全面的外汇和人民币业务。在中国的外国银行分行的业务限定为全部外汇业务、对除中国境内公民以外客户的人民币业务、吸收中国境内公民每笔不少于 100 万元人民币的定期存款，外国银行分行经中国人民银行批准，可以经营结汇、售汇业务。

2014 年 11 月 27 日，国务院公布《国务院关于修改〈中华人民共和国外资银行管理条例〉的决定》，自 2015 年 1 月 1 日起施行。此次修改是在全面深化改革的新形势下，对外资银行主动实施进一步的开放措施。修改的重点是根据外资银行在我国设立运营的实际情况，在确保有效监管的前提下，适当放宽外资银行准入和经营人民币业务的条件，为外资银行设立和运营提供更加宽松、自主的制度环境。此次修改分为两个方面：一是对外商独资银行、中外合资银行在中国境内设立的分行，不再规定其总行无偿拨给营运资金的最低限额；二是不再将已经在中国境内设立代表处作为外国银行（外国金融机构）在中国境内设立外商独资银行、中外合资银行以及外国银行在中国境内初次设立分行的条件。

值得一提的是，我国在建立民营银行方面取得了突破。2014 年起，经党中央、国务院批准，银监会开展了首批民营银行试点工作。2014 年 3 月，银监会公布了国务院批准的首批五家民营银行试点名单，正式启动民营银行试点工作。第一批试点的五家民营银行，即深圳前海微众银行、上海华瑞银行、温州民商银行、天津金城银行、浙江网商银行已全部开业，总体运行平稳。这些试点的民营银行主要具有以下几个特点：第一，有专门办银行的良好动机，立足长远发展和稳健经营。第二，有差异化的市场定位和业务特色。第三，有较为完善的公司治理和风险管理机制。第四，有较强的风险承担能力。第五，发起人股东都是境内纯民营企业。第六，有先进的现代科技支持和全新的经营模式。这些民营银行的积极探索对中国银行业体系转型、变革带来了一定的积极影响。2015 年 6 月 22 日，国务院办公厅转发银监会《关于促进民营银行发展的指导意见》，标志着民营银行已步入常态化发展阶段。

【本章小结】

（1）商业银行从雏形发展到现在的多功能、综合性的"金融百货公司"，可以说是商品货币经济发展的产物，与商品经济的发展密切相关。从历史角度考察，商业银行的发展大体沿着两种传统发展开来，即英国式融通短期商业资金的传统和德国式融通短期商业资金的传统。

（2）商业银行可以界定为：以追求利润最大化为目标，以金融资产和负债为经营对象，开展多样化的金融服务，发挥多种经济功能的金融企业。商业银行作为金融企业，具有信用中介、支付中介、信用创造、金融服务和调节经济等职能。

（3）由于商业银行经营的"三高"特点，决定了其在业务经营过程中一定要遵循的经营原则。商业银行的经营原则是指商业银行在经营活动中所要遵循的行为准则。可将商业银行的经营原则归纳为：安全性、流动性、盈利性，即俗称的"三性"原则。"三性"是商业银行经营管理的核心与终极目标，商业银行的一切经营管理活动，都是围绕着"三性"原则展开的。商业银行的"三性"经营原则既有相互统一的一面，又有矛盾的一面。它们之间存在着一种对立统一的辩证关系。

（4）对于商业银行可以从不同层次、不同角度进行分类。按资本所有权划分，可将商业银行划分为私人商业银行、合股商业银行；按业务范围划分，可将商业银行划分为美国式职能银行、英国式全能银行和德国式全能银行；按外部组织形式划分，可将商业银行划分为单一银行制、总分行制、集团银行制和连锁银行制。

（5）基于发展历史、使用习惯、监管实践以及各类机构的总体特征，我国商业银行体系划分为国有控股银行、股份制商业银行、城市商业银行、农村银行业金融机构、中国邮政储蓄银行和外资银行六大类。

思考练习题

1. 试述商业银行的产生与发展的历程。
2. 简述商业银行的性质以及职能。
3. 简述商业银行开展的新业务种类。
4. 简述影响商业银行经营安全的风险因素。
5. 论述商业银行经营的"三性"原则的涵义及其之间的辩证关系。
6. 简述商业银行的分类。
7. 简述我国的商业银行体系。

第2章 商业银行资本管理

　　内容提要：本章的主要内容包括介绍商业银行资本的构成以及各部分的功能，探讨在《巴塞尔协议》《巴塞尔协议Ⅱ》《巴塞尔协议Ⅲ》框架下的商业银行资本充足率的衡量和管理，在此基础上，进一步分析商业银行的资本结构管理，并对我国商业银行资本管理的现状进行简单的介绍。

　　商业银行的资本是我们经常接触的一个概念。与普通企业一样，商业银行的设立和经营也需要一定数量的资本作为基础。但由于商业银行经营的特殊性，其资本的概念与普通企业存在差别。一直以来，各国金融监管机构对商业银行的资本充足率都有着严格的规定。伴随着经济金融全球化的进程，各国金融监管机构对商业银行的资本划分口径和监管标准正在出现逐步一致的趋势。

第1节 商业银行资本的构成及功能

一、商业银行资本的定义

　　资本是企业设立和经营的基础。作为金融类企业，商业银行也需要一定数量的资本。但是，值得注意的是，我们常听到的各种商业银行"资本"的概念，实际上有着不同的实质和内涵。存在这种现象的原因主要是商业银行在财务会计、银行监管、内部风险管理等方面都会用到"资本"，自然就演化出各自相应的"资本"概念。常见的"资本"概念有会计资本、监管资本、经济资本。

　　（一）会计资本

　　从会计学的意义上说，商业银行的资本等同于资产负债表上的所有者权益项目，数量上等于总资产与总负债的差额。就具体构成来说，与普通企业一样，包括了股本（实收资本）、资本盈余和留存收益。

　　（二）监管资本

　　监管资本是1988年发布的《巴塞尔资本协议》提出的，是各国金融监管当局要求商业银行必须达到的最低资本限额。监管资本分为核心资本（一级资本）和附属资本（二级资本）。从数量上来说，监管资本除了上述所有者权益项的会计资本外，还包括一部分具有资本属性的债务资本，如可转换的资本债券、次级债券和各种储备金等，这使得商业银行的资本具有双重属性。从构成上来说，所有者权益称为核心资本，债务资本称为附属资本。

（三）经济资本

经济资本是由《巴塞尔新资本协议》倡导的、国际先进商业银行普遍采用的风险管理工具。经济资本是与商业银行经营的非预期损失等额的资本，用于承担业务风险或购买未来收益的股东权益总额，即经济资本＝风险资本＋商誉。其中，风险资本是指在给定的置信区间内，用于弥补在给定时间内的资产价值与其他头寸价值的潜在损失的金额；商誉则是指预期会产生未来收益的业务或资产。

二、商业银行资本的构成

从上面的论述中我们知道，商业银行的资本概念在不同的领域有着不同的内涵。这里我们主要从监管资本的角度来介绍商业银行资本的内涵和构成情况。具体来说，商业银行的资本包括下列几个部分：

（一）所有者权益项下的资本

所有者权益项下的资本的范畴与普通企业的资本是一致的，数量上为资产负债表中资产减去负债的余额。具体来说，包括普通股、优先股以及资本盈余和留存收益。

1. 普通股

普通股是商业银行资本的基本形式，代表着对商业银行的所有权。普通股持有人的权利体现在以下三个方面：第一，对商业银行拥有经营决策权；第二，对商业银行的利润和资产享有分享权；第三，在商业银行增发普通股票时，享有新股认购权。商业银行资产负债表中的普通股金额为普通股股数乘以股票票面价值。

商业银行利用普通股筹集资本具有以下优点：没有固定的股息负担，商业银行可以根据自己经营战略和盈利水平，确定股息支付的时点和数量；普通股所形成的资本是商业银行最稳定的资本，可以对债权人提供保证，从而增强商业银行信誉；普通股的流通市场比较发达，有利于商业银行在短期内筹集到所需的资本。

利用普通股筹资也有一定的缺点：由于普通股股东都可以参与商业银行经营的决策，因此增加普通股就可能会削弱原有股东的控制权和投票权；普通股会减少原有普通股股东的股息收入，因为商业银行资本的增加不会立即增加商业银行的红利总量；由于普通股的发行手续较为复杂，各项费用较高，因此普通股的发行成本和资金成本相对较高。

2. 优先股

优先股是指在收益和剩余资产分配等方面比普通股享有优先权利的股票。这种权利在商业银行的存款人和其他债权人之后，在普通股的持有人之前。无论商业银行经营状况如何，只要商业银行利润在支付债务资产持有人的利息收益后尚有剩余，优先股股东都有权获得固定的股息收益，但优先股股东不能参与商业银行的经营决策。因此，优先股具有权益资产和债务资产的特性。根据《巴塞尔资本协议》的规定，只有永久性的、非累进的优先股才能视为核心资本，否则须视为附属资本。

商业银行利用优先股筹资的优点如下：优先股股东没有投票权，因此不会削弱原有股东对商业银行的控制权；优先股没有到期日，不存在偿债压力；由于优先股股息事先确定，不会影响普通股股东的红利水平，因此不会影响普通股股票的价格；优先股可以提高财务杠杆系数，在正效应的情况下，商业银行普通股收益率将增加。

但是，通过优先股筹资也存在一些弊端：优先股的股息一般比债券利息要高，并且不能作为费用在税前支付；在一定程度上降低了商业银行信誉。一般而言，一家商业银行信誉的高低由资本量的多少决定，其中主要是来自资本性质的普通股的多少，优先股的发行会减少普通股在商业银行资本中的比重，从而削弱商业银行的信誉。

3. 资本盈余和留存收益

资本盈余主要是由投资者超缴资本构成。通常情况下，当股票采用溢价发行的方式发行时，商业银行筹集到的资金数量超过按照股票面值所计算金额（股本）的部分，即构成资本盈余。另外，资本盈余也可以反映商业银行资本的增值部分，如接受捐赠所增加的资本等。资本盈余可用于转增股本。在企业不盈利或少盈利的情况下，企业可以运用资本盈余发放股息。

留存收益是尚未动用的商业银行累计税后利润部分，又称为未分配利润。留存收益的大小取决于商业银行盈利性的大小、股利支付率以及所得税税率等因素。留存收益有着资本盈余所没有的功能，它的大小影响到商业银行对内对外投资的规模。商业银行若将留存收益股本化并扩大投资规模，那么商业银行留存收益的账面余额会减少。留存收益可以视为商业银行净利润以未分配利润的方式留存在银行中，相当于股东分到红利后又将其投入商业银行，但这部分投入的红利可以免交个人所得税，因此对股东有利。

（二）债务资本

债务资本包括了普通资本票据和资本债券、可转换债券、次级债券。

1. 普通资本票据和资本债券

资本票据是指那些期限较短，有大小不同发行额度的银行借据。资本债券是指那些发行期限较长、发行面额较大的债务凭证。资本票据和资本债券是商业银行的债务型资本，它们有明确的利息和期限。在破产清算时，其清偿权在存款人之后，因此又被称为附属资本。

作为商业银行的补充资本，资本票据和资本债券能为商业银行带来的好处如下：债务利息可以在税前列支，可以降低筹资成本，扩大财务杠杠系数；增加这类资本不会对股东的控制权产生影响。但资本票据和资本债券也存在下列弊端：债务利息是商业银行的固定的负担，若商业银行盈利不能支付利息，就会增加商业银行破产的风险；各个国家的监管当局对附属债务资本在资本中所占比例都有严格的规定，因此商业银行不能大规模地筹集这类资本。

2. 可转换债券

可转换债券是指根据投资人的选择，在一定期限内依据约定条件可以转换成普通股的债券。可转换债券兼有债券性和股权性的属性，其最大的特点在于可转换性。债券的持有者可以按照约定的条件将债券转换成股票，这一转股权是可转换债券持有人享有的、一般债权人所没有的选择权。通常可转换债券在发行之时即约定：在一定期限内，债权人可以按照发行时约定的价格将债券转换成公司的普通股股票。当然，债权人也可以不转换，一直将债券持有至到期。该类债券可以归为附属资本，其发行不会改变商业银行资本的总量，但会改变核心资本和附属资本的比重。

利用可转换债券筹资的优点在于：可以降低隐含的筹资成本，因为可转换债券的利率通常低于不可转换的普通债券；商业银行可以选择根据具体情况设计不同报酬率和不同转换率的可转债；当普通股市价偏低时，可以通过出售可转换债券增加融资量。例如，某银行的普通股市价为每股 40 元，此时出售面值为 1 000 元的可转债，规定转换率为 20，即一张 1 000 元债券可以转换为 20 股普通股，它的转换价格为 50 元每股，比普通股的现价格高出了 20%。这时发行可转债较之发行普通股更为有利；当可转换债券转化为普通股以后，债券本金就无需偿还，从而减少了商业银行的债务压力。

发行可转债也存在一定的缺陷：可转换债券的好处很大程度上取决于普通股股价的走势。在上例中，如果普通股股价迅速上涨，则商业银行稍微等待直接发售普通股更为有利。另外，如果可转债发行后，普通股股价大幅下跌，那么可转债不会大量转换，反而增加了债务负担；而当可转债转换为普通股时，会削弱原有股东对商业银行的控制力。

3. 次级债券

次级债券是指商业银行发行的，本金和利息的清偿顺序列于商业银行其他负债之后，先于商业银行股权资本的债券。按照《巴塞尔资本协议》的规定，商业银行的这类附属资本不能超过核心资本的 50%。在国际上，次级债券已经成为一些国家的商业银行改善银行资本结构的重要方法和工具。

与一般的债券（不符合作为资本条件的债券）不同，次级债在一定的期限内具有资本的性质。这一点在银行倒闭或清算时得到了充分的体现，因为次级债的清偿顺序在其他债务之后。对商业银行来说，由于次级债券在距到期日前最后五年开始折扣，如一笔十年期的次级债券，前五年 100% 地计入附属资本，第六年计入附属资本的比例为 80%，第七年为 60%，第八年为 40%，第九年为 20%，最后一年为 0。因此，如果次级债的剩余期限低于五年，那么其代表的资本属性就会逐年地减弱，商业银行的资本金就减少，财务效率也比较低下。面对这一情况，商业银行可以考虑赎回债券，以发行新的可以全部作为资本的债券取代，从而可以循环使用这种资本替代功能。

当然，作为一种债务，次级债券同时又具备了普通债权的优点，如利息可以在税前列支，有助于提高银行的资本收益率，不影响股东对商业银行的控制权等。正是由于次级债券所具有的发行限制少，操作方便、快捷等优势，从而使商业银行可以较为灵活地运用它来保持银行资本的稳定。

（三）其他资本

其他资本主要是指各种防止意外损失发生而提留的储备金，包括资本准备金、贷款损失准备金、证券损失准备金等。它们都是银行为了应付意外事件从税前利润中提取出来的，当贬值或呆账发生时，银行就从这种准备金中提取相应部分进行补偿，其余额仍保留在银行账户上作为银行资本的补充。

该类资本的好处在于：在税前提留，起到了合理避税的作用；储备金逐年累计提留的做法不会对当年的分红产生过大的影响，补偿取用时又可以避免因资产损失而对当年收益产生冲击。该类资本的缺点在于：银行不能过多地依赖这部分资本，因为过多提留会影响到银行的利润，同时各国的监管当局出于国家税收考虑要严格规定提留的比例或数额。

三、商业银行资本的功能

商业银行的资本金尽管在商业银行的整个资金来源中所占比例不是很大，但是其对商业银行的经营却发挥着非常重要的作用。商业银行资本的功能主要表现在下列几个方面：

（一）营业功能

资本是商业银行成立、正常运转和发展的必要前提和保证。任何国家法律都规定，商业银行申请开业必须具备一定数量的自有资本。商业银行运转需要足够的资本金，资产规模的扩大或业务品种的增加，都需要追加一定的资本金。资本越多，显示银行的实力越雄厚，市场声誉越高，企业和社会大众都乐意与其打交道。银行在社会上的形象越是好，其业务发展越有可靠的基础。同时，资产规模和业务量的扩展所带来的风险敞口的扩大，也需要相应增加的资本金来支撑。

（二）保护功能

商业银行资本的保护功能主要体现在以下两个方面：

1. 缓冲商业银行日常经营中的风险

商业银行本身就是经营和管理风险的行业，又由于商业银行经营的高负债特性，使得商业银行具有与生俱来的脆弱性，经营过程中具有很大的不稳定性，风险是客观存在的。特别是在经济金融全球化的今天，商业银行的风险种类和风险程度较之过去都有明显的增加。因此，持有较多的资本金可以使银行在发生损失时，用资本金来冲销损失，在一定程度上防止银行破产倒闭。

2. 对存款人利益的保护

一般来说，对存款人利益的保护来自于以下几个方面：一是银行的稳健经营以及盈利能力；二是存款保险制度；三是政府强有力的监督及信誉担保；四是有效的市场约束；五是资本金设置的制度安排。银行经营的稳健性以及盈利能力对于外部人来说是不可控制的，政府监管和市场约束也需要不断地完善。因此，在尚未建立存款保险制度的国家中，资本金的保护作用就显得尤为重要。在银行面临严重的危机时，资本金是银行保护存款人以及其他债权人的缓冲器。因此，资本金制度的安排及执行情况，对存款人利益的保护起着重要作用。

（三）满足监管需要

商业银行是一国经济体系的运行中枢，与企业、个人、政府等其他经济主体存在着广泛的联系，银行的经营危机也很可能产生多米诺骨牌效应，引发系统性风险。因此，各国都要求对银行业进行严格的监管，以保持整个金融业的安全稳健运行，维护整个社会的金融稳定。

各国监管部门也通过制定一系列的监管指标和措施来进行监管。这其中，与资本相关的注册资本限额、资本充足率、核心资本充足率等指标是核心的要求，需要商业银行严格贯彻执行。实施资本监管，可以保证商业银行有足够的资本，防止商业银行在扩张资产规模过程中，承担了超过自身承受力的风险。下面，以两家美国银行为例说明资本在风险管理中的作用。

案例 2.1：美国两家银行 A 银行（高资本金银行）和 B 银行（低资本金银行），在某年的资产负债表如表 2.1 所示。

表 2.1　　　　　　　　　　　A 银行和 B 银行的资产负债表

单位：万美元（1 美元约等于 6.5 元人民币，下同）

项目	A 银行	B 银行
资产	8 000	8 000
其中：不动产贷款	800	800
负债		
其中：存款	6 000	7 500
资本金	2 000	500

假设，由于房地产市场泡沫的破灭，它们发现自己 800 万美元的不动产贷款已经一文不值。当这些坏账核销后，资产总值减少了 800 万美元，作为资产总值与负债总值之差的资本金也减少了 800 万美元，变化后的情况如表 2.2 所示。

表 2.2　　　　　　　　　　变化后的资产负债表　　　　　　　　单位：万美元

项目	A 银行	B 银行
资产	7 200	7 200
负债		
其中：存款	6 000	7 500
资本金	1 200	−300

从表 2.2 中可以看出，A 银行的资本金仍为正数，不会因为系统性风险的爆发而破产，而 B 银行的资本金却变为负数，出现资不抵债，面临倒闭的危险。

第 2 节　商业银行的资本充足率与《巴塞尔协议》

商业银行资本充足性有狭义和广义之分。从狭义上说，它是指银行资本数量必须超过金融管理当局所规定的、能够保障正常营业并足以维持充分信誉的最低限额。从广义上说，商业银行资本充足性包括数量和结构两个层面的内容，除了上述数量上的要求以外，还要求银行现有资本或新增资本的构成，应该符合银行总体经营目标或新增资本的具体目标。在本节中，我们主要探讨狭义上的资本充足性。

一、银行资本量的影响因素

商业银行的资本充足性意义重大，既关系到包括广大存款人在内的债权人的利益是否能得到有效的保障，也关系到银行能否实现稳健经营，进而关系到整个社会金融系统和经济体系的稳定。因此，各国金融监管当局都要求银行要做到资本充足、安全经营、稳健发展。

商业银行的资本规模大小涉及资金成本的问题。从理论上来说，商业银行的资本保有量应该能使其做到资金边际成本最小化。在实践当中，影响商业银行资本量的因素有：第一，宏观经济状况的好坏，经济繁荣时期，银行资产风险相对较小，所需资本较少，反之则相反；第二，银行信誉的高低，银行所需的资本与银行信誉的高低呈反向的关系；第三，银行的经营管理水平，银行的经营管理水平越高，则所需资本相对越少；第四，银行业务发展的规模和速度，一般来说，业务规模越大，发展速度越快，所需的资本也相应更多；第五，银行的资产质量，银行的资产质量越高，风险越小，所需资本越少；第六，银行的负债结构，这个主要看银行活期存款与定期存款的比例问题，活期存款所占比例越高，银行需要准备客户提现的资金越多，也就需要越多的资本。

二、衡量银行资本充足率的方法的演进

（一）资本与存款比率

资本与存款比率是西方商业银行最早采用的、用以衡量商业银行资本是否适度的标准。资本与存款比率表明银行资本对存款的清偿能力。比率越高，表明清偿能力越强，存款越安全。资本与存款比率出现于20世纪初，在第二次世界大战前广为流行，一般认为该比率应保持在10%以上。但是，由于银行资本的目的是为了弥补银行风险所带来的损失，但存款的多少与风险的产生并无直接联系，因此该指标已经被淘汰。

（二）资本与总资产比率

这一指标在第二次世界大战中开始运用，旨在将银行资本量与资产总量进行对比，在一定程度上反映资本弥补资产风险的能力。一般认为，资本与总资产比率在8%左右是适宜的。但是，不同种类资产的风险水平和风险属性存在着巨大的差异，如贴现放款和长期贷款所需资本量是大不相同的。因此，该指标的缺陷在于没有区分出资产的结构，不同银行间由于资产结构的差异而无法用统一的指标去衡量资本的充足性。

（三）资本与风险资产比率

风险资产被定义为现金和政府短期债券以外的资产。这一指标将资本与银行的风险资产挂钩，表明风险资产对资本的要求。一般认为，该比率保持在15%~20%的区间是比较合理的。该指标的缺点在于没有对风险资产进行进一步细分，因为风险资产的种类众多，各种风险资产的风险程度也是存在差异的，它们对资本的需求量自然也不同。

（四）纽约公式

纽约公式是美国纽约联邦储备银行在20世纪50年代初提出的，又称为资产分类比率法。该方法考虑了商业银行资产之间风险程度的差异性，将银行资产分为无风险资

产、风险较小资产、普通风险资产、风险较大资产、问题资产和亏损资产及固定资产六大类。该公式分别规定各类资产的资本比率要求，最后将各类资产所需资本进行加总，得到银行所需的资本总量。

（五）综合分析法

综合分析法最早于 20 世纪 70 年代在美国出现。该方法认为银行资本充足率不仅受到资产质量、结构以及存款数量的影响，还与银行的经营风格、管理水平、资产流动性等因素有关，据此提出了 8 个因素的综合分析方法：银行经营管理水平、银行资产的流动性、银行以往的盈利及留存收益的状况、银行股东的信誉及特点、银行营业费用、银行存款结构的潜在变化、银行经营活动的效率、银行在竞争环境下满足本地区目前和今后金融需求的能力。

该方法较为全面，但存在一定的主观性，因此实际的操作性不强。在实际工作中，专业人员常常将综合分析法与其他方法一起使用。

三、《巴塞尔资本协议》与《补充协议》

（一）《巴塞尔协议》的诞生与主要内容

20 世纪 70 年代以来，随着金融管制放松，金融创新活动的频繁，金融风险在世界范围内不断增大，金融系统的不稳定性也越发严重。如何对国际化的大型商业银行实施有效的监管成了棘手的问题。为促进世界各国间的公平竞争，增强国际金融体系的安全性，1988 年，包括美国、英国、法国、日本、意大利、荷兰、瑞典、瑞士、卢森堡、加拿大、德国在内的西方 12 国中央银行在瑞士巴塞尔达成了《关于统一国际银行资本衡量和资本标准的协议》，简称为《巴塞尔协议》（也称为《巴塞尔协议 I》）。该协议规定 12 国之间应以国家间可比性以及一致性为基础制定各自对于银行资本的标准及规定，它也对资本的定义、资产的风险权数、表外授信业务的转换系数、资本充足比率等做了统一规定。该协议后来被 100 多个国家所采用，使全球资本监管体系趋于一致，并成为市场参与者评价银行经营状况的重要依据。下面，我们就对该协议的主要内容进行简略地介绍。

1. 资本的定义及构成

《巴塞尔协议》把商业银行的资本划分为核心资本和附属资本两部分：核心资本包括普通股、永久性资本溢价、未分配利润、附属机构的少数权益并减去库存股和商誉；附属资本包括非公开储备、资产重估准备、普通呆账准备金，并且规模不超过核心资本规模的 100%。

2. 风险权重的规定

（1）表内资产风险权重的测定。《巴塞尔协议》对资本充足性规定了国际统一的标准。该协议把表内资产分为五类，其风险权数分别为 0、10%、20%、50%、100%，如表 2.3 所示。将具体某一项表内资产与其相应的风险权重相乘，便得到了风险资产的数额，再加总各项表内资产得到的风险资产，就是商业银行表内的风险资产数额。表内风险资产的计算公式为：

表内风险资产 = $\sum$ 表内资产 × 风险权数 $\qquad$ (2.1)

表 2.3   **资产负债表内项目风险权重表**

风险权重（％）	资产负债表内项目
0	①现金；②以本币定值且以该通货对央行融资的债权；③对经济合作与发展组织（OECD）国家的中央政府和中央银行的其他债权；④用现金与 OECD 国家中央政府债券作担保，或用 OECD 国家中央政府提供担保的债权
10	OECD 国家政府或机构提供担保的贷款或债权。
20	①对多边发展银行的债权以及由这类银行提供担保，或以这类债券作抵押的债权；②对 OECD 国家内的注册银行的债权以及由 OECD 国家内注册提供担保的贷款；③对 OECD 以外国家注册的银行余期在 1 年内的债权和由 OECD 以外国家的法人银行提供担保的、余期在 1 年内的贷款；④托收中的现金款项；⑤对非本国的 OECD 国家的公共部门机构的债权以及由这些机构提供担保的贷款
50	完全以居住用途的房产作抵押的贷款
100	①对私人机构的债权；②对 OECD 之外的国家的中央政府的债权；③对公共部门所属的商业公司的债权；④房屋设备和其他固定资产；⑤不动产和其他资产；⑥所有其他的资产

（2）表外项目的信用转换系数。对于日益增长的表外业务，《巴塞尔协议》建议采用"信用转换系数"把表外业务额转化为表内业务额，然后再根据表内同等性质的项目进行风险加权。《巴塞尔协议》将银行的表外项目分为 5 大类，其对应的信用转换系数及风险权重如表 2.4 所示。

表 2.4   **资产负债表外项目信用转换系数及风险权重表**

表外项目	信用转换系数	风险权重（％）
①直接信用替代工具；②销售和回购协议以及有追索权的资产销售；③远期资产购买、部分缴付款项的股票和代表承诺一定损失的证券	1	100
①某些与交易相关的或有项目；②票据发行融通和循环包销便利；③其他初始期限为一年以上的承诺	0.5	100
短期的自有清偿能力的、与贸易相关的或有项目	0.2	100
类似初始期限为一年以内的或者可以在任何时候无条件取消的承诺	0	0
到期日在一年或一年以下的利率合同	0	50
到期日在一年以上的利率合同	0.005	50
到期日在一年或一年以下的货币合同	0.01	50
到期日在一年以上的货币合同	0.05	50

表外风险资产的计算公式为：

表外风险资产 = $\sum$ 表外资产 × 信用转换系数 × 表内相对性质资产的风险权数   （2.2）

最后，我们将表内风险资产与表外风险资产加总，即得到了商业银行总的风险资产数额。

（3）标准化的目标比率。在对表内资产风险权数以及表外项目的信用转换系数的讨论基础上，我们就可以计算银行资本充足率。《巴塞尔协议》中规定的计算公式为：

一级资本充足比率 = 核心资本 ÷ 风险资产总额 × 100%　　　　　(2.3)

二级资本充足率 = 附属资本 ÷ 风险资产总额 × 100%　　　　　　(2.4)

资本对风险资产比率 = (核心资本 + 附属资本) ÷ 风险资产总额 × 100%　　(2.5)

风险资产总额 = 表内风险资产 + 表外风险资产　　　　　　　　(2.6)

根据《巴塞尔协议》的规定，商业银行资本对风险资产比率不得低于 8%。其中，核心资本至少要占到总资本的 50%，即核心资本比率要达到 4%。另外，附属资本内普通贷款准备金不能高于风险资产的 1.25%，次级长期债务的金额不得超过一级资本的 50%。

(4) 过渡期的安排。考虑到统一实行国际监管标准有一定的困难，《巴塞尔协议》做出了一些过渡期的安排，以保障个别银行在过渡期内提高资本比率并努力达到最终目标标准。过渡期分为三个阶段：第一阶段到 1990 年年底，鼓励各国增加银行资本。第二阶段为 1991—1992 年年底，要求最低资本充足达到 7.25%。第三阶段为 1992 年年底以后，各成员国的最低资本充足率必须达到 8%，其中核心资本充足率达到 4%。

(二)《补充协议》

1996 年，巴塞尔委员会对原协议进行了补充和延伸，发布了《关于市场风险资本监管的补充规定》，简称为《补充协议》，该协议的主要内容如下：

1. 将市场风险纳入到资本监管的范畴

随着金融衍生品在世界范围内的风靡，商业银行的市场风险不断增加，《补充协议》要求商业银行保持适当的资本金，以应付其承受的包括利率风险、股价风险、汇率风险和商品价格风险在内的市场风险。《补充协议》还重点介绍了标准测量法和内部模型法这两种测量和计算市场风险所需资本金的方法。

2. 增加了三级资本的概念

《补充协议》提出了三级资本的概念，规定短期次级债务在满足一定条件的情况下，可以计入三级资本。这些条件包括无担保的、次级的、全额支付的短期次级债务；至少有两年的原始期限，并且限定在应付市场风险的一级资本的 250%；它仅能合格地应付市场风险；《巴塞尔协议》中的资本要求不可突破，用三级资本替代二级资本不得超过上述的 250% 的限制，二级资本和三级资本之和不得超过一级资本；三级资本不可提前偿还，而且如果三级资本的支付使得资本数量低于最低资本的要求，则无论利息还是资本，都不可支付。

3. 相应修改了资本比率的计算方法

在引入市场风险后，最低资本比率的计算公式相应地变为：

资本对风险资产比率 = (核心资本 + 附属资本 + 三级资本) ÷ (表内风险资产 + 表外风险资产 + 市场风险所需资本 × 12.5) × 100%　　　　(2.7)

该公式与原公式相比，分子上增加了三级资本，分母上则相应增加了市场风险的风险资产数额。

四、《巴塞尔新资本协议》

为进一步促进金融体系的安全性和稳健性，促进银行业的公平竞争，强调风险管理的全面性，提供更为全面的处理风险的方案，兼顾各国银行业的不同发展水平，巴塞尔委员会对资本协议进行了大刀阔斧的改革。该委员会在 1999 年提出了《巴塞尔新资本协议》的框架，2001 年发布了《巴塞尔新资本协议》（也称为《巴塞尔协议Ⅱ》）的征求意见稿，2003 年 5 月公布了征求意见稿第三稿，2004 年 6 月 30 日公布了最终稿，2006 年在成员国开始实施。

《巴塞尔新资本协议》由新资本协议概述、新资本协议草案和辅助性文件三部分组成，新增了对操作风险的资本要求，在最低资本要求的基础上，提出了监管当局的监督检查和市场纪律的新规定，形成了资本监管的"三大支柱"。

（一）第一支柱：最低资本要求

在《巴塞尔新资本协议》中，最低资本要求仍然是核心指标，将银行资本分为核心资本和附属资本。《巴塞尔新资本协议》的创新之处在于：资本充足率的计算包括了信用风险、市场风险、操作风险的资本要求；引入了计量信用风险的内部评级法；商业银行既可以采用外部评级公司的评级结果确定风险权重，也可以用各种内部风险计量模型计算资本要求。

具体来说，最低资本的计算公式变为：

资本对风险资产比率＝（核心资本＋附属资本）÷［信用风险加权资产＋（市场风险所需资本＋操作风险所需资本）×12.5］×100%

$$\tag{2.8}$$

（二）第二支柱：监管当局的监督检查

监管当局的检查目的是要确保各家商业银行建立起有效的内部程序，建议评估银行在认真分析风险的基础上设定资本充足率，对银行是否妥善处理不同风险的关系进行监督。监管当局可以采用现场检查和非现场检查等方法审核银行的资本充足情况。在资本充足率水平较低时，监管当局要及时采取措施加以纠正。

《巴塞尔新资本协议》还规定了监管当局的监督检查的四个原则：银行应具备一整套程序，用于评估与风险状况相适应的总体资本水平，并制定保持资本水平的战略；监管当局检查和评价银行内部资本充足率的评估情况及其战略，监测并确保银行监管资本比率的能力；监管当局应当鼓励银行资本水平高于监管资本比率，应该要求有能力的银行在满足最低资本要求的基础上，另外持有更多的资本；监管当局应尽早采取适当的干预措施，防止银行的资本水平降至防范风险所需的最低要求之下。

（三）第三支柱：市场纪律

市场纪律主要是强调市场约束具有强化资本监管、帮助监管当局提高金融体系安全性的潜在作用，并在使用范围、资本结构、风险披露的评估程序、资本充足率四个方面制定了具体的定性和定量披露内部信息的内容。

市场约束的力量主要来自于银行的利益相关者，如股东、存款人、债权人等。由于利益相关者主要是通过公开披露的信息来了解商业银行的，因此《巴塞尔新资本协议》特别强调提高银行的信息披露水平，旨在加大信息透明度，使利益相关者能够依据公开的信息，更好地做出判断，采取措施。《巴塞尔新资本协议》要求银行分开核心披露和补充披露，并建议复杂的国际活跃银行要全面公开披露核心及补充信息，在披露频率方面，则要求至少每半年一次。就披露的信息内容而言，则包括资本充足率、资本构成、风险敞口及风险管理策略、盈利能力、管理水平及过程等。

五、《巴塞尔协议Ⅲ》

2007 年，美国爆发次贷危机。2007 年 8 月，美国贝尔斯登银行破产，2007 年 9 月，雷曼兄弟银行破产，这场由美国房地产引发的危机迅速向全世界蔓延，演变为一场全球性的金融危机。金融危机的全面爆发，人们开始质疑《巴塞尔协议Ⅱ》的监管效果，并开始反思和完善银行监管体系的构建。在这种情况下，《巴塞尔协议Ⅲ》得以产生。

《巴塞尔协议Ⅱ》本身有较多缺陷。首先，该协议关注银行个体风险，强调微观监管，仅对单个金融机构进行资本监管，忽视了对整个银行系统的监管，并且在风险监管过程中，并未考虑风险的转移，也没有制定风险出现后的应急预案。其次，该协议对资本充足率的认识不足。一是总资本充足率 8% 的最低监管标准对现有银行来说太低，大多数银行都能够达到要求。二是银行资本质量较差。采取普通股和优先股补充银行资本的方式，速度较慢、周期较长、成本较高，银行更愿意采用发行次级债等方式增加附属资本，这种方式速度快、简便灵活，能迅速增加分子项，提高资本充足率，但是资本质量并不高，不能真正抵御风险。再次，该协议的资本监管造成了顺周期效应。经济低迷时期，银行需要更多资本金与资本相匹配，会紧缩信贷规模和数量，造成流动性不足，最终冲击实体经济，经济继续萎缩；经济繁荣时期，银行则采取相反措施。最后，投资银行、对冲基金等非传统金融机构的产生和发展对传统的银行发生了重大关联关系，仅对银行系统的监管已不能解决金融系统产生的风险。

（一）多层次分类银行资本，提高资本充足率

1. 重新定义资本构成

《巴塞尔协议Ⅲ》将资本划分为三级，把资本分为一级资本和二级资本。一级资本包括核心一级资本和其他一级资本。其中，核心一级资本主要为普通股，包括留存收益；其他一级资本为优先股和其他无期限的损失吸收工具。以往出现的三级资本被取消。一级资本用于银行在持续经营过程中吸收损失，而在银行清算时，二级资本吸收银行损失，这样既保障了存款人的利益免遭损失，也抵御了银行可能出现的系统性风险。《巴塞尔协议Ⅲ》资本构成、《巴塞尔协议Ⅲ》核心资本分别如表 2.5 和表 2.6 所示。

表 2.5　　　　　　　　　　　《巴塞尔协议Ⅲ》资本构成

	分子	比率
《巴塞尔协议Ⅰ》	一级资本、附属资本	总资产/风险加权资产
《巴塞尔协议Ⅱ》	一级资本、附属资本、三级资本	总资本/[信用风险加权资产+(市场风险资本+操作风险资本)×12.5]×100%
《巴塞尔协议Ⅲ》	核心一级资本、其他一级资本、附属资本	总资本/[信用风险加权资产+(市场风险资本+操作风险资本)×12.5]×100%

表 2.6 　　　　　　　　　　　《巴塞尔协议Ⅲ》核心资本

一级资本	核心一级资本	实收资本/普通股	
		留存收益	
		需调整计入	资本公积
			少数股东权益
			未分配利润
		外币报表折算差额	
	其他一级资本	合格的其他一级资本工具及其溢价	
		少数股东权益可计入部分	
二级资本	合格的二级资本工具及其溢价		
	少数股东资本可计入部分		
	50%的可供出售资产的股权类、债券类公允价值变动形成的未实现净利得		
	交易性金融工具公允价值变动形成的未实现累计净利得		

2.《巴塞尔协议Ⅲ》提高了资产监管指标

《巴塞尔协议Ⅲ》调高了资本充足率指标，规定最低普通股权益（即核心一级资本），用于弥补资产损失的资本，由 2% 上升到 4.5%，一级资本要求（包括普通股权益和其他建立在更严格标准之上的合格金融工具）也由 4% 上升至 6%，总资本充足率仍为 8%，这为实施的第一阶段，将实行到 2015 年为止。

（二）建立资本留存缓冲和逆周期资本缓冲

资本留存缓冲是指在银行运行良好的时期积累资本，形成超额资本，用于弥补银行在面临经济衰退时出现的损失。资本留存缓冲在满足最低资本充足率的要求上达到 2.5%，由普通股构成。逆周期资本缓冲是在经济环境变化出现信贷过度增长的情况下，防止银行系统性风险出现，按 0~2.5% 的要求计提的动态资本。逆周期资本缓冲由普通股或者是全部用来弥补损失的资本构成，各监管当局根据经济形势判断，按具体情况实施，这必然会由于各国认识上的差距而带来逆周期资本缓冲的不同。综合资本充足率、资本留存缓冲和逆周期资本缓冲的规定，使资本构成要求出现如表 2.7 所示的变化。

表 2.7 　　　　　　　《巴塞尔协议Ⅲ》资本构成要求　　　　　　　单位:%

	普通股权益	一级资本	总资本
最低资本要求	4.5	6.0	8.0
资本留存缓冲		2.5	
最低资本要求+资本留存缓冲	7.0	8.5	10.5
逆周期资本缓冲		0~2.5	

（三）引入杠杆率机制

银行大量将表内业务转移到表外，以快速达到资本金的要求。银行通过高杠杆率的经营模式虽然迅速达到了资本充足率的最低监管标准，但积累了大量银行风险，容易引发系统性风险。杠杆率是资本和风险暴露的一个比率，是资本涵盖表内外风险资产总额的比率。巴塞尔委员会要求杠杆率保持在 3% 以内。

$$杠杆率＝总资本÷（表内总资产＋特定表外资产） \tag{2.9}$$

（四）提出流动性标准

这里有两个定量指标，分别为流动性覆盖率和净稳定融资比例。流动性覆盖率是短期流动指标，是指在未来 30 日内资金流出量的覆盖比率要大于等于 100%。

$$流动性覆盖率(LCR)＝优质流动性资产÷未来 30 日内现金净流出量>100\% \tag{2.10}$$

流动性覆盖率是基于银行现金流量表测算出来，资金流出量是巴塞尔委员会通过压力测试得出的资金缺口，优质资产具有低信用风险和低市场风险的特点，能迅速变现弥补银行所需的资金缺口。净稳定融资比例是长期流动指标，是指银行有稳定的资金来源来保证银行在 1 年及以上的经营，要求该比例大于等于 100%。

$$净稳定融资比例(NSFR)＝可得到的稳定融资资金÷所需的稳定融资资金×100\% \tag{2.11}$$

第 3 节　商业银行的资本结构管理

从广义上来说，商业银行的资本充足性包含了数量和结构两方面的内容。在上一节中，我们介绍了商业银行资本充足性的测定方法和评价指标，主要是从数量上来评价商业银行资本的充足性。在这一方面，目前从事国际业务的商业银行在资本管理上都遵循《巴塞尔协议》的指导，努力达到协议所规定的最低资本要求。事实上，银行资本的充足性不仅要求总量上的达标，同时也要求实现资本内部结构的合理性。从静态的角度来说，这种合理性是指核心资本与附属资本在资本总额中占有比重的合理；核心资本中普通股、优先股、留存收益等资本工具比重的合理；附属资本中资本票据、可转换债券、次级债券等融资工具比重的合理。从动态角度来说，这种合理性要求商业银行在完善的资本市场中，形成成熟的融资方式选择理念和框架，对各种融资手段有一个基本的排序，并使这种安排有利于降低银行的经营成本或经营风险，增强经营管理及后续融资的灵活性。

具体来说，为了既能满足《巴塞尔协议》的最低资本要求，又要实现资本结构的优化。基于《巴塞尔协议》的最低资本计算公式，商业银行可以相应地选择分子策略和分母策略。

一、分子策略

在《巴塞尔协议》的资本充足率计算公式中，分子即为资本金，其总量等于核心资本加上附属资本。分子策略的用意就在于通过一定的方式，尽量地增加商业银行的资本总量，优化资本结构。

商业银行的资本总量既要满足《巴塞尔协议》的最低资本要求，又要满足其自身经营管理所需的资本量。在获得的方式上，既可以通过内源资本积累的策略实现，也可以通过增发股票、债券等外源资本的方式来实现。

（一）内源资本

内源资本是指商业银行经营活动产生的资金，即银行内部融通的资金，主要是指银行的留存收益。内源资本策略是指商业银行通过对实现利润的留存而形成自身资本的过程。在利润总额一定的情况下，内源融资资本充实策略实质上就是商业银行股利政策的选择。如果支付股利较多，那么相应的留存收益就少，银行的资本就需要更多地用股票、债券等外源形式来充实；如果分配的股利较少甚至不分派股利，留存收益就比较多，内源资本可以更多地帮助商业银行增加所需资本。根据莫迪利亚尼和米勒（Modigliani 和 Miller）提出的"MM 定理"，在完善的资本市场中，企业的价值取决于创造利润的能力而与融资方式无关。但在实际当中，资本市场的条件并不符合"MM 定理"的要求。对于银行来说，其股利政策的选择要符合自身经营目标和风格的需要，因此必须对具体股利政策的利弊进行全面的分析。

具体来说，内源资本策略的优势如下：

（1）自主性。内源融资源于自有资金，商业银行在提取时具有相当大的自主性，只要内部的决策机构和权力机关批准即可，受外界的制约和影响非常有限。

（2）融资成本。商业银行利用留存收益的方式来增加资本，基本上不会产生额外的花费。相对而言，如果选择发行股票、债券等方式来融资，都需要支付大量的费用，如券商的推销费用、会计师事务所的审计费用、律师的咨询费用等。在融资费用较高的当前，内部融资的策略确实是一种经济的选择。

（3）不会稀释原有股东的每股收益和控制权。商业银行从未分配利润中提取的权益资本不会稀释原有股东的每股收益和控制权，同时还可以增加商业银行的净资产，支持商业银行扩大其他的融资。

（4）使股东获得税收上的好处。我们知道，商业银行的股东获得的股利是需要缴纳个人所得税的，因此如果从税后利润中多提取留存收益而少发股利，那么股东可以出售部分股票来代替股利收入，所缴纳的资本利得税一般远低于个人所得税。从这一角度来说，内源资本策略不失为一种银行与股东"双赢"的策略。

内源资本策略也有其显著的局限和缺陷，集中表现在以下方面：

（1）商业银行利润规模的限制。商业银行的内源资本主要是由留存收益形成的，而众所周知，留存收益是从银行的税后利润中提取的。因此，从根本上来说，内源资本的大小完全取决于银行的盈利能力。考虑到商业银行的利润规模与融资规模在量上的差异，内源资本策略不可能满足大规模的融资需求。

（2）商业银行资本充足性的选择上的限制。如果商业银行完全以资本与风险资产比来描述银行资本的充足性，那么内源资本可以支持的资产增大的程度完全视该比率的高低而定。如果银行的资本要求越低，则内源资本支持资产增大的能力越大；反之，这种能力就会随资本要求的增加而下降。这就涉及了商业银行自身经营风格的问题。在同样的资产规模下，如果商业银行愿意在资本资产比较低的情况下经营，即利用较高的财务杠杆，那么相对来说对资本的数量要求会降低，内源融资策略则会显得更为适宜；反之，如果商业银行要求的资本资产比较高，那么对资本的数量要求较大，如上所述，内源融资在规模上受到盈利能力的限制，满足银行资本充足率的能力会比较有限。

（3）来自股利政策方面的限制。在现代市场经济条件下，企业的股利政策是需要综合考虑多方面的因素后做出的，商业银行也不例外。商业银行的股利政策在吸引投资者、稳定市场价值等方面都有重要的影响，必须慎重决策。商业银行过多地留存利润而过少地分配股利，可能造成股价下跌，导致银行市场价值的下降，也会减少银行对潜在投资者的吸引力。另外，股利太少可能会造成公司盈利能力差或现金管理能力差的假象，不利于未来的外部融资。事实上，股利过少或者不支付股利的政策在实际当中由于受到股东的阻挠而难以通过。这些都表明，在考虑了股利的因素后，内源融资的规模会受到进一步的限制。

（二）外源资本

外源资本策略是指通过发行股票、债券等方式，从商业银行的外部获取资金，充实银行的资本和改善银行的资本结构。

就股票（普通股）融资本身来说，其所筹集的资金银行无须归还，无固定的股利负担，还可以增强债务融资的能力。其不足在于股票（普通股）融资会分散原有股东的每股净利及对银行的控制能力。就债券而言，其可以起到税盾的作用，扩大银行的财务杠杆，不稀释银行原有的股权。其主要缺陷则在于有固定的还本付息的负担，可能加大企业的经营压力。

但是，在外源资本的融资工具选择的时候，我们必须结合《巴塞尔协议》的规定来综合考虑。从尽量提高银行的资本总量，优化其资本结构的要求看，商业银行首先应该考虑的是提高其核心资本。对于核心资本不足的银行，通过发行新股来增加资本是上佳的选择。当然，在这一过程中还要考虑到这种方式的可得性和能否为将来进一步筹集资本提供灵活性以及所造成的金融后果。一般情况下，为了不影响股东利益以及增强后续融资的灵活性，商业银行通常选择发行非累积性优先股的形式来增加核心资本。而对于核心资本已占全部资本的 50% 以上的商业银行，往往可以选择通过发行可转债、次级债券等形式来增加附属资本，既能够最大限度地增加银行资本，又充分保护了现有股东的权益，还利用债务资金的避税功能，可谓一举多得。在商业银行资本结构管理的实践中，使用外源资本的策略充实商业银行的资本，调整商业银行的资本结构，已经成了主流的形式。

二、分母策略

《巴塞尔协议》的资本充足率计算公式的分母是风险资产。因此，分母策略的着眼点就在于如何减少商业银行的风险资产，从而提高资本充足率。总体来说，分母策略无外乎两种做法：一是从总量上尽量压缩总资产的规模，控制风险资产的规模；二是优化资产结构，降低风险权数高的资产在总资产中所占的比重，加强表外业务的管理，尽可能地选择转换系数小且相应的风险权数较小的表外资产。

（一）适度控制资产总量

商业银行的资产规模越大，客观上对资本量的要求也就越大。因此，根据商业银行的资本及经营状况，适度地控制自身的资产运营规模，自然是有利于提高银行资本的充足率。具体来分析，商业银行的资产构成与普通工商业企业不同，集中地表现在现金存量较高和金融债权的比重极高两个方面。因此，要想控制银行的资产规模，应主要从这两类资产着手。就现金存量而言，商业银行应该提高现金管理的能力，在满足了最基本的、必需的现金需要后，尽量减少现金库存量。这是因为现金资产本身是流动性高而收益性最低的资产。一般来说，现金的最低限额要满足下列业务要求：满足客户提取存款进行日常交易的要求；满足金融管理当局对法定准备金的规定；在央行或其他往来行存有足够的现金的清偿支票；满足向代理行支付现金以换取服务的需要。

金融债券主要由各种贷款和证券投资组成。对于贷款而言，它是银行资产最主要的部分，也是银行资产管理最重要的内容。其规模受到银行信用环境、宏观经济运行状况等多方面因素的影响。对于证券投资，由于该类资产既可以满足银行流动性的需求，又能获取较高利息收入满足银行盈利性的要求，是较为优质的资产。因此，商业银行一方面应该结合宏观经济以及证券市场的运行状况来调整该业务的规模，另一方面也应该进行有效的投资组合，以达到降低风险、提高流动性与盈利性的目的。

（二）优化资产结构

在银行资产总额一定的条件下，还可以通过调整资产结构的方式，实现风险资产总额的减少。对于表内资产，要尽量降低风险权数高的资产在总资产中所占的比重。具体来说，无论对于贷款还是证券投资类的资产，商业银行都应该严格遵循分散投资的原则，降低资产之间的相关系数，对资产进行积极有效的组合管理，最大限度地降低风险。对于表外资产，则尽可能地开展那些转换系数较小且相应的风险权数小的业务。

以上我们对商业银行提高资本充足率、优化资本结构的"分子策略"和"分母策略"进行了分类介绍和分析。在实际操作中，商业银行可以同时使用两种策略来提高资本充足率，而具体的选择则要视商业银行自身的资本要求、经营风格、管理水平以及资本市场的便利性等因素来综合决定。

第4节　我国商业银行的资本管理现状

改革开放以来，为提高我国商业银行的经营管理水平和竞争实力，我国相关管理机构不断积极探索，相继出台了一系列规范商业银行开展资本管理活动的法律和法规。其中，1995年颁布的《商业银行法》从法律意义上对商业银行资本充足率进行了规定。2004年3月1日，我国银行业监督管理委员会在参考了1988年《巴塞尔协议》的基本框架以及《巴塞尔新资本协议》第二支柱和第三支柱的有关精神后，出台了《商业银行资本充足率管理办法》，使我国在商业银行资本监管方面有了重大的改进。

2008 年金融危机以来，巴塞尔银行监管委员会积极推进国际金融监管体系改革，并出台了《巴塞尔协议Ⅲ》，确立了银行业资本和流动性监管的新标准，要求各成员国从 2013 年开始实施，2019 年前全面达标。在此背景下，我国银监会于 2012 年 6 月 7 日发布了新的《商业银行资本管理办法（试行）》（以下简称"新办法"）。"新办法"于 2013 年 1 月 1 日起实施。"新办法"中对资本定义更加严格，并扩大了风险资本的覆盖范围，对于增强银行体系稳健性、引导银行转变发展方式以及促进信贷业务的发展都起到积极的作用。

一、我国商业银行资本的定义

根据最新的《商业银行资本充足率管理办法（试行）》的相关规定，商业银行总资本包括核心一级资本、其他一级资本和二级资本。

（一）核心一级资本

核心一级资本主要包括实收资本、资本公积、盈余公积、未分配利润、一般风险准备和少数股权。其中，少数股权是指在合并会计报表时，包括在核心资本中的非全资子公司中的少数股权，子公司净经营成果和净资产中不以任何直接或间接方式归属于母公司的部分。另外，在计算核心资本充足率时，需要对核心一级资本进行一定的扣除，包括商誉、商业银行对未并表银行机构的资本投资、商业银行之间通过协议相互持有的各级资本工具、其他依赖于本银行未来盈利的净递延税资产、超出本银行核心一级资本净额 10% 的部分等。

（二）其他一级资本

其他一级资本包括其他一级资本工具及其溢价，少数股东资本可计入部分。

（三）二级资本

二级资本包括二级资本工具及其溢价、超额贷款损失准备和少数股东资本可计入部分。对于少数股东资本可计入部分，"新办法"规定，商业银行附属公司适用于资本充足率监管的，附属公司直接发行且由第三方持有的少数股东资本可以部分计入监管资本；附属公司核心一级资本中少数股东资本用于满足核心一级资本最低要求和储备资本要求的部分，可计入并表核心一级资本；附属公司一级资本中少数股东资本用于满足一级资本最低要求和储备资本要求的部分，扣除已计入并表核心一级资本的部分后，剩余部分可以计入并表其他一级资本；附属公司总资本中少数股东资本用于满足总资本最低要求和储备资本要求的部分，扣除已计入并表一级资本的部分后，剩余部分可以计入并表二级资本。

二、我国商业银行资本充足率监管

（一）资本充足率的计算公式和相关规定

我国实行的《商业银行资本充足率管理办法（试行）》是在同时参考了《巴塞尔协议Ⅱ》和《巴塞尔协议Ⅲ》，并结合我国商业银行的经营实际制定的。值得注意的是，此次计算资本充足率，将操作风险纳入了资本监管范畴。

资本充足率=（总资产−对应资本扣减项）÷风险加权资产×100%　　　　　（2.12）

一级资本充足率＝(一级资本-对应资本扣减项)÷风险加权资产×100%　　(2.13)

核心一级资本充足率＝(核心一级资本-对应资本扣减项)÷风险加权资产×100%

(2.14)

商业银行风险加权资产包括信用风险加权资产、市场风险加权资产和操作风险加权资产，并对其分别计量。商业银行可以采用权重法或内部评级法计量信用风险加权资产，采用标准法或内部模型法计量市场风险资本要求，采用基本指标法、标准法或高级计量法计量操作风险资本要求。

银监会对商业银行资产负债表内资产的资产项目规定了 0、20%、50% 和 100% 的资产风险权重系数，对于资产负债表表外项目则规定了 0、20%、50%、100% 的信用转换系数。

（二）银监会的监督检查

监管机构的监督检查是《巴塞尔新资本协议》的第二支柱，在这方面，我国银监会建立起了一套操作性强、透明度高的标准和程序，以确保各项监管措施的落实。其中，将商业银行按资本充足率的高低进行分类，是进行资本充足率监督检查的核心内容。

根据资本充足状况，银监会将商业银行分为以下四类：

（1）第一类商业银行：资本充足率、一级资本充足率和核心一级资本充足率均达到"新办法"规定的各级资本要求。对于这类银行，银监会支持其稳健发展业务，但为防止其资本充足率水平快速下降，银监会可以采取预警监管措施。

（2）第二类商业银行：资本充足率、一级资本充足率和核心一级资本充足率未达到"第二支柱"资本要求，但均不低于其他各级资本要求。对于此类银行，银监会可采取与商业银行董事会、高级管理层进行审慎性会谈，要求商业银行制订切实可行的资本补充计划和限期达标计划等措施。

（3）第三类商业银行：资本充足率、一级资本充足率和核心一级资本充足率均不低于最低资本要求，但未达到其他各级资本要求。对于此类银行，银监会除采取以上措施外，还可以限制商业银行分配红利和其他收入，限制商业银行向董事、高级管理人员实施任何形式的激励，限制商业银行进行股权投资或回购资本工具等。

（4）第四类商业银行：资本充足率、一级资本充足率和核心一级资本充足率任意一项未达到最低资本要求。银监会可要求这类商业银行大幅降低风险资产的规模，责令这类商业银行停办一切高风险资产业务，限制或禁止这类商业银行增设新机构、开办新业务等。

（三）结合《巴塞尔协议Ⅲ》，我国银监会制定了最新监管要求

1. 资本充足率监管

由资本充足率要求、逆周期资本缓冲、资本留存缓冲和系统性银行超额附加资本四个部分构成我国商业银行资本进行两级分类，即一级资本和二级资本。"中国版《巴塞尔协议Ⅲ》"对资本充足率的指标进行了定量规定，该规定比国际通行的准则更为严格，核心一级资本充足率的最低标准为5%，一级资本充足率为6%，而总资本充足率仍为8%。资本留存缓冲为2.5%，逆周期资本缓冲为0~2.5%，系统性银行的附加资本暂时为1%，对非系统性银行的附加资本暂无规定。

2. 杠杆率监管

杠杆率指标是衡量风险的重要工具，既能约束银行规模的快速扩张，又能防范系统性风险。我国定义杠杆率为核心资产和总资产的比值。对杠杆率的要求为不低于4%，高于国际通用的标准。

3. 贷款损失准备监管

《巴塞尔协议Ⅲ》中并没有规定贷款损失准备的监管指标，我国根据商业银行经营的实际情况，提出了贷款损失准备监管的要求。我国对银行贷款风险损失的监管提出了两大指标，分别为拨备覆盖率和贷款拨备覆盖率。拨备覆盖率是指贷款损失准备和不良贷款的比率，反映的是商业银行对贷款损失的弥补能力。我国对贷款进行五级分类，分为正常类、关注类、次级类、可疑类和损失类贷款，并在此基础上计算出了拨备覆盖率。

$$贷款损失拨备覆盖率 = 贷款损失准备 \div 各项贷款 \qquad (2.15)$$

4. 流动性监管

银监会还对商业银行流动性提出了要求与达标时限，如表 2.8 所示。

表 2.8　　　　　　　　　　　**流动性覆盖率（LCR）和净稳定融资比例**

流动性覆盖率	要求	100%
	完成时间	2013 年年底到达要求
净稳定融资比例	要求	100%
	完成时间	2016 年年底到达要求

同时，银监会有权对商业银行资本充足率实行现场检查和非现场监控。检查的内容主要包括商业银行资本充足率有关规章制度的制定和执行情况、商业银行保持资本充足率的资本规划和执行情况、商业银行的信用风险和市场风险状况、商业银行交易账户的设立以及项目计价是否符合有关规定。

（四）信息披露

信息披露是《巴塞尔新资本协议》"第三大支柱"——市场纪律的实质要求。为进一步提高我国商业银行的经营信息透明度，强化对银行经营行为的市场约束，维护金融体系的安全和稳定，我国银监会也制定了关于加强商业银行信息披露的相关规定。

商业银行资本充足率的信息披露实行董事会负责制，未设立董事会的，由行长负责，信息披露的内容经过董事会或行长批准，并保证披露的信息真实、准确和完整。披露的内容主要包括风险管理目标和政策、并表范围、资本、资本充足率、信用风险和市场风险。表 2.9 列举了我国部分商业银行资本充足率情况。

表 2.9　　　　　　　　　**我国部分商业银行资本充足率情况**　　　　　　　单位:%

银行	2012 年	2013 年	2014 年
中国银行	13.63	12.46	14.38
中国建设银行	14.32	13.34	14.87

表2.9(续)

银行	2012 年	2013 年	2014 年
交通银行	14.07	12.08	14.04
招商银行	12.14	11.14	11.74
中信银行	13.44	11.24	12.33
中国民生银行	10.75	10.69	10.69
中国农业银行	12.61	11.86	12.82
浦发银行	12.45	10.97	11.25
中国工商银行	13.66	13.12	14.53

资料来源：2012 年、2013 年、2014 年各商业银行年报。

三、提高我国商业银行资本充足率的特殊方法

在本章第三节中，我们介绍了可供商业银行选择的用于提高资本充足率、改善资本结构的各种方法。对于我国的商业银行而言，无外乎是上一节中提到的分子策略和分母策略，即增加资本或压缩资产规模。不同的是，由于我国的国情不同，在实际运用中可以有一些特殊的方法来提高银行资本充足率。

（一）国家注资

在我国，政府为商业银行改革的成功做出了巨大的贡献，其中最重要的方式之一，就是通过国家从财政预算中切块或者发行特别国债等方式给予商业银行资金支持，使商业银行的资本金增加并改善资本结构。例如，1998 年我国财政部发行了 2 700 亿元特别国债，用以补充四家国有商业银行的资本金；1999 年，国家成立四家资产管理公司剥离四家国有商业银行 13 900 亿元的不良资产；2004 年 1 月，国家通过中央汇金公司对中国银行和中国建设银行用外汇储备注资 450 亿美元；等等。

这种国家注资行为，一方面是由于中央或地方政府本身就是部分商业银行的股东，注资行为可以理解为是履行股东义务的一种行为，以保证商业银行资本金与业务的同步增长；另一方面也带有政府出于维护我国的金融安全、加快银行业对外开放战略的考虑。但是，值得注意的是，这种政府行为的弊端也是显而易见的，这种"输血"行为并不能增强银行盈利的"造血"功能，而且有可能引发较大的"道德风险"。因此，国家注资作为银行充实资本金的特殊方式，也只能是一种权宜之计，商业银行不能过多地依靠这一方式。

（二）引入战略投资者

战略投资者是指那些具有资金、技术、管理、市场、人才优势，能够促进产业结构升级、增强企业核心竞争力和创新能力、拓展企业产品占有率，致力于长期投资合作，谋求获得长期利益回报和可持续发展的企业和集团。在商业银行领域，引入战略投资者是指通过引进包括外资资本和民营资本来增加核心资本的一种方式。可以看出，成功地引入国际上先进银行作为战略投资者，可以充实银行自身的核心资本。得益于

与先进的国际商业银行的长期合作，我国商业银行还可以较快地在管理、产品创新、流程再造、产品营销等诸多方面得到战略投资者支持，从而增强自身竞争力，更快更好地融入国际金融市场的大舞台中。

目前，我国的商业银行中已有不少成功引入境外战略投资者的案例。例如，1996年亚洲开发银行率先入股光大银行，首开外资入股中国商业银行的先河；2001年12月，汇丰银行收购上海银行8%的股权；2003年，花旗银行以战略投资者的身份持有上海浦东发展银行4.62%的股权；2006年1月，中国工商银行与美国高盛集团、德国安联集团、美国运通集团订立了股权购买协议，成功引入了境外战略投资者等。

可以说，在一定的条件下，这些特殊的方式帮助我国部分商业银行充实了资本，在它们进行改革上市的过程中起到了重要的作用，也为其他商业银行的发展和改革提供了一定的借鉴和学习意义。

【本章小结】

（1）商业银行资本是一个宽泛的概念，在不同的领域有不同的内涵，如会计资本、监管资本、经济资本等。通常我们所说的是监管意义上的、具有双重属性的资本，即不仅包括一般企业的所有者权益项下的实收资本（股本）、资本盈余等，还包括了可转换债券、长期次级债券等债务资本以及储备金等资本。商业银行的资本具有营业功能、保护功能、满足监管当局要求等功能。

（2）资本充足率对于商业银行至关重要，资本需要量的测定方法主要有资本比率法、分类比率法和综合分析法等。1988年，在瑞士通过的《巴塞尔协议》得到了从事国际业务的商业银行的广泛认可，统一了国际银行资本充足率衡量的标准。该协议的主要内容包括四部分：一是资本构成；二是风险权重系数；三是标准化比率的目标；四是过渡期安排。

（3）2004年正式通过的《巴塞尔新资本协议》对1988年的《巴塞尔协议》进行了大刀阔斧的改进，将市场风险和操作风险纳入了银行资本监管的范畴。同时，在最低资本要求的基础上，增加了监管当局的监督检查和市场纪律两大要求，形成了银行资本监管的"三大支柱"。

（4）2008年金融危机的全面爆发暴露出《巴塞尔协议Ⅱ》存在诸多缺陷，人们开始反思和完善银行监管体系的构建。2010年正式出台的《巴塞尔协议Ⅲ》延续了《巴塞尔协议Ⅱ》的基本精神，但做出了改进和完善。《巴塞尔协议Ⅲ》将核心资本分为核心一级资本和其他一级资本，新增了杠杆率监管机制和流动性监管机制，突出普通股作为吸收银行损失的重要作用。

（5）银行资本的充足和结构合理都是银行资本充足性的要求。为实现资本充足且结构合理，基于《巴塞尔协议》体系，商业银行可以采用分子策略或分母策略。分子策略旨在充实资本，商业银行可以使用不同的资本工具，通过留存收益、储备金等内源资本或者股票以及次级债券等外源资本来实现；分母策略的目的是减少风险资产的总额，商业银行可以通过压缩资产总体规模、调整资产结构、减少高风险资产的比重来达到目的。

（6）目前我国商业银行资本监管的主要依据的是 2012 年发布的《商业银行资本管理办法（试行）》。"新办法"同时参考了《巴塞尔协议Ⅱ》和《巴塞尔协议Ⅲ》，将信用风险、市场风险纳和操作风险纳入资本监管的范畴。另外，我国银监会也加强了对银行的监督检查和信息披露等方面的监管。在充足银行资本方面，我国商业银行存在一些特殊的方式，如国家注资和引入战略投资者等。

思考练习题

1. 商业银行资本有哪些功能？
2. 衡量资本充足率的方法有哪些？
3. 2004 年发布的《巴塞尔协议Ⅱ》规定的核心资本和附属资本有哪些？
4. 2010 年发布的《巴塞尔协议Ⅲ》是如何对资本进行分类的？
5. 试简述《巴塞尔协议Ⅰ》《巴塞尔协议Ⅱ》和《巴塞尔协议Ⅲ》的差异。
6. 简述内源资本策略的限制。

第 3 章　商业银行负债业务

内容提要：商业银行作为信用中介，负债是其主要的资金来源，也是最基本的业务。商业银行的负债业务由三大部分组成，即存款负债、借入负债和其他负债。本章介绍商业银行负债业务的结构、相关理论、负债成本的分析方法，商业银行存款业务的管理内容和银行负债成本控制方法以及我国目前商业银行负债业务的现状和改进措施。

在商业银行的全部资金来源中，90%以上来自于负债。商业银行负债的结构和成本既是其资金运用成本的决定因素，也是影响商业银行的盈利水平和风险状况的关键因素。因此，商业银行可以通过对负债业务的管理，降低负债成本，优化负债结构。

第 1 节　商业银行负债的目标和结构

一、商业银行负债的概念

商业银行负债是商业银行所承担的一种经济义务，银行必须用自己的资产或提供的劳务去偿付。因此，银行负债是银行在经营活动中尚未清偿的经济义务。

银行负债的基本特点是负债必须是基于过去的交易或事项而产生的，构成现时的经济义务。现时义务不等于未来承诺，正在筹划的未来交易或事项不构成银行的负债。负债必须是可以用货币来确定的，一切不能用货币计量的经济义务都不能称之为银行负债。负债只能在偿付之后才能消失，以债抵债只是原有负债的延期，不构成新的负债。

可以从广义和狭义两种角度来理解银行负债。广义负债是指银行除自有资本以外的一切资金来源，包括资本期票和长期债务等二级资本的内容；狭义负债主要指银行存款、借款等一切非资本性的债务。本章以狭义负债作为研究对象。

二、商业银行负债的意义

（一）银行负债是银行吸收资金的重要来源，是银行经营的先决条件

在商业银行经营中，银行负债提供了银行绝大部分的资金来源。商业银行作为信用中介，首先表现为"借者的集中"，即通过负债业务广泛地筹集资金，然后才可能成为"贷者的集中"，通过资产业务有效地运用出去，因此负债业务是商业银行开展资产

业务的基础和前提。同时，信用中介把借者和贷者紧密联系起来，进而为银行开展中间业务创造了有利条件。

（二）银行负债是银行保持流动性的手段

商业银行可以通过资本和负债两种途径获得流动性。一方面，银行通过负债业务聚集大量的可用资金以确保正常合理的贷款需求和存款提取的资金需要；另一方面，银行通过负债业务可以应付临时性的资金需要，从而达到银行流动性管理的要求。当然，不同规模、信誉状况的银行利用负债进行流动性管理的目标不同。一般而言，规模较大、信誉较好的银行比较侧重于依靠负债业务获得流动性。

（三）银行负债是各商业银行竞争的焦点，是其实力的体现

商业银行根据负债的成本确定资产的价格。如果筹集资金的成本过高，造成银行的定价过高，将使银行在竞争中处于不利地位。商业银行通过对负债业务进行创新，扩大负债业务规模，以达到拓展经营范围、扩大信贷规模的目的，降低平均负债成本，进而增强核心竞争力。

（四）银行负债影响社会流通中的货币量

现金和银行存款构成了社会流通中的货币量。现金是中央银行的负债，存款是商业银行的负债。若负债跟不上贷款的迅速增长，则造成社会上流通的现金增加。因此，稳定银行负债对稳定社会流通中的货币量有着决定性的影响。

（五）银行负债是银行同社会各界联系的主要渠道

社会所有经济单位的闲置资金和货币收支都离不开银行的负债业务。市场的资金流向，企业的经营活动，机关事业单位、社会团体和居民的货币收支，每时每刻都反映在银行的账面上。因此，负债又是银行进行金融服务和监督的主要渠道。

三、银行负债的经营目标

银行负债的基本目标是在一定的风险水平下，以尽可能低的成本获取所需要的资金。其具体目标包括把握合理的负债结构、提高存款负债的稳定性、降低负债成本、维持银行负债的增长率等。

（一）建立合理的负债结构，提高存款负债的稳定性

合理的负债结构指要着眼于银行资产业务的资金需要，依据不同存款负债和借入负债的成本和期限进行选择组合，使银行的负债结构不但能与资产的需要相匹配，还能保持银行负债的流动性，并且有利于盈利目标的实现。提高银行存款稳定性的重点是提高易变性存款的稳定性。通过合理配置负债结构，以达到在不增加成本或者少增加成本的前提下，增强存款负债的稳定性，为资产业务的开展提供充足的资金。

（二）降低负债的成本

银行的负债成本主要由利息支出和各项相关的费用支出所组成。各种不同的负债，其利息支出和费用支出也不尽相同。如活期存款的利息支出较低，但费用支出却相对较高；定期存款、金融债券的利息支出较高，而费用支出则相对较低。随着银行负债规模的扩大，银行有些费用支出即固定成本会呈现下降趋势。因此，可以通过扩大负债规模、调整负债结构、减少负债费用支出等措施，有效地降低负债的成本，从而在合理的利差幅度内不断提高银行的盈利水平，更好地为银行的生存和发展创造条件。

（三）维持银行负债的增长

商业银行是典型的高负债经营的金融企业，负债规模的大小是银行实力体现的一个重要标志，具体反映了一家银行经营实力的增长情况及业务扩展的实际能力。如何维持银行负债的增长率，已经成为银行生存的基础和发展的前提。

需要注意的是，银行负债经营目标中，也包括流动性、安全性、盈利性三大基本目标的对立统一。例如，活期存款的比重增大，有利于降低负债成本，但同时可能降低了存款的稳定性；而定期存款的比重增加，虽然有利于资金的盈利性，但可能减弱了资金的流动性。同时，存款总量的增长并不是建立在贷款需求增长的基础上，那么"存款越多越好"的理念也就不见得正确。这些客观存在的矛盾性，使银行负债管理有一定的难度。这就要求银行优化负债结构，有效控制负债规模，调节负债的资金运用，协调"三性"，力求达到在一定风险下，以尽可能低的成本获取所需要的资金。

四、银行负债的结构

商业银行的负债结构主要由存款负债、借入负债和其他负债三部分构成。由于各国的金融体制的差异和金融市场发达程度的不同，各国银行的负债结构也不尽相同；即使在一个国家的同一家银行，由于经济发展和金融环境的变化，其负债结构也处于不断变化的过程中。表 3.1 是近年来我国商业银行资金来源的结构状况。

表 3.1　　　　　　　　　　我国商业银行信贷资金来源　　　　　　　　单位：百万元

年　份	2008 年	2009 年	2010 年	2011 年	2012 年	2013 年	2014 年
资金来源总计	53 840 559	68 187 413	80 587 992	91 322 633	102 407 281	117 466 617	132 345 303
各项存款	46 620 332	59 773 985	71 823 317	80 936 833	91 736 811	104 384 686	113 864 464
企业存款	15 763 221	21 711 294	24 449 687	41 091 205	45 883 393	52 082 590	56 524 912
个人存款	—	—	—	35 353 643	41 099 238	46 650 239	50 783 109
财政存款	1 804 004	2 241 165	2 545 497	2 622 307	2 423 428	3 013 347	3 566 448
临时性存款	—	—	—	157 014	163 305	166 106	109 783
信托存款	373 324	594 511	646 115	30 847	22 831	35 433	44 175
机关团体存款	2 196 277	2 955 956	6 617 331	—	—	—	—
城镇储蓄存款	21 788 535	26 076 731	30 330 215	—	—	—	—
农业存款	1 007 451	1 456 832	1 724 361	—	—	—	—
其他存款	3 687 520	4 737 496	5 510 112	1 681 818	2 144 616	2 436 972	2 836 037
金融债券	2 085 248	1 620 355	1 352 685	1 003 883	848 757	668 100	984 320
流通中货币	3 421 896	3 824 597	4 462 817	5 074 846	5 465 981	5 857 444	6 025 953
对国际金融机构负债	73 259	76 172	72 008	77 646	82 768	85 445	86 718
其他来源	1 639 824	2 892 304	2 877 165	4 229 424	4 272 964	6 470 941	11 383 848

数据来源：中国人民银行各年统计报告。

从表 3.1 可以看出，存款负债始终是商业银行的主要负债，约占商业银行资金来源的 80% 以上；借入负债的比重则随金融市场的发展而不断上升。中国人民银行各年统计数据表明，金融机构信贷资金来源合计从 2008 年的 538 406 亿元增长到 2014 年的 1 323 453 亿元，年均增长 29%。其中，存款负债从 2008 年的 466 203 亿元增长到 2014 年的 1 138 645 亿元，年均增长 29%，在存款负债中城镇储蓄存款或个人存款所占比重也一直较高。

20 世纪 70 年代以来，西方国家商业银行负债结构发生了较为明显的变化，一是存款负债比重在降低，非存款类资金来源比重逐步上升；二是存款中定期存款比重上升，活期存款比重下降。这两个变化一方面使银行的资金来源稳定，同时也降低了银行的流动性风险；另一方面，负债结构的改变导致成本的提高，为了实现盈利性目标，迫使商业银行经营风险更大的投资和贷款。

目前，我国商业银行仍以被动负债为主，融资渠道单一。为适应国际银行业的发展趋势，商业银行应适当增加商业银行发展金融债券的发行规模，积极发展主动负债，改善负债结构。

五、负债结构管理理论

银行负债结构的变化，极大地影响着银行的盈利水平、风险状况与资金的流动性。因此，如何安排负债结构是商业银行经营管理中的重要任务。关于负债结构的管理理论主要有以下三种：

（一）存款理论

存款理论曾是商业银行负债经营的正统理论，其基本思想如下：

（1）存款是商业银行最主要的资金来源，是银行各项业务经营活动的基础，存款始终具有决定性意义。

（2）尽管可以采用许多的办法去争取存款，但银行处于"被动"的位置上，服从于存款人意志，存款负债因而被称为"被动型负债"。

（3）特别强调资金运用的安全性。

存款理论的主要特征是其稳健性、保守性倾向。

存款理论的局限性在于银行经营只注重存款规模，而忽视其他资金来源的重要性，忽视资产负债结构协调对银行经营的重要性。

（二）购买理论

购买理论是在西方国家经济出现滞胀的情况下产生的，它与存款理论完全相反，标志着银行负债管理思想的重大转变。购买理论认为：

（1）银行可以主动负债，主动购买外界资金。

（2）银行购买资金的目的是增强流动性，购买对象即资金供给者的范围十分广泛。

（3）在存款利率管制的条件下，直接或间接地抬高资金价格来吸收存款，是购买资金的有效手段。

（4）银行购买资金的适宜环境是通货膨胀条件下的实际低利率甚至负利率。

该理论积极的一面是主动吸收资金，有助于信用扩张或经济增长，增强银行竞争力。该理论消极的一面，如导致盲目竞争、增加银行的经营成本、使利差缩小等。

（三）销售理论

销售理论产生于 20 世纪 80 年代。存款理论和购买理论都是单纯地着眼于资金，而销售理论的中心任务是运用营销手段，向客户推销银行的金融产品，以获得所需的资金和所期待的收益。销售理论的主要内容包括：

（1）客户至上。维护客户的利益，满足客户的需求，是银行服务的出发点和归宿。银行表面上是资金的汇集融通中心，实际上是利益的调节中心，银行要追求自己的利益，但同时也要维护客户的利益。

（2）产品多样化。银行要不断设计与开发新的金融产品，保证产品的多样化，以满足客户的多样化需求。

（3）银行销售金融产品的目的之一是组织资金。通过向客户提供服务，适当地利用贷款或投资等资产手段的配合来做一揽子安排，达到吸收资金的目的。

销售理论反映了银行和非银行金融机构之间的相互竞争和相互渗透，反映了商业银行综合化、万能化发展的趋势。

第 2 节　商业银行存款负债

一、商业银行存款的种类和结构

存款的种类有不同的划分标准。如果按存款支取方式划分，有活期存款、定期存款和储蓄存款等；按存款的所有者划分，则有企业存款、同业存款、财政和其他公共存款、城乡居民个人存款。存款的具体划分标准依据研究角度和实际需要而定。本节主要介绍西方商业银行对存款的分类和我国目前对存款的分类情况。

（一）传统型存款

1. 活期存款（Demand Deposits）

活期存款也称支票账户或交易账户，是指无需任何事先通知，存款户即可随时存取和转让的一种银行存款。其形式包括开出支票、本票、汇票，或通过电话、自动出纳机或者其他电传手段等进行取现或转账。

开立这种账户的目的是为了通过银行进行各种支付结算。由于活期存款存取频繁，流动性风险大，而且还需要提供多种服务，如存取、转账、提现和支票等，因此活期存款营业成本较高，一般不对存户支付利息，甚至还收取一定手续费。虽然活期存款流动性很强，但存取交替流动中，总会在银行形成一笔相对稳定、数量可观的余额，是银行贷款主要的资金来源之一。活期存款不仅具有货币支付手段和流通手段的职能，同时还具有很强的派生能力，能有效提高银行的盈利水平。因此，商业银行在任何时候都会把活期存款作为经营的重点之一。

2. 定期存款（Time Deposits）

定期存款是指存款客户与存款银行事先约定存款数量、利率、期限，并获取一定利息的存款。存款期限短的有 1 个月、3 个月、6 个月、12 个月，长期的有 3 年、5 年、8 年。利率视期限长短而不等，但都要高于活期存款利率。传统的定期存款一般到期才能提现，提取是要凭借银行签发的定期存单，存单不能转让，银行根据存单计算应付利息。但是，随着存款工具的创新，已经开发出可以转让的定期存单。

定期存款对于客户来说是一种收入稳定且风险很小的投资方式，并且可以以存单作为动产质押取得银行贷款。对于商业银行来说，相对活期存款，定期存款由于期限固定，一般不能提前支取，是银行稳定的资金来源，可以用来支持银行的中长期贷款、投资业务；定期存款的准备金率较低，减少了银行在这方面的存款准备金，提高了资金利用率；在存续期间，提供的服务较少，相对经营成本较低，作为对存款人的回报，银行支付的利息也随着存款的延长而提高。因此，定期存款对于商业银行经营管理有着特别重要的意义。

3. 储蓄存款（Savings Deposits）

储蓄存款指为居民个人积蓄货币资产和获取利息而设定的一种存款。储蓄存款基本上分为活期和定期两种。活期储蓄存款虽然可以随时支取，但取款凭证——存折不能流通转让，也不能透支。传统的定期储蓄存款的对象一般仅限于个人和非盈利性组织，并且若要提取，必须提前 7 天事先通知银行，同时存折不能流通和贴现。

由于储蓄存款的流动性介于活期存款和定期存款之间，银行承担的流动性风险亦大于定期存款流动性风险和小于活期存款流动性风险，因此银行对储蓄存款支付的利息低于定期存款。储蓄存款已成为我国商业银行最重要的资金来源。中国人民银行的统计数据显示，截至 2014 年 12 月底，我国金融机构的储蓄存款已达到 50.3 万亿元，远远超过了企业单位和财政性存款的总和。

（二）创新型存款

存款创新是指根据客户的动机和需求，在原有存款种类基础上，推出新的品种、新的类型，以满足客户的不同需求。随着经济和信用关系的发展、同业竞争的加剧以及金融风险的加大，商业银行为了提高自身竞争力，规避金融管制，对金融工具进行了创新。在西方银行也相继出现了许多新的存款账户，下面对西方商业银行具有代表性的创新存款工具进行简要介绍。

1. 大额可转让定期存单（Negotiable Certificate of Deposits，NCDs）

大额可转让定期存单由美国花旗银行于 1961 年首创，目的是为了逃避最高利率限制与存款准备金规定，它是指按某一固定期限和一定利率存入银行的资金可在市场上买卖的凭证。大额可转让定期存单的特点是：第一，可转让定期存单的面额较大，一般为 10 万~100 万美元不等。第二，利率一般高于同期储蓄存款。第三，有比较活跃的流通市场，可随时在二级市场出售转让。可转让定期存单实际属于一种浮动利率的定期偿还本金的可转让有息证券，它把长期存单的收益与短期证券的流动性相结合，使银行负债证券化，增加了这一创新存款商品的市场竞争力。

1986 年，我国交通银行首先引进了大面额可转让存单，由于利率高于同期存款，因此颇受欢迎。但利率上的优惠取消后，推销就比较困难了，主要原因是我国还没形成定期存单的转让市场，"可转让"这一主要特性不能充分发挥，导致流动性缺失。

2. 可转让支付凭证（Negotiable Order of Withdrawal Account，NOWs account）

20 世纪 70 年代，美国商业银行存款利率受到管制，不准储蓄账户使用支票。为了规避管制，争取更多的客户，产生了一种新的储蓄存款账户——可转让支付凭证。

可转让支付凭证是一种对个人和非盈利机构开立的、支付利息的支票账户。该账户的特点是：第一，转账或付款不是使用一般的支票，而使用支付命令。它以支付命令书取代支票，实际上是一种不使用支票的支票账户。第二，可以按其平均余额支付利息。第三，存款对象仅限于个人和非盈利机构。由于可转让支付凭证兼有传统支票活期存款的支付便利性和储蓄存款的收益性，可转让支付凭证账户的推出，有利于吸引客户，扩大存款来源。

3. 超级可转让支付凭证（Super NOWs）

超级可转让支付凭证始于 1985 年，超级可转让支付凭证账户是可转让支付凭证账户发展起来的利率较高的活期存款账户。该账户的特点是：第一，存款对象仅限于个人和非盈利金融机构。第二，创办之初，有最低余额的限制，法定最低开户金额和平均余额为 2 500 美元。第三，对保持 2 500 美元或以上余额的账户，利率不受限制。一般来说，该账户利率要低于货币市场的存款利率。第四，可以开出支付命令，并且开出支付命令不受限制。第五，这种账户作为转账账户要上缴存款准备金，银行为吸引客户通常还提供一定的补贴和奖励。

4. 货币市场账户（Money Market Deposit Account，MMDA）

货币市场账户始办于 1982 年的美国，这种账户的性质介于活期存款与储蓄存款之间。目前西方国家把货币市场存款账户作为主要的储蓄工具。货币市场账户的特点是：第一，开户的金额为 2 500 美元，平均余额不低于 2 500 美元。第二，对存款无最高利率限制，如果余额低于 2 500 美元，利率则改按储蓄存款计息；利率每周按货币市场利息调整，于月底打入该账户。第三，对存款不规定最短期限，但银行规定客户提取存款应在 7 天前通知银行。第四，储户使用该账户进行收付，每月不得超过 6 次，其中用支票付款不得超过 3 次。第五，储户对象不限，个人、非盈利机构、工商企业者均可开户。

5. 自动可转账服务账户（Automatic Transfer Service Account，ATS）

自动可转账服务账户是美国商业银行于 1978 年推出的，是由早期电话转账服务发展而来的，其主要内容是存户同时在银行开立两个账户——储蓄账户和活期存款账户，活期存款账户的余额始终保持 1 美元，其余额转入储蓄账户可获得利息收入。当银行收到存户开出的支票付款时，可将支付款项从储蓄账户转到活期存款账户上进行自动转账，及时支付支票上的款项。开立自动转账服务账户要求缴纳存款准备金。

6. 协定账户（Agreement Account，AA）

协定账户是自动可转账户的进一步创新，该账户是银行与客户达成的一种协议，存户授权将款项存在活期存款账户、可转让支付凭证账户或货币市场互助基金账户中的任何一个账目上。对活期存款账户或可转让支付凭证账户，一般都规定一个最低余额，超过最低余额的款项由银行自动转入同一存户的货币市场互助基金上以便取得较高的利息；如果余额低于最低余额，也可由银行自动将货币市场基金账户的款项转入活期存款账户或可转让支付凭证账户，以补足最低余额。

7. 个人退休金账户（Individual Retirement Account）

个人退休金账户是美国商业银行于 1974 年创办的专为工资收入者开办的储蓄养老金账户。如果存款人每年存入 2 000 美元，可以暂时免税，利率不受"Q 条例"限制，到存款人退休后，再按其支取金额计算所得税。这种存款存期长，利率略高于储蓄存款，是银行稳定的资金来源，也深受存款人的欢迎。

8. 定活两便存款（Time-demand Deposit）

这是一种存款时不需约定期限、随时可以支取、利率按照实际存款期限而变动的存款。定活两便存款不能使用支票，一般有一个基本期限，在该期限内取款，以活期存款计息；超过这一期限，按照实际存款期限计息，利率低于相应期限的定期存款但高于活期存款。

二、商业银行存款业务管理

商业银行存款业务管理主要包括存款的稳定性管理、存款的营销管理、存款的成本管理。

（一）银行存款的稳定性管理

存款的稳定性，也称存款的沉淀率。稳定的存款余额是形成银行中长期和高盈利资产的主要资金来源。从商业银行经营管理的角度来看，它比存款总额更具有现实意义。提高存款稳定性，主要表现在提高活期存款的稳定率和延长存款的平均占用天数。

活期存款稳定率 =（活期存款最低余额÷活期存款平均余额）×100%   (3.1)

活期存款占用天数 =（活期存款平均余额×计算期天数）÷存款支付总额   (3.2)

根据存款的波动性，可将银行存款划为以下三大类：

（1）易变性存款。易变性存款主要指活期存款。由于客户可以随时向银行提现和转账，这类存款的稳定性最差。

（2）准变期存款。准变期存款主要指定活两便存款、通知存款等。这类存款既不能随时提现和转账，又没有支取约定期限的制约，其稳定性介于活期存款和定期存款之间。

（3）稳定性存款。稳定性存款主要指定期存款、可转让存单及专项存款等。这类存款在约定期内一般不能提前支取，是稳定性较强的存款。

提高银行存款稳定性的重点是提高易变性存款的稳定性，取决于两方面因素，一是存款客户的多少；二是银行是否能够提供优质高效的服务。因为在存款总量一定的情况下，存款客户越多，个别客户的存款波动对银行总体存款稳定性的影响就越小；而银行若能提供高效优质的服务，将吸引更多的客户，提高存款的稳定性。

要提高存款的稳定性，还必须努力延长稳定性存款和易变性存款的平均占用天数。例如，对于定期存款中的保管性存款，客户存款的目的是为了积累财富以备远期消费，其稳定性最强，银行必须为这类存款采取安全、保值和保险措施，做好存款转存和计算复利的工作，以尽量延长这类存款的占用天数。对于定期存款中的投资性存款，由于受到债券、股票等高收益金融资产的冲击，其稳定性显然要低于保管性存款。对于投资性存款，银行一方面要视金融市场的价格变化和自身承受能力而适当调整利率；另一方面要通过各种途径宣传银行存款比其他金融资产更安全可靠、风险更小的特性，来巩固存款，以延长平均占用天数。

（二）银行存款的营销管理

银行存款的营销是一种确定并刺激需求的过程，包括银行提供金融产品和服务、客户购买并使用该产品和服务以及对其做出反映的全部过程。对于银行而言，存款实际上是一种被动负债，在存款规模、存款种类等问题上，储户拥有主动权。因此，银行要在存款经营中实现预期的目标，必须通过一系列积极的经营策略，不断推出满足需求的新的存款工具，优化存款规模与结构。

1. 储蓄存款营销策略

对于储蓄存款而言，应注意以下几点：

（1）针对储户动机，开发出多样化的存款工具，以满足不同层次、不同形式的储户需求。

（2）必须重视利率杠杆的作用，对存款利率水平和档次适时进行调整，以扩大储蓄和提高储蓄存款的稳定性；提供优质高效的服务，提高存取款的便捷性、安全性、舒适性及现代化；做好广告宣传，加强外勤工作，合理设置网点，充分调动吸储人员的积极性。

2. 企业存款的营销策略

对于企业存款而言，应注意以下几点：

（1）根据不同企业、不同资金的特点，开发多种形式的企业存款工具来满足其需要。

（2）努力以贷引存，做到存贷结合，并结合银行的资产业务和中间业务，协调企业管好用好资金。

（3）建立健全企业存款管理制度，提供全面的信用服务，密切银企关系，以稳定和扩大企业存款。

（三）银行存款的成本管理

存款成本高低是银行能否盈利的前提条件，存款的经营管理首先是要在不增加成本或相对少增加成本的前提下吸收更多稳定的存款。

1. 存款成本的构成

存款成本从管理会计角度可以分成固定成本和变动成本两大部分。存款成本从财务会计学角度可以分成以下项目：

（1）利息成本。利息成本是指银行按约定的存款利率与存款金额的乘积，以货币形式直接支付给存款者的报酬。存款利率有固定利率和可变利率之分。目前我国的存款一般都按固定利率计息，因此利息成本在我国仍然是商业银行的一项刚性成本和利率变动风险较小的固定成本。

（2）营业成本。营业成本也称服务成本，是指除存款利息外的其他所有开支，如代办手续费、固定资产折旧费、宣传费、人工工资、办公费用及其他服务费用。在我国，利息成本一般由国家统一规定，营业成本就成为商业银行成本控制的关键。

反映银行存款成本的指标有资金成本率、可用资金成本、加权资金成本、边际存款成本等。

2. 影响存款成本的定价的因素

（1）利率水平。存款利率直接影响利息成本，而利息成本是存款成本的主要部分，因此市场利率因素对存款成本定价起着决定性影响。市场利率越高，存款成本越高。根据市场利率水平，银行存款定价时，要经常调整定价，即对存款利率、服务费和手续费进行调整。

（2）其他银行的定价策略。存款是银行的被动负债，其他银行的定价策略影响着本银行在吸引存款上的竞争力，因此本银行存款成本的定价要参照其他银行的定价策略。

（3）不同存款账户的利率需求弹性。这主要是评估潜在的存款价格的变化对存款流量的影响，即银行能够增加存款的可能性。

（4）存款的期限结构。对于不同期限结构的存款，在利息成本和营业成本上应有所差异。

（5）银行的盈利能力。银行存款成本管理的目标应当是存款收益最大化和存款成本最小化，最终使银行的盈利最大化。银行可以采用成本收益分析法来分析存款成本的变化。

（6）贷款与存款成本的关系。存款成本会受到贷款政策的影响。某些贷款政策会降低存款的成本。例如，借款人在银行保留的补偿成本余额，这部分存款成本很低，而且相对来说比较稳定。

（7）客户与银行的关系。一般来说，客户与银行的关系越密切，客户使用银行的服务越多，客户的成本就越低，银行为其提供的便利就越多。

3. 存款成本的控制

（1）存款结构和成本的控制。一般情况下，存款期限长，利率高，成本高；反之，存款期限短，利率低，成本低。这样看来，存款的期限结构和利率结构与成本之间存在着一种对立关系，但并不绝对如此，因为存款成本中除了利息成本，还存在着营业成本。就活期存款与定期存款相比，前者的利息成本低于后者，但营业成本则恰恰相反，因此，前者的总成本不一定比后者低。

在实践中，对存款结构的选择应正确处理以下关系：第一，尽量扩大低息存款的吸收，降低利息成本的相对数；第二，正确处理不同存款的利息成本和营业成本的关系，力求不断降低营业成本的支出；第三，活期存款的发展战略必须以不减弱银行的信贷能力为条件；第四，定期存款的发展不以提高自身的比重为目标，而应与银行存款的派生能力相适应。

（2）存款总量和成本的控制。商业银行的存款总量与成本之间的关系可以概括为以下四种情况：第一，逆向组合模式，即总量增加，成本下降；第二，同向组合模式，即总量增加，成本增加；第三，总量单向变化模式，即存款总量增加，成本不变；第四，成本单向变化模式，即存款总量不变，成本增加。

由此可见，存款成本不仅与存款的总量有关，还与存款结构、单位成本内固定成本与变动成本的比例、利息成本和营业成本占总成本的比重等都有密切的关系，从而产生上述不同组合。这要求银行努力实现逆向组合模式和总量单向变化模式，要求银行在不增加成本或者减少成本的前提下，尽可能组织更多的存款，即走内涵式扩大再生产之路。不能单纯靠提高存款利率，增设营业网点，增加内外勤人员以扩大存款规模。因此，存款总量并非越多越好，应限制在其贷款可发放程度以及吸收存款的成本和管理负担在能力承受的范围内。银行对存款规模的控制，要以存款资金在多大程度上被实际运用于贷款和投资为评判标准。目前较科学的存款规模控制模式是通过存款成本变化来控制存款量，寻求边际成本曲线和实际收益曲线的交点，以确定最佳的存款量。

三、存款保险制度

存款保险制度是一种金融保障制度，是指由符合条件的各类存款性金融机构集中起来建立一个保险机构，各存款机构作为投保人按一定存款比例向其缴纳保险费，建立存款保险准备金，当成员机构发生经营危机或面临破产倒闭时，存款保险机构向其提供财务救助或直接向存款人支付部分或全部存款，从而保护存款人利益、维护银行信用、稳定金融秩序的一种制度。作为金融安全网的一部分，存款保险的基本作用在于预防银行挤兑和保护小存款人利益。随着经济金融的发展，存款保险体系的作用有所演变，可分为：第一，保护大多数小额存款人的利益；第二，提高公众对金融体系的信心，保证银行系统的稳定；第三，通过建立对问题银行的处置规则，提供一种有序的处理破产机构的机制，避免危机的扩大。

1960 年之前，美国是世界上唯一建立存款保险制度的国家。1961 年，印度成为第二个建立存款保险制度的国家。存款保险制度得到国际认可并大规模建立是在 20 世纪 90 年代以后，与世界银行业危机爆发次数相关性较强。20 世纪 80 年代，各国银行所统计的严重的系统性银行危机达到 45 次。20 世纪 90 年代，全球爆发了 63 次严重的银行危机。与此对应，1990 年只有 34 个国家建立存款保险制度，2000 年则有 71 个国家建立存款保险制度，增长 209%。进入 21 世纪，陆续有 32 个国家建立存款保险制度，在 2008 年金融危机后建立存款保险制度的国家数目占这些国家数目的 44.1%。截至 2011 年年底，全球已有 111 个国家建立存款保险制度。

存款保险制度常常伴随利率市场化而产生。利率市场化后银行间经营差异扩大，银行业风险上升。通过建立完善的显性存款保险制度，可有效降低挤兑风险，促进中小银行与大型银行公平竞争，维护金融稳定。从各国经验看，部分国家均在利率市场化之前或利率市场化过程中建立了存款保险制度，从而有利于利率市场化以及金融自由化的进一步深入。但其本身也有成本，可能诱发道德风险，使银行承受更多风险，还产生了逆向选择的问题。

在我国，2014 年 11 月 27 日，国务院全文公布了《存款保险条例（征求意见稿）》，共有 23 条。其中，规定最高偿付限额为人民币 50 万元；保费由银行缴纳。《存款保险条例》于 2015 年 2 月 17 日正式公布，并自 2015 年 5 月 1 日起施行。

第3节　商业银行借入负债业务

虽然存款构成银行的主要资金来源，但仍有存款无法满足贷款和投资增长需求的可能。此时，银行需要寻求存款以外的其他资金来源，即需要借入资金来满足银行的资金需要。存款是银行的被动负债，而借入负债则是银行的主动负债，借入负债比存款负债具有更大的主动性、灵活性和稳定性。银行的借入负债按期限的长短分为短期借款和长期借款。其中，银行的长期借款主要是通过发行金融债券来筹集资金。

一、短期借款业务

（一）短期借款的种类

1. 同业拆借

同业拆借指金融机构之间的短期资金融通，主要用于支持日常性资金周转，是商业银行为解决短期资金余缺、调剂法定准备金头寸而相互融通资金的重要方式。同业拆借一般是通过商业银行在中央银行的存款账户进行的，同业拆借实质上是超额准备金的调剂，因此又称中央银行基金，在美国则称联邦基金。

一般而言，我国银行间同业拆借的主要目的是补充准备金和保持资金的流动性，然而随着金融业的发展，同业拆借日益成为商业银行资产负债管理的重要工具。银行拆借额度必须立足于自身的承受能力，拆出资金以不影响存款的正常提取和转账为限，拆入资金必须以本身短期内的还款能力为度。目前，根据中国人民银行的规定，中资商业银行、城市信用合作社、农村信用合作社县级联合社的最高拆入限额和最高拆出限额均不超过该机构各项存款余额的8%。

同业拆借的利率一般高于活期存款利率、低于短期贷款利率，通常情况下，拆借利率略低于中央银行再贴现利率，这样能迫使商业银行更多地向市场借款，有利于中央银行控制基础货币的供应。在我国，根据2007年8月发布的《同业拆借管理办法》，我国同业拆借市场由1~7天的头寸市场和期限在一年内的借贷市场组成。从中国人民银行网站的统计数据可知，截至2015年8月底，同业拆借的市场成交60 181亿元，各交易品种交易量分别为1天的为53 120亿元，7天的为5 383亿元，14天的为1 184亿元，20天及以上的为494亿元。短期期限品种占主导地位，仅隔夜拆借品种交易量占比达88%。

中国人民银行发布的《同业拆借管理办法》从市场准入、期限管理和限额管理三方面放松管制。其中，第六条规定了16类金融机构可以申请进入同业拆借市场，这个范围涵盖了所有银行类金融机构和绝大部分非银行金融机构。该条例的发布进一步促进了同业拆借市场发展，配合了上海银行间拆放利率（SHIBOR）报价制改革，顺应了市场参与者的需求。

2. 向中央银行借款

商业银行向中央银行借款主要形式有两种，一是再贴现，二是再贷款。再贴现指商业银行将其买入的未到期的已贴现汇票，向中央银行再次申请贴现，也称间接借款；再贷款指中央银行向商业银行的信用放款，也称直接贷款。市场经济发达的国家，商业票据和贴现业务广泛流行，再贴现就成了商业银行向中央银行借款的主要渠道。而在商业票据不普及的国家，则主要采用再贷款形式。

中央银行对商业银行的放款，会产生具有数倍派生能力的基础货币，对商业银行的放款成为一种重要的宏观金融调控手段，是否放款、何时放款、放款量多少都要以货币稳定和金融稳定作为最高原则。因此，商业银行向中央银行借款是有严格限制的，一般情况下，借款只能用于调剂头寸、补充储备的不足和资产的应急调整，而不能用于贷款和证券投资。

我国的银行向中央银行的借款以再贷款为主要形式。随着我国票据和贴现市场的发展，商业银行的贴现业务将逐渐扩大，逐步以再贴现取代再贷款将是历史发展趋势。

3. 转贴现

转贴现是指中央银行以外的投资人在二级市场上购进票据的行为。商业银行通过转贴现在二级市场上卖出未到期的贴现票据以融通到所需要的资金，而二级市场上的投资人在票据到期前还可进一步转手买卖，继续转贴现。转贴现的期限一律从贴现之日起到票据到期日为止，按实际天数计算。转贴现利率可由双方议定，也可以贴现率为基础参照再贴现率来确定。在我国，票据款项的回收一律向申请转贴现的银行收取，而不是向承兑人收取。

4. 回购协议

回购协议是指商业银行在出售证券等金融资产时签订协议，约定在一定期限后按约定价格购回所卖证券，以获得资金的融资方式。回购协议中的金融资产主要是证券，在我国则严格限制于国债。回购协议交易通常在相互高度信任的机构间进行，并且期限一般很短。回购协议中，协定日期为一天的称为隔夜回购，超过一天的称为定期回购，未规定期限的称为开放式回购。在我国，回购协议的回购交易最长为 365 天，但绝大多数集中在 30 天之内。回购协议的交易方式一般有两种，一种是证券卖出和购回采用相同的价格，协议到期时以约定的收益率在本金外再支付费用；另一种是购回证券时价格高于卖出时的价格，其差额就是资金提供者的收益。

5. 大面额存单

大面额存单指银行发行的期限在一年以内的面额固定的可转让存单，是资产证券化的产物。大面额存单的特点是可以转让、有较高的利率、兼有活期存款流动性和定期存款盈利性的优点。大面额存单一般由银行直接发售，利率由发行银行确定，可以采用固定利率或浮动利率两种方式。中国人民银行于 2015 年 6 月 2 日公布《大额存单管理暂行办法》，使得我国的大额存单得以走上台前。中国工商银行、中国建设银行、中国农业银行、中国银行、交通银行、中信银行、浦发银行、招商银行、兴业银行宣布于 2015 年 6 月 15 日推出各自的首期大额存单。从公开信息看，各家银行有关大额存单的几个关键数字也几乎"同步"：个人认购起点金额为 30 万元人民币，机构投资人认购起点金额为 1 000 万元人民币，利率按照对应期限央行基准利率上浮 40%。此外，大额存单都可保本保息，支取灵活。

6. 欧洲货币市场借款

欧洲货币市场存款是指银行利用欧洲货币市场筹集到所需要的短期资金。其特点有：第一，不受任何国家政府管制和纳税限制，借款条件灵活，借款用途不限；第二，短期借款主要凭信用，资金调度灵活、手续简便；第三，不受法定存款准备金和存款利率最高额的限制，存款利率相对较高，放款利率相对较低，存贷利差小，对存贷双方都有吸引力；第四，借款利率依据伦敦同业拆借利率（LIBOR），由双方具体商定。

（二）短期借款的管理要点

短期借款主要用于应对银行短期头寸不足，借款期限较短，对流动性的需要相对明确和集中，面临较高的利率风险。因此，针对其特点，在管理上要注意以下几点：

1. 把握短期借款的时机

商业银行要根据自身在一定时期资产的期限结构及变动趋势，来确定是否利用短期借款及短期借款的规模；要考虑金融市场的状况，在资金供应充足时借入，以达到降低成本的目的；要根据中央银行货币政策的变化控制短期借款的程度，当实行宽松的货币政策时，短期借款的成本降低，则可以考虑适度增加借款。

2. 研究短期借款的资金成本

短期借款是商业银行经营实现流动性、安全性和盈利性所必需的，但并不是短期借款越多越好，借入资金有时比吸收存款付出的代价还大。当短期借款付出的资金成本大于扩大资产规模带来的收益时，则不宜增加借款规模。应尽量把借款到期时间和金额与存款的增长相协调，把借款控制在自身承受能力范围内，争取利用存款的增长来解决一部分借款的流动性需要。

3. 降低短期借款的流动性风险

短期借款的流动性风险较大，银行应主动把握借款期限和金额，采用多头拆借的方式将借款对象和金额分散化，以避免短期借款到期金额过于集中给银行带来的较大的偿债压力，降低流动性的风险。

二、长期借款业务

（一）金融债券的特征

商业银行的长期借款一般采用金融债券的形式。金融债券是20世纪70年代以来西方商业银行业务综合化、多样化发展和金融证券化的产物。与存款相比，金融债券具有以下特点：

1. 筹资目的多样化

吸收存款为的是全面扩大资金来源总量，而发行金融债券为的是增加长期资金来源和满足特定用途的资金需要。

2. 筹资行为主动化

吸收存款是经常性的、无限额的，主动权在客户手中，而发行金融债券筹集长期借款则是集中性的、有限额的，银行拥有主动权。

3. 筹资的效率高效化

一般来说，金融债券的利率要高于同期存款的利率，对客户来说，吸引力较强，因此其筹资效率一般高于存款。

4. 资金的流动性强

除特定的可转让存单外，一般存款的信用关系固定在银行和存款客户之间不能转让，而金融债券一般不记名，有广泛的二级市场可以流通转让，因此比存款具有更强的流动性。

5. 资金的稳定性高

存款尤其是活期存款可以自由存取，期限具有弹性，资金稳定程度相对低，而金融债券具有明确的偿还期，一般不能提前还本付息，资金稳定程度高。

基于金融债券的特点，发行金融债券对银行负债经营有较大的积极意义。第一，筹资范围广泛，面向全社会筹资，突破了银行原有存贷关系限制，既不受银行所在地资金状况的限制，也不受银行自身网点和人员的限制。第二，高利率和强流动性，对客户吸引力大，提高了银行筹资速度和数量，同时债券所筹集的资金不用缴纳法定存款准备金，提高了银行资金的利用率。第三，发行金融债券作为商业银行的长期资金来源的主要途径，银行能主动地根据资金运用计划，有针对性地筹集资金，使资金来源和资金运用在期限上保持对称，加强商业银行资产负债管理。

但发行金融债券作为长期资金也有其局限性。第一，金融债券的发行受到监管部门的严格限制，银行筹资的自主性不强。第二，除了利率高于存款利率，金融债券的发行费用也加重了筹集资金的成本。第三，金融债券的流动性依赖于二级市场的发达程度，因此在金融市场不够发达的国家，发行金融债券受到制约。

（二）金融债券的主要种类

1. 一般性金融债券

一般性金融债券是指商业银行为筹集用于长期贷款、投资等业务的资金而发行的债券。按不同标准，金融债券可以划分为很多种类。最常见的分类有以下两种：

（1）根据利息计算方式的不同，金融债券可分为普通金融债券、累进利息金融债券和贴现金融债券。普通金融债券是指到期一次还本付息的债券，期限通常在 3 年以上，利率固定，平价发行，不计复利；累进利息金融债券是指浮动期限式的、利率和期限挂钩的金融债券，期限一般在 3~5 年，债券持有者可以在最短和最长期限内随时到发行行兑付，但不满一年不能兑付；贴现金融债券是指在一定期限内按一定贴现率以低于票面金额的价格折价发行的债券，不单独计息，到期按面值还本付息，利息为发行价与面额的差额。例如，票面金额为 1 000 元，期限为 1 年的贴现金融债券，发行价格为 900 元，1 年到期时支付给投资者 1 000 元，那么利息收入就是 100 元，而实际年利率就是 11.11%。按照国外通常的做法，贴现金融债券的利息收入要征税，并且贴现金融债券不能在证券交易所上市交易。

（2）根据利息支付方式的不同，金融债券分为附息金融债券和一次性还本付息金融债券。附息金融债券是指在债券期限内，每隔一定时间支付一次固定数额利息的金融债券；一次性还本付息金融债券是指期限在 5 年之内、利率固定、发行银行到期一次支付本息的中期普通金融债券。我国发行的一般是一次性还本付息债券。国际上流行的普通金融债券大多是付息债券，指的是债券期限内每隔一定时间（半年或一年）

支付一次利息的金融债券。付息债券可以有较长的期限，并能有效减轻银行在债务到期时一次集中付息的利息负担。

此外，金融债券也可以像企业债券一样，根据期限的长短划分为短期债券、中期债券和长期债券；根据利率是否可变，分为固定利率债券和浮动利率债券；根据是否记名，分为记名债券和不记名债券；根据担保情况，分为信用债券和担保债券；根据可否提前赎回，分为可提前赎回债券和不可提前赎回债券；根据发行人是否给予投资者选择权，分为附有选择权的债券和不附有选择权的债券；等等。

2. 资本性金融债券

资本性金融债券是为了弥补银行资本不足而发行的，是介于存款负债和股票资本之间的一种债务，《巴塞尔资本协议》称之为附属资本或次级长期债务。

资本性金融债券可分为以下四类：

（1）次级债，即固定期限不低于5年（包括5年），除非银行倒闭或清算，不用于弥补银行日常经营损失，并且该项债务的索偿权排在存款和其他负债之后的商业银行长期债务。

（2）混合资本债，即针对《巴塞尔资本协议》对混合资本工具的要求而设计的一种债券形式，所募集资金可计入银行附属成本。

（3）可转债，即在一定条件下可以被转换为公司股票的债权，具有股票和债券的双重属性。

（4）可分离债，即分离交易的可转换公司债，是指上市公司公开发行的认股权和债券分离交易的可转换公司债券。

我国银监会对次级债的持有规模有严格的规定，商业银行持有他行发行的次级债和混合资本债总额不得超过其核心资本的20%，而且其风险权重高达100%。自从2008年金融危机深化以来，在美国金融机构由于资本准备不足而频陷危机的警示作用下，我国国内商业银行纷纷通过各种途径补充资本金，以股份制商业银行为首的金融机构发债规模大幅攀升。但是，2015年受监管审批趋严、银行转向股权融资、银行业资产增速放缓等影响，被视为商业银行重要"补血"途径之一的二级资本债出现下滑。据2015年8月的统计数据显示，2015年债券市场共发行了29只商业银行二级资本债，发行金额合计1 113.64亿元，与2014年同期的21只、2 427.5亿元相比，发行只数有所上升，但发行总额却缩水逾五成。

3. 国际金融债券

国际金融债券是指在国际金融市场发行的面额以外币表示的金融债券。

（1）外国金融债券，即债券发行银行通过外国金融市场所在国的银行或金融机构发行的以该国货币为面值的金融债券。其特点是债券的币值、发行市场与债券的发行银行分别属于2个不同的国家。

（2）欧洲金融债券，即债券发行银行通过其他银行或金融机构，在债券面值货币以外的国家发行并推销的债券。其特点是债券的发行银行、债券的币值、债券的发行市场分别属于3个不同的国家。欧洲债券通常以国际通用货币标价（如美元），所筹资金的使用范围广泛，因此是一种重要的金融债券。

（3）平行金融债券，即发行银行为筹措一笔资金，在几个国家同时发行债券，债券分别以各投资国的货币标价，各债券的筹资条件和利率基本相同。实际上，这是一家银行同时在不同国家发行的几笔外国金融债券。

（三）金融债券的管理要点

1. 合理计划债券的发行与使用，提高资金的使用效率与效益

首先，要做好项目的可行性研究，项目收益高于成本时才能发债；其次，要使债券发行和用款项目在资金和数量上基本相等，避免资金限制或资金不足的现象。

2. 防范利率风险与汇率风险

一般而言，当未来市场利率有上升的趋势时，发行债券时选择固定利率计息方式；当未来市场利率有下降趋势时，发行债券时选择浮动利率计息方式。对于汇率的选择一般选用汇价具有下浮趋势的弱币作为票面货币。但是，在国际金融市场上，汇价具有上浮趋势的强币作为票面货币的债券容易销售。因此，要结合利率和汇率风险，综合考虑发债。

3. 寻找最佳的发行时机

商业银行应选择市场资金供给大于需求、利率较低的时期发行债券。发行国内债券时，由于利率较稳定，时间的选择主要取决于市场资金的充裕程度。

4. 研究投资者心理

客户是债券是否顺利推销出去的关键因素，商业银行债券的发行应以客户为中心，以市场为导向，不断创新，满足投资者的需求。

第 4 节　商业银行负债成本控制

一、负债成本的概念

（一）利息成本

利息成本是指以货币形式直接支付给存款人或债券持有人、信贷中介人的报酬。

（二）营业成本

营业成本是指花费在吸收负债上的除利息之外的一切开支，包括柜台和外勤人员工资、宣传费用、折旧摊提费、办公费以及为存户提供其他服务的费用。

（三）资金成本

资金成本是指包括利息在内的花费在吸收负债上的一切开支，即利息成本和营业成本之和。资金成本反映银行为取得负债而付出的代价，资金成本率是其衡量指标。

$$存款资金成本率＝（存款资金成本÷存款资金总额）×100\% \qquad (3.3)$$
$$总资金成本率＝[（利息成本＋营业成本）÷（吸收资金总额）]×100\% \qquad (3.4)$$

（四）可用资金成本

可用资金是指银行可以实际用于贷款和投资的资金，它是银行总资金来源中扣除应缴存法定存款准备金和必要的储备金后的余额。可用资金成本也称银行的资金转移

价格，是指银行可用资金所应负担的全部成本。可用资金成本是确定银行盈利性资产的价格基础。可用资金成本率是指资金成本与可用资金数额之比，用于对比不同存款，分析为得到各种可用资金所付出的代价，也可用于总体上分析银行可用资金成本的历史变化情况，比较本行与其他银行可用资金成本的高低。

可用资金额＝吸收的资金－法定存款准备金－必要的储备金 (3.5)

可用资金成本率＝（利息成本＋营业成本）÷可用资金额×100% (3.6)

（五）相关成本

相关成本是指与增加负债有关而未包括在上述成本之中的成本，包括以下两部分：

第一，风险成本，即因负债增加引起银行风险增加而必须付出的代价。例如，利率敏感性存款增加会增加利率风险；存款总额的增长提高了负债对资本的比率，会增加资本风险等。

第二，连锁反应成本，即银行因对新吸收存款增加的服务和利息支出，而引起对原有存款增加的开支。例如，银行以增加利息和提供服务的方式，吸引客户增加存款，当对新存款客户提供更多的利息和服务时，原有客户的利息和服务也会要求相应增加，这样就加大了银行成本开支。

二、负债成本的分析方法

（一）历史加权平均成本法

其计算公式为：

$$\overline{X}=\frac{\sum Xf}{\sum f}$$ (3.7)

上式中，f 为各种资金来源的数量；X 为每种资金的单位成本；$\overline{X}$ 为银行全部资金来源的单位加权平均成本。

其中，每种资金的单位成本包括利息成本和其他成本，计算时可将这两种成本加起来再乘以资金数量，也可以分别相乘后加总，即：

$$\overline{X}=\frac{\sum (X_1+X_2)f}{\sum f}=\frac{\sum X_1f+X_2f}{\sum f}$$ (3.8)

这种方法主要用于对不同银行的各种负债成本的对比分析、同一银行历年负债成本的变动分析等。每一项负债的历史加权平均成本等于利息费用率与该项的平均余额的乘积。

该方法对评价银行过去和现在的经营状况有着重要意义，但其未能考虑银行未来的利息成本变动。当未来利率上升时，历史平均成本就会低于新债务的实际成本，这样以历史成本为基础的资产收益率必然会相应下降，从而实现不了利润目标。反之，未来利率下降，则使盈利性资产的价格可能因高估而不利于竞争。

（二）边际成本法

边际成本指商业银行每增加一单位的负债资金所产生的成本。银行在确定资金成本时，只有当新增资产的边际收益大于新增负债的边际成本时，才能获取适当的利润。每项负债都有不同的边际成本，其成本随着市场利率、管理费用和该负债用于补充现金资产的比例变化而变化。这些独立的成本加在一起就可以得出新增资金的加权边际成本。

在决定资产价格时，边际成本实际上是盈亏平衡点。如果已知边际成本，资产收益率应略高于边际成本，从而保证适当的资产收益率与边际成本之差，以弥补违约风险损失和支付股东应得的报酬。边际成本也可以反映各种负债的相对成本，以确定新增负债的最低费用目标。

某种资金的边际成本计算公式为：

$$MC_1 = \frac{新增利息+新增其他开支}{新增资金} \tag{3.9}$$

如果新增资金中有 X 部分用于补充现金资产，不能算作盈利资产，则可新增可用资金的边际成本为：

$$MC_2 = \frac{新增利息+新增其他开支}{新增资金-X} \tag{3.10}$$

例如，某银行准备以 NOWs（可转让支付命令）账户支持资产扩充，这些资金的利息成本为5%，其他开支为3%，新增资金的18%用于非盈利资产。此时银行的边际成本计算如下：

$$MC_1 = (5\%+3\%) \div 1 \times 100\% = 8\%$$

$$MC_2 = (5\%+3\%) \div (1-18\%) \times 100\% = 9.76\%$$

利用上述方法计算某类资金的边际成本时较为有效，但银行资金来源多种多样，各项资金来源的风险也各不相同，因此采用平均边际成本更能反映银行总体新增资金成本的情况。

由表 3.2 中的数据可计算出：平均边际成本率 = 17.64÷180×100% = 9.8%

可用资金边际成本率 = 17.64÷163.4×100% = 10.8%

因此，可知如果银行的新增资产能够获得高于10.8%的收益率，则新增资金的结构是可取的；否则，必须放弃资产的扩张或改变资金的成本结构。

表 3.2　　　　　　　　银行平均边际成本的计算　　　　　　　　单位：亿元

类别	增加额 (1)	可用资金比率 (%)(2)	可用资金额 (3)=(1)×(2)	成本率 (%)(4)	总成本 (5)=(1)×(4)
活期存款	40	78	31.2	5.8	2.32
货币市场账户	60	94	56.4	8.2	4.92
定期存单	30	94	28.2	10	3
其他定期存单	30	94	28.2	8	2.4
资本	20	97	19.4	25	5
合计	180	—	163.4	—	17.64

第5节 我国商业银行的负债结构

一、我国商业银行的负债结构

随着我国金融市场的发展和开放，主动负债的形式开始成为商业银行的资金来源，因此负债结构也发生了相应的变化。下面以表3.3和表3.4所示的我国国有商业银行数据为例。

表3.3 我国商业银行存款组成　　　　　　　　　　单位：万亿元

项目	2010年	2011年	2012年	2013年	2014年
存款余额	73.3	82.7	94.3	107.1	117.4
居民储蓄	30.7	34.7	40.4	45.2	49
企业存款	25.3	42.3	47.9	54.2	59.1
金融债券	1.35	0.10	0.85	0.67	0.98

表3.4 我国商业银行存款结构　　　　　　　　　　单位：%

项目	2008年	2009年	2010年	2011年	2012年
活期存款	24.3	20	23	23.6	24.5
定期存款	11.4	12	13.1	13.1	12.3
储蓄存款	55	54	52.4	52.4	51.1
其他存款	9.3	14	11.5	11.5	12.1

数据来源：银监会年报。

结合数据分析，我国国有商业银行的整体负债结构主要具有以下特点：

（一）被动负债为主

我国国有商业银行主要是以吸收被动负债（即活期存款、定期存款、储蓄存款以及其他存款）资金来源为主，而主动型负债资金来源，如发行债券所吸收的资金总量有所增加，但其占全部负债的比例却是非常有限的。这表明银行依然依赖于通过存款负债来筹集资金，这种情况与我国金融市场（特别是货币市场）欠发达、金融工具较缺乏有关。

（二）储蓄存款为主

我国国有商业银行的存款构成依旧是以储蓄存款为主，活期存款次之，定期存款相对较少。我国国有商业银行各年的储蓄存款都占存款总额的50%以上，可见储蓄存款仍是我国城乡居民的首选金融资产。其中，活期存款占存款总额的20%左右，而定期存款所占的份额相对较少，仅占10%左右。我国国有商业银行的活期存款和定期存款的比例都相对稳定。这说明随着市场经济的发展、人民生活水平的提高以及人民消费习惯、消费预期的变化，我国商业银行存款结构也发生了很大的变化，由过去的以短期、活期存款为主变为现在的以长期、定期存款为主。

（三）企业存款增长较慢

企业存款 2010 年之后增长较为缓慢，是因为增长主要依靠银行贷款的增长和财政支出的增加，所以波动不定。这是由于企业存款的增减直接与企业效益相关。目前我国企业正处于转型期，许多企业尤其国有大中型企业经济效益普遍不理想，从而影响了银行企业存款的增加。受金融危机的影响，外需急剧减少，出口拉动型经济受到很大冲击，出口型企业的利润大幅下降，这也在一定程度上减少了企业存款的数量。

二、优化负债结构

由上述分析，我们可以看出，我国商业银行总体的负债金额呈逐年上升趋势，其中存款负债和非存款负债都有所增加，但负债形式依然是以存款为主的被动负债。这样的负债结构使得商业银行的融资渠道较为单一，对存款的依赖性过大，银行自主性较小。在过去很长一段时间里，我国商业银行把扩大存款规模作为首要的经营目标，甚至有为吸引存款而出现存贷利息倒挂的现象，这是很不合理的。近年来在利润驱动下，部分商业银行管理的重点放在低成本的活期存款上，但由于新增的贷款业务大多投向贷款期限较长的住房按揭、基础设施类贷款，资产和负债的期限不匹配，一旦宏观经济恶化，银行的流动性风险和利率风险就会显现。因此，我国商业银行应该积极发展主动负债业务，优化负债结构。

（一）积极培育市场，为主动负债业务健康发展提供良好环境

首先，推动债券市场发展。金融债券市场是商业银行融资的重要渠道之一，通过发行金融债券进行融资，具有融资成本低、速度快等优点。因此，我国应大力发展金融债券市场，同时鼓励各商业银行利用自身声誉、信息等方面的优势发行金融债券进行融资，扩宽其资金来源，改善银行的负债结构。其次，促进货币市场的发展。中央银行应当进一步采取措施，鼓励商业银行积极参与货币市场业务，尤其是鼓励中小商业银行与货币市场调剂的余缺。这样可以降低银行存款的比重，从而使负债结构多元化，降低风险。

（二）加强产品创新、丰富负债业务品种

鼓励我国商业银行开展金融产品创新活动，通过设计多样化的金融工具（如远期、互换等）来满足客户的需求，从而改善其负债结构。创新连接不同市场的产品，将存款与债券市场、存款与货币市场收益挂钩，如货币市场基金、结构性存款等，利用金融衍生产品规避敞口风险，也可以更加主动地应对利率风险和流动性风险。

（三）大力发展理财业务，推动商业银行金融方式创新，解决流动性过剩问题

理财产品的推出扩展了投资渠道，有效地分流居民存款，大大减轻了商业银行的流动性压力，同时还可以带来丰厚的手续费收入，可以通过资产池与产品本身收益差价获得一部分交易收入，能有效缓解银行筹资成本偏高与投资回报偏低的矛盾。

【本章小结】

（1）银行负债是银行在经营活动中产生的尚未偿还的经济义务，由存款负债、借款负债和其他负债构成。商业银行经营的基本目标是在一定的风险水平下，以尽可能低的成本获取所需要的资金。商业银行的经营理论包括存款理论、购买理论和销售理论。

（2）银行存款是商业银行负债业务中最重要的业务，也是商业银行信贷资金的主要来源。依据不同标准可以把存款划分成不同类型。商业银行存款业务管理主要包括稳定性管理、存款营销管理、存款成本管理。

（3）借入负债是商业银行主动通过金融市场或直接向中央银行融资。与存款负债不同，借入负债属于银行的主动负债，按期限可以分为短期借款和长期借款，其中银行的长期借款主要是通过发行金融债券筹资。

（4）通过对负债内容的分析，可以用历史平均成本法或边际成本法来测算负债成本。历史平均成本法可以用来评价银行过去和现在的经营状况。在决定资产价格时，边际成本实际上是盈亏平衡点。

（5）银行负债结构的变化，极大地影响着银行的盈利水平、风险状况及资金的流动性。目前，我国商业银行负债形式依然是以存款为主的被动负债，融资渠道较为单一，对存款的依赖性过大，银行自主性较小。商业银行应该积极发展主动负债业务，优化负债结构。

思考练习题

1. "对商业银行来说存款越多越好"，你认为这句话对不对？为什么？
2. 如何理解发行金融债券对商业银行经营管理的意义？
3. 简述商业银行存款创新的类型及必要性。
4. 简述商业银行负债成本的分析方法。
5. 负债结构管理的理论基础有哪些？
6. 简述商业银行短期借款的意义及管理重点。
7. 你认为该如何优化我国商业银行的负债结构？

第 4 章　商业银行贷款业务

内容提要：贷款是商业银行的主要资产，是商业银行取得利润的重要渠道，也是其参与社会经济活动、影响社会资源配置的手段。本章将讨论商业银行贷款业务的种类与创新、贷款政策与程序、贷款客户信用分析、贷款的质量评价、贷款的定价、问题贷款与贷款损失的管理，最后分析我国商业银行信贷资产管理的历史、现状和存在的不足。

银行贷款是商业银行作为贷款人按照一定的贷款原则和政策，以还本付息为条件，将一定数量的货币资金提供给借款人使用的一种借贷行为。贷款是商业银行的传统核心业务，也是商业银行最重要的盈利资产，是商业银行实现利润最大化目标的主要手段。

第 1 节　贷款业务的种类与创新

一、贷款的种类

商业银行贷款由贷款的对象、条件、用途、期限、利率和方式等因素构成。从银行经营管理的需要出发，可以对银行贷款按照不同的标准进行分类，而不同的分类方法对于银行业务经营与管理又具有不同的意义。

（一）按贷款的期限分类

商业银行的贷款可分为活期贷款、透支和定期贷款三种。活期贷款是不固定偿还期限，银行可以随时收回或借款人可以随时偿还的贷款。这种贷款一般是短期、临时性的。活期贷款收回时，需要提前通知，使客户有所准备，因此活期贷款又称为通知贷款。透支是一种特殊的活期贷款，是银行允许客户在其支票存款户用完后，按约定的额度随时开出支票向银行借用款项，并随时归还。由于透支没有固定偿还期，属于活期贷款。定期贷款是指具有固定偿还期限的贷款，其中依偿还期长短不同又可细分为短期贷款、中期贷款和长期贷款。短期贷款指期限在 1 年（含）以下的贷款；中期贷款指期限在 1 年以上 5 年（含）以下的贷款；长期贷款指期限在 5 年以上的贷款。

（二）按贷款的保障性分类

商业银行的贷款可分为信用贷款、担保贷款和票据贴现。信用贷款是仅凭借款人的信用，无需抵押品或保证人担保的贷款。商业银行一般给那些实力雄厚、信誉较高、与银行关系密切的客户提供信用贷款，这类贷款从理论上讲风险较大，因此银行要收取较高的利息。担保贷款是指具有一定的财产或信用作还款保证的贷款。根据还款保证的不同，担保贷款具体分为抵押贷款、质押贷款和保证贷款。抵押贷款是以一定的抵押品作为担保而发放的贷款。这种贷款在发放时，银行要求借款人将某种物品的所有权转给银行，在贷款到期时，如借款人不能偿还款项时，银行有权将担保物品在市场上出售，以所得偿还贷放出去的款项。质押贷款是指按规定的质押方式以借款人或第三者的动产或权利作为质物发放的贷款。保证贷款是以保证人的信用或支付能力为担保的贷款。这种贷款的安全程度取决于保证人和借款人的信用、实力及经营状况。担保贷款由于有财产或第三者承诺作为还款的保证，因此贷款风险相对较小。在我国，抵押贷款、质押贷款和保证贷款都是按照《中华人民共和国担保法》规定的方式来发放的。票据贴现是贷款的一种特殊方式，它是指银行应客户的要求，以现款或活期存款买进客户持有的未到期的商业票据的方式发放的贷款。票据贴现实行预扣利息，票据到期后，银行可向票据载明的付款人收取票款。如果票据合格，并且有信誉良好的承兑人承兑，这种贷款的安全性和流动性都比较好。

（三）按贷款的偿还方式分类

商业银行的贷款可以分为一次性偿还贷款和分期偿还贷款两种。一次性偿还贷款指借款人必须于贷款到期日一次将贷款本金全额归还银行。但贷款的利息不受此限制，可以在贷款到期前分次支付，也可与本金一起偿付。这种贷款一般期限较短，金额也较小。分期偿还贷款也叫分期付款，是指借款人按规定期限分次偿还贷款本金和利息的贷款。这种贷款多用于不动产贷款和消费者贷款。

（四）按贷款的风险度分类

按照贷款的质量和风险程度划分，银行贷款可以分为正常贷款、关注贷款、次级贷款、可疑贷款和损失贷款五类。正常贷款是指借款人能够履行合同，有充分把握按时足额偿还本息的贷款。关注贷款是指尽管借款人目前有能力偿还本息，但存在一些可能对偿付产生不利影响因素的贷款。次级贷款是指借款人的还款能力出现了明显问题，依靠其正常经营收入已无法保证足额偿还本息的贷款。可疑贷款是指借款人无法足额偿还本息，即使执行抵押或担保，也肯定要造成一部分损失的贷款。损失贷款是指在采取了所有可能的措施和一切必要的法律程序之后，本息仍然无法收回，或只能收回极少部分的贷款。

（五）按贷款的用途分类

银行贷款的用途非常复杂，涉及再生产的各个环节、各种产业、各个部门、各个企业，与多种生产要素相关，贷款用途本身也可以按不同的标准进行划分。但按照我国习惯的做法，通常有两种分类方法：一种是按照贷款对象的部门来分类，分为工业贷款、商业贷款、农业贷款、科技贷款和消费贷款；另一种是按照贷款具体用途来划分，一般分为流动资金贷款和固定资金贷款。

（六）按银行发放贷款的自主程度分类

按银行发放贷款的自主程度划分，银行贷款可以分为自营贷款、委托贷款和特定贷款三种。自营贷款是指银行以合法方式筹集的资金自主发放的贷款。这是商业银行最主要的贷款。由于是自主贷放，因此贷款风险及贷款本金和利息的回收责任都由银行自己承担。委托贷款是指由政府部门、企事业单位以及个人等委托人提供资金，由银行根据委托人确定的贷款对象、用途、金额、期限、利率等代为发放，监督使用并协助收回的贷款。这类贷款银行不承担风险，通常只收取委托人支付的手续费。在我国，特定贷款是指经国务院批准并对可能造成的损失采取相应的补救措施后，责成国有商业银行发放的贷款。这类贷款在新修订的《商业银行法》中已被取消。

二、贷款的创新

商业银行贷款创新指的是商业银行可以通过构筑贷款组合来创新贷款的形式，提供给客户更丰富的产品。我国商业银行一方面通过产品的开发创新，另一方面通过组合商业银行现有的产品，创新出更符合客户需求的新的产品。下面重点分析以下几种产品组合：

（一）贷款承诺

银行承诺在一定时期内或者某一时间按照约定条件提供贷款给借款人，是一种承诺在未来某时刻进行的直接信贷。按承诺方是否可以不受约束地随时撤销承诺，贷款承诺可分为可撤销贷款承诺和不可撤销贷款承诺；按利率的变动特性，贷款承诺可以分为固定利率承诺和变动利率承诺，前者是指承诺方必须以预先确定的利率向借款人提供信用，后者一般根据市场主导利率加上一个附加率来确定。

（二）贷款证券化

商业银行将性质相同、未来有稳定现金流的各种贷款汇集，以其为担保发行证券出售给投资者，从而实现贷款的流动性和市场化。具体做法是商业银行将所持有的各种流动性较差的贷款组合成若干个资产池，出售给专业性的融资公司，再由融资公司以这些资产池为担保，发行资产抵押证券。这种资产抵押证券同样可以通过证券发行市场发行或私募的方式推销给投资者。出售证券所收回的资金则可作为商业银行新的资金来源再用于发放其他贷款。

（三）长期贷款+信托贷款（或委托贷款）

长期贷款+信托贷款（委托贷款）是目前在项目融资中经常使用的结构化融资组合，使用这一组合的主要目的是降低价格。对于大项目融资而言，一般需要长期的、稳定的资金来源，因此中长期的项目贷款是项目融资的基础。但中长期贷款的利率通常较高，借款人需要付出很高的融资成本。信托贷款（委托贷款）在一定时期内可以替代长期贷款，利率一般比长期贷款要低，在融资的前期使用信托贷款（委托贷款）替代长期贷款可以降低整个贷款期内的融资价格。

（四）长期贷款+临时周转贷款

长期贷款+临时周转贷款也是目前项目融资中运用较多的结构化融资组合，使用这一组合的主要目的是满足借款人的临时资金需求。由于长期贷款在提款前提上有诸多限制，借款人在项目建设前期有时不能完全满足这些限制但又希望按计划进行建设，这时就需要银行提供临时周转贷款来满足其临时性资金需求。由于有长期贷款作为保证，银行发放临时贷款的风险是可控的。

（五）长期贷款+短期融资产品组合

在项目融资中将长短期融资产品进行组合运用是有效降低财务成本的途径。主要的短期融资产品包括流动资金循环贷款、票据融资、法人账户透支等，这些产品在短期内和一定额度下替代长期贷款，从而在一定程度上降低融资的价格。同时，由于长期贷款提款和还款计划固定，而短期融资产品在还款方式、条件、风险控制等方面对项目公司的限制较少，公司可根据建设和运营中的实际现金流情况灵活使用短期融资产品，保证正常和稳定的经营。

（六）流动资金贷款+贸易融资+票据

在短期内，借款人所能使用的结构化融资主要是流动资金贷款+贸易融资+票据的组合，其目的是满足企业短期的经营性资金需求。该组合以流动资金贷款为基础，满足企业一般性的资金需求，再配合以企业贸易状况和应收账款为基础的贸易融资和票据产品，可有效地降低整个组合的价格。

第 2 节　贷款政策与程序

一、贷款政策

贷款政策是指商业银行为实现其经营目标而制定的指导贷款业务的各项方针和措施的总称，也是商业银行为贯彻安全性、流动性、盈利性三项原则的具体方针与措施。商业银行制定贷款政策的目的在于：首先，为了保证其业务经营活动的协调一致。贷款政策是指导每一项贷款决策的总原则。理想的贷款政策可以支持银行做出正确的贷款决策，对银行的经营做出贡献。其次，为了保证银行贷款的质量。正确的信贷政策能够使银行的信贷管理保持理想的水平，避免风险过大，并能够恰当地选择业务机会。此外，贷款政策是一种在全行建立的信用诺言。通过明确的政策建立的信用诺言是银行共同的信用文化发展的基础。贷款政策的科学性、合理性及实施状况，必然会影响到商业银行的经营绩效。商业银行贷款政策的主要内容应包括：确定指导银行贷款活动的基本原则，即商业银行的经营目标和经营方针（安全性、流动性和盈利性）；明确信贷政策委员会或贷款委员会的组织形式和职责；建立贷款审批的权限责任制及批准贷款的程序；规定贷款限额，包括对每一位借款人的贷款最高限额、银行贷款额度占存款或资本的比率；贷款的抵押或担保；贷款的定价；贷款的种类及区域的限制。上述贷款政策的内容应当体现商业银行的经营目的与经营战略，决定商业银行的经营特点和业务方向。

商业银行制定贷款政策的主要依据是所在国的金融法律、法规、财政政策和中央银行的货币政策；银行的资金来源及其结构，即资本状况及负债结构；本国经济发展的状况；银行工作人员的能力和经验。

二、贷款程序

商业银行发放贷款时将遵循既定的程序制度，目的是为了保障贷款的安全性、盈利性和流动性，使贷款政策得到最恰当的执行。贷款程序通常包括以下几个方面：

（一）对贷款的审核与检查

这主要由贷款权力归属部门负责执行，目的在于保持贷款政策执行的客观性，其标准在于：确定贷款是否符合管理方针和法令规定；批准贷款的主管人员是否按照银行贷款政策办事；信贷档案是否齐全；贷款申请书是否说明抵押品的种类和金额；还款来源是否像清单所列明的那样足以清偿贷款。具体而言，对贷款的审核与检查包括对借款申请书的审查和对贷款项目本身的调查。对借款申请书的审查要说明借款的目的和用途，银行通常要审查借款人的借款目的是否与贷款方针的要求相符；借款的数额，银行通常要审查借款人的借款数额是否与实际需求相符、是否超过法定的贷款限额；借款期限；还款的方法及来源；担保的方法，银行通常愿意接受市场价格稳定、易销售的财产作为抵押品。对贷款项目本身的调查的目的在于确定该项贷款对整个社会经济发展或地区经济发展是否有利；借款人的资信能力；有无合法的代理人；放款规模的大小。

（二）签订贷款合同

如果银行信贷部门对借款人和贷款项目本身审查合格，则依双方协商内容订立法律文本，以明确各自的权利和义务，该合同书也将是未来有关纠纷和贷款具体执行的法律依据。这一合同将包括：

（1）贷款总则。总则中规定贷款数额、利率、期限和还款方式等贷款的基本要素。

（2）贷款条件。银行为了保证贷款能够安全收回，对贷款企业的资金运用、生产管理、投资方向、投资数额等生产条件做出的要求。

（3）担保品的选择。

（4）财务报告。为了准确掌握借款方的财务状况和贷款的使用情况，银行在贷款合同中通常要求借款企业在使用贷款期间，提供各种与贷款有关的财务报告和统计资料，

（5）违约条款。违约条款主要是解决拖欠贷款或破产时的债务清偿问题。

（6）还款方法。银行可能要求借款人一次全部还清贷款，也可能同意分期偿还。

（三）贷款的发放

借款合同生效后，银行应按合同规定的条款发放贷款。在发放贷款时，借款人应先填好借款借据，经银行经办人员审核无误，并由信贷部门负责人或主管行长签字盖章，送银行会计部门，将贷款足额划入借款人账户，供借款人使用。贷款人要按借款合同规定按期发放贷款。贷款人不按合同约定按期发放贷款的，应偿付违约金。

（四）贷后检查和贷款归还

贷款发放后，贷款人应当对借款人执行借款合同的情况及借款人的经营情况进行追踪调查和检查。检查的主要内容包括借款人是否按合同规定的用途使用贷款；借款人的还款能力，即还款资金来源的落实情况等。对违反国家有关法律、法规、政策、制度和借款合同规定使用贷款的，检查人员应及时予以制止并提出处理意见。对问题突出、性质严重的，要及时上报主管领导甚至上级行采取紧急措施，以尽量减少贷款的风险损失。

如果贷款人出现不良征兆，如收到财务报表、支付报表或其他文件时间的不正常推延；来自其他金融机构有关借款者的意外贷款需要；借款者态度的变化（如拒绝回电话或经常不在办公室）；当地经营环境的变化（如大企业关门或加入新的竞争者）；借款者的不负责行为（如旷工或过度的酗酒）；透支额增加；借款者的企业发生罢工或其他停工事件；借款者违法行为被揭发；对借款者的意外判决（如侵权赔偿或税款留置）；等等。银行贷款管理者要依靠银行对有关报警信号的敏感反应能力和既定应急方案，一旦发现以上潜在的违约风险，必须尽快采取行动使损失最小，避免任何拖延使损失增加。

在处理逾期账户时，总的原则是争取借款人的最佳合作，抢先接管抵押品，主动与借款人合作使贷款得以偿还。对于确认无法回收的贷款应提留呆账准备金，但这并不意味着催收的停止。需要强调的是，尽管贷款政策和程序规定了有关银行贷款业务的明确做法，但过分僵化的刚性规定不利于员工创造力的发挥。因此，银行应该鼓励有关员工对贷款业务的积极参与，具体贷款政策和程序也应在保持稳定性的同时，根据实际情况不断修正，尤其是在银行内外部环境变动不定的情况下。

第 3 节　贷款客户信用分析

贷款信用分析就是商业银行对借款人偿还债务的能力与意愿进行调查分析，借以了解借款人履约还款的可能性，从而制定出正确的贷款政策，提高贷款决策的科学性，有针对性地加强贷款管理，防范信用风险。信用分析是商业银行贷款业务基本而主要的工作内容，信用分析的质量决定贷款的质量。信用分析离不开对借款人的信用调查研究。因此，信用分析也称为信用调查或信用调查分析。信用分析主要包括财务分析和非财务分析。

一、财务分析

对借款人进行财务分析不仅是信用分析的必要内容，同时也是商业银行信贷管理需要经常进行的工作。通过这个分析可以基本掌握企业的经营现状和偿债能力，这是银行决定该企业能否作为授信对象的重要依据。财务分析主要根据企业的财务报表来进行，这些报表包括资产负债表、损益表、现金流量表以及留存收益表等。但目前用得最多的是资产负债表和损益表。下面主要根据这两个报表来介绍和分析企业财务状况。

（一）财务报表项目的分析

分析企业财务报表，首先需要对表中各项目分别进行审定和评价，以获取一个总体的了解。

1. 资产项目的分析

企业资产分为流动资产、固定资产和无形资产三类。流动资产包括现金及银行存款、应收账款与应收票据、存货，其中现金及银行存款项目比较简单，因此无需专门分析。

应收账款的流动性仅次于现金，是企业偿还短期债务的主要资金来源。对应收账款分析的要点如下：一是账户分布的情况。一般情况下，应收账款集中于少数几个大户，账款收不回的风险就大于应收账款分散在许多小户头上。二是账龄分布情况。如果应收账款账龄远远超出一般的收账期间，可能预示着不正常情况，如果许多应收账款是过期的，银行就应建立足够的坏账准备。三是账户中是否有抵押或转让出去的现象，如有，就不应算做偿还债务的资金来源。

对应收票据的分析要注意看应收票据的数量、是否以逾期账款冒充合法流动资产、是否为企业高级人员或股东的欠款等。

对存货项目进行分析时，第一，分析存货保留时间的长短，如某项存货呆在企业的时间超出一般存货周转时间，就要查明原因。第二，看存货规模是否合理。第三，分析存货流动性如何。第四，看其有无陈旧变质的风险以及是否有投保。因为存货是企业偿债的物质基础。

对固定资产的分析首先要注意借款人所使用的固定资产折旧方法，采用不同的折旧方法，其折旧额会不同，从而对当年净收益额产生影响。其次要看其是否投保，特别是以固定资产作担保的贷款中更应强调这一点。再就是要考虑固定资产的用途，考虑其用途是因为当企业无力还款时，要变卖固定资产以偿还银行贷款。但在变卖过程中，如果它是一种具有特殊用途的固定资产，销售则比较困难。

在审查投资时，主要注意企业购买的各种有价证券的市场行情、信用等级及其流动性等。

2. 负债项目的分析

企业的负债包括长期负债和短期负债。短期负债包括应付账款、应付票据、应交税金和应交费用等。长期负债包括长期借款和中长期公司债。对短期负债项目，首先要核实其数额是否真实，有无应计未计的情况；其次要了解应付款和应付资金的时间，如果已经过期，可能会引起罚金或罚息。对长期负债项目，要了解其到期日和企业偿还长期负债的总体安排，借以评估其对企业长期偿债能力的影响。此外，银行还必须特别注意"或有负债"的问题。

3. 净值项目分析

净值又称业主权益，在资产负债表中被列为负债一方。这是企业的产权，反映企业的实力和财务状况。在分析这一项目时，首先要看其中各项数字是否真实，有无虚假成分；其次要考察企业资本的结构，通常要求普通股占的比重高一些，这样的话其性质稳定性高、波动性小一些。

4. 损益项目分析

资产负债表是时点数，反映某一时点上资产、负债与净值的数额和结构。损益表是时期数，直接反映企业在一定时期内的经营结果。对损益表的分析可以显示企业经营的平稳程度和管理效能。

损益表中主要包括销售净额、各项费用和盈利三部分。分析时首先考察企业利润收入情况，其次对各个项目进行考察。通常还要将各个项目与销售收入对比、前期与本期对比以及本企业与外企业对比。

（二）财务比率分析

银行分析企业的财务比率就是要把企业的各种比率与同类企业相比较、与企业自身的历史记录相比较，确定企业的财务状况、经营状况和偿债能力。比率分析通常包括以下几方面的实际经营指标：

1. 流动性比率

流动性比率可以衡量企业短期偿债能力，包括流动比率、速动比率和现金比率。

$$流动比率 = 流动资产 \div 流动负债 \times 100\% \tag{4.1}$$

流动资产包括现金、有价证券、应收账款和存货等；流动负债包括应付账款、短期应付票据、近期即将到期的长期票据、递延所得税款和应计费用等。流动比率反映企业流动资产与流动负债之间的关系，表示每元流动负债有几元流动资产来抵偿，故又称为偿债能力比率。通常要求这一比率应维持在200%以上。这个比率越高，以流动资产抵偿流动负债的程度就越高，流动负债获得清偿的机会就越大。

$$速动比率 = (流动资产 - 存货) \div 流动负债 \times 100\% \tag{4.2}$$

存货通常是企业的流动资产中最缺乏流动性的。由于速动资产中扣除了存货，保留了流动性较高的资产，因此更能精确地测量一个企业的短期偿债能力。一般认为，企业的速动比率至少要维持在100%以上，即每一元流动负债至少要有一元以上的速动资产作保障，才算有足够的流动性。

$$现金比率 = (现金 + 等值现金) \div 流动资产 \times 100\% \tag{4.3}$$

现金是指库存现金和银行存款，等值现金是指高流动性的有价证券。现金比率是对企业短期偿债能力的进一步说明，反映企业流动资产中现金类资产所占的比重。从偿债角度说，现金比率越高越好。

2. 资产管理比率

资产管理比率也称资金周转能力比率，是用来衡量企业运用资产的有效程度。资产管理比率包括四个比率：总资产利用率、固定资产利用率、应收账款周转率、存货周转率。

$$总资产利用率 = 销售净额 \div 总资产 \times 100\% \tag{4.4}$$

这一比率用来反映每元资产的产品销售量。该比率越高越好。

$$固定资产利用率 = 销售净额 \div 固定资产 \times 100\% \tag{4.5}$$

这一比率用来衡量企业设备的利用效率，表示企业实现每元销售额需要使用多少厂房和设备。比率越高，固定资产利用效率越高。

$$应收账款周转率 = 赊售净额 \div 平均应收账款 \times 100\% \tag{4.6}$$

这一比率反映了应收账款的周转速度，即转化为现金的速度，说明企业在该时期内收回赊销账款的能力。利用上述公式计算出来的是企业在一定时期内应收账款的周转次数。周转次数越多，说明该企业赊销商品平均保持的应收账款越少，即收账能力越强；反之，则说明企业赊销商品后的收账能力越差。

$$存货周转率 = 销售成本 \div 平均存货 \times 100\% \tag{4.7}$$

这一比率用来估算企业现有存货的流动性，即存货变现速度。反映一定时期内存货周转更新的次数。这个数额越大，说明企业销售一定商品所需的库存越少，存货的流动性越强，企业的偿债能力也越强。

3. 负债管理比率

负债管理比率也称财务杠杆比率，是用来衡量企业取得并偿付债务的能力。负债管理比率通常包括负债资产比率与负债净值比率。

$$负债资产比率 = 负债总额 \div 资产总额 \times 100\% \tag{4.8}$$

这一比率反映企业债务与资产的比例，即有多少资产是靠负债来支持的。对银行来说，这个比率越低越好。如果负债资产比率过高，反映一家企业过多地依靠借入资金来营运，这时企业偿债能力就较低，债权人承担的风险就较高。

$$负债净值比率 = 负债总额 \div 股东权益总额 \times 100\% \tag{4.9}$$

这一比率反映企业债务与股东权益的关系，即一定量股东权益与多少债务相对应。这个比率越大，说明与一定量股东权益相对应的企业债务越多；反之，则说明与一定量股东权益相对应的企业债务越少。

4. 盈利能力比率

盈利能力比率反映企业的销售和盈利状况，是一个企业经营管理状况的综合反映。盈利能力比率通常也包括以下三个指标：

$$销售收益率 = 税后净利 \div 销售额 \times 100\% \tag{4.10}$$

这一比率反映每元销售额可以产生多少净收益。

$$资产收益率 = 税后净利 \div 资产总额 \times 100\% \tag{4.11}$$

这一比率反映企业净收益与资产总额的比率，即每元资产能产生多少净收益。

$$股东权益收益率 = 税后净利 \div 股东权益总额 \times 100\% \tag{4.12}$$

这一比率反映股东产权的获利程度，即每元股东产权能够产生多少净收益。

这三个比率分别从不同的角度反映了企业的盈利能力，其中最重要的是股东权益收益率。因为企业盈利能力的大小最终要表现在企业股东的物质利益的多少上。

二、非财务分析

非财务分析主要是对借款人的品格、能力、担保、资本和环境等的调查分析。非财务分析的主要内容包括行业风险因素分析、经营风险因素分析和管理风险因素分析。

（一）行业风险因素分析

每个企业都处在特定的行业中，每一个行业都有其特定的风险，我们可以从行业的基本状况和发展趋势来判断借款人的基本风险。行业风险因素分析主要包括以下内容：借款人的成本结构；行业的生命周期；经济周期；借款人所在行业的盈利性；借款人行业对其他行业的依赖性；产品的替代性；法律政策；经济、技术环境。

（二）经营风险因素分析

一般来说，借款人的经营风险可从企业总体特征、产品、原材料供应、生产、销售等几个方面入手分析。借款人总体特征分析可以从企业的生产或销售规模、企业所处的发展阶段、产品多样化程度及经营策略等方面来考察。产品分析主要分析产品在社会生活中的重要性和产品的独特性，如果产品是需求稳定的常用品或必需品，质量处于同类产品的先进水平，那么风险就较小；反之，风险就较高。借款人供、产、销环节的分析，借款人采购环节的风险分析，重点分析原材料价格风险、购货渠道风险和购买量风险。借款人生产环节的风险分析，重点分析生产的连续性、生产技术更新的敏感性以及抵御灾害的能力、环境保护和劳资关系等。借款人销售风险环节的风险分析，重点分析其产品的销售范围、促销能力、销售的灵活性、销售款的回笼等。

（三）管理风险因素分析

管理风险重点分析借款企业的组织形式、管理层的素质与经验及管理能力、管理层的稳定性、经营思想和作风、员工素质、法律纠纷等。

第4节　贷款的质量评价

一、贷款质量评价的涵义

贷款质量评价也称为贷款风险分类，是指银行的信贷分析和管理人员，综合能获得的全部信息并应用最佳分析技术，根据贷款的风险程度对贷款质量做出评价和判断。贷款风险分类的目的：一是揭示贷款的实际价值和风险程度，真实、全面、动态地反映贷款的质量。二是发现贷款发放、管理、监控、催收以及不良贷款管理中存在的问题，加强信贷管理。三是为判断贷款损失准备金是否充足提供依据。

二、贷款风险分类的标准

我国的贷款风险分类主要借鉴以美国为代表的贷款分类方法，即把贷款分为正常、关注、次级、可疑和损失五类。加拿大、东南亚国家及东欧部分国家都采用这种模式。此外，有些国家把贷款划分为4类、6类和7类。大多数国家采用的是五级分类法。

（一）正常贷款

正常贷款是指借款人一直能正常还本付息，银行对借款人最终偿还贷款有充分把握，各方面情况正常，不存在任何影响贷款本息及时全额偿还的消极因素，没有任何理由怀疑贷款会遭受损失。

（二）关注贷款

关注贷款是指尽管借款人偿还贷款本息没有问题，但是存在潜在的缺陷，继续存在下去将会影响贷款的偿还。关注类贷款的特征包括：

（1）宏观经济、市场、行业等外部环境的变化对借款人的经营产生不利影响，并可能影响借款人的偿债能力，如借款人所处的行业呈下降趋势。

（2）企业改制（如分立、租赁、承包、合资等）对银行债务可能产生不利影响。

（3）借款人的主要股东、关联企业或母子公司等发生了重大的不利变化。

（4）借款人的一些关键财务指标，如流动性比率、资产负债率、销售利润率、存货周转率低于行业平均水平或有较大下降。

（5）借款人未按规定用途使用贷款。

（6）固定资产贷款项目出现重大的、不利于贷款偿还的调整，如基建项目工期延长，或概算调整幅度较大。

（7）借款人还款意愿差，不与银行积极合作。

（8）贷款抵押品、质押品价值下降，或银行对抵押品失去控制。

（9）贷款保证人的财务状况出现疑问。

（10）银行对贷款缺乏有效的监督。

（11）银行信贷档案不齐全，重要文件遗失，并且对于还款构成实质性影响。

（12）违反贷款审批程序，如超越授权发放贷款。

（三）次级贷款

次级贷款是指贷款的缺陷已经很明显，正常经营收入不足以保证还款，需要通过出售、变卖资产或对外融资，乃至执行抵押担保来还款。次级类贷款特征包括：

（1）借款人支付出现困难，并且难以获得新的资金。

（2）借款人不能偿还对其他债权人的债务。

（3）借款人内部管理问题未能解决，妨碍债务的及时足额清偿。

（4）借款人采用隐瞒事实等不正当手段套取贷款。

（5）借款人经营亏损，净现金流量为负值。

（6）借款人已经不得不寻求拍卖抵押品、履行担保等还款来源。

（四）可疑贷款

可疑贷款是指贷款已经肯定要发生一定的损失，只是因为存在借款人重组、兼并、合并、抵押物处理和未决诉讼等待定因素，损失金额还不能确定。可疑类贷款特征包括：

（1）借款人处于停产、半停产状态。

（2）贷款项目，如基建项目处于停缓状态。

（3）借款人已资不抵债。

（4）企业借改制之机逃避银行债务。

（5）银行已诉诸法律来收回贷款。

（6）贷款经过了重组，仍然逾期，或仍然不能正常归还本息，还款状况未得到明显改善。

（五）损失贷款

损失贷款是指贷款要大部分或全部发生损失。损失类贷款特征包括：

（1）借款人和担保人经依法宣告破产，经法定清偿后，仍不能还清贷款。

（2）借款人死亡，或依照《中华人民共和国民法通则》的规定，宣告失踪或死亡，以其财产或遗产清偿后，未能还清的贷款。

（3）借款人遭受重大自然灾害或意外事故，损失巨大且不能获得保险补偿，确实无力偿还的部分或全部贷款。

（4）经国务院专案批准核销的逾期贷款。

（5）贷款企业虽未破产，工商行政部门也未吊销执照，但企业早已关停或名存实亡。

（6）由于计划经济体制等历史原因造成的，债务人主体已消亡，悬空的银行贷款。

三、贷款风险分类的程序

（一）阅读信贷档案，填写"贷款分类认定表"

贷款分类的信息主要来源于信贷档案。一般来说，信贷档案至少覆盖以下 6 个方面的内容：

（1）客户的基本情况。

（2）借款人和保证人的财务信息。这主要指资产负债表、损益表、现金流量表、外部审计师的报告以及借款人的其他财务信息。

（3）重要文件。包括：借款人贷款申请；银行信贷调查报告和审批文件，这主要包括长期贷款的可行性分析报告、上级行的立项文件和批准文件；贷款合同、授信额度或授信书；贷款担保的法律文件，包括抵押合同、保证书、抵押品评估报告、财产所有权证，如地契和房产证明等；借款人还款计划或还款承诺。

（4）往来信函。

（5）借款人还款记录和银行催款通知。

（6）贷款检查报告。

银行应当制定信贷档案管理制度，为每个借款人建立完整的档案。信贷员有责任保护客户信贷档案的完整和真实，如有漏洞，应以书面形式说明。

（二）审查贷款的基本情况

贷款的基本情况主要包括贷款目的、还款来源、资产转换周期以及还款记录四个方面，贷款分类就从这四个方面入手。

（1）贷款目的。对贷款目的，即贷款的用途审查的主要内容是贷款合同所规定的用途与贷款的实际用途是否一致，这是判断贷款正常与否的最基本的标志。根据《贷款通则》的规定，借款人有义务按借款合同的约定用途使用贷款，如果贷款被挪用，意味着原先贷款发放的依据已丧失，对银行而言则意味着更大的风险，已用的贷款至少被划为关注类贷款。

（2）还款来源。通常借款人的还款来源不外乎有现金流量、资产销售、抵押品的清偿、重新筹资以及担保人偿还等，这几种来源的稳定性和可变现性不同、成本费用不同、风险程度也不同。通过正常经营所获得的资金是偿还债务最有保障的来源，依靠担保抵押品的清偿或重新筹资，由于不确定性因素较多和成本较高，风险也就较大，因此在分类中，贷款分类人员就应判断借款人合同约定的还款来源是否合理、风险程度是高是低，从而为贷款分类提供初步依据。

（3）资产转换周期。资产转换周期是银行信贷资金由金融资本转化为实物资本，再由实物资本转化为金融资本的过程。目前，我国商业银行有相当一部分逾期贷款就是由于信贷人员对资产转换周期评估不准而造成的。

（4）了解贷款的还款记录，确定贷款的逾期状况。贷款的还款记录是借款人还款能力、还款意愿、贷款偿还的法律责任的综合体现，显示贷款本息的逾期情况，是贷款质量的直观反映。贷款的还款记录一般有三种情况：贷款还款记录不佳，还本付息出现逾期；贷款本息尚未到期；贷款还款记录良好，借款人能还本付息。可根据贷款的还本付息情况，做出对贷款的初步分类。对单笔贷款的分类，一般从判断贷款的还款记录开始，但仅靠贷款的还本付息情况，还不能判断贷款的质量，应对影响还款可能性的因素进行分析。例如，本息偿还逾期 30 天（含 30 天）以内的贷款可视为正常贷款，但如果分析发现借款人的财务状况很差，或净现金流量出现负值，则贷款应划为关注类贷款或以下。

（三）确定贷款的还款可能性，并得出分类结果

确定还款可能性，应分析借款人的还款能力、还款意愿、贷款偿还的法律责任、银行的信贷管理、贷款的担保五个方面的因素。分析借款人的还款能力，需要分析借款人财务状况、现金流量、影响还款能力的非财务因素。借款人还款能力是决定贷款本息是否能及时收回的主要因素。影响借款人还款能力的非财务因素很多，包括借款人的经营管理状况、外部经营环境、贷款的行业和国家风险等。还款意愿是指借款人按合同规定还本付息的主观愿望。贷款偿还的法律责任要做到清晰明确，造成法律责任不明有多方面的原因，主要的原因有贷款合同要素不全、还款条款涵义不明确、由无授权的人员签字等。贷款担保包括对贷款的抵押、质押和保证，是贷款本息偿还的第二还款来源，重要性仅次于借款人的还款能力。在借款人还款能力存在问题的情况下，贷款抵押品、质押物的变现能力，保证人的还款能力和还款意愿至关重要。银行的信贷管理与贷款质量的好坏有着直接的关系。一般来说，分类时应将银行的信贷管理水平作为一个总体因素进行考虑。对信贷管理水平差的银行或专业素质差的信贷人员发放的贷款应进行重点检查。

分类过程中，在确定贷款的还款记录后，对以上五类因素的分析各有侧重，也存在一定的先后顺序。例如，对还款记录良好的贷款，对还款意愿、还款的法律责任的分析可以放在次要的位置，对还款记录不佳的贷款则应对所有因素进行分析。在任何情况下，都需要首先对借款人还款能力做出判断。另外，在评估借款人还款的可能性时，应了解贷款的用途、偿还贷款的资金来源和借款人的资产转换周期。

第 5 节　贷款的定价

一、贷款定价简介

贷款如何合理定价是银行长期以来颇感困扰的问题。定价过高，会驱使客户从事高风险的经济活动以应付过于沉重的债务负担，或是抑制客户的借款需求，使之转向其他银行或通过公开市场直接筹资；定价过低，银行无法实现盈利目标，甚至不能补偿银行付出的成本和承担的风险。随着许多国家金融管制的放松，贷款市场的竞争日趋激烈，对贷款进行科学定价较以往更为重要。

广义的贷款价格包括贷款利率、贷款承诺费及服务费、提前偿付或逾期罚款等，贷款利率是贷款价格的主要组成部分。在宏观经济运行中，影响贷款利率一般水平的

主要因素是信贷市场的资金供求状况。从微观层面上考察，在贷款业务的实际操作中，银行作为贷款供给方所应考虑的因素是多方面的。第一，银行提供信贷产品的资金成本与经营成本。如前所述，资金成本有历史平均成本和边际成本两个不同的口径，后者更宜作为贷款的定价基础。而经营成本则是银行因贷前调查、分析、评估和贷后跟踪监测等所耗费的直接或间接费用。第二，贷款的风险含量。信贷风险是客观存在的，只是程度不同，银行需要在预测贷款风险的基础上为其承担的违约风险索取补偿。第三，贷款的期限。不同期限的贷款适用的利率档次不同。贷款期限越长，流动性越差，并且利率走势、借款人财务状况等不确定因素越多，贷款价格中应该反映相对较高的期限风险溢价。第四，银行的目标盈利水平。在保证贷款安全和市场竞争力的前提下，银行会力求使贷款收益率达到或高于目标收益率。第五，金融市场竞争态势。银行应比较同业的贷款价格水平，将其作为本行贷款定价的参考。第六，银行与客户的整体关系。贷款通常是银行维系客户关系的支撑点，故银行贷款定价还应该全面考虑客户与银行之间的业务合作关系。此外，银行有时会要求借款人保持一定的存款余额，即存款补偿余额，以此作为发放贷款的附加条件。存款补偿余额实际上是一种隐含贷款价格，因此与贷款利率之间是此消彼长的关系。

二、贷款定价方法

银行在综合考虑多种因素的基础上，开发出了若干贷款定价方法，每种方法体现着不同的定价策略，以下介绍几种比较主流的定价方法。

（一）成本加成定价法

这种定价方法比较简单，假定贷款利率包括四个组成部分，即可贷资金的成本、非资金性经营成本、违约风险的补偿费用（违约成本）、预期利润，也即在贷款成本之上加一定的利差来决定贷款利率，又称成本相加定价法。贷款利率的计算公式为：

贷款利率＝筹集资金的边际利息成本＋经营成本＋预计补偿违约风险的边际成本＋银行目标利润水平

(4.13)

银行要准确掌握贷款资金的利息成本和经营成本水平并非易事，因此需要一个精心设计的管理信息系统。首先，银行要归集各种债务资金的边际成本数据，计算出全部新增债务资金的加权平均边际成本，作为贷款定价的基础。其次，银行需要开发贷款经营成本的系统性测算和分解方法，将不同岗位职员的工资薪酬和福利、经常性开支、设备成本及其他费用支出分摊到每笔贷款业务上。在计算违约成本时，银行可以将贷款划分为不同的风险等级，再根据历史资料计算各风险等级贷款的平均违约率，据此确定贷款的违约风险补偿费率。目标利润是银行为股东提供所要求的资本收益率而预期要实现的贷款利润率。

成本加成定价法考虑了贷款的融资成本、经营成本和客户的违约成本，具有一定的合理性。不过，这种定价方法也有其缺陷。这种定价方法要求银行能够准确地认定贷款业务的各种相关成本，在实践中有相当的难度。这种定价方法没有考虑市场利率水平和同业竞争因素。事实上，在激烈的竞争中，银行并非完全的价格制定者，而往往是价格的接受者。

（二）基准利率定价法

基准利率定价法是选择合适的基准利率，银行在此之上加一定价差或乘上一个加成系数的贷款定价方法。基准利率可以是国库券利率、大额可转让存单利率、银行同业拆借利率、商业票据利率等货币市场利率，也可以是优惠贷款利率，即银行对优质客户发放短期流动资金贷款的最低利率。由于这些金融工具或借贷合约的共同特征是违约风险低，因此它们的利率往往被称为无风险利率（Riskless Interest Rate），是金融市场常用的定价参照系，故也被称为基准（Benchmark）利率。对于所选定的客户，银行往往允许客户选择相应期限的基准利率作为定价的基础，附加的贷款风险溢价水平因客户的风险等级不同而有所差异。根据基准利率定价法的基本原理，银行对特定客户发放贷款的利率公式一般为：

贷款利率＝基准利率＋借款者的违约风险溢价＋长期贷款的期限风险溢价　　（4.14）

公式中后两部分是在基准利率基础上的加价。违约风险溢价的设定可使用多种风险调整方法，通常是根据贷款的风险等级确定风险溢价。不过，对于高风险客户，银行并非采取加收较高风险溢价的简单做法，因为这样做只会使贷款的违约风险上升。因此，面对较高风险的客户，银行大多遵从信贷配给思想，对此类借款申请予以回绝，以规避风险。如果贷款期限较长，银行还需加上期限风险溢价。

在 20 世纪 70 年代以前，西方银行界在运用基准利率定价法时普遍以大银行的优惠利率作为贷款定价基准。进入 20 世纪 70 年代，由于银行业日趋国际化，优惠利率作为商业贷款基准利率的主导地位受到伦敦银行同业拆借利率（LIBOR，下同）的挑战，许多银行开始使用 LIBOR 作为基准利率。LIBOR 为各国银行提供了一个共同的价格标准，并为客户对各银行的贷款利率进行比较提供了基准。20 世纪 80 年代后，出现了低于基准利率的贷款定价模式。由于短期商业票据市场迅速崛起，加上外国银行以接近筹资成本的利率放贷，迫使许多银行以低于优惠利率的折扣利率（通常是相当低的货币市场利率加一个很小的价差）对大客户发放贷款。不过，对中小型客户贷款仍然以优惠利率或其他基准利率（如 LIBOR）为定价基础。

（三）客户盈利性分析法

客户盈利性分析（Customer Profitability Analysis，CPA）是一个较为复杂的贷款定价系统，其主要思想是认为贷款定价实际上是客户关系整体定价的一个组成部分，银行在对每笔贷款定价时，应该综合考虑银行在与客户的全面业务关系中付出的成本和获取的收益。客户盈利性分析法的基本框架是评估银行从某一特定客户的银行账户中获得的整体收益是否能实现银行的利润目标，因此亦称账户利润分析法。银行要将该客户账户给银行带来的所有收入与所有成本以及银行的目标利润进行比较，再测算如何定价。其公式如下：

账户总收入＞（＜或＝）账户总成本＋目标利润　　　　　　　　　　　　（4.15）

如果账户总收入大于账户总成本与目标利润之和，意味着该账户所能产生的收益超过银行要求的最低利润目标。如果公式左右两边相等，则该账户正好能达到银行既定的利润目标。如果账户总收入小于账户总成本与目标利润之和，有两种可能的情况：一是账户收入小于成本，该账户亏损；二是账户收入大于成本，但获利水平低于银行的利润目标。在这两种情况下，银行都有必要对贷款重新定价，以实现既定盈利目标。下面逐一介绍公式中每项要素的构成和计算方法。

1. 账户总成本

账户总成本包括资金成本、所有的服务费和管理费以及贷款违约成本。资金成本即银行提供该贷款所需资金的边际成本，这里使用的是债务资金的加权边际成本。服务和管理费用包括该客户存款账户的管理费用、客户存取款项、签发支票的服务费用、贷款的管理费用（如信用分析费用、贷款回收费用和质押品的维护费用等）及其他服务项目的费用。违约成本是银行基于贷款风险度量估算出的，类似贷款平均潜在违约损失。

2. 账户总收入

账户总收入包括银行可以从客户的账户中获得的可投资存款的投资收入、表内外业务服务费收入和对该客户贷款的利息收入及其他收入等。其中，客户账户中的可投资存款额是指该客户在计算期内的平均存款余额扣减托收未达现金、法定存款准备金后的余值。银行求出可投资存款额后，结合一定的存款收益率水平，即可计算出该客户存款给银行带来的投资收入。服务费收入主要是贷款承诺费、结算手续费等。

3. 目标利润

目标利润是指银行资本要求从每笔贷款中获得的最低收益。目标利润根据银行既定的股东目标收益率（资本的目标收益率）、贷款分配的资本金比例（资本与资产比率）及贷款金额确定。其计算公式为：

$$目标利润＝资本÷总资产×资本的目标收益率×贷款额 \tag{4.16}$$

如果银行使用账户利润分析法为新客户的贷款定价，就需预测客户的账户活动，在此基础上估算账户总成本和总收入，银行也可以使用该方法对老客户已发放贷款的价格水平进行评价。总体来说，如果账户净收益等于目标利润，说明贷款定价基本合理；如果客户账户净收入大于或小于目标利润，银行就应考虑调整对该客户贷款定价进行上浮或下浮调整。银行也可以采用提高或降低服务价格的方式来起到调整贷款定价的作用。

第6节　问题贷款与贷款损失的管理

一、问题贷款的管理

（一）问题贷款的预警

问题贷款的出现是完全可以提前发现的，通过监控以下方面的预警信号就可以有效地提前发现问题贷款的出现：

（1）在银行账户上反映的预警信号。这主要包括以下方面：经常停止付支票或退票；长期透支用款及超过允许的透支额；应付票据展期过多；用贷款偿还其他公司的债务；不能按期支付利息或要求贷款展期等方面。

（2）与银行关系上反映的预警信号。这主要包括以下方面：多头开户并经常变换基本行；在银行的存款出现不正常的下降；过分依赖于短期负债；应付票据展期过多；从其他银行获得贷款，特别是抵押贷款；签发的支票经常超过存款额等方面。

（3）财务报表上反映的预警信号。这主要包括以下方面：财务报表不完整或不连续，或有做假的嫌疑；被出示保留意见、否定意见的或拒绝表示意见的审计报告的财务报表；存货及应收账款的增幅远远超过销售的增幅；经营成本的增幅远远超过销售的增幅；不合理的会计制度的变更；应收账款和应付账款的数量、账龄出现异常的变化等方面。

（4）企业人事管理上反映的预警信号。这主要包括以下方面：高级管理人员出现重要的变动；缺乏有效的监督机制；无故更换会计师及事务所；各职能部门相互不协调，缺乏效率等信号。

（5）经营管理上反映的预警信号。这主要包括以下方面：财务记录及管理混乱；销售旺季过后，仍有大量的存货；失去关键性的客户或大客户经营失败；主要投资项目失败；企业市场份额缩小；企业的生产规模过度扩张；整个行走向衰弱期等信号。

（二）问题贷款的处理

问题贷款如果出现以后，银行应该立即采取措施解决问题贷款的存在，采取的措施方法多种多样。一般的程序如下：

（1）分析原因、确定类型。

（2）针对早期预警信号，采取相应措施。

（3）借贷双方共同签订贷款处理协议。

（4）清偿抵押品。

（5）诉诸法庭。

（6）依法收贷。

（7）采用处理不良债权的其他途径及方式。

（8）呆账冲销。

（三）贷款损失的管理

对于贷款损失的管理，银行一般都通过提取贷款损失准备金来应对贷款损失对银行经营的冲击。贷款损失准备金是预留应付坏账的款项（客户违约、需要重新磋商贷款条款等）。商业银行提取的贷款损失准备金一般有三种：一般准备金、专项准备金和特别准备金。

一般准备金是商业银行按照贷款余额的一定比例提取的贷款损失准备金。我国商业银行现行的按照贷款余额 1% 计提的贷款呆账准备金就相当于一般准备金。

专项准备金应该针对每笔贷款，根据借款人的还款能力、贷款本息的偿还情况、抵押品的市价、担保人的支持度等因素，分析风险程度和回收的可能性合理计提。我国现行的《贷款损失准备金计提指引》规定，专项准备金要根据贷款风险分类的结果，对不同类别的贷款按照建议的计提比例进行计提。

特别准备金是针对贷款组合中的特定风险，按照一定比例提取的贷款损失准备金。特别准备金与普通和专项准备金不同，不是商业银行经常提取的准备金。只有遇到特殊情况才计提特别准备金。

第 7 节　我国商业银行信贷资产管理

西方商业银行资产负债管理历史上采用的各种方法，在我国由于适用条件不具备或方法自身的局限，这些方法只能提供若干思路，不具有现实可行性。因此，从西方商业银行资产负债管理的实践中，我们可以借鉴的主要是银行的资产负债管理的一般原理。

一、我国商业银行信贷资产管理历史

在 1994 年以前，我国在金融领域一直沿袭着计划经济体制时期的贷款规模控制的信贷管理体制。信贷计划一直是以指令性的方式下达给各商业银行，作为贷款的最高限，未经批准不得突破。1994 年 2 月，中国人民银行下发了《关于对商业银行实行资产负债比例管理的通知》，但由于仍然受贷款规模控制的影响，因此还不能称为真正意义上的资产负债比例管理。

第一，1994—1996 年，实行贷款限额下的资产负债比例管理。实行贷款限额下的资产负债比例管理即随着存款增长，贷款虽然可按比例增加，但贷款的增长额不能突破指令性的限额指标。

第二，1996—1997 年，实行比例管理基础上的限额控制。实行比例管理基础上的限额控制，即商业银行因存款增长而使贷款额有可能超出限额指标时，可向中央银行申请增加限额指标，中央银行根据全国贷款规模控制的实际情况，决定是否追加指标，或追加多少指标。

因此，在限额控制下的资产负债比例管理并未改变指令性指标规模控制的实质。由于资产规模控制的主动权不在商业银行，因此商业银行很难推行真正意义上的资产负债比例管理。

第三，1998 年至今，实行了真正意义上的资产负债比例管理。

二、我国商业银行信贷资产管理制度

我国商业银行信贷资产管理制度主要是通过制定贷款的利率政策、授权授信、贷审分离、信贷监管等政策来完成贷款的发放；通过完善贷前、贷中、贷后信用分析、审查、检查的内容和方法监督贷款质量；通过不断完善对客户信用等级评定的内容和方法有效地区分信用风险，并且准确地对贷款进行五级分类，及时计提贷款损失准备金防范商业银行信用风险，采用多种方法对不良贷款进行及时的回收和化解；通过风险管理的信息化建设，建立快速的风险识别预警机制等。下面对商业银行统一授信制度进行简要的介绍。

作为我国商业银行授信制度，统一授信是指商业银行对单一法人客户或地区统一确定最高综合授信额度，并加以集中统一控制的信用风险管理制度。统一授信包括贷款、贸易融资（如打包放款、进出口押汇等）、贴现、承兑、信用证、保函、担保等表

内外信用发放形式的本外币统一综合授信。最高综合授信额度是指商业银行在对单一法人客户的风险和财务状况进行综合评估的基础上，确定的能够和愿意承担的风险总量。银行对该客户提供的各类信用余额之和不得超过该客户的最高综合授信额度。

商业银行实施统一授信制度，要做到以下四个方面的统一：

一是授信主体的统一。商业银行应确定一个管理部门或委员会统一审核批准对客户的授信，不能由不同部门分别对同一或不同客户，不同部门分别对同一或不同信贷品种进行授信。

二是授信形式的统一。商业银行对同一客户不同形式的信用发放都应置于该客户的最高授信限额以内，即要做到表内业务授信与表外业务授信统一，对表内的贷款业务、打包放款、进出口押汇、贴现等业务和表外的信用证、保函、承兑等信用发放业务进行一揽子授信。

三是不同币种授信的统一。要做到本外币授信的统一，将对本币业务的授信和外币业务的授信置于同一授信额度之下。

四是授信对象的统一。商业银行授信的对象是法人，不允许商业银行在一个营业机构或系统内对不具备法人资格的分支公司客户授信。

商业银行对每一个法人客户都应确定一个最高授信额度。商业银行在确定对法人客户的最高授信额度的同时，应根据风险程度获得相应的担保。对由多个法人组成的集团公司客户，尤其是跨国集团公司客户，商业银行应确定一个对该集团客户的总体最高授信额度，银行全系统对该集团各个法人设定的最高授信额度之和不得超过总体最高授信额度。商业银行应及时掌握最高授信额度的执行情况，对最高授信额度的执行情况进行集中控制和监测，不允许有擅自超越授信额度办理业务的情况。商业银行应根据市场和客户经营情况，适时审慎调整最高风险控制限额。额度一旦确定，在一定时间内应相对稳定，银行不应随意向上调整额度。

商业银行应设计科学的风险分析评估模型或方法，以确定对某一客户的最高授信限额。风险分析评估模型应定性与定量标准相结合。定性标准应至少包括以下四个方面的内容：

一是客户的风险状况，包括客户的财务状况、发展前景、信誉状况、授信项目的具体情况、提供的抵押担保情况。

二是银行的风险状况，包括对银行的授权、目前的资产质量状况、资金来源或资本充足程度、银行当前的财务状况。对银行自身风险状况的分析在银团贷款或大型项目贷款时尤其重要。

三是外部经济、金融环境，包括客户行业的发展现状和前景、市场所占份额、国家风险等。

四是自然因素，包括地理位置、交通状况、资源条件等。

商业银行应根据统一授信管理制度的要求设置相应的组织机构和职能部门，有利于科学决策和风险控制。组织机构的设置应体现审贷分离原则，保证授信额度审批部门与执行部门相互独立，形成健全的内部制约机制。商业银行统一授信审核、批准部门与执行部门要分清责任，协调运作。最高授信额度确定后，各种具体授信形式的发放仍应由信贷管理部门逐笔审批，授信额度执行部门，如国际业务部门，主要负责授信形式发放的业务操作和相应的风险防范及处置。商业银行应确定统一授信的审批程序，审批程序应规范、透明，包括信息收集、核实，授信审核、审批的全过程。商业银行应建立有效的信息管理系统，设置专门部门进行管理，保证内部管理信息的充分流动，保证管理层能够随时了解授信额度的执行情况、客户的风险状况，保证统一授信管理的有效性。商业银行应建立识别、监测、控制和管理信用风险的系统，以精确地确定授信的最高限额。商业银行董事会或高级管理层应重视统一授信的管理方式，严格监督客户最高授信额度的制定和执行情况，应对风险的发生负最终责任。商业银行应围绕统一授信制度，完善业务规章制度建设，制定统一授信管理办法和实施细则以及相关的业务管理制度和风险管理办法。商业银行制定的统一授信管理办法和制度应报中国人民银行备案。商业银行内部应加强对最高授信额度和授权制定以及执行情况的监督和检查，对超越授权和授信额度开展业务的行为，应进行严肃处理。

三、我国商业银行信贷资产管理的现状

1998年1月1日，中国人民银行取消了实施多年的对国有商业银行的贷款限额管理，推行资产负债比例管理和风险管理，实行计划指导、自求平衡、比例管理、间接调控的信贷管理体制。新的管理体制对于商业银行按照市场经济发展要求规模经营、合理运作具有重要意义。贷款限额取消之后，各商业银行的自律意识普遍增强，对资金安全性、流动性和效益性的关注程度普遍提高。2005年12月，中国银监会制定《商业银行风险监管核心指标（试行）》。商业银行风险监管核心指标是对商业银行实施风险监管的基准，是评价、监测和预警商业银行风险的参照体系。

随着我国商业银行信贷管理体制、制度、管理法规的不断健全，信贷资产管理取得了明显的成效。我国商业银行资产管理的现状主要表现为：

（一）我国商业银行信贷资产质量明显改善，不良贷款余额及比例大幅下降

我国商业银行不良贷款余额从2001年的1.7万多亿元下降到2014年的8 424亿元，不良贷款比率从22%以上下降到1.25%左右。股份制商业银行的不良贷款比率从2004年的4.94%下降为2013年的0.9%。城市商业银行、农村商业银行的不良贷款余额及比率也出现了明显的下降。促成不良贷款余额及比率下降的因素较多，除了1999年我国成立四大资产管理公司、四大商业银行剥离14 000亿元不良贷款、四大商业银行在股份制改革前对不良贷款进行了较大规模的集中处置外，还有政府、企业、金融生态环境、银行自身方面的原因，特别是商业银行自身不但加强了对信贷风险的防范、管理，同时又对留存的不良贷款进行了化解。

（二）商业银行自身的风险抵补能力进一步加强

这具体表现在商业银行自有资本充足率的不断提高。自1988年7月《巴塞尔协议》发布以来，我国采用了发行特种国债、不良贷款剥离、外汇储备注资、发行次级债券、股份制改革等多种方式多次补充商业银行的自有资本，特别是补充四大国有商业银行的自有资本，使商业银行自有资本充足率达标数量不断增加，资本结构也更加合理。截至2014年年末，国有商业银行和股份制银行资本充足率全部达标。中国工商

银行、中国银行、中国建设银行、交通银行自有资本充足率分别为 12.19%、13.87%、14.87%、11.3%。自有资本充足率的提高极大地增强了商业银行抵御贷款风险的能力。此外，2014 年 12 月末，商业银行贷款损失准备余额为 1.96 万亿元，较 2014 年年初增加 2 812 亿元；拨备覆盖率为 232.06%，较 2014 年年初下降 50.64 个百分点；贷款拨备率为 2.90%，较 2014 年年初上升 0.07 个百分点。此外，呆账核销总量也大幅上升。

（三）商业银行信贷管理水平近年来有了较大提高

商业银行不断建立和完善审贷分离制、分级审批制、授权和授信管理制、统一授信制度、对客户进行信用等级评定以及实行贷款五级分类、贷款自主定价等，与贷款相关的法律法规不断健全，对客户风险防范的方法和手段更加科学。总体而言，商业银行的贷款管理水平不断提高，直接的结果就是商业银行近年的不良贷款比率和不良贷款余额双双大幅下降。

【本章小结】

（1）商业银行贷款由贷款的对象、条件、用途、期限、利率和方式等因素构成。从银行经营管理的需要出发，可以对银行贷款按照不同的标准进行分类。商业银行贷款的创新指的是商业银行可以通过构筑贷款组合提供给顾客来创新贷款的形式，提供给客户更丰富的产品。通过组合现有产品的创新是其主要模式。

（2）贷款政策是指商业银行为实现其经营目标而制定的指导贷款业务的各项方针和措施的总称。商业银行发放贷款时将遵循既定的程序制度，目的是为了保障贷款的安全性、盈利性和流动性，使贷款政策得到最恰当的执行。

（3）贷款信用分析就是商业银行对借款人偿还债务的能力与意愿进行调查分析，借以了解借款人履约还款的可能性，从而制定出正确的贷款政策。信用分析主要包括财务分析和非财务分析。

（4）贷款质量评价也称为贷款风险分类，是指银行的信贷分析和管理人员，综合能获得的全部信息并应用最佳判断，根据贷款的风险程度对贷款质量做出评价和判断。我国的贷款风险分类主要借鉴以美国为代表的贷款分类方法，把贷款分为正常、关注、次级、可疑和损失五类。

（5）广义的贷款价格包括贷款利率、贷款承诺费及服务费、提前偿付或逾期罚款等，贷款利率是贷款价格的主要组成部分。本章重点探讨的是成本加成定价法、基准利率定价法、客户盈利性分析法。

（6）问题贷款的出现是完全可以提前发现的，通过监控某些方面的预警信号就可以有效地提前发现问题贷款的出现。对于贷款损失的管理，银行一般都通过提取贷款损失准备金来应对贷款损失。贷款损失准备金有三种形式：一般准备金、专项准备金和特别准备金。

（7）随着我国商业银行信贷管理体制、制度、管理法规的不断健全，信贷资产管理取得了明显的成效，但随着经营环境的变化，新的问题和新的风险不断显现，还需要进一步深化我国商业银行资产负债管理的改革。

思考练习题

1. 简述贷款的保障性分类方法。
2. 简述商业银行贷款政策的主要内容和制定依据。
3. 简述可疑类贷款的特征。
4. 简述贷款定价的各种方法。
5. 论述问题贷款如何预警以及如何处理。
6. 论述我国商业银行资产负债管理的现状。
7. 商业银行贷款对个人发展或公司发展有怎样的杠杆效应，同时带来怎样的风险？

第 5 章　商业银行投资业务

内容提要：证券投资业务是现代商业银行的重要资产业务。本章主要介绍了商业银行证券投资业务的目的与意义、证券投资业务的对象、各类证券的收益与风险特性以及基本测定方法、证券投资的基本策略、证券业与银行业的融合与分离的历史。

商业银行在经营活动中，总有一部分资金稳定地投资于各种有价证券上。证券投资业务不仅能为商业银行带来丰厚的利润，而且商业银行也利用证券投资业务保持其资产的流动性、优化资产配置、降低经营风险。

第 1 节　商业银行投资业务概述

一、商业银行投资业务的定义

投资是指法人或自然人等经济行为主体以获得未来收益为目的，预先垫付一定数量的资金或资源来经营某项经济事务，最终获得收益的行为。商业银行投资业务是指有价证券投资，是商业银行将一部分资金投资于有价证券，以提高商业银行资产的流动性、安全性，并获取一定利润的活动。投资业务是商业银行在资本市场开展的一项重要资产业务，是商业银行收入的重要来源。

商业银行的投资业务有别于贷款业务。商业银行的投资业务与贷款业务相比，虽然两者都是资金的运用，有很多相同之处，但是商业银行的投资业务有着自己的特点。第一，银行在证券投资中可以根据银行自身对证券市场行情的判断和自身的资金实力，决定买入或卖出的时机和数量，完全处于主动地位。第二，由于证券投资的风险因素多、证券市场价格波动性大，持有证券的现金流与收益率难以准确估计。第三，在正常的市场条件下，证券市场流动性强，商业银行可以随时扩张或收缩其证券投资业务，商业银行对证券投资业务的规模控制灵活性强。贷款业务的放贷与回收的制约条件多，扩张与收缩的速度慢。第四，银行贷款往往要求贷款人提供担保和抵押，而证券投资是一种市场行为，银行处于投资地位，一般不存在抵押和担保的问题。

就国内商业银行目前的投资状况来看，各个银行的证券投资在银行总资产中占据着一定的地位，但是重要程度却有着显著差异。在过去的几年中，各个银行的证券投资资产所占比重都在总资产的 10%~30% 徘徊，相对比较稳定。之所以各个银行的证券投资资产比较稳定，这与各个银行对证券投资业务的参与程度有很大的关系。银行对于证券的投资，主要取决于银行贷款业务之外剩余资产的丰裕程度及各银行的资产配置策略。

就国内五大商业银行的证券投资状况来看，中国银行和中国工商银行证券投资占总资产的比例比较高，这两家银行证券投资的利润贡献度也在逐步上升。从近几年的证券投资业务上来看，中国银行的外币证券投资是最多的，而工商银行则是在国内债券市场独占鳌头。究其原因，还是和银行的业务渠道紧密联系着。随着经济的发展，国内商业银行必定会加大证券投资在整个银行业务中的比重。从最近几年证券投资的状况来看，资产规模较大、知名度较高的银行的资金实力、证券投资品种选择的能力比较强，因此在交易类证券投资中，所占的比例就高。就国内银行来说，国有五大商业银行和全国股份制商业银行的交易类证券投资在证券投资中所占比重比较大，城市商业银行和农村商业银行等由于更多地服务于区域经济和资金实力的原因，证券投资业务的金额相对较小。

从美国银行的债券投资结构来看，美国商业银行的证券投资重点是在按揭抵押债券市场。从美国银行近年来的证券投资资产在总投资资产中的比重来看，按揭抵押债券在美国商业银行的证券投资中所占的比重超过了一半以上。就世界范围内来讲，美国商业银行的投资按揭抵押债券最多的。美国各个银行在按揭抵押债券市场进行大规模的投资，这与美国债券市场的结构是密不可分的。在美国，按揭抵押贷款的市场庞大，而且金融机构在不断地进行市场化创新，这也使得美国的按揭抵押债券市场异常繁荣。同时，美国银行的证券投资品种没有明显的限制，债券、股票和各类衍生品都是可以直接进行投资的。

不同于美国银行，我国商业银行限于目前的监管法律，无法进行权益性的投资。因此，我国银行的证券投资品种目前主要以一般类债券为主，包括国债、金融债、企业债、城投债和地方债以及银行间市场的类债券品种。而在这些债券中，政府和国有企业发行的又占了相当比重，债券投资风险小而相对收益稳定，因此成为商业银行证券资产匹配中不可或缺的重要投资品种。这种结构带来的负面效应就是目前商业银行还缺少直接面对资本市场的投资风险控制模型探索，缺乏高风险品种的相关人才和实践经验。

二、商业银行证券投资的目的

由于证券资产具有不同的盈利性和流动性，银行证券投资实质上是商业银行收益性、安全性、流动性"三性"均衡经营原则的体现，是商业银行增加收益、分散风险、提高资产流动性的重要途径。商业银行将资金投资于证券之前，首先资金要满足三方面的需要：一是法定存款准备金需要；二是确保银行流动性需要，银行的流动性需要通过银行持有的现金头寸和流动性资产来满足；三是要满足贷款需要。贷款收益高于证券，并且是银行吸收存款的重要手段。只有在这些需要得到满足后，银行才能将资金进行证券投资。

商业银行进行证券投资最主要的目的是获取收益、风险管理、保持资产的流动性。

（一）获取收益

获取收益是商业银行进行证券投资的最主要目的。商业银行持有的最大资产是贷款，收益的主要部分是通过贷款业务取得的，但证券投资业务也是商业银行获取收益的一项重要来源。商业银行通过证券投资增加收益有三种来源：一是通过购买付息债券后，按照债券发行时确定的利息率从发行人那里获得稳定的利息收入。二是通过买卖证券获得价差收益。三是通过合理避税来增加收益。商业银行投资的证券大都集中在国债和地方政府债券上，这些债券大多具有税收优惠（减免利息税或资本利得税），因此商业银行可以利用证券组合进行合理避税来增加收益。

（二）风险管理

商业银行可以利用证券投资来有效管理利率风险、流动性风险、信用风险，提高商业银行资产的安全性。在利率市场化环境下，商业银行常利用缺口管理来控制利率风险。商业银行调整缺口的能力主要取决于其资产的流动性，贷款资产很难及时调整，而证券资产则可以在证券市场上买卖，能及时调整以实现商业银行的缺口管理。通过证券投资可以实现银行资产分散化，降低银行的经营风险。

（三）保持资产的流动性

证券资产一般都有活跃的二级市场，证券资产的流动性强，可以随时变现。商业银行在经营过程中，为了应付客户的提现要求和其他的资金周转需求，客观上要求资产保持较强的流动性，这就需要持有一部分高流动性资产。库存现金、在央行存款、同业存款构成银行的第一准备金，其流动性最强，但其收益很低，过多持有会降低商业银行的盈利能力。银行的其他资产，如贷款，虽然具有较高收益，但不具有随时转让的能力，流动性较差。而短期证券则具有流动性和盈利性双重特点，把可以迅速变现的短期证券作为第二准备金，一方面可以在金融市场上迅速转让，满足银行的流动性需求；另一方面又具有较高的收益。此外，银行购入的中长期证券也可在一定程度上满足流动性要求。因此，证券投资业务使流动性和盈利性更好地协调一致，从而成为增强银行资产流动性的有力手段。

三、我国商业银行参与证券投资的意义

从宏观上看，商业银行参与证券投资有利于提升中央银行进行宏观调控的有效性。中央银行进行宏观调控的一个重要手段就是公开市场操作，通过公开市场调节货币供应量。只有商业银行持有一定数量的有价证券，中央银行才能有效完成公开市场操作。商业银行在参与公开市场操作中，灵活地调整现金与有价证券的头寸，协调资金的收益性与流动性。

从微观上看，商业银行参与证券投资对其发展业务、提高经营效率有重要作用。第一，可以促进资产多元化与分散化，分散和降低资产风险。如果商业银行的资产结构单一，单纯地持有贷款资产，一方面银行的信用风险加大，另一方面贷款资产的流动性差而不利于资金头寸的灵活调整，加大了流动性风险。第二，有利于增加盈利。商业银行将闲置资金投资于有价证券是增加商业银行盈利的有效途径。第三，有利于增强商业银行经营的主动性。相对于贷款而言，证券投资是一种更为主动的资产业务，买卖数量与买卖时机商业银行都可以自主决定。

第 2 节 商业银行投资对象

各国政府对商业银行的投资业务范围都有一些限制性规定。在证券投资对象上，虽然各国规定有所不同，但基本上可以归为四种类型：政府债券、金融债券、公司债券和股票。

一、政府债券

政府债券是一国政府为了筹集预算资金而发行的承担偿还责任的债务凭证。政府债券的特点在于：第一，安全性高。因为政府债券以政府信用作为担保，在各类债券中的信用等级最高，所以投资的风险较小。第二，流通性强。政府债券的发行量大，偿还有保证，竞争性强，在二级市场上较受欢迎，容易转让，具有很强的流动性。第三，收益稳定、免税。政府债券的利息是事先确定的，一般不受市场利率变动的影响，收益稳定。大多数国家都规定，购买政府债券的利息收入可以享受税收优惠待遇。

政府债券的种类较多，按照发行人划分，有中央政府债券、政府机构债券和地方政府债券；按照期限划分，有短期债券、中期债券和长期债券；按照发行的范围划分，有内债和外债。

（一）中央政府债券

中央政府债是由国家财政部门组织发行，以中央政府信用为担保的政府债券。其中，根据债券期限的长短，中央政府债券可以分为国库券和政府公债。

1. 国库券

国库券是国家为解决财政资金短缺而发行的一种以政府信用为担保的短期政府债券。在美国等发达国家，国库券期限一般在一年以下。在我国，国库券期限较长，多为 1~3 年，最长可达 5 年。国库券的特点在于：第一，信誉好，无风险，安全可靠；第二，收益高，其利息率高于同期储蓄存款利率；第三，流动性强，易手方便，随时变现。正因为如此，国库券成了各国商业银行证券投资的重要对象。

2. 政府公债

中央政府发行的中长期国债称为政府公债。在美国，中期债券的期限为 1~10 年，长期债券的期限为 10 年以上。在我国，政府公债的期限多为 1~10 年。政府公债的期限较长，收益率也较高，商业银行购买这些债券的主要目的是获利。

（二）地方政府债券

地方政府债券是指由中央政府以下各级地方政府为基本建设或社会福利事业项目等进行融资而发行的债券。地方政府债券主要有以下三种：

1. 普通责任债券

普通责任债券是以地方政府的信誉作为担保的债券。地方政府通过行使其征税权和其他权利来筹集资金，偿还债务。

2. 收益公债

收益公债指地方政府为某一项目集资而发行的债券。其债务本息的偿还资金来自项目的收益，而不以地方政府的信用为担保，信用风险高，安全性相对较差。

3. 摊派债券

摊派债券指为了改进公共设施而筹集资金所发行的债券。地方政府发行的摊派证券向公共设施所在地居民摊派，当地的商业银行也可能成为摊派对象。摊派债券偿还本息的资金来自于对这项公共设施收益者征税，如果收入不足以偿还本息，当地政府会从其他收入来源中提供偿还资金。

地方政府债券多在发行者所在地销售，二级市场不如中央政府债券广泛、活跃，债券的买卖比较困难，流动性较中央政府债券差。在美国，由于地方政府债券可以免联邦政府和州政府所得税，还可以用于抵押贷款，信誉仅次于中央政府债券，利息也丰厚，是商业银行的重要投资对象。

在我国，《中华人民共和国预算法》第三十五条规定："经国务院批准的省、自治区、直辖市的预算中必需的建设投资的部分资金，可以在国务院确定的限额内，通过发行地方政府债券举借债务的方式筹措。举借债务的规模，由国务院报全国人民代表大会或者全国人民代表大会常务委员会批准。省、自治区、直辖市依照国务院下达的限额举借的债务，列入本级预算调整方案，报本级人民代表大会常务委员会批准。举借的债务应当有偿还计划和稳定的偿还资金来源，只能用于公益性资本支出，不得用于经常性支出。除前款规定外，地方政府及其所属部门不得以任何方式举借债务。"截至目前，除中央发行国债转贷给地方用于地方项目建设以及根据国家统一安排由地方政府举借的外债以外，为有效应对国际金融危机的冲击，保持经济平稳较快发展，2009 年，国务院决定由财政部代理发行 2 000 亿元地方政府债券，用于中央投资地方配套的公益性建设项目及其他难以吸引社会投资的公益性建设项目。该债券以省、自治区、直辖市和计划单列市政府为发行和偿还主体，由财政部代理发行并代办还本付息和支付发行费的可流通记账式债券。地方政府债券冠以发债地方政府名称，具体为"2009 年××省（自治区、直辖市、计划单列市）政府债券（××期）"。该债券期限为 3 年，利息按年支付，利率通过市场化招标确定。2011 年，我国开始地方政府自行发债试点工作，并以每年一个文件的速度稳步推进该项工作。2014 年 5 月 21 日，地方自行发债试点取得重要进展，财政部印发《2014 年地方政府债券自发自还试点办法》，经国务院批准，2014 年上海、浙江、广东、深圳、江苏、山东、北京、江西、宁夏、青岛试点地方政府债券自发自还，总规模为 1 092 亿元，债券期限变更为 3 年、5 年、7 年，比例为 4∶3∶3；地方政府债券还本付息方式由财政部代办变成地方自行支付利息和偿还本金。

二、金融债券

金融债券是由银行和非银行金融机构发行的债券。在英美等西方国家，由于商业银行和其他金融机构同属股份公司组织，在这些国家，金融债券也可视为公司债券的一种。金融债券可进行以下分类：

1. 发行主体

按照发行主体的不同，金融债券可分为政府性金融债券和普通金融债券。政策性银行发行的金融债券称为政府性金融债券；银行及非银行金融机构发行的金融债券称为普通金融债券。在我国，政策性银行金融债券是由国家开发银行、中国农业发展银行、中国进出口银行为筹集信贷资金而发行的债券，以财政担保为主要特征，该债券已成为发行规模仅次于国债的债券。与普通金融债券相比，政府性金融债券的信誉较高，但利率较低。

2. 计息方式

按照计息方式的不同，金融债券分为附息金融债券和贴现金融债券。如果金融债券上附有多期的息票，发行人定期支付利息，则称为附息金融债券；如果金融债券是以低于面值的价格贴现发行，到期按面值还本付息，利息为发行价与面值的差额，则称为贴现债券。按照国外通常的做法，贴现金融债券的利息收入要征税，并且不能在证券交易所上市交易。

3. 发行条件

按照发行条件的不同，金融债券可分为一般金融债券和累进利息金融债券。一般金融债券按面值发行，到期一次还本付息，期限一般是 1 年、2 年和 3 年。一般金融债券类似于银行的定期存款，只是利率高些。累进利息金融债券的利率不固定，在不同时间段有不同的利率，并且一年比一年高，也就是说，债券的利率随着债券期限的增加累进。

我国在 1984 年开始发行金融债券，发行人主要是四家国有商业银行，认购对象主要是城乡居民个人，银行及其他金融机构不得认购。1994 年国家开发银行和中国进出口银行组建以后，为解决其营运资金来源，开始面向社会公开发行各种政策性金融债券，主要由各家商业银行和其他非银行金融机构认购。

三、公司债券

公司债券是股份有限公司为筹措资金依照法律程序而发行，并约定在一定期限内按票面所载条件还本付息的一种债务凭证。

（一）公司债券的特征

1. 风险较大

与政府债券和金融债券相比，公司债券风险较大。公司债券的发行主体是公司，如果公司经营不善，投资者将面临利息甚至本金的损失。一方面，公司债券的发行人是一般企业，公司的经营风险较大，公司债券的信用风险较高；另一方面，公司债券的二级市场不如政府债券的二级市场发达，转让的流动性风险也较大。

2. 收益率较高

因为购买公司债券要承担较高的风险，所以公司债券的票面利率一般要高于政府债券利率、金融债券利率和同期银行存款利率。

3. 具有一定的优先权

公司债券的持有人是公司的债权人，具有收益分配和剩余财产分配的优先权。

4. 可转换公司债券具有可转换权

具有可转换性的公司债券允许投资者在一定条件下将其债权转换为股权，成为企业的股东。

5. 不能享有免税待遇

虽然公司债券的收益率较高，但其收益必须缴纳所得税。

虽然公司债券的种类很多，但由于风险较大，安全性、流动性和盈利性都不如政府债券，因此商业银行对公司债券的投资额度一般较小，部分商业银行很少从事这些证券的投资业务。

（二）公司债券的分类

1. 公司债券按担保抵押情况分为信用公司债券、不动产抵押公司债券、保证公司债券

信用公司债券一般期限较短，但利率较高，该债券的发行不需以公司任何资产作为担保，而仅凭公司信誉作为担保。一般只有经营良好、信誉卓著的大公司才有资格发行这类债券。

不动产抵押公司债券的发行以公司的实际不动产的留置权作为担保，是抵押债券的一种。若发生公司不能偿还债务的情况，抵押的财产将被出售，所得款项用来偿还债务。

保证公司债券是公司发行的由第三者作为还本付息担保的债券。担保人是发行人以外的他人（或称第三者），如政府、信誉好的银行或举债公司的母公司。一般来说，投资者比较愿意购买保证公司债券，因为在这种情况下，如果公司到期不能偿还债务，担保人要负清偿之责。实践中，保证行为常见于母子公司之间，如由母公司对子公司发行的公司债券予以保证。

2. 公司债券按债券利息收益是否固定分为固定收益公司债券和变动收益公司债券

固定收益公司债券是指事先确定利率，每半年或一年付息一次，或一次还本付息的公司债券，这种公司债券最为常见。

变动收益公司债券是一种具有特殊性质的债券，是以发行公司收益状况为条件而支付利息的公司债券。利息的多少取决于公司的经营状况，经营获利就支付利息，否则就不用付息。因此，变动收益债券就获利方式而言，具有股票的性质；就最终还本而言，又具有债券的性质。

对于商业银行而言，若公司运营状况较好，购买变动收益公司债券；若公司经营状况一般或者前景不明朗，则应选择固定收益公司债券。

3. 公司债券按是否具有转换权分为可转换公司债券和不可转换公司债券

可转换公司债券是持有人在一定期限内可以按照约定的条件将其转换为公司股票的公司债券。可转换公司债券因为具有股票和债券的双重性质，颇受投资者的欢迎。而不可转换公司债券则是没有转换权的公司债券。

银行认购发行公司所发行的可转换债券后，如果一直持有该债券而不转换成股票，那么债券到期时，公司按照发行时所约定的利率进行还本付息，双方是债权和债务关系，与普通的公司债券相同。如果银行按约定的条件将可转换债券转换股票，银行就

从债权人变成了公司的股东，其所享有的权利和义务与公司的其他股东完全相同。

四、股票

股票是股份公司发给股东，用以证明投资者身份和权益，并据以领取股息和红利的凭证。

股票依据不同的标准划分分为不同的类型，如依据股东权利和承担义务的不同，分为普通股和优先股；依据是否记名，分为记名股票和无记名股票；依据股票是否标明金额，分为有面额股票和无面额股票；依据股息获取顺序，分为普通股和优先股。

普通股是指在公司的经营管理、盈利及剩余财产分配上享有普通权利的股票。普通股是最基本的股票，具有股票最一般的特征。普通股股东可以享有以下权利：公司经营决策的参与权、公司盈余分配权、公司剩余财产分配权、优先认股权。

优先股是股份有限公司发行的、在公司盈利和剩余财产分配具有优先权的股票，即在公司分配盈利和剩余财产时，优先股股东都位于普通股股东之前。优先股是一种特殊的股票，具有以下特点：股息率事先固定、对公司盈利分配先于普通股、对剩余财产的索偿权先于普通股东后于债权人、对公司经营表决权一般受限。

商业银行购买股票最主要目的是作为公司的股东，参与控制公司的经营活动，其次才作为证券投资的工具，通过股票的买卖，赚取价差收益。股票投资的风险相对于债券投资是很大的，为了维护金融体系的稳定，多数国家都明文禁止商业银行购买工商企业股票，只有少数几个国家，如德国、瑞士、奥地利等国的商业银行才允许购买。我国《商业银行法》明文规定，银行不得从事股票买卖活动。因此，目前股票还不是我国商业银行的投资对象。

第 3 节　商业银行投资业务的收益与风险

商业银行从事证券投资业务时，最关心的是各种证券的收益与风险特性，正确度量证券的收益与风险是证券投资的一项重要工作。

一、证券投资收益的度量

商业银行投资的主要目的是使资金增值，获取收益。投资收益是指从购入证券到卖出期间的收入，其与贷款收益有所不同。贷款收益仅仅来源于利息，而投资收益包含利息收益和资本利得。利息收益是银行购买有价证券后，依证券发行时确定的利率取得的收益；资本利得是商业银行在证券市场通过买卖证券所实现的差价收益。实际证券收益率的高低是银行投资业务中考虑的基本因素。

（一）债券收益

债券收益率的高低取决于票面利率、买入价、卖出价以及持有期限、贴现率等因素。从不同的角度计算债券收益率的公式有所不同。一般来讲，债券收益率包括票面收益率、当前收益率、持有期收益率、到期收益率。

1. 票面收益率

票面收益率也称名义收益率，是债券票面的固定利率。例如，一张面值为 1 000 元的债券，票面上注明 10%，则其名义收益率为 10%。对于附息票的债券，息票上注明的便是每期应支付的利息额。用利息额除以面值即得票面收益率。票面收益率只反映债券名义收益，是投资债券最直观的收入指标。面值、期限相同的债券，票面利率越高，名义利息越高。但债券的发行和出售价格会因市场利率的影响而变化。因此，债券的名义收益率与实际收益率会有差异。票面收益率并不能反映投资人的实际收益水平，票面收益率只能作为参考指标。

2. 当前收益率

当前收益率是指债券年息与当前市场价格之比，是只考虑债券利息收入的收益率，用公式表示为：

债券当前收益率=年利息收入/债券当前市场价格×100% (5.1)

如果债券的当前价格等于债券面值，则债券当前收益率就是债券的票面利息率。例如，某债券面值为 100 元，市场价格为 100 元，每年固定利率为 5%，则：

当前收益率=5%×100/100=5%

债券的价格与债券的面值不等，债券的当前收益率就不再与其固定利息率一致了。比如上述债券的市场价格为 95 元，则该债券的当前收益率为：

当前收益率=5%×100/95=5.26%

通过比较不同债券的当前收益率，便可以决定投资于哪一种债券能获得更高的利息率。但当前收益率没有考虑实际的和预期的现金流动，更没有考虑在证券市场上卖出债券时的价格波动，因此不能准确反映投资者的实际收益。

3. 持有期收益率

持有期收益率是指投资者买入债券后，持有一段时间并在该债券未到期之前就出售所获的收益。其计算公式为：

$$r_{持有期} = \frac{c + (P_1 - P_0) \div n}{P_0} \times 100\%$$ (5.2)

式中：c 为每期利息，n 为持有期数，P_1 为债券出售价格，P_0 为债券购买价格。

例如：某投资者以 1 000 元的价格购入某种面值为 1 000 元、票面利率为 10% 的债券，2 年后以 1 200 元的价格卖出，在持有期间曾获得利息 200 元。计算这笔投资的收益率如下：

持有期收益率=［（100+200÷2）］÷100×100%=20%

4. 到期收益率

到期收益率是指投资者在发行市场或者二级市场上买入并一直持有到期后的收益率。其计算公式为：

$$P_0 = \sum_{i=1}^{n} c/(1+r)^n + P_n/(1+r)^n$$ (5.3)

式中：r 为到期收益率，c 为每期利息，n 为持有期数，P_n 为债券出售价格，P_0 为债券购买价格。

（二）股票收益率的计算

股票收益主要来源于股息红利和买卖价差。衡量股票投资收益水平的指标主要有股利收益率、持有期收益率和股份变动后持有期收益率等。

1. 股利收益率

股利收益率又称获利率，是指股份公司以现金形式派发股息与股票市场价格的比率。该收益率既可用于计算已得的股利收益率，也可用于预测未来可能的股利收益率。如果投资者以某一市场价格购入股票，在持有股票期间得到公司派发的现金股息，可用本期每股股息与股票买入价计算，这种已得的股利收益率对长期持有股票的股东特别有意义。如果投资者打算投资某种股票，可用该股票上期实际派发的现金股息或是预计本期的现金股息与当前股票市场价格计算，可得出预计的股利收益率，该指标对制定投资决策有一定帮助。

股利收益率的计算公式为：

$$R = D/P_0 \times 100\% \tag{5.4}$$

式中：R 为股利收益率，D 为现金股息，P_0 为股票买入价。

例如：某投资者以 40 元 1 股的价格买入 A 公司股票，持有 1 年分得现金股息 2.80 元。股利收益率 = 2.80÷40×100% = 7%。

2. 持有期收益率

持有期收益率是指投资者持有股票期间的股息收入和买卖价差之和与股票买入价格的比率。股票没有到期日，投资者持有股票的时间短则几天，长则数年，持有期收益率就是反映投资者在一定的持有期内的全部股息收入和资本利得与投资本金的比率。持有期收益率是投资者最关心的指标，但如果要将它与债券收益率、银行利率等其他金融资产的收益率比较，必须注意时间的可比性，可将持有期收益率化为年收益率。

$$R_{持有期} = (D + P_1 - P_0) \div P_0 \times 100\% \tag{5.5}$$

式中：D 为现金股息；P_0 为股票买入价；P_1 为股票卖出价。

例如：某投资者以 40 元 1 股的价格买入 A 公司股票，持有 1 年分得现金股息 2.80 元，投资者在分得现金股息两个月后，将股票以 43.20 元的市价出售。持有期收益率 = [2.80+（43.2-40）]÷40×100% = 28.8%。

3. 股份变动后持有期收益率

投资者在买入股票后，有时会发生该股份公司进行股票分割（即拆股）、送股、配股、增发等导致股份变动的情况，股份变动会影响股票的市场价格和投资者持股数量，因此，有必要在股份变动后进行相应调整，以计算股份变动后的持有期收益率。

$$股份变动后持有期收益率 = \frac{调整后的资本利得损失 + 调整后的现金股息}{调整后得购买价格} \tag{5.6}$$

（三）债券收益率曲线

债券收益率曲线是描述在某一时点上一组可交易债券的收益率与其剩余到期期限间数量关系的一条曲线，即在直角坐标系中，以债券剩余到期期限为横坐标、债券收益率为纵坐标而绘制的曲线。

一条合理的债券收益率曲线将反映出某一时点上（或某一天）不同期限债券的到

期收益率水平。研究债券收益率曲线具有重要的意义，对于投资者而言，债券收益率曲线可以用来作为预测债券的发行投标利率、在二级市场上选择债券投资券种和预测债券价格的分析工具；对于发行人而言，债券收益率曲线可为其发行债券、进行资产负债管理提供参考。

债券收益率曲线的形状可以反映出当时长短期利率水平之间的关系，是市场对当前经济状况的判断及对未来经济走势预期（包括经济增长、通货膨胀、资本回报率等）的结果。债券收益率曲线通常表现为四种情况：一是正向收益率曲线，表明在某一时点上债券的投资期限越长，收益率越高；二是反向收益率曲线，表明在某一时点上债券的投资期限越长，收益率越低；三是水平收益率曲线，表明收益率的高低与投资期限的长短无关；四是波动收益率曲线，表明债券收益率随投资期限不同而呈现波浪变动。

二、商业银行证券投资的风险

证券投资的风险是指证券预期收益变动的可能性及变动幅度。证券投资的预期收益率与实际收益率之间的偏离度，就是投资的风险度。从风险是否能够通过证券投资组合分散的角度看，证券投资的风险由系统风险和非系统风险构成。

（一）投资风险的类型

1. 系统性风险

系统性风险是指由于外部市场引起的投资收益的可能性变动，这种因素以同样的方式对所有证券的收益率产生影响。系统性风险不能通过投资组合、投资策略分散和回避，因此形成的风险具有不可分散性。例如，经济周期、战争、自然灾害、宏观调控下的各种政策等。系统性风险主要包括政策风险、经济周期波动风险、利率风险和购买力风险等。

（1）政策风险。政策风险是指证券市场的政策发生重大变化或实行重要的举措、颁布新的法规等，引起证券市场的剧烈波动而带来的风险。要减轻政策风险的影响，需要加强国内外政治经济形势的研究，注意市场可能出现的突发事件，加深政府政策对证券市场影响的理解。

（2）经济周期波动风险。周期性风险是指由于经济周期性变动而引起的风险，这种行情变动不是指证券价格的日常波动，而是指证券行情长期趋势的改变。要减轻周期波动风险的影响，需要对宏观经济有正确的判断，选择适合经济环境的投资策略。

（3）利率风险。利率风险是指市场利率变动引起证券投资收益变动，利率风险对不同证券的影响是不相同的。首先，利率风险是固定收益证券，特别是债券的主要风险；其次，利率风险是政府债券的主要风险；最后，利率风险对长期债券的影响大于短期债券。减轻利率风险影响的办法是投资者在预见利率将要提高时，应减少对固定利率债券，特别是长期债券的持有；反之则相反。

（4）购买力风险。购买力风险又称通货膨胀风险，是由于通货膨胀、货币贬值因素导致投资者收到的本金和利息收入的购买力低于证券投资时的购买力，使证券的实际收益水平下降的风险。实际收益率为证券的名义收益率与实际通货膨胀率之差。为防范购买力风险，银行往往将提高短期债券的投资比例。

2. 非系统性风险

非系统性风险是某个因素只对个别公司的证券产生影响的风险。非系统性风险通常是由某一特殊的因素引起，与整个证券市场的价格不存在系统、全面的联系，而只对个别或少数证券的收益产生影响。非系统性风险可以通过投资组合抵消和回避。非系统性风险主要包括信用风险、经营风险、财务风险等。

（1）信用风险。信用风险又称违约风险，是指证券发行人在证券到期时无法还本付息而使投资者遭受损失的风险。投资者回避信用风险的最好办法是参考证券信用评级的结果。目前国际最著名的资信评级机构有穆迪公司和标准普尔公司。

（2）经营风险。经营风险是指公司的决策人员与管理人员在经营管理过程中出现失误而导致公司盈利水平变化，从而产生投资者预期收益下降的可能。

（3）财务风险。财务风险是指公司财务结构不合理、融资不当而导致投资者预期收益下降的风险。

另外，还会有企业隐瞒公司真实经营情况、假报利润造成的道德风险，对不可上市交易的证券进行投资造成的流动性风险，买卖过程中操作差错造成的交易风险以及证券投资的价格风险。

（二）投资风险的测定

证券是未来收益具有不确定性的风险资产，商业银行在选择证券时，首先需要了解各种证券面临的风险类别以及这些风险程度的高低，对投资风险进行测定。风险测定实际就是衡量证券投资的实际收益率偏离预期收益率的程度，测量的基本方法是统计学中的标准差法。

1. 预期收益率的测定

通常收益率会受到许多不确定因素的影响，因此投资者无法预知实际的收益，收益率是一个随机变量。假定收益率服从某种概率分布，则预期收益率的计算公式为：

$$E(r) = \sum R_j \times P_j \tag{5.7}$$

式中：$E(r)$ 为期望收益率，R_j 为第 j 种情况下的收益率，P_j 为该种情况下的概率。

假设投资于某证券，其可能的收益率概率分布如表 5.1 所示。

表 5.1　　　　　　　　　　　　可能的收益率概率分布

	概率分布	收益率（%）
经济衰退	0.2	5
一般	0.3	10
经济繁荣	0.5	15

投资于该证券的预期收益率 $E(r) = 0.2 \times 5\% + 0.3 \times 10\% + 0.5 \times 10\% = 11.5\%$。

2. 风险的测定

（1）标准差方法。标准差是一种证券投资的实际收益率与平均收益率的平均差距。证券的概率分布越集中，实际可能的结果越接近预期收益率，偏离率也就越低。标准差方法是通过对证券预计收益方差的计算来衡量投资风险，因此能够较准确地反映证券投资遭受风险的可能性和程度的高低。但是用标准差方法衡量的是证券的总风险，其对于系统性风险和非系统性风险的衡量没有说明，因此没有说明该风险中有多少风险是不能通过投资多样化的方法进行分散抵消的。

（2）β 系数法。证券投资风险通常分为系统性风险和非系统性风险。一般而言，系统性风险可以测量，而非系统性风险难以测量。β 值是用来测定一种证券收益受整个市场平均收益水平变化的影响程度的指标，即该证券的风险与整个市场风险的相关程度。设整个市场证券组合为 m，我们考察的证券为 i，则其表达式为：

资产组合 i 的 β 值＝资产组合 i 与市场投资组合 m 的协方差/市场投资组合 m 的方差

市场投资组合与其自身的协方差就是市场投资组合的方差，因此市场投资组合的 β 值永远等于 1；无风险资产的 β 值等于 0。资产组合 i 的 β 值越大该资产的系统性风险越大。如果资产组合 i 的 $\beta<1$，则表明资产组合的系统性风险小于市场组合 m 的风险。如果资产组合 i 的 $\beta>1$，则表明资产组合的系统性风险大于市场组合 m 的风险；如果资产组合 i 的 $\beta=1$，则表明资产组合的系统性风险等于市场组合 m 的风险。

第 4 节　商业银行的投资策略

由于证券投资收益与风险的不确定性，证券投资业务的风险较难控制，商业银行进行投资业务时，应该处理好收益性、风险性与流动性之间的关系，依据证券市场和外部环境的变化，及时调整其持有的证券头寸和证券投资组合。

一、商业银行证券投资的步骤

收益和风险的并存性决定了证券投资具有复杂性、风险性和技术性极强的特点。开展证券投资业务，制订和采取有效的投资方案是商业银行证券投资活动的首要问题。

（一）明确投资组合目标

商业银行证券投资的基本原则为：在控制利率风险的既定条件下，实现收益性和流动性的最佳组合。对于不同规模和不同时期的商业银行其证券投资的侧重点也不同，有的是为了获得较高的收益，有的是满足流动性，有的是风险管理的需要。针对不同的侧重点，商业银行应该根据自身需求制定不同的投资策略。

（二）掌握各类证券知识

要对所投资领域证券有足够的认识，找到适合的证券品种，并及时对证券市场行情做出准确反应，从而降低投资决策的盲目性和失误。这些需要掌握的知识包括证券的种类、数量、各种证券的收益和风险特征、证券买卖的程序、影响证券价格的因素以及证券管理的有关法规。

（三）掌握证券投资程序

证券投资是一个复杂的过程，商业银行必须了解投资过程的每一个环节，熟悉投资的程序。首先，进行资金准备，即将资产的多少用于证券投资；其次，决定选择何种证券作为投资对象。在选择证券时，要与商业银行自身的特点相结合，对宏观经济变动趋势、各种行业的发展做出判断。在操作过程开始后，应遵循买卖委托、成交、交割的程序，确保顺利完成证券投资过程。

（四）掌握各种投资管理方法和投资技巧

在充分了解投资过程之后，商业银行还必须掌握各种投资策略和技巧，以达到既定的投资目标。投资策略主要包括确定不同收益与风险的证券投资组合、投资期限长短、投资比例等内容。投资技巧则是实现投资管理目标的具体方法，包括风险回避技巧以及根据国内外的形势、行市选择恰当的时机进行投资等。能否很好地运用投资管理方法和技巧对提高商业银行的投资收益至关重要。

二、商业银行的投资策略

商业银行的证券投资策略是指在法律允许的范围内，综合考虑收益率、投资风险、证券流动性、税率等因素，在总量既定的条件下，通过对所持有证券的期限结构、类型结构等进行调整，以期实现既定收益率下的投资风险最小，在风险既定下的收益率最大。商业银行的证券投资策略主要划分为两大类，即稳健型投资策略和进取型投资策略。

（一）稳健型投资策略

1. 阶梯期限策略

这种策略的基本思路是将银行用于证券投资的资金均匀地分配在一段特定投资期间内的不同期限的证券上。例如，银行有 1 000 万元可投资资金，投资最长期限为 10 年，那么银行将 100 万元投资于一年期债券，100 万元投资于二年期债券，最终达到 1~10 年期每种证券的投资比例为 10%。如果银行能够维持这种投资期限结构，将到期证券出售所得再投资于最长期限证券，那么在一定时期后，每年都能获得投资期限最长的证券的高收益。

这种投资的优点是资金的分布均匀，无需预测利率的变动；银行只需在某一期限证券到期时再买入长期限的证券，银行参与市场的交易少，无需频繁操作，降低了交易成本。同时，在该策略实施一定年限后，每年都获得长期债券的较高的收益，银行也可将到期债券的偿付直接变为流动资金，满足了银行流动性的需求。阶梯期限投资策略容易实施，兼顾了收益性和流动性，比较适合利率预测能力较弱的小银行。但是，市场利率迅速提高时，实施该策略会造成较大损失。一方面，银行难以将到期期限较长的债券再投资，错过投资机会；另一方面，在利率上升时期，银行因流动性需求而将债券被迫出售时，长期债券的价格下降幅度大，资本损失较大。

2. 杠铃法

杠铃法是将一部分资金投资于短期债券，获得流动性和收益性；把另一部分资金投到长期证券中以获得更高的收益；仅把少量资金投到中期证券，以获得平均收益并保持一定的流动性。这种方法从长期债券中获得高收益，而从短期债券中获得了充足的流动性。在这种投资策略中，短期证券和长期证券的数量不一定相同，银行可以主动调整证券所占的比重。银行如果判断短期证券的价格会上涨，就会减少长期证券的比重，增加短期证券的投资；相反，如果判断长期证券的价格会上涨，则减少短期证券的比重，增加长期证券的投资。当市场利率上升时，长期证券的价格下降，出售长期债券的资本利得减少，但到期短期债券的变现收入可投资于利率上升的新资产；当市场利率下降时，长期证券的价格上升，弥补了短期证券到期后再投资收益率的降低。该策略最主要的优点在于它可以抵消利率波动对银行证券投资总收益的影响。另外，其短期投资的比重大，可以更好地满足流动性需要。

3. 前置期限策略

在这种策略下，商业银行只持有短期证券而不持有长期证券。这种投资策略强调保持资产的流动性，使银行能及时获得所需要的资金。当利率上升时，银行将持有的短期债券持有到期或者出售后再投资于收益率上升的短期债券。一般在经济处于繁荣时期，短期利率不断上升，商业银行为满足流动性需求而采取该策略。当利率下降时，到期的短期证券变现所得资金再投资于新的利率较低的证券只能获得低收益。

4. 后置期限策略

这种策略的证券期限配置与前置策略相反，银行只持有长期证券，不持有短期证券。这种策略的证券投资能给银行创造高收益，但很难满足银行额外的流动性需求，而且利率风险大，利率的变动会造成证券资产的价格大幅波动。利率波动对该策略的影响与前置策略相比刚好相反。当利率上升时，长期证券的价格下跌幅度大，会使银行遭受损失。当利率下降时，长期证券的价格上升幅度大，价格上涨的好处将大于将长期证券再投资于新的利率低的证券，商业银行采用此策略将有利。一般当经济周期处于衰退，利率不断下降，贷款需求不足时，采用此策略能获得高收益。

（二）进取型投资策略

1. 利率预测法

这种策略不断预测利率变动情况，随时改变证券的到期日来获得最大收益。当预期利率上升时，银行购入短期债券，在未来利率上升时及时出售证券，再投资于高利率的其他资产；当预期利率下降时，银行购入长期证券，等待利率下降时出售长期证券获得资本利得。

该策略要求银行能够准确预测未来利率的变动，对未来利率的错误判断会给银行带来巨大损失。采用利率预测法，商业银行将依据未来利率的变动频繁地进入证券市场进行交易，这样将大幅增加交易成本。与杠铃策略相比，银行要有更强的预测和交易能力，才能运用好这一策略。这种方法还可能导致银行只重视证券投资的短期收益而忽略了长期收益。

2. 参照收益率曲线策略

收益曲线法是银行根据对收益率曲线的分析，针对不同的情况，进行投资组合的灵活调整。证券投资收益曲线可以为投资选择提供依据，由于不同的证券具有不同的收益率曲线，银行在进行投资时，应将不同证券的收益曲线综合起来考虑。当预测长期利率可能下降时，就减少短期投资，把资金转移到长期投资上，这样可以收到利率下降时价格上升的好处，增加收益；反之，当预测长期利率可能上升时，就把资金转移到短期投资中，等到利率上升，价格下降后，再重新购买长期证券。商业银行采用这种方法一般可以获得较高的收益率，但是一个重要前提是商业银行对证券收益曲线的预测必须准确。因此，这种方法对银行的要求较高，需要有对收益率曲线作出准确判断的技术能力。

3. 证券调换策略

在一个充分有效的市场中，不会存在债券价格被低估的情况。而在现实中，市场常处于暂时性不均衡状态，导致某些证券产生相对的收益优势时，商业银行就可以不断地用相对劣势的证券调换成相对优势的证券，这就是证券调换策略。证券调换策略主要包括以下两种方法：

（1）价格调换。价格调换是指在具体相同票面收益率、期限和信用等级的同种证券之间，银行将持有的价格较高的证券卖出，同时购买价格较低的同类证券，以赚取价格差异，获得较高的收益率。

（2）收益率调换。收益率调换是在两种证券具有相同的期限、票面价值、到期收益率和信用等级，但是票面收益率不同，银行可以采用收益率调换的方法，即将持有的票面收益率较低的证券调换票面率较高的证券。通过调换，银行可以获得证券再投资的收益。

第5节　银行业与证券业的融合与分离

商业银行的投资业务还受到金融体制的制约，在分业经营与混业经营的不同体制下，商业银行的投资范围和业务内容是不同的。

分业经营是指由法律限定商业银行业务和证券业务互相分离，分别由不同的金融机构经营的模式。吸收存款的业务只能由商业银行从事，而证券承销、经纪、自营以及企业并购服务等业务由证券公司或其他金融机构经营。在分业经营模式下的商业银行又称为职能分工型银行，分业经营的商业银行仅能在法律允许的范围内投资有价证券。混业经营是指法律允许商业银行经营银行业务、证券业务以及基金、保险等业务，混业经营模式下的银行也称为全能型银行，混业经营的商业银行可以开展证券承销发行等投行业务和证券交易经纪业务。国际银行经营体制的历史主要经历了从混业经营到分业经营，再从分业经营到混业经营的演变过程。由于美国银行业的发展历史在很大程度上反映了世界银行业的发展特征，以下以美国银行业的历史来说明这一过程。

一、美国银行业与证券业分离和融合的历程

（一）证券业与银行业混业经营时期

20世纪30年代以前是美国银行业与证券业基本融合时期。这一时期，美国颁布了《国民银行法》对银行兼营证券业务进行了一些限制，但限制并不严格。尤其是这一时期内允许商业银行以两种方式进入证券市场：一是利用存款投资于股票、债券；二是银行向股票投资者直接发放贷款。因此，可以把这一时期看成银行业与证券业基本融

合时期。20 世纪 30 年代前，美国银行业与证券业之所以能在较高程度上融合，主要是因为早期的美国证券市场基本上是属于自发性市场。联邦政府对证券市场没有什么监管措施，只有一些州颁布过所谓的"蓝天法"，要求证券未经许可不得发行，但有许多州并未严格执行该法。总体来看，证券的发行和交易几乎完全没有限制。在这种"宽松"与"自由"的氛围里，银行业与证券业的融合就有了更多的空间和机制。由于证券市场缺乏必要的监管措施，没有严格的法律来规范交易行为，致使证券市场上欺诈投机现象盛行。一些没有任何内在价值的股票、债券却被抬到相当高的价格，最终脆弱的股市支撑不了投机者的狂热，在 1929 年 10 月一泻千里，导致华尔街股市崩盘。由于银行业与证券业融合兼营，证券市场风险向银行转移，银行的证券投资资产不仅大幅度贬值，同时利用贷款进行股票投资的贷款者无力偿还贷款，恐慌的储户纷纷挤兑存款，银行因流动性不足而纷纷倒闭，引发一场史无前例的信用危机和经济危机。到 1933 年，美国经济跌入有史以来的最低谷，1/4 的就业人员失去工作，整个银行体系陷入了一片混乱，约有 11 000 家银行倒闭或被迫兼并，使整个国家银行数目下降 40%，银行业的发展陷入了前所未有的困境。

（二）分业经营时期

20 世纪 30 年代至 80 年代初是美国严格实行银行业与证券业分业经营的时期。总结 20 世纪 30 年代经济大危机中银行体系的崩溃，不仅与监督管理体系密切相关，还与银行业过度参与证券业务直接相关，"商业银行的证券业务是触发股市崩溃和大萧条的最主要原因之一"，"商业银行的证券业务引发了银行体系的崩溃"。有鉴于此，美国国会先后颁布了几项重要的金融法规——《1933 年银行法》（也称为《格拉斯—斯蒂格尔法案》）、《1933 年证券法》、《1934 年证券交易法》以及《1940 年投资公司法》。以上这些法规法案将投资银行业务和商业银行业务严格地划分开，严格限制银行业过多地涉足证券市场，禁止商业银行从事投资银行业务，特别是证券承销业务和自营买卖证券业务，同时也禁止投资银行从事商业银行业务，保证商业银行与证券业的经营风险隔离开来，促进商业银行的稳健经营和整个金融体系的平稳运行。

（三）从分业经营到混业经营时期

进入 20 世纪 80 年代，美国银行业与证券业严格分离的管理体制开始松动，商业银行又开始涉足更多的证券业务，银行业与证券业由分离趋向融合。

20 世纪 30 年代以后开始的银证分业经营，一定程度上保持了经济金融的稳定，但也出现了一系列问题：由于非银行金融机构所受管制较少而得到迅猛发展，使得商业银行面临的竞争压力日益加大。商业银行由于业务范围的限制，难以取得规模效益，交易成本不易降低，经营效率难以提高，资产收益日益减少。20 世纪 70 年代以来的金融自由化思潮又使各国放松了对金融业的管制，提倡开展金融业竞争，从而再次形成了银行业与证券业互相兼营的趋势。这主要因为：第一，证券市场的发展，特别是股票、债券的高收益率吸引着存款者将银行存款转向投资于有价证券，而银行业为了避免由此带来的冲击，绕开法律进行金融工具的创新，如大额定期存款单、票据发行便利、抵押贷款证券等，从而再次进入了证券市场。第二，商业银行由于筹资成本的提高，利差日益缩小，盈利不断下降，便开始通过担保、提供贷款额度、经纪和咨询服务甚至直接从事金融衍生商品等表外业务，从而进一步加强了对证券业的渗透。第三，国际资本的证券化趋势又使世界各国在海外的投资由过去的国际银团贷款转为通过银行或投资公司将资金投向海外证券市场。

在这种情况下，美、日、英等国相继修改银行法，放松了某些金融管制。20世纪80年代后，这些国家先后批准一些银行持股公司通过子公司经营证券业务。1989年1月，美国批准各商业银行经销企业债券，并在1990年9月20日批准了JP摩根银行公司经销企业股票。1999年，美国国会通过了由克林顿政府提交的、布什政府在1991年推出的监管改革绿皮书（*Green Book*），形成了《金融服务现代化法案》（*Financial Services Modernization Act*），亦称《格雷姆—里奇—比利雷法案》（*Gramm—Leach—Bliley Act*），废除了1933年制定的《格拉斯—斯蒂格尔法案》有关条款，从法律上消除了银行、证券、保险机构在业务范围上的边界，结束了美国长达66年之久的金融分业经营的历史。商业银行开始大规模从事投资银行的活动，向全能银行转化。

2007年次贷危机发生后，美国的商业银行和投资银行均面临严峻考验，在美国政府的支持下，美国银行业重组，形成了由美国银行、摩根大通、花旗集团、富国银行、高盛集团和摩根士丹利六大主流银行主导的行业竞争新格局。这六大银行可以分为三类：第一类是商业银行业务与投资银行业务并重，以花旗集团、美国银行和摩根大通为代表；第二类主营传统的商业银行业务，以富国银行为代表；第三类主营投资银行业务，以高盛集团与摩根士丹利为代表。

2008年3月，美国财政部公布了《现代金融监管架构改革蓝图》，被视为自20世纪30年代大危机以后规模最大的金融监管体系改革计划。该计划着眼于促进形成一个富有竞争力的、能够带动和支持美国经济持续创新的金融服务业。改革方案分为短期、中期和长期建议三个部分。短期建议旨在能够立即实施以应对当时信贷和抵押市场的危机，并增强市场稳定和商业行为监管；中期建议着眼点在于立足目前的监管框架，消除监管体制中的重叠，使某些金融服务行业的监管体制更加现代化；长期建议则提出了一个理想的、以监管目标为导向的金融监管模式。2009年3月26日，美国财政部部长盖特纳提出了一项新的金融监管计划，要求加强政府对美国金融系统的监管，扩大监管范围和内容，以避免再次发生系统性的金融危机。这个计划将把联邦政府的监管扩大到对冲基金以及其他投资机构。盖特纳还提出建立风险监管机构来监督大型金融机构并要求联邦政府授权该机构在金融机构陷入困境时对其实施接管。美国金融监管体制改革最突出的特点是谋求建立一个统一综合的、对系统风险能保持高度警惕的监管体系，消减合并各类机构意味着一个统一监管体系的建立。通过从联邦政府的视野对基础资产进行监管，实行从分散局部监管向统一综合监管的转变，从规则导向监管向目标导向监管转变，从根源上保证金融市场的健康与稳定运行，改变没有机构对系统风险有效负责的局面。

二、分业与混业经营的优劣分析

职能分离的分业经营银行制度有以下几方面优点：

（一）风险小

银行作为间接融资机构，在经济体系中占有特殊地位，不能参与高风险的证券市场。如果银行兼营证券业，在经济形势恶化、投资者抛售股票造成股市价格大跌时，可能使银行投资于股票的大量资金不能收回，造成银行无力支付企业生产和人们消费所需要提取的现金，会使经济形势恶化，甚至出现经济危机。

（二）便利于专业化分工

银行业与证券业各自有一些不同的要求。例如，商业银行人员需要具有信用评估、贸易金融方面的知识，而投资银行的人员需要具有证券发行、承销、买卖业务等方面的知识；商业银行需要投资于付现系统方面的电脑网络，而投资银行则需要投资于证券处理、咨询系统以及传输系统；等等。银行业与证券业分离，有利于专业化分工，提高经营效率。

（三）防止欺诈行为

银行经营证券业务，可能将由放款业务获得的内幕信息加以利用，把经营状况不好的公司的股票推荐给投资者，而将业绩良好的公司的股票自己保留。

（四）管理方便

银行兼营证券业，由于各部门间的业务内容差异较大，会增加经营管理和协调控制上的难度。二者分离，分业经营，分业管理，加强了宏观调控，提高了管理效率。

与上述观点相反，主张银行业与证券业融合的人士认为混业经营恰好弥补了分业经营的不足，可以实现优势互补。证券业与银行业融合的商业银行可以向客户提供种类更多的金融商品；降低银行的经营成本；由于经营更加多样化，在一定程度上也降低了风险，给整个银行系统带来更加健全和稳定的好处。实现证券业与银行行业的混业经营打破了银行业和证券业分开经营的界限，有利于更加广泛的竞争，提高效率。

三、中国金融分业经营制度的确立

我国证券市场出现后，最先由商业银行承担证券中介业务，各专业银行的信托投资公司成为证券业务发展的主力，财政部门、保险公司也纷纷涉足证券业务。在这期间，中国金融业实质上处于混业经营，在 1993 年以前没有法律对银行的分业或混业作出规定，四大国有商业银行都开办了证券、信托、租赁、投资等业务。在 20 世纪 90 年代初期，由于我国的金融体制不完善、金融法规不健全、金融监管薄弱，在银行、证券、保险混业经营的情况下，大量资金从银行进入股票市场，加剧了股票市场的暴涨暴跌，增大了我国股票市场的投机性气氛。这不仅不利于证券市场的发展，而且也影响到整个银行体系的安全性。1993 年，《国务院关于金融体制改革的决定》规定商业银行在中华人民共和国境内不得从事信托投资和股票业务，不得投资非自用不动产，不得向非银行金融机构和企业投资，从法规上明确了我国商业银行实行分业经营。1995 年，《商业银行法》颁布，对分业经营作了更具体和全面的规定，我国金融机构分业经营的法律构架基本形成。在监管体系上，证券、保险、银行监管职能先后从中国人民银行分离出来，成立了中国银监会、中国证监会和中国保监会，监管体系也实现了分业监管。

1998 年开始，我国政府对银行分业经营政策开始出现了适度放松，至今混业经营模式已在不同层面进行了较多尝试。2011 年，《"十二五"规划纲要》提出"积极稳妥推进金融业综合经营试点"，进一步明确了混业经营的发展方向。从目前中国银行业混业经营发展阶段看，除证券业务外，监管层已基本放开银行在信托、保险、基金和租赁方面的牌照限制；而券商牌照放开也正在试点探索中。基于现有的实践和风险隔离考虑，未来银行进入证券业务可选的路径包括：第一，监管层放开券商业务牌照，银行直接申请；第二，银行收购券商；第三，银行持有的海外券商牌照扩展到内地业务。

当前我国经济增速放缓、利率市场化提速和金融"脱媒"加速，与美国银行综合化经营高速发展期的背景有相似之处。无论是银行自身扩展业务范围、保持盈利能力的主观要求，还是金融全球化时代提升国际竞争力的需求，我国银行业综合化经营的趋势已经形成。从发展方向上看，资产管理业务最有可能成为未来我国银行综合化经营的重点方向。在解决"隐性担保"和"刚性兑付"问题后，银行资产管理业务风险将会得到极度释放，广阔的市场前景及低风险的盈利模式将促进银行向资产管理型机构转变，并最终提升银行自身的估值水平。

【本章小结】

（1）证券投资业务是商业银行的一项重要资产业务，商业银行利用证券投资获取收益，同时也利用证券投资业务保持其资产的流动性，进行风险管理以达到收益性、流动性、安全性的优化组合。

（2）商业银行证券投资的对象主要是政府债券、金融债券、公司债券和股票。在这四类投资对象中，政府债券成为商业银行进行证券投资的首选；股票因为其价格波动性大、投资风险高，多数国家都明文禁止商业银行购买工商企业股票。我国《商业银行法》明文规定，商业银行不得从事股票买卖活动。

（3）从事证券投资的一项基本工作是度量各类证券的风险和收益。债券收益率的高低取决于票面利率、买入价、卖出价和持有期限、贴现率等因素。从不同的角度计算债券收益率的公式分为票面收益率、当前收益率、持有期收益率、到期收益率。衡量股票投资收益水平的指标主要有股利收益率、持有期收益率和股份变动后持有期收益率等。

（4）证券投资风险由政策风险、经济周期波动风险、利率风险等系统性风险和经营风险、财务风险、信用风险等非系统性风险构成。非系统性风险可以通过投资组合分散，系统性风险无法通过投资组合分散。

（5）风险的度量方法主要采用标准差方法、β 系数法。证券投资具有复杂性、风险性和技术性强的特点，商业银行进行投资业务时，应该采取合适的投资策略，处理好收益性、安全性与流动性之间的关系，依据证券市场和外部环境的变化，及时调整其持有的证券头寸和证券投资组合。

（6）商业银行的证券投资策略主要划分为两大类：一类是稳健型投资策略，具体分为阶梯期限策略、杠铃法、前置期限策略、后置期限策略；另一类是进取型投资策略。进取型投资策略的风险较高，操作难度也较大，是否采取进取型投资策略主要取决于商业银行对未来利率走势的判断能力和商业银行对风险的态度。

（7）商业银行经营体制经历了从混业经营到分业经营，再从分业经营到混业经营的演变过程。商业银行进行混业经营与分业经营的模式各有优劣。在当前中国经济环境中，实行分业经营是维护金融体系稳定、降低商业银行经营风险的需要，有利于商业银行的发展。

思考练习题

1. 证券投资的收益率较贷款收益率低，商业银行为什么还要进行证券投资？

2. 分析市场利率与证券收益率和证券价格的关系。

3. 简述商业银行证券投资业务面临的风险类型，并指出哪些风险可通过投资组合进行分散。

4. 比较杠铃法、阶梯期限策略、前置期限策略与后置期限策略在债券期限结构上的配置特点。

如果利率突然上升，比较四种策略的收益变动情况。

5. 简述我国商业银行经营体制的演变过程，并说明选择不同体制的原因。

6. 商业银行证券投资的对象有哪些？我国是如何规定的？

第6章　商业银行中间业务与表外业务

　　内容提要：资产业务、负债业务和中间业务是商业银行传统业务的三大支柱，随着社会经济的发展、金融自由化和电子化的出现，现代商业银行开展中间业务的规模在不断扩展，而且表外业务也发展迅速，已经成为现代商业银行竞争的焦点。本章在阐述商业银行中间业务的基础上，重点介绍结算、代理、信托、银行卡、咨询及表外业务、资产证券化等中间业务。

　　商业银行的典型特征是信用程度高、信息高度集中、代理关系普遍且稳定、安全性和可靠性都有保障。这一优势为商业银行以代理人或中间人身份替客户开展金融服务提供了可能，这些金融服务便为中间业务。

第1节　商业银行中间业务概述

一、商业银行中间业务的概念

（一）商业银行中间业务的定义

　　所谓商业银行中间业务（Intermediary Business），国际上通行的定义是指商业银行不直接运用自身资金，也不占有或直接占有客户资金，仅以中间人身份为客户办理收付与其他委托事项，提供金融服务并收取手续费的业务。

　　在我国，中国人民银行发布的《商业银行中间业务暂行规定》指出：一切不构成商业银行表内资产、表内负债、能产生非利息银行收入的业务都属于中间业务的范畴。具体而言，中间业务包括两大类：不构成或有资产、或有负债的中间业务（即一般意义上的金融服务类业务）和形成或有资产、或有负债的中间业务（即一般意义上的表外业务）。也就是说，一般意义上的表外业务属于中间业务，但中间业务范围显然不仅仅局限于表外业务，还包括金融服务类业务。这里金融服务类业务是指商业银行以代理人的身份为客户办理的各种业务，目的是为了获取手续费收入。金融服务类业务主要包括支付结算类业务、银行卡业务、代理类中间业务、基金托管类业务和咨询顾问类业务。而表外业务则是指那些未列入资产负债表，但同表内资产业务和负债业务关系密切，并在一定条件下会转为表内资产业务和负债业务的经营活动。表外业务主要包括担保或类似的或有负债、承诺类业务和金融衍生业务三大类。

　　要正确区分表外业务和中间业务，关键是要理解表外业务有广义和狭义两种分类。

广义的表外业务也就是中间业务，包含商业银行提供的所有有风险和无风险的金融中介服务。但狭义的表外业务仅指商业银行提供的在一定条件下会转化为表内资产业务或负债业务的有风险的经营活动，这个角度也是本书介绍商业银行表外业务立足点所在。因此，狭义的表外业务是中间业务中一种特殊的有一定风险的业务，这一点在后面的章节里仍会提到。

（二）商业银行中间业务的性质

资产负债业务的基本性质是商业银行多以债权人或债务人身份参与交易。中间业务作为一种有别于资产负债业务的新型业务，具有和前者不一样的业务性质：商业银行在办理中间业务时不直接作为信用活动的一方出现；不直接以债权人或债务人的身份参与。这一基本性质是同负债业务或资产业务的最本质区别，决定了中间业务的各种外在特征，也决定了对中间业务经营管理的不同要求。

二、商业银行中间业务发展的原因

商业银行中间业务是商品经济和信用关系发展到一定阶段的产物。20 世纪 80 年代后，西方发达国家的商业银行中间业务获得空前发展，以中间业务为代表的非利息收入占银行收入的比重逐年上升，一些大型商业银行中间业务收入几乎占其总收入的一半以上。这种快速发展不仅体现在规模的扩张方面，同时体现在提供服务种类的与日俱增上。中间业务从其产生到蓬勃发展原因主要有以下几方面：

（一）世界经济高速发展促成了公众多样化的金融需求

早期社会经济活动较为简单，与此相适应的信用关系也很单一，公众对信用中介需求只局限于与银行形成以存贷款为主的债权债务关系。但随着经济活动趋于复杂，尤其是二战后世界经济迅猛发展，经济主体产生了多样化的金融需求。商业银行在该种需求的促进和刺激下适时推出了大量以信用中介为基础的中间业务。这是商业银行中间业务产生并迅速发展最直接的外部因素。

（二）商业银行经营风险增大

20 世纪 70 年代布雷顿森林体系崩溃，随之而来是各国普遍实行浮动汇率制度，这使得银行经营过程中汇率风险显著增加，同时金融竞争的加剧也导致银行更多地涉足高风险业务。在经营风险增大的情况下，商业银行必须寻求新的经营方式和经营策略以转移和分散经营风险。由此出现的中间业务具有明显的避险性质，如不会给银行带来风险的服务型中间业务；以避险为目的，运用衍生金融工具交易的中介业务。

（三）银行资本比率监管加强

为了维护银行体系的安全，西方许多发达国家早在 20 世纪 70 年代就开始对商业银行资本规模提出了更高要求。尤其是 1988 年 7 月《巴塞尔协议》的签署更是标志着监管当局对商业银行资本监管进入了一个新阶段。在监管加强的背景下，商业银行表内业务开展受到制约，因此限制了其盈利能力。商业银行为了维持盈利水平纷纷设法规避这些资本管制，把业务重心更多地向对资本没有要求或要求很低的中间业务转移。

（四）科技进步的推动

计算机技术的迅速发展对银行开展中间业务起了极大的推动作用。信息技术的广泛运用大大加快了银行办理业务的速度。同时，银行借助信息网络与信息处理技术所推出的新型金融工具大大提高了银行预测风险的能力，银行因此能够在更广阔的市场上大力开展各种服务性业务，科技进步为银行向客户提供更有效的投资咨询、财务管理等金融服务提供了可能。

（五）同业竞争的加剧

随着全球金融管制的逐步放松，越来越多的银行已不仅仅满足于在本土市场开展业务。同时，为了适应经济全球化浪潮，一国向外国金融机构开放本国市场已是必然选择。由此而产生的结果是本国和外国金融机构的同业竞争进一步加剧。银行存贷利差缩小，存贷业务不再如以前获利丰厚。在日益严峻的竞争形势下，商业银行为了提高自己的盈利能力，不得不扩大业务经营范围，不断推出以收取手续费为主的各类中间业务，希望通过风险低的中间业务为其赢取竞争优势。

三、商业银行中间业务经营目标与指导思想

中间业务作为商业银行业务重要组成部分，大力发展中间业务能够达到的经营目标有：第一，增加和扩大资金来源、降低存款成本；第二，改善收入结构、增加非利息收入、提高盈利水平；第三，巩固同客户关系、扩大银行社会影响力与知名度。

商业银行中间业务经营的指导思想是：以提高中间业务占有率为前提，以增加中间业务收入为目标，以满足客户对金融产品和金融服务的市场需求为中心，以发展与资产负债业务相匹配的中间业务为重点，以业务处理电子化为支撑，充分利用商业银行的各种资源优势，建立健全商业银行的金融服务体系。

第2节　商业银行中间业务的特点、种类与介绍

一、商业银行中间业务的特点

商业银行在开展中间业务过程中不直接作为信用活动一方出现，只是以"中间人"身份出现充当委托人和代理人。由此得知商业银行中间业务最基本的特征是不运用或不直接运用自己或客户的资金办理业务，更多情况下以接受客户委托方式开展业务。除此之外，商业银行中间业务还有一些较为具体、典型的特点，主要体现在以下几个方面：

（一）金融服务与提供资金支持相分离，经营成本较低

中间业务是银行提供的非资金服务，或者替客户办理某些业务、给予承诺、提供保证，在开展业务时并不带来自身资金的转移，从而大大降低了商业银行经营业务的成本。为客户提供承诺时只给银行带来潜在义务。这种潜在义务能否成为现实义务有赖于以后情况的发展，即只有在一定条件下才会有贷款的发放和资金的支付。

（二）业务性质的表外性

中间业务因为不动用自身资金，所以不涉及资产负债总额的变动，不用在银行资

产负债表内反映。与此有区别的是商业银行在开展贷款业务或投资业务时都要使用负债业务所吸收的资金，因此这些业务都必须在表内得到具体反映。

（三）业务产品的多样性

为满足多样化的金融需求，商业银行提供中间业务产品具有明显的多样性。具体而言，从其提供产品的功能看，有结算性、担保性、融资性及其他类中间业务。从其扮演角色来看，有代理性业务、委托性业务和自营性业务。随着商业银行业务创新的深入，将会有更多的中间业务品种向市场提供。

（四）办理业务的低风险性

商业银行开展资产负债业务需要承担与存贷款及证券有关的多种风险，包括流动性风险、信用风险、利率风险和操作风险等。但是商业银行在办理中间业务时由于不是以信用关系当事人身份出现，只以中间人身份为客户办理收付或其他委托事项，通常不存在存贷业务中的信用风险和流动性风险等。即便有些业务会存在潜在风险（如信用证、承兑等担保性业务），但这种潜在风险需要在一定条件下才会转化为现实风险。因此，在风险上相对表内业务明显较低。

（五）透明度不高、不易被监管

中间业务通常不在资产负债表内进行反映，只有一部分会在财务报告的脚注中得到体现。因此，股东、监管人员对这些业务的规模和质量均不能通过阅读财务报告来进行了解和评价，这也就降低了经营业务的透明性，给日常监管带来了更大的困难。

二、商业银行中间业务的种类

现代商业银行中间业务种类繁多，新的中间业务层出不穷。各国商业银行中间业务分类标准各不相同。

（一）巴塞尔委员会的分类

根据巴塞尔委员会的分类方法（即国际通行分类方法），中间业务可以分为以下四类：

第一类是银行提供的各种担保。银行提供的各种担保主要包括传统的偿还贷款担保、跟单信用证担保、票据承兑担保及附属机构的融资支持等。担保业务是由合同双方以外第三者应合同一方要求，向合同另一方出具的书面保证，保障对委托人的债务或应履行的合同义务承担损失赔偿责任。

第二类是贷款或投资的承诺业务。贷款或投资的承诺业务可细分为可撤销和不可撤销两种，可撤销主要包括贷款限额和透支限额；不可撤销则包括循环贷款承诺、销售与回购协议、发行商业票据等。

第三类是创新性金融工具。创新性金融工具主要包括外汇期货业务、货币及利率互换、金融期货与期权合约、辛迪加贷款等。这些业务随着外汇市场的发展而日趋普遍。

第四类是利用银行人力和技术设备等资源为客户提供的中介服务。其主要有代客进行现金管理、金融投资咨询业务、信托业务、代理收付业务等。

（二）美国的分类

美国对中间业务的分类是基于收入来源角度，依照这种方法中间业务可以划分为以下五大类：

（1）信托业务收入。

（2）投资银行和交易收入，主要是指通过从事金融交易活动产生收入的业务。

（3）存款账户服务费收入。

（4）手续费收入，包括信用卡收费、自动取款机（ATM）提款收费。

（5）其他非手续费收入，包括数据处理服务费、各种资产出售收益。

（三）我国的分类

为更好参与金融全球化进程，参照巴塞尔委员会的分类并结合我国商业银行的具体实践，中国人民银行在《商业银行中间业务暂行规定》中，根据商业银行开办中间业务的风险和复杂程度，分别实施审批制和备案制。适用审批制的业务主要为形成或有资产、或有负债的中间业务以及与证券、保险业务相关的部分中间业务；适用备案制的业务主要为不形成或有资产、或有负债的中间业务。

适用审批制的中间业务品种包括：

（1）票据承兑。

（2）开出信用证。

（3）担保类业务，包括备用信用证业务。

（4）贷款承诺。

（5）金融衍生业务。

（6）各类投资基金托管。

（7）各类基金的注册登记、认购、申购和赎回业务。

（8）代理证券业务。

（9）代理保险业务。

（10）中国人民银行确定的适用审批制的其他业务品种。

适用备案制的中间业务品种包括：

（1）各类汇兑业务。

（2）出口托收及进口代收。

（3）代理发行、承销、兑付政府债券。

（4）代收代付业务，包括代发工资、代理社会保障基金发放、代理各项公用事业收费（如代收水电费）。

（5）委托贷款业务。

（6）代理政策性银行、外国政府和国际金融机构贷款业务。

（7）代理资金清算。

（8）代理其他银行银行卡的收单业务，包括代理外卡业务。

（9）各类代理销售业务，包括代售旅行支票业务。

（10）各类见证业务，包括存款证明业务。

（11）信息咨询业务，主要包括资信调查、企业信用等级评估、资产评估业务、金融信息咨询。

（12）企业、个人财务顾问业务。

（13）企业投融资顾问业务，包括融资顾问、国际银团贷款安排。

（14）保管箱业务。

（15）中国人民银行确定的适用备案制的其他业务品种。

（四）业务功能的分类

基于开展业务功能和形式的角度对中间业务分类，可将中间业务细分为以下九大主要类型：

（1）支付结算类中间业务。

（2）银行卡业务。

（3）代理类中间业务。

（4）担保类中间业务。

（5）承诺类中间业务。

（6）交易类中间业务。

（7）基金托管业务。

（8）咨询顾问类业务。

（9）其他类中间业务。

三、中间业务的介绍

下面以业务功能的分类为基础，逐一介绍各种中间业务。

（一）支付结算类中间业务

支付结算业务是指由商业银行为客户办理因债权债务关系引起的与货币支付、资金划拨有关的收费业务。银行办理支付结算业务充分体现了商业银行的中介作用，其显著特点是风险低、收益高。银行开办该类业务的作用往往体现在加速资金周转，提高资金效益；节约现金，降低社会流通费用；提升结算效率，反映民经济活动等方面。另外，银行开展支付结算业务需要遵守三个基本原则，即恪守信用，履约付款；谁的钱进谁的账，由谁支配；银行不垫款。

1. 商业银行支付结算工具

银行办理支付结算类中间业务时经常会涉及结算工具的使用。商业银行往往是借助汇票、本票和支票等结算工具完成结算类中间业务。

（1）汇票。

①汇票的涵义。汇票是一种由出票人签发，委托付款人于指定日期，无条件支付一定金额给受款人或持票人的票据。因此，汇票的基本当事人有三个，即出票人、付款人、收款人。一张完整有效的汇票必须记载以下事项：表明"汇票"的字样、金额、付款人名称、收款人名称、无条件支付的委托、出票日期等。

②汇票的分类。根据出票人的不同，汇票可以分为商业汇票和银行汇票。商业汇票是个人或公司签发，委托付款人在指定日期无条件支付确定的金额给收款人或持票人的票据。银行汇票是指由出票银行签发的，由其在见票时按照实际结算金额无条件

付给收款人或者持票人的票据。根据汇票付款期限不同，汇票可以分为即期汇票和远期汇票。即期汇票的付款人在见票时必须支付。远期汇票一般在票据上载明一定期限到期才进行支付。根据承兑人的不同，汇票可以分为商业承兑汇票和银行承兑汇票。两种承兑汇票提示付款期限都为自出票日起 10 日内，最长付款期限都不超过 6 个月。

（2）本票。

①本票的涵义。根据《中华人民共和国票据法》第七十三条的规定，本票是出票人签发的，承诺自己在见票时无条件支付确定金额给收款人或持票人的票据。本票必须记载的事项有表明"本票"字样的文字、无条件支付的承诺、收款人名称、付款期限、出票时间、金额、出票人等。

②本票的分类。根据收款人的不同，本票可以分为记名式本票、不记名式本票。记名式本票中载明了收款人的名称。根据出票人的不同，本票可以划分为商业本票与银行本票。商业本票是以经济主体为付款人签发的本票。根据付款日期的不同，本票可以分为即期本票和远期本票。

（3）支票。

①支票的涵义。支票是由出票人签发，委托办理支票存款业务的银行在见票时无条件支付确定金额给收款人的票据。在支票结算工具中付款人只可能是出票人的开户银行。

②支票的分类。一般支票可以分为转账支票、现金支票和普通支票三种。普通支票既可以用于转账、取现，也可以背书转让；现金支票则只能用于支取现金；转账支票只可用于转账，不能取现。另外，在普通支票左上角划两条平行线的划线支票也只能用于转账。

③支票的结算特点。支票结算起点是 100 元，使用非常简便，见票即付，并且只能用于同城结算，持票人应该在支票签发日起的 10 日内提示银行办理结算。

2. 商业银行支付结算方式

常用的异地结算方式是汇款、信用证和托收。

（1）汇款。汇款是由付款人委托银行将款项汇给外地某收款人的一种结算业务。汇款一般分为票汇、信汇、电汇三种。

一般的汇款业务流程如图 6.1 所示。

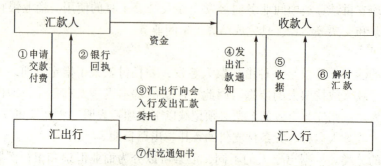

图 6.1　汇款结算方式基本流程图

（2）托收。托收是指债权人或售货人为向外地债务人或购货人收取款项而向其开出汇票，并委托银行代为收取的一种结算方式。托收方式涉及四个当事人：委托人（Principal Consignor）或出票人（Drawer），通常是国际贸易中的售货方；托收银行（Remitting Bank）即出口地办理托收业务的银行；代收银行（Collection Bank）即受委托银行委托向付款人（购货方）收取货款的进口商所在地银行；付款人（Drawee Payer）即国际贸易中的购货方。在我国，托收结算方式包括托收承付和委托收款两种。托收承付是收款人发货后委托银行向异地付款人收取款项，付款人向银行承认付款；委托收款是收款人委托银行向付款人收取款项。委托收款在同城、异地均可使用。一般的托收结算流程如图 6.2 所示。

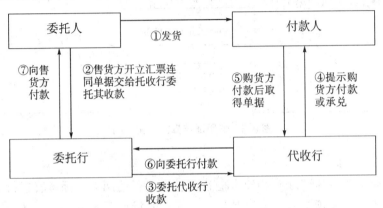

图 6.2　托收结算方式后基本流程

（3）信用证。信用证是指开证行根据申请人（购货商）的申请和要求，或以自身名义向第三者开立的承诺在一定期限内凭规定的单据支付一定金额的书面文件。信用证是目前最主要的异地结算方式。我们以进出口贸易的中的信用证结算来说明了这一方式。

在信用证结算方式中，最基本的当事人有开证申请人（Applicant for Credit），通常为进口商；开证行（Issuing Bank or Opening Bank）是接受申请开出信用证的银行；受益人（Beneficary）是有权使用该证并享有权益的人，一般为贸易合同卖方即出口商；通知行（Advising Bank）是将信用证传递给受益人的银行；议付行（Negotiating Bank）是受开证行委托，对受益人提交的单据进行审核并垫付货款的银行，可以是出口地的任何一家银行，也可能是特定的一家银行；付款行（Paying Bank）即开证行的代理付款人；承兑行（Accepting Bank）是在远期承兑信用证中负责对汇票进行承兑并到期向受益人付款的银行；保兑行（Confirming bank）是应开证行邀请负责对信用证予以保证兑付的银行；偿付行（Reimbursing Bank）是信用证中指定的议付行或付款行（清偿垫款）的银行。

完整信用证结算流程，从进口商申请开证开始，到信用证业务结束大体要经历九个步骤，具体如图 6.3 所示。

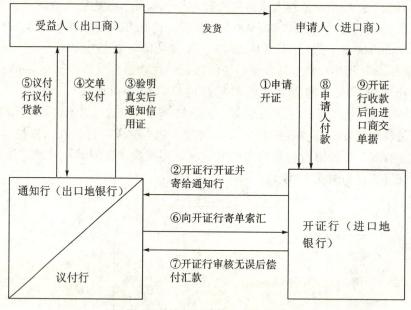

图 6.3　信用证结算方式流程图

（二）银行卡业务

美国加州富兰克林银行于 1952 年首次向社会发行信用卡，标志着银行卡业务的开端。经过几十年的发展，银行卡以其快捷、安全的特点深入人心，风靡全球。维萨卡（VISA）和万事达卡（Master Card）两大银行卡国际组织也在这一时期产生。

银行卡是由经授权的金融机构向社会发行的具有消费信用、转账结算、存取现金等全部或部分功能的信用支付工具。由于银行卡具有转账结算、储蓄、汇兑和消费信贷等多种功能，因此在现代生活中扮演着重要的角色。

1. 商业银行经营银行卡业务的主要原则

经营银行卡业务，需要遵循一些基本规则，以我国银行为例，应遵循以下主要原则：

（1）办理银行卡业务必须遵守《银行卡业务管理办法》。

（2）办理银行卡业务应按适当标准向客户收取手续费。

（3）发卡银行必须认真审查信用卡申请人的资信情况以降低业务风险。

2. 银行卡业务的主要分类

银行卡业务根据发卡对象的不同可分为单位卡业务和个人卡业务。银行卡根据是否能够透支可分为信用卡业务和借记卡业务。信用卡具有消费信贷功能，能够在一定额度内透支。信用卡如果按是否向商业银行交存准备金可细分为贷记卡和准贷记卡，贷记卡一般准许持卡人在信用额度内先消费后付款；准贷记卡要求持卡人在开户后只有备用金账户金额不足时才可以在规定限额内透支。借记卡按功能不同可分为转账卡（含储蓄卡）、专用卡、储值卡。借记卡不具备透支功能，只能"先存款后消费"。转账卡是实时扣账的借记卡，具有转账计算、存取现金和消费功能。专用卡是具有专门用途、在特定区域使用的借记卡，具有转账计算、存取现金功能。储值卡是发卡银行根据持卡人要求将其资金转至卡内储存，交易时直接从卡内扣款的预付钱包式借记卡。

银行卡根据载体材料的不同可分为磁卡和智能卡（IC 卡）。磁卡是在塑料卡的背面附有一磁条用来存储有关银行卡业务的必要数据信息。智能卡是在银行卡中嵌入智能芯片，用更安全的芯片替代磁条来存储数据信息。

3. 银行卡业务的主要流程

商业银行开展银行卡业务主要程序有：先由客户提出申请，同时提交有效证件并填写银行卡领取申请表，之后由发卡行对上述资料进行审核；审核通过后通知申请人到发卡行营业网点办理开卡手续，正式领取银行卡使用，不通过的银行退回有关资料并及时通知申请人。

（三）代理类中间业务

1. 代理类中间业务的涵义

代理类中间业务（简称代理业务）是指商业银行接受客户委托，代为办理客户指定的经济事务，提供金融服务并收取一定费用的业务。代理业务是商业银行最典型的中间业务，商业银行开展代理业务时一般不动用自己的资金，不为客户垫款，不参与收益分配，只收取手续费，主要是发挥财务管理和信用服务职能。因此，代理业务风险极低，也正因为这样代理业务已成为我国各商业银行竞争的焦点。

2. 代理对象及代理业务的内容

代理政策性银行业务是指商业银行接受政策性银行委托，代为办理政策性银行因服务功能和网点设置等方面的限制而无法办理的业务，包括代理贷款项目管理等。

代理中国人民银行业务是指根据政策、法规要求应由中央银行承担，但由于机构设置、专业优势等方面的原因，中央银行指定或委托商业银行承担的业务，主要包括财政性存款代理业务、国库代理业务、发行库代理业务、金银代理业务。

代理商业银行业务是指商业银行之间相互代理的业务，如为委托行办理支票托收等业务。

代收代付业务是商业银行利用自身的结算便利，接受客户的委托代为办理指定款项的收付事宜的业务，如代理各项公用事业收费、代理行政事业性收费和财政性收费、代发工资、代扣住房按揭消费贷款的还款等。

代理证券业务是指银行接受委托办理的代理发行、兑付、买卖各类有价证券的业务，还包括接受委托代办债券还本付息、代发股票红利、代理证券资金清算等业务。此处有价证券主要包括国债、公司债券、金融债券、股票等。

代理保险业务是指商业银行接受保险公司委托代其办理保险业务的业务。商业银行代理保险业务，既可以受托代个人或法人投保各险种的保险事宜，也可以作为保险公司的代表，与保险公司签订代理协议，代保险公司承接有关的保险业务。代理保险业务一般包括代售保单业务和代付保险金业务。

其他代理业务包括代理催收欠款、代理保管、代理财政委托业务、代理会计事务、代客理财业务等。

（四）担保类中间业务

1. 担保类中间业务的涵义

担保类中间业务是指商业银行为客户债务清偿能力提供担保，承担客户违约风险的业务。担保类中间业务主要包括银行承兑汇票、备用信用证、各类保函等。

2. 担保类中间业务的种类

（1）银行承兑汇票。银行承兑汇票是由收款人或付款人（或承兑申请人）签发，并由承兑申请人向开户银行申请，经银行审查同意承兑的商业汇票。

（2）备用信用证。备用信用证是开证行应借款人要求，以收款人作为信用证的受益人而开具的一种特殊信用证，以保证在借款人破产或不能及时履行义务的情况下，由开证行向受益人及时支付本利。

（3）各类保函业务。保函业务是指银行应客户申请开立的有担保性质的书面承诺文件，当申请人未履行约定义务或偿还债务时由银行履行担保责任。该类业务主要包括投标保函、承包保函、还款担保函、借款保函等。

（五）承诺类中间业务

承诺类中间业务是指商业银行在未来某一日期按照事前约定的条件向客户提供约定的信用业务，主要是指贷款承诺。贷款承诺是典型的具有期权性质的中间业务。因为客户拥有一个选择权，在市场利率高于承诺协议利率条件下有权要求银行履行承诺；反之，则可以选择银行不履行承诺。贷款承诺一般分为可撤销承诺和不可撤销承诺两种。可撤销承诺附有客户在取得贷款前必须履行的特定条款，在银行承诺期内，客户如没有履行条款，则银行可撤销该项承诺，如可撤销的透支额度。不可撤销承诺是银行不经客户允许不得随意取消的贷款承诺，具有法律约束力，包括贷款承诺、回购协议、票据发行便利等。

（六）交易类中间业务

交易类中间业务是指商业银行为满足客户保值或自身风险管理等方面的需要，利用各种金融工具进行的资金交易活动，主要包括远期合约、金融期货、金融互换、金融期权等金融衍生品交易业务。

1. 远期合约

远期合约是指交易双方约定在未来某个特定时间以约定价格买卖约定数量的资产的协议，包括远期利率合约和远期外汇合约等。

（1）远期利率合约。这是一种买卖双方同意在将来某个特定时期按协议利率借贷一笔数额确定的资金的合约。双方订立远期利率合约的目的是规避利率可能发生不利变动的风险。买卖双方在远期利率合约到期交割时只根据协议利率和参考率之间差额乘以名义本金得出的额度由一方付给另一方。

（2）远期外汇合约。这是指双方约定在未来某一时间按约定的远期汇率买卖一定金额的外汇的合约。同样在交割时，双方交割的仅是合同中规定的远期汇率和到期日即期汇率之间的差额部分。

2. 金融期货

金融期货是指以金融工具或金融指标为标的的期货合约，即约定在未来某一特定时间以事先达成的价格买进或卖出某种金融品种的契约。金融期货合约都是标准化的，也就是说金融品种、数量、交割方式都是统一规定，只有价格未事先设定。金融期货按交易品种的不同可分为外汇期货、利率期货和股价指数期货三种。

3. 金融互换

所谓互换，是指交易双方基于自己的比较利益，将双方的现金流量进行交换，一般分为利率互换和货币互换。互换的好处是商业银行在不改变其资产负债的前提下可以带来利润增加或筹资成本的降低。

（1）利率互换。利率互换是双方约定将来根据签订的合同在一笔名义本金基础上互换具有不同性质的利率（固定利率和浮动利率）计算出的利息款项。

（2）货币互换。货币互换是一种双方按规定固定汇率在期初交换两种不同货币的资产或负债的本金，然后按预先规定的日期进行利息和本金的分期互换。

4. 金融期权

金融期权是指期权的买方支付给卖方一笔权利金，获得一种权利，可于期权的存续期内或到期日当天，以执行价格与期权卖方进行约定数量的特定标的的交易。

金融期权按交易标的可以分为股票指数期权、外汇期权、利率期权、期货期权、债券期权等。金融期权按合约规定的对标的物的权利可以分为买进期权和卖出期权。买进期权赋予期权合约购买者按约定价格，在约定日期购买一定数量金融资产的权利。相反，卖出期权则赋予合约购买者按约定价格，在约定日期卖出一定数量金融资产的权利。期权买方拥有买（卖）的权利，期权卖方必须承担相应的买（卖）义务。

（七）基金托管业务

基金托管业务是指有托管资格的商业银行接受基金管理公司委托，安全保管所托管的基金的全部资产，为所托管的基金办理基金资金清算、款项划拨、会计核算、基金估值、监督管理人投资运作。基金托管业务主要包括封闭式证券投资基金托管业务、开放式证券投资基金托管业务和其他基金的托管业务。

（八）咨询顾问类业务

咨询顾问类业务主要是指商业银行依靠自身在信息、人才、信誉等方面的优势，收集和整理有关信息，并通过对这些信息以及银行和客户资金运动的记录和分析，形成系统的资料和方案，提供给客户，以满足其业务经营管理或发展的需要的服务活动。

企业信息咨询是最典型的咨询类业务，包括项目评估、企业信用等级评估、验证企业注册资金、资信证明、企业管理咨询等。

资产管理顾问和财务顾问是最重要的顾问类业务，前者主要包括为机构投资者和个人投资者提供的全面资产管理服务，如投资组合建议、税务服务、风险控制等；后者主要包括大型建设项目财务顾问（即为大型建设项目的融资结构、融资安排提出专业性方案）与企业并购财务顾问（银行直接参与企业兼并与收购，同时作为企业的持续发展顾问，参与公司结构调整、资本充实和破产与困境公司的重组等策划和操作的过程）。

（九）其他中间业务

一切不能被归入以上八类业务分类的中间业务可被确认为其他中间业务。其中又以代保管业务和保理业务（Factoring）最为常见。代保管业务是商业银行利用自身安全设施齐全、管理手段先进等有利条件设置保管箱库，接受单位和个人的委托，代理保管各种贵重物品和单证的一种业务活动。商业银行开展代保管业务时，双方必须事先签订代保管协议，明确操作程序、代保管期限、收费标准等有关事项。保理业务则是一项集贸易融资、商业资信调查、应收账款管理及信用风险担保于一体的新兴综合性金融服务。

<h1 style="text-align:center">第3节　商业银行表外业务</h1>

一、表外业务的定义

商业银行表外业务（Off-balance Sheet Activities）是相对商业银行表内业务而言的，是指商业银行从事的、不列入银行资产负债表内、不涉及资产负债金额变动，银行仅对客户作出某种承诺，即当约定的或有事件发生时，银行要承担提供贷款或支付款项的法律责任，为此银行收取一定手续费的业务。也就是说，商业银行表外业务的开展不会构成商业银行的现实资产或负债，只构成商业银行的或有资产和或有负债。狭义的表外业务其实就是第2节所提到的担保类业务、承诺类业务和金融衍生品交易类业务，这与中国人民银行在《商业银行表外业务风险管理指引》中的界定一致。广义的表外业务和前面所介绍的中间业务等同。本节基于狭义角度介绍表外业务。

二、商业银行发展表外业务的意义

表外业务对于银行经营来说越来越重要，主要在于其具有以下几个方面的意义：

（一）规避资本限制，增加盈利来源

商业银行为了增加盈利，必须扩充资产规模。但是，商业银行资产规模越大，发生损失的可能性也就越大，甚至破产。为此，《巴塞尔协议》提出了资本充足率的要求，起到了促进银行经营稳健的作用，同时也使银行追求资产规模扩张的冲动受到制约。因此，商业银行有必要发展对资本要求很低的表外业务。

（二）为客户提供多样化的服务

客户对银行的需求不仅仅局限于借款和存款，他们往往对银行的服务有着更多、更高的要求，这体现在客户要求银行能为他们提供防范和转嫁风险的方法，使他们能避免或减少因利率、汇率波动造成的损失。因此，商业银行必须不断增加服务品种、改进服务手段、提高服务质量，以此满足客户的各种需求。发展表外业务能为客户提供多元化的服务，也能使银行业务范围得以拓宽。

（三）增强资产流动性

表外业务中的许多金融工具具有流通性和可转让性，从而增强了金融资产的流动性。例如，商业银行通过资产证券化手段，可将流动性较差的贷款打包出售，从而获得新的资金来源，这样不仅加速了银行资金的周转，而且使得整个社会经济的资金流动性也提高了，银行获得新的资金后，可再用于拓展有关资产业务，扩大业务规模。

（四）提高金融市场的效率

表外业务的发展，尤其是衍生工具的出现，使金融市场变得更具有活力，更迅速地反馈各种信息，资金因此能流向更有效率的领域。衍生投资等表外业务在精密的风险管理下能够增加投资效率，也有助于全球资金市场的完善。

三、商业银行表外业务的类型

由于表外业务是一种特殊的中间业务，其相关概念在前面已有介绍。为让读者更深入地认识商业银行表外业务，本部分主要介绍几种具有代表性的典型业务。

（一）担保类表外业务

在担保类业务中，我们主要介绍银行承兑汇票和备用信用证的业务流程。

1. 银行承兑汇票

银行承兑汇票是最为常见的担保类表外业务，银行在对汇票进行承兑时为防范风险，通常要求出票人资信良好且具有支付汇票金额的可靠资金来源。业务办理需要遵循一定程序，基本流程如图 6.4 所示。

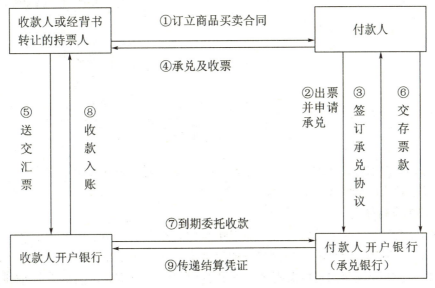

图 6.4　银行承兑汇票业务流程图

2. 备用信用证

由于开证行保证在开证申请人不履行其义务时即由开证行付款，因此从严格意义上说备用信用证属于银行信用。如果开证申请人履行了约定的义务，该信用证则不必使用。正因为这样，备用信用证对于受益人而言是备用于开证申请人发生违约时取得补偿的一种方式，具有明显的担保性质。备用信用证对于开证行的好处在于其业务成本较低但能给银行带来较高的利润。备用信用证交易程序主要包括以下几个环节：借贷双方订立信贷合同并明确规定以备用信用证方式提供担保；申请人向开证行递交开证申请书，开证行经过信用评估接受开证申请，并将信用证传递给受益人；受益人认真审核收到的信用证所列条款是否与信贷合同一致，受益人审核信用证无误后向借款人提供借贷资金；开证行支付和求偿。

（二）承诺类表外业务

在承诺类业务中，我们主要介绍贷款承诺、票据发行便利和回购协议的业务流程。

1. 贷款承诺

贷款承诺是指银行承诺客户在未来一定时间内，按照双方事先约定的条件，应客户的要求，随时提供不超过一定限额的贷款。商业银行在办理贷款承诺业务时一般的业务流程如图6.5所示。

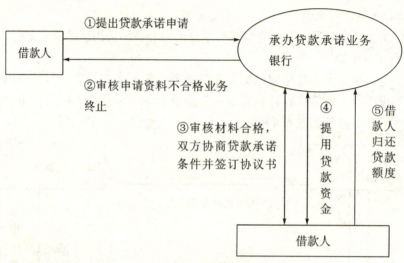

图6.5　贷款承诺业务流程图

另外，商业银行在办理承诺类业务时一般是参照佣金费率确定承诺佣金，佣金费率以年度未使用的承诺额度的0.25%~0.75%计算，最高不超过1%。

2. 票据发行便利

票据发行便利实质上是银行运用自己丰富的票据发行网络，帮助特定客户出售短期票据以实现筹集资金目的，即客户在协议期限内发行短期票据筹资时，银行会承诺购买客户未能在市场上出售的票据或向客户提供等额银行贷款。票据发行便利属于短期信用形式，多为3~6个月以内。商业银行开展票据发行便利业务时涉及的当事人有借款申请人、组织银行、便利代理人、包销银团及投标小组成员。商业银行在办理票据发行便利业务一般的业务流程如图6.6所示。

3. 回购协议

回购协议是指交易一方出售某种资产并承诺在未来特定日期按约定价格向另一方购回的一种交易形式。银行参与回购协议交易可以两种身份出现：一是银行以解决头寸不足而暂时售出持有的证券并在以后购回（即以券融资）。二是银行购入其他机构持有的证券并在以后回售给该机构，即相当于对该机构发放了一笔以证券为抵押的短期贷款。回购业务中涉及的当事人有证券公司、证券登记结算公司、证券交易所、回购方（以资融券或以券融资方）。我们以第一种身份来说明商业银行开展证券回购业务的基本流程，如图6.7所示。

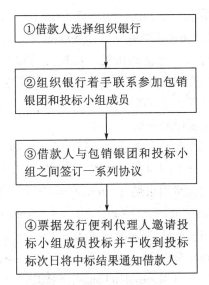

图 6.6　票据发行便利业务流程图

注：发行人和投标小组成员签订一系列文件包括便利协议、票据发行与付款代理协议与投标小组协议等。

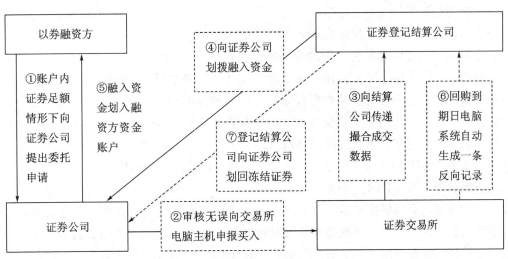

图 6.7　证券回购业务基本流程图

(三) 交易类表外业务

交易类表外业务主要包括金融远期、期货、期权和互换交易。参与这些交易的目的有套期保值、投机和套利三种。商业银行从事这些业务，常常是作为交易的中介或做市商，有时也运用这些交易来管理自己的风险，极少数的情况下也参与投机或套利。

1. 开展交易类表外业务的市场

交易类的表外业务，其实主要是金融衍生产品的交易。交易金融衍生产品的市场主要有两类：一类是以交易所为平台的交易市场，称为场内市场，主要交易的是标准化的衍生金融工具。场内市场的特征包括有固定交易场所和交易时间、通过公开竞价方式决定交易价格、交易采取经纪制等。另一类是以银行为主体的柜台市场（Over-The-Counter Market，OTC），又称为场外交易市场或店头交易市场，是指在银行柜台由衍生金融工具交易者与银行议价成交的市场。场外交易市场是一个分散的无形市场，没有固定交易场所，通过议价方式达成交易，参与者不需通过经纪人，而是直接和银行进行交易，交易的品种繁多，特色各异。

2. 国际衍生金融工具交易中心和交易产品

目前国际金融市场已经形成了一些重要的衍生金融产品交易中心，包括芝加哥商业交易所（Chicago Mercantile Exchange，CME）、芝加哥期货交易所（Chicago Board of Trade，CBOT）、芝加哥国际货币市场（International Money Market，IMM）、伦敦国际金融期货交易所（London International Finance & Future Exchange，LIFFE）、瑞士期权与金融期货交易所（Swiss Option and Finance & Future Exchange，SOFFEX）、东京国际金融期货交易所（Tokyo International Finance & Future Exchange，TIFFE）、新加坡国际货币交易所（Singapore International Money Exchange，SIMEX）、悉尼期货交易所（Sydney Future Exchange，SFE）等。

在这些交易中心交易的衍生金融工具主要包括金融远期、金融期货、金融期权和金融互换四大类型。

金融远期是最基础的金融衍生工具，是交易双方在场外市场上通过协商，按约定价格在约定的时间买卖某种标的金融资产的交易合约。

金融期货是交易双方在集中的交易所市场以公开竞价方式进行的期货合约交易，金融期货合约的基础金融工具是各种金融工具（或金融变量），如外汇、债券、股票、股价指数等。金融期货交易的典型特征是交易合约标准化、保证金制度、每日无负债结算制度。1972 年，外汇期货交易在芝加哥商业交易所（CME）率先推出，之后伦敦国际金融期权期货交易所和泛欧交易所（Euronext）交易品种的发展也达到一定规模。1975 年，利率期货诞生于美国芝加哥期货交易所（CBOT）。短期债券期货于 1976 年在芝加哥商业交易所（IMM）率先推出。1982 年，美国堪萨斯期货交易所首先推出价值线指数期货后，全球股指期货品种不断涌现，其中比较重要的有芝加哥商业交易所的标准普尔股指期货系列、芝加哥期货交易所的道·琼斯指数期货系列、新加坡期货交易所的日经 225 指数期货、中国香港交易所的恒生指数期货等。

金融期权是指买卖金融工具或金融变量的金融合约。按交易标的的不同，金融期权可以分为股票指数期权、外汇期权、利率期权和期货期权、债券期权等。金融期权的核心是对按约定价格买卖标的资产的权利进行的交易。

金融互换是指两个或两个以上的当事人按共同商定的条件，在约定时间内定期交换现金流的金融交易。金融互换的主要用途是改变交易者资产或负债的风险结构，从而规避相应的风险。典型的金融互换有货币互换和利率互换。自 1981 年美国所罗门兄弟公司为国际商业机器公司（IBM）和世界银行办理首笔美元、马克、瑞士法郎之间货币互换业务以来，金融互换市场发展非常迅猛。目前，按名义金额计算的金融互换交易已成为最大的衍生交易品种。

3. 我国衍生金融工具交易品种

我国有四家期货交易所，其中大连商品交易所、郑州商品交易所、上海期货交易所是交易商品期货的；有一家金融期货交易所，即中国金融期货交易所，该交易所在 2010 年 4 月 16 日推出了沪深 300 指数期货，之后又推出了 5 年期国债期货、上证 50 指数期货、中证 500 指数期货、10 年期国债期货。

我国银行业开展的衍生产品交易也发展迅速，自 1997 年 4 月由中国银行率先推出人民币远期结售汇后，就正式掀开了我国人民币衍生品交易的序幕。2005 年，外汇交易中心推出了人民币远期交易及人民币与外币掉期业务。中国银行上海分行从 2005 年 12 月起正式推出 1 年期以上人民币超远期结售汇业务，为企业锁定 1 年以上甚至更长时间的人民币远期汇率。2007 年 8 月 20 日，中国人民银行发布《关于在银行间外汇市场开办人民币外汇货币掉期业务有关问题的通知》（以下简称《通知》），决定在银行间外汇市场推出人民币外汇货币掉期交易。《通知》规定具备银行间远期外汇市场会员资格的境内机构在国家外汇管理局备案后，可以在银行间外汇市场按照规定开展人民币外汇货币掉期业务。现阶段，具备银行间远期外汇市场会员资格的境内机构可以在银行间外汇市场开展人民币兑美元、欧元、日元、港币、英镑五种货币的货币掉期交易。2011 年，国家外汇管理局又推出了人民币外汇期权交易。2011 年，国家外汇管理局又推出了人民币外汇期权交易。

同时，利率衍生产品也呈现大幅增长。人民币债券远期、人民币利率互换、以上海银行间拆放利率（SHIBOR）为基准的人民币利率互换业务也得到稳步开展。2005 年 6 月，银行间债券市场推出首个人民币衍生产品——债券远期交易业务。2006 年 1 月 24 日，中国人民银行发布《中国人民银行关于开展人民币利率互换交易试点有关事宜的通知》。2006 年 2 月 9 日，国家开发银行与中国光大银行完成了首笔人民币利率互换交易。2008 年 1 月 25 日，中国人民银行发布《中国人民银行关于开展人民币利率互换业务有关事宜的通知》，将参与利率互换业务的市场成员扩大至所有银行间市场成员，这标志着人民币利率互换业务门槛降低，人民币利率互换业务正式推出。

2010 年，银行间交易商协会发布信用衍生产品——CRM（信用风险缓释工具）。商业银行可以参与的衍生产品种类渐次增多，市场广度和深度不断得到拓展。

2011 年，中国银监会修改了 2004 年出台的《金融机构衍生产品交易业务管理暂行办法》，从制度上放宽了衍生产品业务的进入门槛，将衍生产品业务分为两类：一类是套期保值类，另一类是非套期保值类。只能从事套期保值类衍生产品交易的银行具有基础类资格，其准入条件、系统、人员要求均较 2004 年暂行办法大幅降低。2009 年 3 月，中国银行间市场交易商协会公布《中国银行间市场金融衍生产品交易主协议（2009 年版）》（简称 NAFMII 主协议），这是我国境内第一份真正意义上的金融衍生产品交易主协议，由此我国商业银行衍生产品业务步入快速发展轨道。

四、商业银行表外业务与中间业务的比较

商业银行表外业务与中间业务都是独立于资产负债业务之外的业务，两者既有联系又有区别。

商业银行学

（一）表外业务与中间业务的联系

（1）表外业务与中间业务都是向客户提供各种服务收取手续费的业务。这与银行通过信用活动获取的存贷利差收入明显不同。

（2）广义的表外业务是中间业务，但中间业务不一定是表外业务。

（3）两者都是以接受委托的方式开展的业务活动。商业银行在从事各类表外业务和中间业务时的共同特点是不直接作为信用活动的一方出现，一般情况下不动用或较少动用自己可使用的资金，不以债权人或债务人的身份进行资金的融通，只是以中间人的身份提供各类金融服务或替客户办理收付和其他委托事项。

（二）表外业务与中间业务的区别

由于前文已指出本文介绍的表外业务是狭义的表外业务，因此在寻找表外业务和中间业务的不同之处时，我们同样是基于这样的一个角度。

1. 中间人身份不同

在中间业务中，如支付结算、信托、代理等业务，银行都是以交易双方当事人之外的第三者身份接受委托，扮演中间人的角色；而表外业务却在业务发展中可能发生银行中间人角色的移位，成为交易双方的一方，即成为交易的直接当事人。例如，贷款承诺是由银行和客户签订的信贷承诺协议，并在协议签定时无信贷行为发生，也不在资产负债表上做出反映，因此是典型的表外业务。但是，一旦贷款发生，银行便成了信贷活动中的债权人，其贷款也将反映到资产负债表内。又如，目前国际商业银行所从事的各种金融工具交易，除接受客户委托以中间人身份进行的代客交易外，还常常出于防范、转移风险的需要以及实现增加收入的目的，作为直接交易的一方出现。

2. 业务风险不同

如前所述，商业银行在中间业务中是不直接作为信用活动的一方出现的，不动用或较少动用自己的资金，虽然业务经营中也要承担一定的风险，但其风险程度要明显低于信用业务。

随着金融创新的发展及业务领域的不断拓宽，大量与信用业务密切相关的高风险业务也随之发展。例如，银行在提供服务的同时，还以某种形式垫付资金，从而形成了银行和客户之间的另一种债权债务关系，其风险度可能因此而加大。又如，商业银行对商业票据的担保，商业票据的发行人在无力偿还负债时，银行必然要承担连带责任，因此对商业票据的承兑担保成为银行的一种或有负债；同时，商业银行为获取收益而从事的新兴的表外业务，如外汇及股票指数等期权、期货交易，其风险度有时要超过一般的信用业务，因此说在业务风险上表外业务明显高于中间业务。

3. 发展的时间长短不同

表外业务是近20年才发展起来的，与国际业务的发展、国际金融市场及现代通信技术的发展紧密联系；而在我国通常被称为银行中间业务的金融服务类业务，大部分与银行的资产负债业务相伴而生、长期存在。

4. 受监管的程度不同

如前所述，表外业务的风险有时要高于一般的信用业务，因此为了降低金融风险可能带来的不利影响，各国金融监管当局对表外业务的管理越来越严格，这点在《巴

128

塞尔协议》中得到明显体现。该协议要求管理部门对表外业务的管理在资本充足率上必须达标，因此比服务类业务严格了许多。服务类业务由于风险较小，因此金融监管部门对其的监管相对宽松，通常不对其进行过多的干预或管制。

第 4 节　商业银行投资银行业务

一、商业银行投资银行业务概述

商业银行投资银行业务作为一项新兴并不断创新的业务，不同学者对于其范围的界定不完全相同。最狭义的投资银行业务仅仅是指证券发行承销和证券交易业务。较狭义的投资银行业务还包括企业兼并收购及企业融资相关的业务，这些是投资银行的传统业务。较广义的投资银行业务是指与资本市场服务相关的所有业务，包括证券发行承销、证券交易、兼并收购、企业融资、基金、资产管理、研究与咨询顾问、风险资本运作管理以及金融衍生产品开发与创新等。下面主要介绍证券承销业务、证券交易、财务顾问及咨询业务、资产证券化业务、企业兼并与收购业务、项目融资业务、风险投资业务、基金管理业务、资产管理这几类比较主要又普遍的业务。

（一）证券承销业务

证券承销业务（Securities Underwriting）是指银行在一级市场上为企业或政府公开发售债券或股权证券。这是投资银行最基础的业务活动，也是主要的利润来源。承销的范围很广，不仅包括本国中央政府、地方政府和政府机构发行的债券，各类企业发行的股票和债券，还包括外国政府和企业发行的债券，甚至国际金融机构发行的债券等。承销通常采用代销或包销的方式。代销是指银行按照约定的方式推销，在发行结束时将未售出的债券退还给发行人，发行风险由发行者承担。包销是指银行按照协议购入发行人的全部债券，在发行期将这些债券对外出售，或者在承销期结束时将未售出的债券自行购入，这种方式发行人不承担发行风险，风险由银行承担。

（二）证券交易

证券交易（Securities Trading）是指银行在二级市场上扮演证券经纪商和证券自营商的双重角色。证券经纪业务（Securities Exchange）和证券自营业务（Dealer）是投资银行最传统的业务领域。作为证券经济商，银行通过证券营业部或证券服务部等各种渠道接受投资人的委托，按照投资人提出的价格在证券交易市场上代理买卖证券，以收取佣金作为自身利润的来源，不得垫付资金和赚取差价。作为证券自营商，银行利用自有资金，通过二级市场直接参加证券交易，承担证券价格变动带来的风险，从中获得买卖价差。

（三）财务顾问及咨询业务

财务顾问及咨询业务（Consultation）是指银行凭借自身拥有的资本市场运作知识和经验、专业人才以及金融资源，向客户在出售资产、筹资和融资等重大交易活动时提供证券市场业务策划和咨询并从中获取利润。这些咨询顾问服务也可以同其他产品搭配，共同为客户提供解决问题的方案。通过这种咨询服务来连接一级市场和二级市场，加强证券市场上投资者和发行者之间的沟通。财务顾问及咨询主要向客户提供各种投资信息，并同资产管理业务形成交叉，渗透于其他业务中。财务顾问咨询可根据对象的不同分为政府财务顾问、企业财务顾问和个人财务顾问等，也可根据服务方式的不同分为专项财务顾问和常年财务顾问，还可根据服务内容的不同分为资产管理顾问、企业重组顾问等。不同的银行有不同的分类方式。

（四）资产证券化业务

资产证券化业务（Asset Securitization）一般是指银行将某公司缺乏流动性或流动性比较低但可以产生未来现金流量的资产通过结构性重组，出售给投资银行，投资银行将这些资产作为证券发行的担保，发行资产证券，从而实现将流动性差的资产转变成流动性强的证券的过程。资产证券化的主要形式有中期债券、优先股、信托凭证、商业票据等形式。证券偿付金来自于担保的资产所产生的现金流量，如果违约，资产证券的清偿仅限于被证券化的资产的数额，购买人或发起人不承担超过证券化资产限额的清偿义务。

（五）企业兼并与收购业务

企业兼并与收购业务（Merger & Acquisition）简称为企业并购，是一项高技术内涵的业务，要面对复杂的财务和法律等风险，涉及面广，对企业影响巨大，银行凭借自身在并购信息、财务管理以及融资能力方面的优势，作为企业并购的顾问，以客户的经济目标为目标，协助客户进行并购业务。

兼并（Merger）是指将两家或两家以上的独立企业合并成一家企业，被兼并方丧失其法人资格或改变法人实体。兼并的形式有新设兼并和吸收兼并。兼并的方法有以下三种：

（1）用现金购买被兼并公司的资产。

（2）购买被兼并公司的股份或股票。

（3）向被兼并公司的股东发行新股票来换取被兼并公司股权。

收购（Acquisition）是指收购方用现金、债券或股票等资产购买被收购方的股票或资产，从而获得被收购方的控制权，被收购方仍然保留其法人地位。收购有两种形式：资产收购和股权收购。并购业务已成为投资银行现代业务的核心，是除证券承销与交易业务外最重要的组成部分。投资银行主要通过帮助企业制订并购方案、帮助企业针对恶意收购制订反收购计划和防御措施、提供有关并购价格的咨询以及安排融资和过桥贷款等途径界入并购活动。

（六）项目融资业务

项目融资业务（Project Finance）是一种无追索权的融资贷款（现代的项目融资有的具有有限追索权），银行作为融资顾问，综合运用发行债券、股票、抵押贷款、拆借等多种融资方式，针对项目规模、风险等特征，针对特定的客户设计一揽子融资计划，尽量提高收益，降低成本，防范风险，以项目资产为担保的融资方式。投资银行将与项目发起人、投资者和有关的政府、金融机构等联系在一起，从事项目评估、设计融资方案、信用评级等活动。

（七）风险投资业务

风险投资业务（Venture Capital）也称创业投资业务，是指银行对于在创业期和拓展期的新兴公司进行股权投资，向其提供资金，待该公司进入稳定发展期后将股权变现，从而获得收益的一种收益高风险大的业务。新兴公司一般指具有强大市场潜力、获利水平高于平均，同时又充满风险的运用新技术或发明新产品的公司。投资银行从事风险投资业务分为三个不同层次：第一层次是运用私募方式募集资金；第二层次是设立专门投资于高新技术行业和新兴行业的风险基金；第三层次是向潜力巨大的公司直接投资。投资银行不仅可以向这些新兴企业提供资金，还可以提供企业经营策略以及组织管理的方案和技能。

（八）基金管理业务

基金管理业务（Fund Management）是指投资银行建立基金管理公司，通过参与基金的发售、运作和管理来收取管理费的一项业务。基金作为一种重要的投资工具，可以吸收投资者的大量零散资金，通过专业人士进行投资并取得收益。投资银行不仅可以发起、管理基金，还可以作为基金的承销人，帮助发行人向投资者发售收益凭证。

（九）资产管理

资产管理（Asset Management）是一项在传统业务上发展起来的新兴业务，是指投资银行接受客户委托，根据客户的投资意愿，利用自身在资本市场上的优势，对客户的资产进行有价证券的投资组合，以此来实现客户资产收益最大化的目的的行为。管理资产的范围相当广，其中的重点是基金管理。

二、商业银行开展投资银行业务的意义

随着金融体系的进一步发展以及范围经济效应、规模效应和竞争的需要，投资银行业务在商业银行中的地位日趋重要，投资银行业务给商业银行带来的优越性也越发明显。

（一）投资银行业务的发展有利于商业银行提升对客户的服务水平

全球化的快速发展使得客户对商业银行的服务水平提出了更高的要求，只有跟紧发达国家商业银行的发展步伐，国内的商业银行才能提升自身的竞争力，使得客户在自主选择时青睐国内商业银行。金融市场的发展带来了更多的融资渠道和更低的融资成本，提升了客户对于金融产品的要求，金融产品的创新成为必然的趋势。因此，发展投资银行业务会给商业银行带来更多的客户资源和收入来源，更好地满足客户的需要。

（二）投资银行业务的发展有利于拓展业务

面对日益激烈的竞争环境，拥有核心竞争力和品牌业务将十分有利于商业银行的自身发展，通过对投资银行业务的提升不仅可以提升商业银行核心竞争力，还能够拓展业务，有助于商业银行优化收入结构，降低业务风险，增加非利息收入占总收入的比重，壮大中间业务，增强盈利能力。

（三）投资银行业务的发展有利于市场份额的占领

金融市场的开放带来了商业银行的国际化经营，使得市场份额的争取更加激烈。随着新的资本模式的不断出现，商业银行如果固守传统的经营模式和业务范围，就会

丧失发展机遇和市场份额。与此同时，非银行金融机构的不断壮大，传统银行业务以外的其他金融业务需求的不断上升，资本市场已逐步取代了商业银行在金融系统中的核心地位，各类非银行金融机构也在抢夺着商业银行传统业务的市场份额。投资银行业务的开展可以增加商业银行业务收入的同时提升对客户的服务水平，增强业务能力，对于市场份额的占领有重要作用。

（四）投资银行业务的发展有利于提高商业银行市场竞争力

伴随着资本市场竞争的日益加剧，如何在激烈的竞争中谋求发展已成为商业银行亟须解决的问题。目前我国商业银行传统业务竞争逐渐同质化，有陷入低水平规模扩张的危险。与此同时，客户对于金融服务的要求也越发全面，要求商业银行提供全方位的综合服务。因此，商业银行只有发展高质量的投资银行业务，全面满足客户需求，才能避免低水平同质化的竞争，提升自身的市场竞争力。

三、我国商业银行投资银行业务的现状

与西方发达国家拥有 200 多年的投资银行业务的历史相比，我国的投资银行业务相对年轻。1995 年，中国建设银行在香港设立了我国第一家中外合资投资银行——中国国家金融有限公司。1998 年，工商银行设立了第一家真正意义上的合资投行——工商东亚金融控股有限公司。2002 年，中国银行在香港设立了全资附属公司——中银国际证券公司。随后，其他商业银行纷纷设立了自己专门从事投资银行业务的部门。

我国的投资银行业务虽然起步较晚，但经过这十几年的迅猛发展，其为商业银行带来的收入逐年增长，已经成为提升商业银行收益的重要途径。中国银行家协会与普华永道会计师事务所共同发布的《中国银行家调查报告（2013）》显示，商业银行中间业务收入的来源构成发生变化，投资银行业务已超越传统结算类业务成为商业银行中间业务收入的最重要来源。在对不同类型中间业务收入的重要性调查中，银行家对投资银行业务收入的重视程度最高，占比达到52.2%，位列首位，已超过传统的结算类业务。在收入构成上，重心开始向中间业务倾斜，商业银行对息差收入的依赖开始减少。通过表6.1不难看出，各个银行近年来在投资银行业务上的收入增长呈迅猛之势。

表 6.1　　　　　部分上市银行 2008—2012 年投行业务收入情况表　　单位：人民币百万元

	2008 年	2009 年	2010 年	2011 年	2012 年	5 年增幅
工商银行	8 028	12 539	15 506	22 592	26 117	225.32%
农业银行	—	—	11 112	19 489	16 017	—
建设银行	6 998	10 962	12 816	17 488	19 722	181.82%
中国银行	2 548	4 396	4 385	6 507	5 690	123.31%
交通银行	1 081	1 920	4 105	6 276	5 884	444.31%
民生银行	1 702	1 577	2 389	3 614	1 734	1.88%
兴业银行	1 108	1 767	2 520	3 467	6 046	445.67%

注：数据来源于各个银行历年年报。

第 5 节　商业银行资产证券化

一、商业银行资产证券化的定义

商业银行资产证券化（Assets-Backed Securities，ABS）指的是商业银行将自身持有的同质、流动性较差，但具有未来现金收入的贷款等资产集中起来，形成一个资产池，通过结构性安排，对资产中的风险和收益要素进行分割和重组，再配以相应信用担保，将其转变为具有投资特征的可销售证券，以此回收资金的过程。其核心在于将流动性差的银行贷款资产在资本市场上转换为流动资金。ABS 实质上是资产证券发行者将被证券化的金融资产未来现金流收益权转让给投资者。资产证券化现在已成为国际资本市场上发展最快、最具活力的一种金融产品，在世界许多国家得到了广泛的实施和应用。目前能够证券化的商业银行资产主要有不良资产、住房抵押贷款、汽车消费贷款、信用卡应收款、中长期信贷资产等。

二、商业银行开展资产证券化业务的意义

资产证券化业务对商业银行而言具有重要的意义，主要体现在以下方面：

（一）降低银行不良资产率，提高不良资产变现能力

不良资产证券化是提高不良资产变现能力的有效途径，在国际上已被广泛应用，美国的资产重组托管公司和韩国的资产管理公司就是成功的范例。在我国，尽管商业银行对不良资产控制措施，如严格贷前审批和完善贷后管理也取得一定成效，但仍无法从根本上提高不良资产的变现能力，为此开展的资产证券化，将不良资产变现或将银行资产潜在的风险部分转移、分散，形成一整套完善的不良资产处置体系就是一种行之有效的降低不良资产率的方式。

（二）防范、分散和转移银行风险

首先，资产证券化能将期限较长的银行贷款打包出售，而收回的资金可用于发放更多的贷款，进而提高资金的流动性和利用率，防范因"短存长贷"而造成的资金流动性风险。其次，证券化后，商业银行在让社会公众有机会投资银行资产的同时，也将本来应由银行承受的信用风险、利率风险、提前还款风险，通过结构性安排，部分转移、分散给资本市场上不同风险偏好的投资者，实现银行资产风险的社会化。

（三）拓宽融资渠道，降低银行融资成本

发行资产支持债券在资本市场上直接融资为银行提供了长期稳定的资金来源。同时，通过信用增级措施，资产证券化发起机构还可以发行比自身债务信用等级更高的债券，其融资成本因此得到显著降低。

（四）提高商业银行的经营管理水平

第一，资产证券化为资产负债管理提供了现代化的管理方法和技术手段，使银行在调整资产负债结构方面具有更大的灵活性和应变力，从而增强银行抵御风险的能力。

第二，证券化需要对基础资产现金流进行定量分析和预测，对资产及其相配套管理服务进行信息披露，使得银行的贷款管理，包括经营模式、操作流程、规章制度、产品服务、信息系统等更加标准化、规范化、透明化，从而提高银行贷款管理水平。第三，资产证券化运用金融工程技术，在定量财务分析模型和风险预警模型的基础上开发产品，有利于科学决策和产品的高效管理。

三、商业银行资产证券化的操作流程

（一）涉及的主要当事人

资产证券化涉及的当事人如图 6.8 所示。

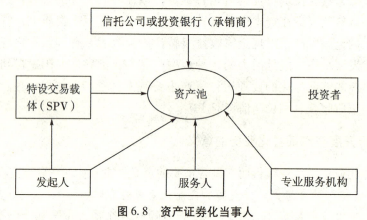

图 6.8　资产证券化当事人

（1）发起人：证券化资产的原资产持有人或债权人。

（2）特设交易载体（Special Purpose Vehicle，SPV）：也称为资产证券化经营公司，由发起人或独立第三方为资产证券化目的而专门组建的实体，具有法人地位。SPV 是资产证券化中的关键环节，也是投资者和发起人的连接环节。在资产证券化过程中，其证券化资产是通过"真实出售"方式从银行转移到 SPV 的。这种"真实出售"使证券化的资产与原始债权人的其他资产完全剥离，资产所有权已经发生转移。这样在投资者与发起人之间建立起一道风险的"防火墙"。

（3）承销商（信托公司、投资银行、证券公司等）：受 SPV 委托，以特定资产池未来现金流为基础在二级市场上发行资产支持证券的机构，通常是由售托机构、投资银行、证券公司承担。

（4）服务人：通常由发起人兼任，负责对资产池的个别资产进行后续管理、定期向原始债务人收款，然后将源自证券化资产所产生的现金转交给特设交易载体，使特设交易载体能定期偿付投资者。

（5）投资者：在证券市场上投资购买资产支持证券，并从资产证券化经营公司处取得相应的投资回报的人。

（6）专业服务机构（会计师事务所、律师事务所、评估机构等）：参与并负责资产证券化过程中某个环节的专业性工作。

（二）资产证券化的一般操作流程

商业银行资产证券化运作程序是由一系列负债环节构成，为突出重点，本节只介绍在这个运作程序中的几个主要环节，如图 6.9 所示。

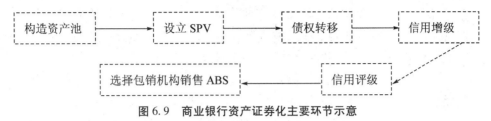

图 6.9　商业银行资产证券化主要环节示意

为有助于读者理解商业银行资产证券化的过程，本节以住房抵押贷款证券化为例说明其基本操作流程，具体如图 6.10 所示。

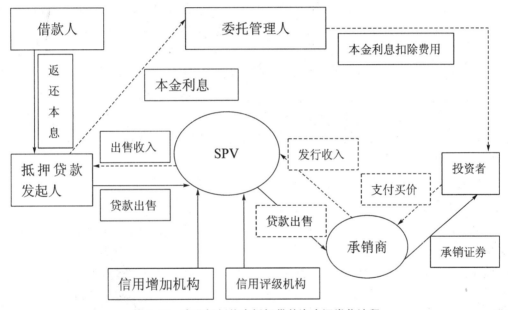

图 6.10　商业银行住房抵押贷款资产证券化流程

值得注意的是，从该运作机制来看，商业银行资产证券化基本交易结构由原始权益人、SPV 和投资者三类主体构成。原始权益人将自己拥有的特定资产以"真实出售"方式过户给 SPV，SPV 获得该资产所有权，发行以该资产预期现金收入流为基础的资产支持证券，并确保未来现金收入流首先用于对证券投资者还本付息。然而，要保证这一基本交易结构有效，需要几个基本条件加以保障。第一，被证券化的资产能产生固定或者循环的现金收入流；第二，原始权益人对资产要拥有完整的所有权；第三，资产所有权要以真实出售方式转让给 SPV；第四，投资者具备对资产支持证券相关知识且具有较强的投资意愿。这几个条件任何一个不具备都会使商业银行资产证券化面临很大的交易风险。

四、我国商业银行资产证券化的现状

资产证券化在我国的发展开始于 2005 年，并以国家开发银行和中国建设银行为试点单位，分别发行了信贷资产支持证券和住房抵押资产支持证券。之后，试点工作不断扩大，工商银行、浦发银行、中信银行等分别发行了资产证券化产品，资产证券化的业务领域也不断扩展。受 2008 年国际金融危机爆发的影响，试点工作一度暂停。截至暂停前，总计发行了 668 亿元的资产证券化产品，2005—2008 年间的发行规模分别为 72 亿元、116 亿元、178 亿元、302 亿元，发行规模不断增长。2012 年，中国人民银行、银监会、财政部发布资产证券化试点重启通知，并且公布了 500 亿元的试点额度。紧接着，国家开发银行发行了"2012-1 开元资产支持证券"，规模为 101 亿元，标志着资产证券化的实质性重启。2012 年、2013 年分别发行了 5 单共 192.62 亿元和 6 单共 157 亿元资产证券化产品。2013 年 8 月，国务院常务会议提出，进一步扩大信贷资产证券化试点规模。2014 年 11 月，银监会下发《关于信贷资产证券化备案登记工作流程的通知》，将信贷资产证券化业务由审批制改为业务备案制。多重利好之下，资产证券化产品发行在 2014 年集中爆发。2014 年全年，银行间市场共发行 65 单资产证券化产品，发行金额达 2 770 亿元。2015 年上半年已发行的资产证券化项目总计达到 62 个，总规模近 1 408.30 亿元，其中银监会主管的信贷资产证券化项目达 32 个，总规模达 1 129.82 亿元，占总发行规模的约 80%，其中 23 笔为传统的企业贷款类型，规模占比约为 73.45%。

我国的资产证券化产品可以分为三大类：银行信贷资产证券化、资产支持票据、企业资产支持证券化。中国人民银行和银监会主导信贷资产支持证券，资产支持票据主要由银行间协会进行推广，企业资产证券则由证监会负责核准。银行信贷资产证券化和企业资产证券化都选择了表外模式，将资产从资产负债表中剥离，实现了破产隔离和真实出售，资产支持证券则选择了表内模式。银行信贷资产支持证券以银行间债务市场作为交易场所，企业资产证券化则以交易所大宗交易平台进行交易，资产支持票据在这两个交易平台都可以进行交易。

第 6 节　商业银行表外业务风险管理

银行业是高风险的行业，国家宏观经济政策变化、市场利率和汇率的波动、国际金融市场的金融创新等因素，均会对银行经营构成影响，这种影响存在于商业银行的所有业务，表外业务也不例外。

一、商业银行表外业务的主要风险

表外业务杠杆率高、自由度大、透明度差的特点注定了其隐含着很多风险，根据巴塞尔委员会的定义，表外业务的风险主要有以下几种类型：

（一）信用风险

虽然表外业务不直接涉及债权债务关系，但由于该类业务多是或有债权和或有债务，因此当潜在的债务人由于各种原因而不能偿付债务时，银行就有可能变成债务人。例如，在信用证业务和票据发行便利业务中，一旦开证人或票据发行人不能按期偿付时，银行就要承担偿付责任。

（二）市场风险

商业银行表外头寸可能由于金融工具市场价格波动而遭受损失。例如，在金融衍生产品互换、期货、期权等交易中，当市场利率和汇率等市场价格突然变化时，会使商业银行参与交易的结果和动机有所违背，此时银行可能因此蒙受巨大损失。

（三）流动性风险

在表外业务活动中，尤其是在进行金融衍生工具交易过程中，当交易一方要想进行对冲，轧平其交易标的的头寸款项时，却找不到合适的对手，无法以合适的价格在短时间内完成抛补而出现资金短缺时，商业银行流动性风险因此产生。这种风险经常发生在银行提供过多的贷款承诺和备用信用证时，一旦出现大量资金需求时，交易者往往都会急于平仓并收回资金。其结果是在最需要流动性资金时，银行面临了很大的流动性风险。

（四）经营风险

经营风险是指由于银行经营决策失误，或由于银行内部控制不力的情况下操作人员的越权经营，导致表外业务品种搭配不当，使银行在交易中处于不利地位。由于表外业务透明度差，其运作中存在的问题不易被及时发现，而且一旦发生运作风险，银行已损失惨重。利森的违规操作致使拥有近 300 年历史的老牌商业银行巴林银行倒闭，就是一个生动的例子。

（五）定价风险

定价风险是指由于表外业务内在风险尚未被人们完全掌握，无法对其作出正确的定价而缺乏弥补风险损失的能力所带来的损失。表外业务能否正确定价，关系到银行能否从各种交易的收入中积累足以保护银行交易利益的储备金，从而决定是否有能力在风险刚萌发时及时抑制可能对银行产生的不利影响，或使银行能够在事发后弥补部分损失。但是表外业务自由度大、交易灵活，以致人们至今还无法准确识别此类业务的内在风险，定价风险还较为常见。

（六）法律风险

法律风险是指政府监管部门缺乏与商业银行开展表外业务相对应的政策指导和法律规定，导致业务产品在服务范围、业务流程、收费标准等方面在法律上有漏洞甚至无法履行约定义务的风险。这种风险在跨国银行业务中更为常见。

二、管理表外业务的风险

表外业务的发展在给商业银行带来收益的同时，也给商业银行经营带来了一定风险，这种风险处理不好，小则使银行经营陷入困境，大则危及一国金融体系的安全。因此，商业银行加强对表外业务的管理实属必要。现在，表外业务管理确实也成了商业银行经营管理的重要内容，同时也作为金融当局实行宏观金融监控的一个重要方面，对表外业务的管理应该做好宏观管理和微观管理两方面的工作。

（一）表外业务的宏观管理

1. 规范信息披露

现在很多国家对表外业务都没有报表制度，也没有核算办法，透明度极差。以致监管者、投资者和债权人都难以全面客观估计银行财务状况，没有统一公认的方法能对银行的风险给予合乎实际的评价。为了能有效地监管商业银行表外业务，必须首先获得商业银行足够的信息，因此旨在揭示表外业务状况的会计和报告制度是规范信息披露，有效揭示风险的基础。

2. 建立国际衍生品信息监管制度

巴塞尔委员会和国际证券组织技术委员会曾发布了有关银行及证券公司参与衍生品交易的信息披露监管制度。该监管制度主要包括公布有关衍生品的资料分类目录和有关交易商资料的分类目录。通过这一信息监管制度，监管当局能够获得有关衍生品交易的基本信息从而有助于其做出正确的监管决策。

3. 资本充足规定

中央银行应在《巴塞尔协议》确定的框架原则基础上，建立统一的表外业务风险衡量和风险监测体系。任何一项表外业务一经办理，都应当被动态地反映出来，同时其风险程度通过信息转换系数、风险权重等进行量化计算后作为加权风险资产的一部分予以反映。也就是说，监管当局在对资产规定风险系数及资本充足率外，也应将表外业务规定相应风险系数，纳入风险资产范畴，一并计算资本和风险资产的比率，从而将有关表外业务纳入资本管制框架。

（二）表外业务的微观管理

表外业务的微观管理是指商业银行自身应加强对表外业务的内部管理，建立和完善表外业务的风险管理系统。开展表外业务较成功的国际大银行，在表外业务的内部管理方面主要有以下经验。

1. 管理层应重视表外业务的风险管理

对表外业务要有一个正确的认识，不能只重视收益的一面，而忽视了风险的一面。正如为加强资产负债管理，不少商业银行都成立了资产负债管理委员会一样，商业银行要发展表外业务，控制表外业务的风险，亦应成立表外业务管理委员会。在每一项表外业务的开拓、发展和管理过程中，银行的高级管理层应该了解、决定、控制和监测所从事的表外业务的交易活动，尤其是投机性、自营性的衍生金融工具交易。

2. 完善表外业务规章制度和操作规程

商业银行对于每项业务的重要风险点都应该制定详细的规章制度进行约束和限制，对容易出现风险的环节设防堵截。这些制度体现在信用评估制度、业务风险评估制度、前台交易员和后台管理员双重审核制度等方面。另外，在操作规程上各经办部门必须依据其上级行的授权，严格按照操作手册所规定的程序办理各类表外业务，稽核审计部门和上级主管部门根据操作手册对其进行检查、监督。

3. 运用表外业务进行风险管理的技术

（1）建立风险的电脑控制系统。该系统可帮助高级管理层了解市场的最新变化、最新技术和产品，并进行科学决策。整个系统包括日常监测系统、电脑信息与决策系统，通过数学模型向高级管理层提供市场和银行信息，帮助其分析市场趋势，并指导交易。数学模型可计算银行的资产组合、各种资产的价格、波动幅度、货币风险和市场风险，分析出现最坏情况的概率和对策。

（2）资产组合管理。资产组合管理，即通过资产组合多样化来管理表外业务的风险，以通过某种资产的盈利来抵补另一种资产的亏损而取得整体盈利。一般拥有的组合资产越多风险越小。

4. 引入有效的风险管理方法和手段

国外商业银行为了控制表外业务风险，开发了一系列测算和衡量风险的方法和手段，比如对交易类业务的风险采用风险价值（Value at Risk，VaR）进行测度。风险价值代表银行对于损失风险的最大准备，用来描述可以消化潜在损失的最低资本要求。如果实际承担的市场风险比风险价值小，说明该银行风险控制情况良好。由于该种方法能够将相关市场风险进行量化，因此很适宜商业银行用来管理表外业务。

5. 建立完善的表外业务内部控制制度

内部控制就是旨在提高效率，保证政策执行和确定资产安全的方法、程序或制度，用以督促分支机构、职能部门和广大员工按照计划目标或制度的要求进行工作。商业银行为了防止出现威胁安全经营的因素，必须建立有效的银行内部控制体系。该内部控制准则主要包括明确的责任、正当授权、程序严格执行、财产保护、复核、事后检查、独立审核等多方面。

6. 改进成本收益管理，提高业务利润获取的可靠性

商业银行在能够承受每种表外业务既定风险系数的前提下，可以测算盈亏平衡业务成交量规模和成本收益率，使银行能够根据自身实力，在弥补成本开支后尽可能获得较多的净收益。此外，商业银行还可以根据自身的财务状况，表外业务工具市场价格波动情况及每笔业务的风险程度，选取适当有别于传统业务财务杠杆率以防止预测失误，确保资本安全及提高利润获取的可靠性。

第 7 节　我国商业银行中间业务和表外业务的发展

一、我国商业银行中间业务的发展

总体来讲，我国商业银行中间业务发展经历了两个阶段，1995—2000 年为存款导向阶段，发展中间业务的目的主要是为了维护客户关系、稳定和增加存款。主要是汇兑、结算、代理、信托、保管、咨询等传统的中间业务。2000 年后逐步过渡到收入导向阶段，以防范风险、增加收入为主要目的，以代理保险、资产托管等高收益业务为重点。商业银行中间业务得以迅速扩张。这种扩张主要体现在业务品种拓展加快和业

务收入增加明显两方面。

（一）中间业务品种现状

如前所述，我国中间业务划分为九大类。目前，我国商业银行开办的中间业务品种已初步形成了 9 大门类，420 多个品种，涵盖支付结算、银行卡、代理、保理、担保、承诺、基金托管、交易、咨询顾问及其他中间业务类别；横跨产品市场、资本市场、货币市场、保险市场、期货市场；广泛介入企业经营、居民生活、社会管理等诸多领域；基本形成了品种较为丰富、体系较为完备、服务功能综合；融一般性劳务服务和专业性理财服务、柜面服务与资助服务于一体的中间业务品种体系。以工商银行为例，该行已开办了人民币结算、外汇中间业务、银行卡、代理收付款、信息咨询、担保、投资基金托管等 7 个类别，260 多种中间业务。除此之外，部分业务产品已经享有较高的市场声誉，如工商银行的现金管理、本币结算清算、资产托管等业务；农业银行的代理保险、保管箱业务；中国银行的信用卡、国际保理业务；建设银行的委托贷款和工程造价咨询；交通银行的太平洋卡"全国通"和"外汇宝"；中信银行的出国留学金融服务业务；招商银行的"一卡通"和网上支付；光大银行的"一柜通"等业务。

（二）中间业务收入现状

为较准确反映国内商业银行中间业务发展状况，我们以工商银行、中国银行、民生银行、交通银行、招商银行、中信银行、农业银行、华夏银行、浦东发展银行、兴业银行共 10 家商业银行在 2000 年和 2014 年两年数据作为对比的样本进行介绍。对时间段做这样的选择是因为 2000 年正是我国商业银行在市场竞争驱动下，中间业务发展观念逐步确定、发展速度逐步加快的时期，2014 年数据则对反映最新进展状况最具有说服力。在对比口径选择上则统一采用交通银行的"中间业务收入占营业收入比值"口径，因为该口径能够了解到相对利息收入而言，中间业务收入对营业收入的贡献程度。该统计口径中的中间业务收入主要包括手续费收入、汇兑收益、其他营业收入、租赁收益等。营业收入包括中间业务收入、利息收入和金融企业往来收入等。下面以具体数据（如表 6.2 所示）说明我国商业银行中间业务收入现状。

表6.2　　　　　　　　　　10 家商业银行中间业务收入情况　　　　单位：万元

| 银行 | 项目 | 中间业务收入 | | | | 营业收入 | 中间业务收入占营业收入比 |
		手续费收入	汇兑损益	其他营业收入	合计		
工商银行	2000 年	260 800	41 500	22 500	324 800	15 994 800	2.03%
	2014 年	14 667 800	367 300	2 360 000	17 395 100	65 889 200	26.40%
中国银行	2000 年	390 800	214 200	100 000	1 005 000	12 751 800	7.88%
	2014 年	9 853 800	985 300	2 779 400	13 618 500	45 633 100	29.84%
民生银行	2000 年	4 884	1 983	991	7 858	220 850	3.56%
	2014 年	4 229 300	68 500	141 400	4 439 200	13 546 900	32.77%

表6.2(续)

银行 \\ 项目		中间业务收入				营业收入	中间业务收入占营业收入比
		手续费收入	汇兑损益	其他营业收入	合计		
交通银行	2000 年	69 023	30 748	8 097	107 868	2 461 115	4.38%
	2014 年	3 291 400	448 000	385 800	4 125 200	17 740 100	23.25%
招商银行	2000 年	36 468	10 954	2 468	50 070	749 569	6.68%
	2014 年	4 854 300	246 700	63 000	5 164 000	16 586 300	31.13%
农业银行	2000 年	119 800		47 000	166 800	8 820 500	1.89%
	2014 年	5 016 000	−500	456 100	5 471 600	27 414 700	19.96%
中信银行	2000 年	17 100	22 400	4 300	43 800	672 800	6.51%
	2014 年	2 697 200	82 700	18 900	2 798 800	12 471 600	22.44%
华夏银行	2000 年	8 360	23 474	3 489	14 196	334 668	4.24%
	2014 年	868 100	20 800	2 200	891 100	5 488 500	16.24%
浦发银行	2000 年	10 405	5 279	1 673	17 357	457 413	3.79%
	2014 年	2 232 100	−5 300	170 500	2 397 300	12 318 100	19.46%
兴业银行	2000 年	5 872	2 073	749	8 694	249 870	3.48%
	2014 年	2 841 200	69 200	7 000	2 917 400	12 489 800	23.36%

数据来源：根据各商业银行相关年度财务报告相关财务数据整理而来。

表 6.2 的数据表明，自 2000 年开始商业银行中间业务得到了迅猛发展，截至 2014 年各家商业银行不管是在业务量还是业务增长速度上都实现了跨越式发展。2014 年所列举的 10 家商业银行中，其中有 7 家中间业务收入占比超过 20%，民生银行和工商银行更是超过 30%。

二、我国商业银行表外业务的发展

改革开放前，我国银行的业务仅局限于存、贷、汇，表外业务几乎没有开展。改革开放后，自 1979 年 10 月中国银行首次开发信托、租赁类表外业务以来，国内各商业银行努力转换经营机制，不断吸收国外商业银行的先进经验，先后开发了许多表外业务品种，从而在 20 世纪 80 年代以后的 20 多年中将商业银行表外业务发展推向了一个新阶段，如表 6.3 所示。

表 6.3　　　　　　　　我国商业银行部分表外业务创新列表

中间业务产品	发行时间	发行机构
信托、租赁	1979	中国银行
保函	1980	中国建设银行

表6.3（续）

中间业务产品	发行时间	发行机构
商业票据承兑、贴现	1981	中国人民银行
代理外汇买卖	1982	中国银行
代理发行债券	1985	中国建设银行
远期外汇买卖	1985	中国银行
信用卡	1985	中国银行珠海分行
投资咨询	1987	中国建设银行
货币期权、债券期货、期权	1987	中信银行
利率和货币互换	1988	中信银行
循环包销便利	1988	中国银行
票据发行便利	1988	中国银行
远期利率协议	1988	中国银行
自动取款机	1988	中国银行广州分行
代客管理资金	1989	中信银行
代收费	1989	中国工商银行深圳分行
证券回购协议	1992	中国工商银行等
电话银行服务	1992	中国银行
国际代理融通业务	1992	中国银行
商人银行业务	1994	招商银行
智能卡（IC卡）业务	1995	交通银行海南分行
银企联名信用卡	1995	中国工商银行上海分行
图文电话终端服务系统	1995	交通银行北京分行
转账卡、代收费业务	1995	中国建设银行
网上银行	1998	招商银行
手机银行	2000	中国银行
个人委托贷款	2002	民生银行
信贷资产转让	2002	民生银行
代理银保业务	2003	中国工商银行
远期结售汇业务	2003	四大国有商业银行
外汇"两得宝"	2003	中国银行上海分行
支票直通车	2003	中国工商银行

进入21世纪以来，由于世界范围内的金融创新和金融全球化的影响以及加入世界

贸易组织后我国金融改革开放的程度进一步加深，我国商业银行业务创新出现了新高潮，表外业务方面的创新尤其突出，这时的表外业务创新以电子和通信技术的推广运用为主要特点。2012 年年末，我国银行业金融机构表外业务（含委托贷款和委托投资）余额为 48.65 万亿元，比年初增加 8 万亿元，增长 19.68%。表外资产相当于表内总资产的 36.41%，比年初提高 0.54%。从当年我国上市的 16 家银行表外业务的发展现状来看，具有承兑汇票占比大、表外业务收入增长较快、与传统利息收入相比占比仍然较低等特点。

从业务类型来看，我国商业银行承兑汇票占比较大。2012 年年末，我国 16 家上市银行的信用证、保函、承兑汇票、贷款承诺等表外项目余额为 15.08 万亿元，其中工商银行、建设银行、中国银行均超过 2 万亿元。北京银行表外项目余额为 1 625.62 亿元，同比增长 58.91%，民生银行、光大银行、交通银行的增速也超过 20%。16 家上市银行承兑汇票余额为 5.66 万亿元，在表外业务中占比 37.53%。尽管我国商业银行表外业务增长较快，但与传统存贷款业务所得的利息收入相比，占比仍然偏低。欧美等发达国家的商业银行表外业务收入一般与传统利息收入相当，甚至超过利息收入。2012 年第四季度，我国商业银行非利息收入占营业收入的比重为 19.83%，仍然远低于利息收入。从我国上市银行的利息收入与非利息收入的占比来看，来源于表外业务的非利息收入仅占总收入的 20% 左右，具有很大的发展空间。

三、表外业务发展过程中存在的问题

在传统的资产负债表内业务走向衰落的趋势下，大力发展表外业务已成为各家商业银行共同的选择。表外业务已经成为当今，乃至未来银行业争夺客户、争夺市场的竞争领域，也是新产品创新的基地。但由于我国表外业务起步时间晚、国内金融市场开放程度低、商业银行自身管理体制等条件限制，现阶段表外业务发展过程中存在以下一些不足：

（一）对表外业务思想认识不到位

目前商业银行开始重视表外业务的发展，但我国银行长期受传统经营理念影响较深，普遍存在"重表内，轻表外"的现象，还没有充分认识到表外业务发展对银行生存和发展的作用，更多是把表外业务当作"派生业务"，作为吸收和稳定存款的附带服务，还没有将其作为一种独立的金融商品来开发和推广。

（二）表外业务收入占比仍然比较低

我国商业银行收入中 80% 仍是由传统的信贷业务产生的利息收入，非利息收入占比较低，而纯粹的表外业务收入占比更低，一般在 20% 左右。表外业务收入占比低一方面是由于表外业务规模较小，另一方面则是由于表外业务收费标准过低。当前，表外业务收费主要依据中国人民银行、国家发改委等有关部门制定的法规。例如，银行承兑汇票的手续费标准为票面金额的万分之五，如此低的收费标准往往不能激发商业银行开拓业务的积极性，与此同时，表外业务产生的收益与其相承担的风险不匹配，削弱了商业银行开展表外业务的积极性。

（三）表外业务品种单一，创新能力低

目前，我国商业银行表外业务品种大都集中在传统的担保类业务，如银行承兑汇票和信用证等，两类业务几乎占据了表外业务 90% 的比重。对于附加值较高、创新能力要求高的资产证券化类产品，地市级以下分支行基本没有涉及。与此同时，我国实行"分业经营、分业监管"的金融环境，也限制了商业银行表外业务发展的空间，相当一部分资本市场上的表外业务，商业银行无法涉及。

（四）表外业务规章制度不健全

对于表外业务的规定只散见于一些法律法规之中，如《企业会计准则》《商业银行中间业务暂行规定》等，并未形成法律体系，这使得商业银行在开展表外业务时往往缺乏法律支持。金融监管机构虽然近几年出台了一些有关表外业务的指引，如 2011 年 3 月银监会发布的《商业银行表外业务风险管理指引》等，但都是一些框架性规定，实际操作性不强。与此同时，各家金融机构对于表外业务的重视程度普遍偏低，制定的操作流程往往流于形式。

（五）表外业务风险防控措施不到位

表外业务由于其高杠杆性和不透明性往往存在很多风险点，如表外业务的会计核算不规范、信息披露不完善、内部控制不健全等。但无论是监管部门还是银行自身，对于表外业务风险的重视程度往往不够。在我国，分业经营、分业管理的监管模式下，"一行三会"都对商业银行负有一定的监管职责，由于表外业务种类较多，不同种类的表外产品涉及不同的监管机构，还有可能一种业务涉及多家机构监管，各监管机构之间往往责任难以划分清楚，针对表外业务的监管力度往往不足。

【本章小结】

（1）商业银行中间业务是指商业银行不直接运用自身资金，也不占有或直接占有客户资金，仅以中间人身份为客户办理收付与其他委托事项，提供金融服务并收取手续费的业务。在我国，中间业务主要包括支付结算类、银行卡、代理类、担保类、承诺类、交易类、基金托管业务、咨询顾问类九大类别。中间业务具有金融服务与提供资金支持相分离、业务性质的表外性、业务产品的多样性、办理业务的低风险性、透明度不高不易被监管等多方面的特点。

（2）本章所介绍表外业务是狭义角度的表外业务。商业银行开展表外业务能够获得有效规避资本限制，增加盈利来源、向客户提供更加多样化的服务及增强资产流动性等多方面的好处。狭义角度的表外业务主要包括担保类、承诺类和交易类三大类别。商业银行经营表外业务具有业务透明度低和隐含风险较大的特点。

（3）中间业务和表外业务既有联系又有区别。联系体现在都是向客户提供各种服务收取手续费、都以接受委托的方式开展业务活动；区别则体现在中间人身份不同、业务风险有差异、发展的时间长短不一样、受监管程度不同四个方面。

（4）商业银行资产证券化（ABS）是指商业银行将自身持有的同质、流动性较差但具有未来现金收入的贷款等资产集中起来，形成一个资产池，通过结构性安排，对资产中的风险和收益要素进行分割和重组，再配以相应信用担保，将其转变为具有投资特征的可销售证券，以此回收资金的过程。ABS 对商业银行而言具有降低银行不良资产率，提高不良资产变现能力；防范、分散和转移银行风险；拓宽融资渠道，降低银行融资成本等多方面的意义。典型的商业银行资产证券化交易结构至少应由原始权益人、SPV 和投资者三类主体共同组成。

（5）商业银行在经营表外业务时，面临着比中间业务更突出的风险，主要涵盖信用风险、市场风险、流动性风险、经营风险、定价风险、法律风险等多方面。商业银行在管理这些风险时应该注意做好完善表外业务规章制度和操作规程、更多运用表外业务风险管理新技术、建立完善的表外业务内部控制制度、改进成本收益管理等多方面的工作。

（6）我国商业银行在发展中间业务或表外业务上虽然取得了一定的成绩，但这些成绩还不足以为我们赢取充分的竞争优势。面对强大的外来竞争对手，本土商业银行应该有忧患意识。毕竟和国外同行相比，在同类业务上，我国大部分商业银行还差距甚远，而且在业务发展过程中仍存在诸多问题，这些都应该一一解决。只有这样，才能逐步缩小与竞争对手的差距。

思考练习题

1. 商业银行发展中间业务有何意义？
2. 比较商业银行表外业务和中间业务。
3. 简述商业银行资产证券化业务主要当事人及注意事项。
4. 简述商业银行表外业务面临的主要风险。
5. 试述如何加强对商业银行表外业务风险的管理。
6. 简述我国商业银行中间业务种类及基本特征。
7. 简述商业银行资产证券化的意义。

第7章　商业银行零售业务

内容提要：零售业务是现代商业银行业务发展的战略重点。本章主要介绍了商业银行零售业务的概念及其分类、商业银行零售业务的地位和作用、银行客户价值分析与客户关系管理、银行零售产品、银行个人理财业务及重要的个人理财产品、银行零售业务收益和风险、我国商业银行零售业务发展的现状。

银行零售业务是商业银行以客户为中心战略的集中体现，已成为商业银行提供差异化零距离服务的主要途径，成为打造知名品牌的主要平台，成为创造核心竞争力的主要手段，是商业银行利润来源的重要组成部分和可持续发展的基础及动力。

第1节　商业银行零售业务的定义和种类

商业银行零售业务是指商业银行向社会公众提供的零售金融业务，可以分为零售负债业务、零售资产业务、零售中间业务及零售表外业务。

一、商业银行零售业务的定义

"零售业务"一词最早起源于商业领域，营销学大师菲利普·科特勒教授将零售业务的性质定义为：零售包括将商品或服务直接销售给最终消费者供其个人非商业性使用的过程中所涉及的一切活动。因此，银行零售业务（Retail Banking Business）是指商业银行向社会公众提供的零售金融服务，也称零售银行业务，有狭义和广义之分。广义的商业银行零售业务是与银行批发业务相对应的一个概念，是指银行对个人和家庭、个体生产经营者、小型自然人企业以及小型法人企业提供的小额金融服务。其中，个人和家庭是指居民个人；个体生产经营者是指农牧民、小商贩、小手工业者、个体经商户等；小型自然人企业主要是指不具有法人资格的个人独资企业；小型法人企业是指具有法人资格但资本或资产规模较小的企业。狭义的商业银行零售业务是一个与银行公司业务相对应的概念，是指商业银行对居民个人和家庭、小生产经营者以及小型自然人企业提供的各种小型金融服务。

商业银行零售业务还有一个更狭义的概念，即仅指银行对个人和家庭为主要对象所提供的金融服务，不包括银行对小生产经营者和自然人所有的小型企业提供的金融服务。这种银行零售业务的概念在我国较为流行，因此本书中采用的是这一更狭义的概念。商业银行零售业务不同概念的区别如表7.1所示。

表 7.1　　　　　　　　　　　　　　　银行零售业务的定义

	个人和家庭	个体生产经营者	小型自然人企业	小型法人企业
广义的银行零售业务	√	√	√	√
狭义的银行零售业务	√	√	√	
更狭义的银行零售业务	√	√		

二、商业银行零售业务的种类

银行零售业务从不同的角度和不同的标准可以分为不同的种类，划分方法与银行业务的一般划分方法相同。零售业务按照业务期限可分为短期零售业务、中长期零售业务；按照业务范围可分为国内零售业务和国际零售业务；按照业务保障可分为信用、抵押、担保零售业务；按照业务性质可分为消费性、生产性、投资性零售业务；等等。我们在此采取最常用的方法，即依据银行资产负债结构将其分为零售负债业务、零售资产业务、零售中间业务以及零售表外业务。在习惯上也相应称之为个人存款业务、个人或消费者贷款业务、个人中间业务以及个人表外业务。

（一）零售负债业务

零售负债业务由于主要是银行对个人出售存款的服务，因此也称之为个人存款业务。在我国，这部分存款称为银行储蓄存款，是银行零售业务中开展时间最长、占比最大的业务。同样其依据期限可分为短期存款、中长期存款；依据存款形式可分为个人活期存款、个人储蓄存款、个人定期存款；依据利率可分为固定利率存款和浮动利率存款；依据特定用途可分为住房存款、基金存款、投资性存款及信用卡存款；等等。

（二）零售资产业务

零售资产业务主要是指银行对个人和家庭进行融资所形成的银行资产，对于个人和家庭而言则为负债，因此又称为个人和家庭贷款业务。个人贷款和信用卡透支是其主要组成部分。

同样，个人和家庭贷款也可按不同标准分类，按用途可分为居民住宅抵押贷款和非住宅贷款；按还款方式可分为分期还款的贷款和一次还贷的贷款；按期限可分为短期贷款和中长期贷款；按利率可分为固定利率贷款和浮动利率贷款或可调整利率的贷款；按有无保障可分为信用贷款、抵押贷款和担保贷款；等等。个人贷款随着金融创新活动的发展也在不断推出许多新的品种，个人和家庭贷款除了传统的住房抵押贷款、汽车贷款、家具贷款、家用电器贷款、小额生产性贷款外，适应个人和家庭需要的教育贷款、医疗贷款以及旅游贷款等得到了广泛发展。

（三）零售中间业务

零售中间业务是指银行不运用或不直接运用自身的资产、负债，以中介人的身份为个人和家庭提供各种金融服务并收取手续费的业务，亦称零售中介业务。其一般不直接反映在银行的资产负债表上，但其与资产负债业务有着内在的联系。在当代西方商业银行经营中，中间业务的地位越来越重要，其在它们利润收入中的比重上升到

40%左右，有的大银行甚至达到 60%或更高。其中，零售中间业务在整个中间业务中也占绝大比重，主要是银行向个人和家庭提供的服务性金融业务，20 世纪 80 年代以来发展极为迅速并且有着极大的拓展空间。

零售中间业务的种类繁多，一般按业务的功能和形式可分为结算性中间业务（如个人汇兑、个人结算、信用卡等），担保性中间业务（如个人信用证、票据承兑、个人信用担保等），融资性中间业务（如个人租赁、承诺贷款、个人信托等），投资理财性中间业务（如代发工资、代保管、代理个人收付、个人财产信托、家庭证券经纪投资服务、家庭理财、共同基金和年金服务等），其他中间业务（如代理个人保险、家庭金融咨询、家庭财务顾问等）。

这里需要说明的是，从目前来看，银行对个人的表外业务范围并不大，其主要服务于高收入的富裕阶层，广义的中间业务可以包括表外业务，因为它们都具有业务不直接反映在资产负债表上和以银行获取手续费为主要收入来源的共同点，所以我们可以将个人表外业务并入个人中间业务中。但表外业务与中间业务仍有着不同的性质，它主要包括承诺、担保及衍生金融工具等业务，业务发生时属于不确定性的或有债权与或有债务，当特定条件发生时银行履行协议，或有债权与或有债务就转为现实的债权与债务，并反映在资产负债表中，表外业务具有较高的风险。

第 2 节　商业银行零售业务的地位和作用

零售业务不但是商业银行业务中不可或缺的组成部分，而且与其他业务形成交叉和支撑，构成相互联系的一个整体。

一、商业银行零售业务与其他业务的关系

首先，零售业务为商业银行的贷款（包括对个人和企业的贷款）和为其他资产业务提供资金。在一个经济体中，家庭往往是资金的盈余者，企业往往是资金的需求者，家庭资金供给用以满足企业的资金需求。体现在商业银行业务中，就是银行吸收储蓄存款，用来发放贷款或进行投资。

其次，零售业务是商业银行中间业务的重要组成部分，其大量代理业务是对个人客户提供的，如代发工资，代理支付水电费、电话费，代理证券公司、基金公司、保险公司等非银行金融机构向个人客户出卖金融产品以及汇兑、代保管、咨询、出具证明等。

最后，商业银行零售业务需要公司业务和中间业务的支撑。例如，客户存入的资金运用之后才能获取回报，以支付储户的利息；零售业务中的长期资产主要是住房贷款，商业银行可能会出于流动性管理、风险管理和监管等方面的考虑，出售贷款或者对其进行证券化处理；对于客户委托的资金，商业银行需要进行投资；商业银行在货币市场、资本市场进行投融资以解决零售业务资金的投资和支付回报。

二、商业银行零售业务发展的因素

影响零售业务发展的宏观、微观因素有多种，如经济发展速度、人口统计特征、社会分配方式、宏观政策调控、法规和管制、金融市场的发展、技术等。

经济规模和发展速度可以简单、直观地以国内生产总值（GDP）的增长来衡量，该指标直接影响到个人收入水平。根据凯恩斯储蓄理论 $C = a + bY$ 可知，个人收入对银行储蓄起决定性作用。除经济发展水平以外，经济周期变动，个人、企业、国家的分配比例，货币化程度，社会制度变革，市场的物价水平等也直接影响个人对金融产品的消费。

人口统计特征对零售业务的发展至关重要。人口的增长情况、地理分布、年龄、性别、婚姻状况、受教育程度等影响到个人所处的生命阶段和生活方式，对金融资产的分布和对金融产品的需求具有直接的影响。

从银行产品供给方面看其影响因素更加广泛。银行自身原因、法规、监管等要素也会影响到银行零售业务的发展。银行如果没有盈利的动机，那么就没有动力开发销售各种产品来满足客户需求；如果没有合适的投资渠道，银行开发新产品的努力往往会付诸东流；如果管制相当严格，银行可能在开发产品方面成本和收益不对等，或往往没有创新产品的足够权限和能力。

法规和监管等因素的影响主要体现在金融机构方面：第一，规定了银行的经营范围，即银行可以从事的业务，可以研发、经营的产品；第二，通过设定存款准备金率、资产负债率、不良资产率、资本充足率等指标对银行的经营规模进行限制；第三，可以通过对银行经营范围的限制，对银行成本施加重要影响，如对银行融资方式的限定，直接决定银行资金成本；第四，通过对银行定价权限、税收等方面的政策，直接影响银行的收入和收益；第五，对银行的资产管理、处置方式等政策，也从多方面制约或促进了银行零售业务的发展。

金融市场的发展对银行零售业务的影响是通过银行可提供的产品以及金融同业竞争来实现的。技术进步对零售银行业务也影响较大。笼统地说，一方面，它有利于零售业务的发展；另一方面，过高的资本密度挤压了银行利润，不利于增加银行价值。然而，在竞争激烈的环境中，对高新技术的采用已经不是银行的选择，而是银行的义务。

政府的宏观调控政策如货币政策、财政政策、产业政策已成为银行业务发展的重要影响因素，它通过作用需求和供给双方影响零售银行业务。

第 3 节　客户价值分析与管理

银行作为一个企业，其经营的最终目的是追求利润最大化。银行开展零售业务的目的也是为了获得利润，客户价值则是银行零售客户给银行带来的经济回报总和。

一、客户价值的概念及计算

（一）客户价值的概念

商业银行零售客户价值是指商业银行的零售客户（即其服务的对象）为了享受和使用该银行提供的产品和服务而付出给该银行的经济回报总和，即该客户给银行带来的未来现金流量净值的折现值之和就是客户价值。从长期来看，客户价值单期创造的利润对银行形成正的现金流，从而具有正的价值。

（二）客户价值和银行价值的关系

客户价值是银行价值的构成来源之一，但客户价值并不是银行价值的唯一来源，也不直接成为银行价值，需要正确的营销手段促成客户价值向银行价值转换。银行价值的另一个来源是员工价值。从资金来源看，银行价值由股权价值和债权价值组成，员工价值是股权价值和债权价值得以实现的根本原因，激励制度要求把股权价值和员工价值密切联系起来。外部客户价值是银行价值的表面反映，需要通过员工将其转换为银行价值，即客户的价值并不是客户创造的，而是银行资金创造的，是通过银行员工实现的（如图7.1所示）。银行员工通过营销手段吸引客户，提供给客户满意的产品，获得客户支付的手续费，或者运用客户资金支付客户利息后的收入，从客户处取得正的现金流从而使基于客户需求的价值成为现实，这在服务行业，尤其是在对劳动力素质要求较高的金融业体现较为明显。

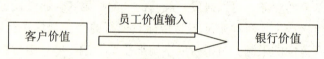

图 7.1　客户价值向银行价值的转换过程

（三）客户价值的计算

从理论上看，客户价值为留存期内净现金流现值之和。银行在开发一个客户时，要先行付出一定的成本，如必要的广告宣传费用和差旅费用等，这时客户对银行当期的利润贡献为负值。当客户与银行持续地发生业务联系时，银行每期会获得一定的收入，同时也需要支付一定的成本。该期该客户的利润贡献为：

$$L_t = R_t - C_t \qquad t = 0,\ 1,\ 2,\ 3,\ 4 \cdots\cdots \qquad (7.1)$$

其中：L_t 为该期该客户的利润贡献；t 为计算客户价值的期限；R_t 为银行在第 t 期从某个客户获得的收入；C_t 为银行在第 t 期为某个客户付出的成本。

运用现金流贴现方法，得到该客户在 $t=0$ 时对银行的价值：

$$V = \sum_{t=0}^{T} \frac{L_t}{(1+k)^t} \qquad (7.2)$$

其中：V 为客户在 $t=0$ 时对银行的价值；T 为客户的留存周期；k 为银行的资本成本且保持不变。

注意此处的留存期 T 并不是客户的生命周期长度，是指客户被开发后到客户退休前的一段时间。在客户价值为正的情况下，加强客户对银行的忠诚度，延长客户在银行的留存期，客户对银行的价值才会增加。如果客户在未来时期不能够给企业带来利润，客户的留存期越长对银行价值损失越大。

由于客户留存的影响，银行还要关注客户留存率 r_t。

$$r_t = \frac{Q'_{t-1}}{Q_{t-1}} \tag{7.3}$$

其中：r_t 为本期的客户留存率；Q_{t-1} 为上期期末客户数；Q'_{t-1} 为客户留存的本期期末的数量。

上式只是一个简单的客户留存率，而每个客户对银行产品的消费量和利润贡献不同，可以根据客户的重要性和对银行的价值进行加权，依此计算出的留存率更具有指导意义。客户价值是长期的概念，而价值分析为多期分析。对客户价值的关注使银行可以用更加科学、长远和战略的眼光来看待客户，培养客户忠诚度，进行留存率管理，有选择地进行新客户开发和老客户维护，加强对客户收益和成本的核算管理，增强营销的科学性。

需要注意的是，决定客户价值的因素在于客户和银行两个方面：一方面在于客户为银行带来的现金流及其持续时间，另一方面在于银行提供服务的成本。客户方面的直接影响因素有交易量、交易金额、客户留存期、客户信用状况等。其他的诸如整体经济状况、税收、技术、监管、客户家庭生命周期等因素通过影响上述直接因素间接作用于客户价值。银行方面的直接影响因素又取决于其管理水平，客户开发和管理成本、产品定价、产品组合、产品构成、销售渠道和成本、贷款管理水平等都直接影响客户成本，从而影响客户净现金流，改变客户价值。

尽管客户价值公式的形式和原理十分简单，并且似乎很合乎经济学原理，但实际上，这一公式的使用需要大量的基础工作。即使在忽略客户的非货币价值的情况下，这一共识的建立仍然基于银行可以计算自身各个时期的综合资金成本，可以预计客户留存期及留存期内的现金流。如果银行不能正确估计客户的现金流从而计算出价值，就意识不到一个价值为正的客户的流失对银行造成的损失有多大，更意识不到辛辛苦苦维护的价值为负的客户，不但不会给银行带来价值，反而白白浪费了银行的很多资源。在客户来到银行之前，这些数据的取得难度是不难想象的，只能依靠类似客户的统计资料进行预测，获得大致的盈利分析。

其实，客户现金流的难以预测和客户价值的动态性就是银行保留低端客户的原因之一。

二、客户关系管理

(一) 客户关系管理的概念

客户关系管理（Customer Relationship Management，CRM）起源于 20 世纪 80 年代初，到 20 世纪 90 年代初则演变为包括电话服务中心与支援资料分析的客户服务（Customer Care）。客户关系管理（CRM）是一种以客户为中心的经营策略，以信息技术为手段，并对工作流程进行重组，以赋予银行更完善的客户交流能力，最大化客户的收益率；客户关系管理包括商业银行判断、选择、争取、发展和保持其客户所要实施的全部过程。客户关系管理体现了"以客户为中心"的经营理念，其核心是一对一营销、彻底的个性化服务。

(二) 客户关系管理的内涵

首先，从商业银行的角度来看，CRM 是这样一个商业过程：商业银行以培养长期的客户关系为重点，通过再造商业银行组织体系和优化业务流程，开展系统的客户研究，提高客户满意度和忠诚度，提高运营效率和收入、盈利的工作实践，是商业银行为最终实现电子化、自动化运营目标所创造和使用的技术、软硬件系统以及集成的管理方法、解决方案的总和。其次，从经营角度来看，CRM 是一种以客户为中心的经营策略，是一种新型的管理模式，既是一种先进的发展战略和经营理念的体现，又是一种新型的商业模式和管理实践活动，同时还直接表现为以现代信息技术为手段，对业务功能进行重新设计，并对业务流程（包括营销、客户服务和支持等）进行重组。再次，从商业的角度来看，CRM 是一种把客户置于决策出发点的商业理念，认为商业银行经营活动的实质是真正"满足客户需要"，以加强与客户的长期互动关系，在此基础上，获得商业银行和客户的双赢。最后，从技术角度来看，CRM 就是围绕客户需要，以数据仓库和数据挖掘技术为基础的 CRM 应用软件系统，是以业务操作、客户信息和数据分析为主要内容的软、硬件系统集成，是商业银行经营活动在高度数据化、信息化、电子化和自动化条件下与客户全面接触、全程服务的统一技术平台和智能服务系统。

金融机构已经认识到培养客户关系的重要性，长期的客户关系是降低客户流失率、降低成本和增加收益的重要方式。银行为客户提供全面的服务，可以获得有关客户财务需求的大量信息，进一步可以利用这些信息与客户建立一种密切的关系，这种关系可以为银行和客户双方带来效益。随之而来的是对客户关系的管理。买方市场是客户关系管理的外部环境，若买方愿意持续地购买银行的产品和服务，银行就会获得持久的生存力量，建立、保持与客户的关系就成为银行的营销重点。相对于以交易为目的的营销，关系营销更加强调客户服务，注重提供给客户的产品质量，密切与客户的联系，追求客户忠诚度以寻求客户的保留率和留存期，最大化客户对银行价值的贡献。

(三) 客户关系管理的意义

零售银行竞争的基础是便利程度、产品价格、服务质量和建立值得信赖的客户关系。当银行在某一区域甚至全国建立起广泛的服务网络之后，试图通过便利获得持久的竞争优势变得越来越困难。价格也同样如此，除非银行具有巨大的规模经济和价格领导地位，否则很难长期拥有价格优势。这样，提高服务质量和建立客户关系就成为差异化经营的主要手段。

获得一位新客户的成本是保持老客户的 5 倍（Clutterback，1989）。银行为赢得客户，必须使客户离开现在使用的银行，而客户离开其原有银行的动力来自以下两个方面：一是银行自身的原因，银行提供的产品和服务的回报较差；二是竞争对手可以提供更具吸引力的服务。因此，银行加强客户关系管理的意义有以下几个方面：

1. 有助于提高客户满意度

CRM 的出现实现了商业银行经营从"以产品为中心"模式向"以客户为中心"模

式的转移；实现了从"Saving Bank"向"Servce Bank"的转移。借助于CRM系统，可实现银行与客户之间"一对一"的个性化服务关系，满足客户个性化需求，提高客户的满意度。

2. 有助于商业银行管理能力的提升

CRM能使商业银行跨越系统功能和不同的业务范围，把营销与服务活动的执行、评估、调整等与客户满意度、忠诚度、客户收益等密切联系起来，在增强商业银行整体的营销、销售和服务活动有效性的同时，也提高了银行业务活动的管理水平。

3. 有助于商业银行对其客户行为进行预测

CRM系统使银行可以按照客户为银行创造盈利的多少和盈利潜在可能性的大小将客户进行分类，进而根据不同客户消费习惯，预测其未来的消费倾向。可以使商业银行在理解客户行为基础上更好地把握客户和市场需求，找出最有利可图的目标市场，提供符合该目标市场需求的金融产品。

4. 有助于降低营销成本，增加利润

CRM可通过数据库、网络技术平台及前端应用程序建设面向全球的交易系统，实现客户数据的收集、处理、挖掘并实现及时更新，还可让全体员工共享统一的、实时的客户信息。利用先进网络技术使各部门间的技能和知识充分交流，让业务流程衔接更加紧密，从而能大幅削减传统组织中为分工协作所付出的计划、指挥、协调及监控等成本费用。

第4节　商业银行零售产品

商业银行零售产品是商业银行提供零售业务的基础，是满足零售客户金融需求的商品和服务。

一、零售产品的定义和功能

金融机构实质上不提供实物产品，所谓的产品和服务本质上都是服务。如果必须进行区分的话，我们可以认为，服务是一个概括的术语，指一种行为或功能；产品是这种行为或功能的特定表现形式。服务是长期存在的，而产品只存在于短时间内。任何服务都可以通过不断升级的产品组合，以相关的方式提供给客户。这种定义方式对于理解如何开发、营销、运行银行业务十分关键。

金融产品是金融业务的组成部分，在某种程度上就是金融业务本身。零售产品的运用构成零售业务，银行零售业务是对银行零售产品的开发、组合、升级、创新、淘汰等行为。

银行产品还具有转换风险、期限从而为客户提供投资渠道的作用。例如，银行可以通过自身的准入优势帮助客户进入银行间债券市场、同业拆借市场、外汇市场、银行贷款市场等；可以通过证券转换，使小投资者参与规模巨大的投资；可以使短期资金得以购买长期产品等。

二、产品和客户需求

一般来说，人们使用银行产品的目的有三个——支付、为未来储蓄和应对生活中的变化，从而实现自身的生活方式。社会改变着人们运用资金的方式，相应地促进银行服务的不断演变。银行零售产品也随着人们生活方式（代表这部分客户的经济状况）和社会态度的变化而变化，凯瑟琳·史密斯（Catherine Smith）在银行产品定位方面描述了两个关键概念：生命阶段分析和生活方式分析（分析人们的行为）。

生命阶段分析是把人们生命中事件发生的时间有计划地组织起来，依此为客户提供相应产品。该分析认为，人们在不同生命阶段会发生不同的事件，如上大学、结婚等，从而引致不同的金融需求，需要银行提供不同的金融产品来满足。人们在不同生命阶段发生的时间，不论是否可以预测，都大致遵循一个相对固定的模式。因此，这些产品几乎是必不可少的，除非社会做了不同的制度安排。由于银行提供产品与客户的特定经历相联系，这种营销方法很容易加强与客户的关系。

生活方式分析通过评估客户的消费和储蓄方式来确定为客户提供的零售产品，以此便利客户选择的生活方式。其优点是可以有效地安排客户的金融需求，不足是客户在生活方式变化时不能相应地改变其需求，从而会导致客户支付其已经不再需要的产品的费用，由此损害银行与客户的关系。

这两种方法提供了理解客户行为和开发特定产品的方法。在任何阶段，只要已经对客户进行了准确分类，就可能预测到客户的需求。应当注意，客户需求不是静态的，其生活和生命阶段在不断变化之中。

三、零售产品介绍

银行零售产品种类繁多，金融创新层出不穷，在此我们对商业银行的一些零售产品做一简单介绍。

（一）个人存款类零售产品

商业银行的存款设计日益呈现出多样化和便利化的特征，逐渐形成了目前复杂的存款结构体系。基本的个人存款类产品包括交易（支付）存款账户和非交易（储蓄）存款账户。

1. 交易（支付）存款账户

交易（支付）存款（Transaction Deposit）账户是指商业银行在客户存款的基础上为其提供一系列交易支付的一种存款服务和结算账户。它保证在客户或客户指定的第三者提出付款请求时立即支付，是一种存款客户可就此账户开出支票，办理转账支付的活期存款（Demand Deposits），即存款客户不需要事先通知银行，就可随时签发支票用于支付和提款。由于这种存款主要用于交易和支付，并且支用时需使用银行规定的支票，因此又有支票存款之称。该种存款不仅能满足存款客户存取方便、运用灵活的需要，同时也常常是客户从银行获得贷款和服务的重要条件。

2. 非交易（储蓄）存款账户

非交易（储蓄）存款账户（Thrift Deposits）是相对于交易（支付）存款账户而言

的另一类个人存款账户。居民家庭和个人闲置资金转化为非交易性的储蓄存款的目的在于应付未来的支付以及防备意外情况的发生。由于这类存款具有相对的稳定性，因此银行会对其支付较高的利息。从传统意义上讲，该账户是不能开出支票、办理转账支付业务的。但值得一提的是，伴随着金融创新和政府管制的放松，该账户可以随时转入交易（支付）账户间接开出支票办理转账结算。

（二）个人贷款类零售产品

银行的个人贷款有着许多不同的类型，用以满足个人和家庭的各种需要，随着许多国家金融管制的放松、电子信息技术和金融创新的发展，一些新的消费贷款又在不断出现。个人贷款从不同角度或按不同标准划分，有许多种类或品种：

（1）按照贷款的用途可分为消费者贷款和个人投资贷款。消费者贷款是以个人消费为目的而发放的贷款，其又可以分为住宅贷款和非住宅贷款两种。前者主要用于消费者购买住房和更新、修缮住房；后者用于消费品或服务。非住宅贷款具体又可分为汽车贷款、家用电器贷款、家具贷款、医药和医疗贷款、教育贷款、度假旅游贷款及小额生活贷款等。个人投资贷款是指对以盈利或经营为目的的个人投资发放的贷款，如对个人的有价证券投资贷款、外汇投资贷款以及房地产投资贷款等，银行现在一般只限于对高收入阶层或富裕人士提供此类服务。

（2）按照贷款的期限可分为短期贷款和中长期贷款。

（3）按照贷款的利率可分为固定利率贷款和浮动利率贷款。

（4）按照还款方式可分为分期还款的贷款和一次还清的贷款。

（5）按照有无抵押可分为抵押贷款、保证贷款和信用贷款。

（6）按贷款人与消费者的关系可分为直接贷款和间接贷款。直接贷款是贷款人直接对消费者发放的贷款。间接贷款是银行支持消费者用分期付款方式购买汽车和耐用消费品，对出售这些商品的零售商所承担的应收款发放的贷款。

（7）按照贷款的使用限制可分为封闭贷款和开放贷款。封闭贷款是指贷款的使用限定为合约规定用途的贷款，个人贷款大部分都是封闭式的；相反，贷款的用途不受严格的限定，就是开放式贷款。

（8）综合的分类方法也是最常用的划分方法。以美国为例，从综合分类角度的主要贷款种类如图 7.2 所示。

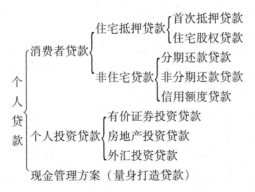

图 7.2　美国个人贷款的主要种类

（三）零售中间业务产品

中间业务与资产、负债业务，共同构成了现代商业银行业务的"三大支柱"。在西方发达国家和地区，这种以低风险、高收益为特征的"黄金业务"，按其功能和形式可以分为如下几大类型：

（1）个人结算性业务。这是由商业银行为个人客户办理由债权债务关系引起的、与货币收付有关的业务，如个人汇兑业务、个人支票、个人汇票、个人信用卡业务等。这是商业银行一项传统的中间业务。随着现代化步伐的加快，客户对结算手段、方式、服务水平提出了更高要求。现代银行在结算中充分利用高科技手段，使异地汇款、异地托收、异地结算大大提高了效率和客户的资金周转速度。

（2）个人代理业务。近年来，代理业务成为各家商业银行竞相参与、发展较快的一项中间业务，比较集中的是代收、代付、代保管等。在代理时，由银行运用其丰富的知识与技能以及良好的信誉，行使监督管理权，提供金融服务，银行并不使用自己的资产，不为客户垫款，不参与收益的分配，只收取手续费。

（3）个人融资性业务。这是由商业银行向客户提供传统信贷以外的其他融资服务而产生的有关业务，如租赁、信托投资、委托转账、远期外汇买卖、银行证券之间转托业务。

（4）担保性业务。这是由商业银行向客户出售信用或为客户承担风险引起的有关业务，如担保、承诺、承兑业务等。

（5）金融工具创新业务。这是由商业银行从事与金融创新工具有关的各种交易引起的有关业务，包括货币利率互换、期汇业务、远期利率协议等。

（6）其他中间业务，如咨询、评估、财务顾问、计算机服务等业务。

第5节　商业银行的个人理财业务

个人理财业务作为一种重要的商业银行零售业务，在国外的发展时间较长。我国的商业银行的个人理财业务虽然起步较晚，但是随着商业银行竞争加剧、国民经济增长和个人财富的增加，个人理财业务也发展迅速。

一、商业银行个人理财业务的涵义和分类

根据中国银监会《商业银行个人理财业务管理暂行办法》（以下简称《办法》）第二条的规定，个人理财业务是指商业银行为个人客户提供的财务分析、财务规划、投资顾问、资产管理等专业化服务活动。

商业银行个人理财业务按照管理运作方式不同，分为理财顾问服务、综合理财服务、财富管理三大类（如图7.3所示）。根据《办法》第八条的规定，理财顾问服务是指商业银行向客户提供的财务分析与规划、投资建议、个人投资产品推介等专业化服务。因此，商业银行为销售储蓄存款产品、信贷产品等进行的产品介绍、宣传和推介等一般性业务咨询活动并不是针对个人客户的专业化服务，即不属于理财顾问服务。

在理财顾问服务活动中，客户根据商业银行提供的理财顾问服务管理和运用资金，并享有由此产生的收益和承担相应的风险。

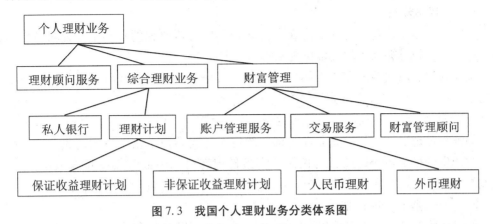

图 7.3   我国个人理财业务分类体系图

综合理财服务是指商业银行在向客户提供理财顾问服务的基础上，接受客户的委托和授权，按照与客户事先约定的投资计划和方式进行投资和资产管理的业务活动。客户授权银行代表客户按照合同约定的投资方向和方式，进行投资和资产管理，投资收益与风险由客户承担或者客户与银行按照约定方式承担。

与理财顾问服务相比，综合理财服务更加强调个性化服务。因此，综合理财服务可进一步划分为私人银行业务和理财计划两类。其中，私人银行业务涉及的业务范围非常广泛，服务对象主要是富裕人士及其家庭；而理财计划则是商业银行针对特定目标客户群体进行的个人理财服务，与私人银行业务相比，个性化服务的特色相对弱一些。

（一）私人银行业务

私人银行是一种向富裕人士和其家庭提供的系统理财服务，并不限于为客户提供投资理财产品，还包括替客户进行个人理财，利用信托、保险、基金等一切金融工具维护客户资产在收益和流动性之间的精准平衡，同时也包括与个人理财相关的一系列法律、财务、税务、财产继承、子女教育等专业顾问服务。值得注意的是，私人银行不是零售银行。在服务对象方面，零售银行面对的是普通储户，私人银行面对的是可投资资产超过 600 万元的高净值人士。在服务内容方面，零售银行提供基本的储蓄、贷款及个人理财等服务，私人银行提供包括私人定制的一揽子财务计划、财富传承以及许多非金融服务。私人银行服务也不等同于个人金融理财服务和财富管理服务。个人理财一般是从不同的理财产品中挑选符合客户需求的产品，通常是短期的，而私人银行是根据客户个人及家庭的需求，立足于完整的生命周期来定制长期的财富规划。私人银行是商业银行业务金字塔的塔尖，其目的是通过全球性的财务咨询及投资顾问，达到保存财富、创造财富的目标。私人银行业务的核心是个人理财，业务具有秘密性、产品的全面性、非金融增值产品等特点，已经超越了简单的银行资产、负债业务，实际属于混业业务，涵盖的领域不仅包括传统零售银行的个人信用、按揭等业务，更提供包括衍生理财产品、离岸基金、保险规划、税务筹划、财产信托，甚至包括客户的医疗以及子女教育等诸多产品和服务。如果说一般理财业务产品和服务的比例为 7∶3 的话，那么私人银行业务中产品和服务的比例大至为 3∶7。

（二）理财计划

理财计划是指商业银行在对潜在目标客户群体分析研究的基础上，针对特定目标客户群开发、设计并销售的资金投资和管理计划。

按照客户获取收益的方式不同，理财计划可分为保证收益理财计划和非保证收益理财计划。

1. 保证收益理财计划

保证收益理财计划是指商业银行按照约定条件向客户承诺支付固定收益，银行承担由此产生的投资风险，或银行按照约定条件向客户承诺最低收益并承担相关风险，其他投资收益由银行和客户按照合同约定分配，并共同承担相关投资风险。

2. 非保证收益理财计划

非保证收益理财计划又可以分为保本浮动收益理财计划和非保本浮动收益理财计划。保本浮动收益理财计划是指商业银行按照约定条件向客户保证本金支付，本金以外的投资风险由客户承担，并依据实际投资收益情况确定客户实际收益的理财计划。该种理财计划的特点就是保证客户的本金安全，但不保证客户一定获得收益，因此仍然属于非保证收益理财计划。非保本浮动收益理财计划是指商业银行根据约定条件和实际投资收益情况向客户支付收益，并不保证本金安全的理财计划。由于该种理财计划对客户本金的安全性都不予以保证，因此投资者承担的风险相对更大。

（三）财富管理

财富管理是指以客户为中心，设计出一套全面的财务规划，通过向客户提供现金、信用、保险、投资组合等一系列的金融服务，将客户的资产、负债、流动性进行管理，以满足客户不同阶段的财务需求，帮助客户达到降低风险、实现财富增值的目的。财富管理范围包括现金储蓄及管理、债务管理、个人风险管理、保险计划、投资组合管理、退休计划及遗产安排。当前各商业银行的财富管理业务内容十分丰富，主要包含以下几方面的内容：

1. 账户日常结算和管理服务

利用银行便利的短期融资条件和先进的清算系统，为客户提供存取款、投资、贷款、结算、智能转账等服务。这是财富管理服务中最基本、最简单的内容。对于银行的财富管理客户，这些服务基本上免收服务费用。

2. 交易类服务

这是银行用来吸引客户的主要财富管理业务，也是银行财富管理业务中的强项，包括人民币理财业务和外汇理财业务。

（1）人民币理财是指商业银行以银行间债券市场上流通的国债、金融债、央行票据以及企业短期融资债等收益保证类标的为投资对象，面向财富管理客户发行的，到期向客户支付本金和收益。

（2）外汇理财业务实质上是银行利用衍生产品交易帮助客户提高资产的收益率。对于商业银行来说，外汇理财业务一方面有利于在激烈的同业竞争中留住外汇存款客户；另一方面银行可以充分利用已有技术、人力、客户资源，通过开发外汇理财业务潜力，拓展新的盈利空间。

3. 财富管理顾问服务

银行依靠自身在资讯和人才方面的优势以及和证券、保险、基金等金融机构的广泛合作，为客户提供理财规划、投资建议、金融咨询等一系列的理财顾问服务。财富管理顾问服务是财富管理的高级阶段。其实施载体是一对一、一站式的客户经理服务。其提供的是针对客户的预期收益率和自身的风险承受能力，所量身定做的、独一无二的财富管理计划。财富管理计划中为客户设计的投资产品多为银行特有的金融产品，如储蓄、外汇买卖以及银行代理的各种国债、基金、保险产品。

4. 各种优先优惠措施

这是银行为稳定财富管理客户资源、争取更多的客户而设计的附带服务，可以视为餐前小食、餐后甜点。这些服务均是免费提供的。作为银行的财富管理客户，一般可以享受到优先办理各项业务，优先提供各种紧俏投资理财产品（如预留国债额度），享受多项业务费用减免等服务。银行的财富管理客户多属于社会中高级收入阶层，这些彰显身份的优惠服务和贵宾待遇对他们来说还是具有相当吸引力的。

5. 企业资产管理业务

目前我国商业银行的企业资产管理业务还处于起步阶段，主要集中在为企业提供日常财务监理、资金调拨等账户管理服务以及为企业兼并收购、债券及票据发行、基金托管、工程造价咨询等提供顾问服务。

一般意义上的理财业务属于早期的理财概念，其营销模式是以产品为中心，金融机构（主要指商业银行）通过客户分层、差别化服务培养优质客户的忠诚度，从而更好地销售自己的产品；而财富管理业务则是以客户为中心，金融机构（商业银行、基金公司、保险公司、证券公司、信托公司等）根据客户不同人生阶段的财务需求，设计相应的产品与服务，以满足客户财富管理需要，这些金融机构成为客户长期的财富管理顾问。财富管理业务属于成熟的理财业务。

财富管理与一般意义上的理财业务的区别主要有以下三点：

其一，从本质上看，财富管理业务是以客户为中心，目的是为客户设计一套全面的财务规划，以满足客户的财务需求；而一般意义上的理财业务是以产品为中心，目的是更好地销售自己的理财产品。

其二，从提供服务的主体来看，财富管理业务属于成熟意义上的理财业务，其主体众多，不仅限于银行业，各类非银行金融机构都在推出财富管理业务。一般意义上的理财业务多局限于商业银行所提供的传统业务和中间业务。

其三，从服务对象上说，财富管理业务不仅限于对个人的财富管理，还包括对企业、机构的资产管理，服务对象较广；而一般意义上的理财业务处于理财业务发展的较早阶段，作为我国商业银行的一类金融产品推出，主要指的是银行个人理财业务产品的打包，服务对象多为私人。财富管理的三个鲜明特征"以客户为中心""服务主体众多""服务对象较广"，使其区别于一般意义上的理财业务，成为理财服务的成熟阶段。

二、理财产品介绍

（一）理财产品的分类

国内银行个人理财产品品种繁多，按照不同的分类标准可以分为不同的种类。银行理财产品根据币种的不同可以分为人民币理财产品和外汇理财产品两类。人民币理财产品又可以分为保证收益和非保证收益的。保证收益的产品再分为固定收益和浮动收益两种类型（如表7.2所示）。

表7.2　　　　　　　　　　　　理财产品按币种分类

理财产品币种	分类	收益情况
人民币	保证收益	浮动收益
		固定收益
	非保证收益	保本，但收益不确定
		不保本
外币	两种外币组合的期权投资产品	不保本，但一般受益较高
	与金融衍生工具挂钩的结构性理财产品	绝大部分保本
	优惠利率的固定收益类理财产品	固定收益

根据本金与收益是否保证，我们可以将银行理财产品分为保本固定收益产品、保本浮动收益产品与非保本浮动收益产品三类。从理财产品的投资领域来看可以将理财产品分为债券型、信托型、新股申购型、挂钩型和 QDII 型等。

（二）主要的理财产品介绍

1. 外汇结构性理财产品

外汇结构性理财产品是将固定收益产品和选择权产品进行组合的产品。这类产品将固定收益产品与外汇期权相结合，赋予交易双方以一定的选择权，将产品本金及报酬与信用、汇率、利率甚至商品价格等相联系，以达到保值和获得较高投资收益的目的。由于可以根据投资者的不同风险偏好量身设计，因此成为投资者的重要投资理财工具之一。国内银行的个人外汇理财产品也大都采取了结构性产品的形式。

2. 信托型本币理财产品

信托型本币理财产品主要是投资于商业银行或其他信用等级较高的金融机构担保或回购的信托产品，也有投资于商业银行优良信贷资产受益权信托的产品。这类信托贷款类理财产品一般在募集前就已经确定了投资目的，同时银行会加入资金监管，必要时还会引入连带责任担保，因此信用等级较高，收益率也比只投向货币市场的人民币理财产品高。

3. 挂钩型本币理财产品

挂钩型本币理财产品也称为结构性产品，其本金用于传统债券投资，而产品最终收益率与相关市场或产品的表现挂钩。有的产品与利率区间挂钩，有的与美元或者其他可自由兑换货币汇率挂钩，有的与商品价格主要是国际商品价格挂钩，还有的与股票指数挂钩。为了满足投资者的需要，这类产品大多同时运用一定的掉期期权，设计成保本产品，特别适合风险承受能力强、对金融市场判断力比较强的投资者。

4. 新股申购型人民币理财产品

新股申购型人民币理财产品是指商业银行将募集资金专门用于沪深 A 股新股申购投资的一种非保本浮动收益理财产品。

5. QDII 型本币理财产品

QDII 型本币理财产品，即是客户将手中的人民币资金委托给被监管部门认证的商业银行，由银行将人民币资金兑换成美元，直接在境外投资，到期后将美元收益及本金结汇成人民币后分配给客户的理财产品。

三、我国个人理财业务的发展

与经济发达国家相比，我国银行个人理财业务刚刚起步，但发展非常迅速。1995年，招商银行推出集本外币、定活期存款集中管理及代理收付功能为一体的"一卡通"，国内首度出现以客户为中心的个人理财产品。1997 年，中信实业银行广州分行成为首家成立私人银行部的国内银行，并推出了国内首例个人理财业务，客户只要在该行保持最低 10 万元的存款，就可以享受到该行提供的个人财产保值升值方面的咨询服务。随后各家银行竞相推出自己的特色产品。个人理财业务受到各家商业银行的推崇，各金融机构都把个人理财业务的开展作为竞争优质客户的重要手段和新的经济效益增长点。

各银行纷纷打造理财品牌，如工商银行的工行财富、"理财金账户"，招商银行的"金葵花理财"，光大银行的"阳光理财"，中国银行的"中银理财"，民生银行的"非凡理财"，交通银行的"得利宝"、沃德财富等，都已成为众人熟知的理财品牌；各银行都将优势服务聚集于一体，提供设计完善的产品、标准的贵宾化服务，还有覆盖广泛的服务网络，突破了通常的"理财产品"概念，升级为"服务"模式，促进了理财市场的发展，提升了银行形象。

2008 年上半年，伴随着资本市场的深幅回调，基金、券商集合理财产品遭遇重创。尽管商业银行理财业务在当年 4 月份经历了较为严厉的"监管风暴"，但凭借其稳健、多样化等优势，受到投资者的追捧，成为资本市场弱势下的资金避风港。银行理财产品在 2008 年上半年取得快速发展，共有 53 家商业银行发行了 2 185 款理财产品，其中40 家中资银行发行了 1 780 款产品，10 家外资银行发行了 385 款产品。

2009 年以来，我国银行个人理财产品的发行规模迅速增长，从 1.7 万亿元发展为2014 年年底的 15.02 万亿元。中国银行业协会数据显示，银行理财产品在 2010—2014年间增速最快，年均复合增长率超过 40%。截至 2014 年年底，银行理财产品发行主体从 2004 年的 14 家商业银行发展到国内经营的 100 多家银行，其中包括四大国有银行、股份制商业银行、城市商业银行、农商行以及农村信用合作社。根据《中国财富管理报告 2014》的预测，到 2020 年年底，中国私人财富管理市场规模量将达到 97 万亿元人民币，市场规模总量将达到 227 万亿元人民币。

第 6 节　银行零售业务的收益和风险

银行零售业务一方面为银行带来收益，其收益主要有利息收入、手续费收入和汇差收入；另一方面银行也面临着各种各样的风险，比如信用风险、市场风险和操作风险。因此，商业银行需要做好银行零售业务收益和风险间的平衡。

一、银行零售业务的成本与收益

银行零售业务的成本除直接的利息支出、税收支出、手续费支出外，还包括员工工资、固定资产支出、技术支出等。此外，由业务本身引致的存款保险成本支出、上存存款保证金的机会成本、支出的监管费用、因风险导致的损失等也在广义的零售业务成本之内。

零售业务的收益项目主要包括利息收入、手续费收入和汇差收入三种。利息收入来自银行为客户发放的住房贷款、消费贷款和助学贷款等融资项目。随着收入和生活水平的提高，人们有更多的财富需要银行等金融机构代为管理，金融产品的复杂性和快速的生活节奏催生了银行的理财业务，银行在为客户节约时间和精力、提高收益或达到特定目的的同时，可以从中赚取丰厚的手续费。另外，国际交往和个人外汇持有量的大量增加，使银行在办理个人业务时可以收取汇差收入。

银行可以通过优化管理提高业务收益。例如，银行具有的规模经济和范围经济可以降低产品成本和价格，从而扩大销售量和增加利润。零售业务是金融产品丰富、创新迅速的领域，这种创新包括纯粹新产品的开发、产品的重新组合和定位等，是银行拓展业务范围的重要方面，产品线的扩展可能会为银行带来范围经济。又如，零售业务领域非常注重市场细分，通过细分市场，银行可以创造差异化产品，从而制定不同的价格，获取不同的收益。

二、银行零售业务的风险

银行零售业务面临着多种风险，可以分为三个层级，其种类和相互关系如图 7.4 所示。

（一）第一层风险

这一层的风险与银行零售业务的生存和发展有最直接关系。

1. 信用风险

根据《巴塞尔新资本协议》的规定，银行零售贷款分为三个子类：住宅抵押贷款、合格的零售贷款和所有其他的零售贷款。在零售贷款中，信用风险表现为银行客户未按合同程序履行还本付息的义务，或者信用评级下降给银行带来贷款损失可能性的增大。信用风险是零售业务中的基础风险之一，不仅可能引发其他风险甚至可能引发系统性风险。现代商业银行对个人信贷产品的证券化延长了风险链条、扩散了信用风险，也增加了风险管理的难度。

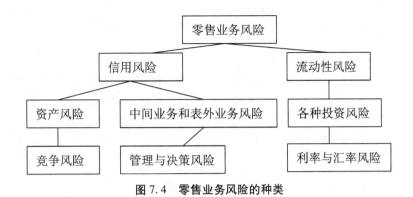

图 7.4　零售业务风险的种类

2. 流动性风险

在零售业务中，银行的流动性供给主要有客户存款、中间业务收入、客户偿还贷款等；流动性需求主要有客户提款、客户融资需求、客户资金委托业务的撤回、银行代理金融产品的赎回（如基金和其他委托代销产品的中止等）。除非特殊情况，零售业务的流动性需求一般不会很集中，并且由于其金额较小，银行也可根据自身的流动性状况进行调节，不易对银行的流动性造成压力。

（二）第二层风险

第二层风险包括资产风险、中间业务和表外业务风险及各种投资风险。这一层与零售业务的发展不具有最直接的相关关系，但是它们都是银行在经营零售业务过程中可能产生的风险。

（三）第三层风险

第三层风险包括竞争风险、管理风险以及利率、汇率风险。它们对银行零售业务发展的影响是缓慢而不明显的，通过它们的作用，零售业务的其他风险会表现出与此相关的反应。

在这三个风险层次中，第三层风险多属银行经营以外的风险，它们要以第二层风险作为媒介来体现。第二层风险是发生在银行经营领域的风险，其风险是伴随着银行的经营活动而产生的，并且在整个风险体系中起到承上启下的连接作用。第一层风险则是三层风险控制的总体效果的反应。

第7节　我国商业银行零售业务现状

与西方发达国家相比，我国商业银行零售业务发展明显滞后。在我国，由于社会经济发展水平不高，加之银行对零售业务在认识上和观念上的滞后，长期以来，国内商业银行往往只注重对大企业、大客户的金融服务，而忽视了对零售客户的重视和对个人金融需求变化的关注，这导致了在很长一段时间里，我国商业银行零售业务几乎是空白，市场需求处于极大的压抑状态。在相当长的时间内，我国商业银行的零售业务就是指单一的居民储蓄业务。在市场经济条件下，我国的金融改革步伐不断加快，各类银行、金融机构应运而生，同时带来了金融服务的超常规发展，其中最为突出是个人零售业务。

我国银行的零售业务的启动是以20世纪90年代中期银行储蓄卡的推广为标志的。伴随着我国经济的高速增长，我国银行的零售业务也获得了快速的发展。2006年，我国各大银行开始将大力发展银行零售业务作为其战略转型的重点内容。目前，我国的零售银行业务已经涉及储蓄、银行卡、消费信贷、投资理财等业务领域，主要包括信用卡业务、私人银行业务、消费信贷业务、贵宾理财业务和传统零售银行业务五大类，并且服务渠道也由原来的单一的柜台交易扩展为网上银行、电话银行、ATM自助银行等交易。我国的零售银行规模不断扩大，尤其是消费信贷的发展值得关注。国家统计局和中国人民银行的相关统计数据显示，中国消费信贷余额增速不断加快，从1997年到2014年12月末，我国个人消费信贷余额从172亿元增加到13万亿元，增长700多倍。尤其是2002年之前，消费信贷一直处于快速发展阶段，个人消费信贷以平均每年160%的速度增长。

一、零售资产业务现状

零售业务中的资产业务主要包括各项消费信贷以及信用卡业务。自1998年来，我国的消费信贷有了快速的发展，在业务规模上表现良好，业务量持续上升，但在品种方面却发展不均衡；信用卡授信方面，截至2014年年底，我国信用卡授信总额为4.57万亿元，信用卡平均授信额度已经达到了1.17万元。

（一）消费信贷规模增长迅速

消费信贷品种呈多元化，消费领域发展到住房、助学、汽车等多个领域；信贷工具发展到信用卡、存单质押、国库券质押等多种方式；开办消费信贷业务的机构由国有控股商业银行发展到几乎所有商业银行。

（二）消费信贷的比重仍然很低

虽然消费信贷高速增长，但是我国的消费信贷还处于起步阶段，消费信贷的发展不仅远远落后于西方发展国家，而且与一些发展中国家也存在着较大的差距。2014年年底，社会融资规模为122.86万亿元，但消费信贷仅为13万亿元，占比不到10.66%。

（三）住房消费信贷快速增长，潜力巨大

虽然我国消费信贷种类日益繁多，但住房贷款仍是我国消费信贷的主体。据不完全统计，2014年个人房屋贷款余额达到了10万亿元左右。从目前情况看，在未来几年内，住房贷款比重可能会下降，但其主体地位不会改变。

（四）汽车消费信贷迅速，独立经营将是大势所趋

据民生银行和德勤会计师事务所联合发布的《2012中国汽车金融报告》称，截至2011年年底，我国汽车消费信贷余额已达3 000亿元，其中银行消费贷款余额为1 367亿元，占比41%，信用卡汽车贷款分期余额占比为26%，汽车金融公司消费贷款占比28%，其他占5%，在我国的车贷市场份额中，零售银行占据了80%的份额。目前的我国汽车消费中，汽车消费贷款渗透率最多只有10%~15%，相比那些信贷消费达到50%~70%以上的发达国家市场，中国的市场潜力还相当大。由于有关汽车贷款的零售

银行业务具有专业化倾向，公司化经营在成本核算上的优势比较明显。因此，把汽车消费贷款业务独立出来将是大势所趋。

二、零售负债业务现状

零售银行在吸收家庭储蓄、支持经济增长发面发挥了巨大作用。30 多年来，我国国民储蓄率一直居世界之冠。长期以来，零售银行作为银行重要的利润增长点的地位正日益凸显。目前，我国大多数的银行仍旧把零售银行中吸收存款放在首要的地位，存款等零售负债业务是各家金融机构竞争相对激烈的业务领域，同时零售银行推出的业务创新和工具创新在个人存款领域也十分丰富。不论是产品开发还是服务水平的提高都围绕着增加存款这一中心，出现了有奖储蓄、爱心储蓄、通知存款、代收代付等许多新的产品和服务项目。在零售业务的考核标准中，存款指标的完成情况几乎成为业务考核的唯一标准。可以说，个人储蓄业务是中国零售银行业务中发展最完善，比重最大的零售业务品种。在国内商业银行中，国有控股商业银行在零售负债业务中占有绝对优势。

三、零售中间业务现状

我国零售中间业务起步比较晚，但发展迅速。主要的零售中间业务包括个人理财业务、银行卡业务和其他零售中间业务，如代销基金、外汇买卖等。随着卡类业务的产品创新和应用领域的拓展，目前借记卡已经与个人现金账户相联系，用于购买证券、理财、保险、基金等业务的资金划拨在借记卡中占比有所上升，并广泛用于水电、手机通信、天然气及其他公用事业的缴纳。

（一）中国零售中间业务起步较晚，潜力巨大

近年来，零售业务发展较快。随着居民个人财富的增多，个人金融消费激增，人们对金融工具的要求越来越高，零售中间业务极具开发潜力。

由于竞争的加剧，各家商业银行逐渐把产品创新的重点放在风险小、成本低、收益高的中间业务和表外业务上，相继开展了租赁、咨询、个人支票以及保管箱等业务。但具体考察这些产品，却不难发现，具有各行自身特色的产品开发较少，许多产品开发相互模仿，产品内容难以形成竞争优势。在已经开展的零售中间业务品种中，以代理类中间业务占据主要内容。

（二）零售中间业务比重还很低

西方国家商业银行的主要利润来源是资产负债管理、外汇交易现金管理服务、手续费收入和金融咨询。中间业务已成为西方国家商业银行业务的重要支柱，并逐渐主导业务发展方向。在发达国家，商业银行利润的 30%～70% 来自中间业务，相比之下，我国四大国有控股商业银行中间业务的发展水平很低。银行收入的 60% 以上来自贷款利息收入。从中间业务的收入看，我国商业银行中间业务收入占总收入的比重一般在 10% 以内，平均为 7%～8%，有的仅为 1%～2%。比例最高的中国银行，虽然具有国际结算的优势，这一比例也只有 17%。而西方商业银行的中间业务收入占比一般为 40%～50%，个别如花旗银行则达到了 80%，差距显而易见。

（三）零售中间业务品种少，以代理业务为主

西方国家零售银行中间业务范围广泛、种类繁多，大部分是金融创新产品。特别是各国为满足客户的各种需求，实行混业经营以来，商业银行的金融产品更是日新月异，层出不穷。

我国商业银行对中间业务的发展认识不足，没有把其作为一项主业和新的利润增长点来经营。加之我国目前对银行业实行严格的分业管理极大地限制了其发展。我国零售中间业务构成简单，只有手续费收入、汇兑收入和其他营业收入，而且基本处于自发、盲目、单项开发和分散管理的发展状况，产品创新不足，同质化严重，缺乏核心产品，无法形成良好的品牌效应，咨询、代客理财等高附加值的中间业务较少。

（四）零售中间业务的盈利能力较差

西方国家市场经济发育较早，零售银行一开始就将盈利最大化作为其业务管理应遵循的最高原则。因此，零售业务在发展初期就是作为金融产品进入市场的，这不但为商业银行赚取了巨额利润，并且还促进了零售业务的迅速发展。

目前中国的零售银行中间业务已经发展到数百个品种，但其发展的一个明显特点就是业务的非商品化。项目开发时的初衷，不是以利润最大化为目标，而是作为吸收存款、吸引客户的一种手段，变成了免费的"附加服务"。由于营销乏力，使零售业务尚未全面地渗透到社会公众生活中去，造成一方面银行推出的部分零售中间业务客户不了解，另一方面客户需要的产品银行又不能提供。银行收入不高，影响了商业银行发展零售中间业务的积极性，反过来又进一步加剧零售中间业务收益对银行利润贡献率低的局面。随着金融脱媒的出现，给银行业带来了深刻的反思，信息化、网络化发展滞后，特别是技术支持不能有效支撑业务发展，是银行业发展的绊脚石。同时，渠道相互分离形成的数据分裂、冲突提升了业务成本，并成为客户关系管理的障碍，降低了零售银行业务竞争力。

【本章小结】

（1）商业银行零售业务是指商业银行向社会公众提供的零售金融业务，可以分为零售负债业务、零售资产业务、零售中间业务及零售表外业务。商业银行零售业务是商业银行业务中不可或缺的组成部分，而且与其他业务形成交叉和支撑，构成相互联系的整体。

（2）银行客户价值是银行价值的重要来源，银行客户价值是客户给银行带来的未来净现金流的折现值之和。客户关系管理是一个商业过程、经营策略和管理模式，加强客户关系管理对商业银行有重要的意义。

（3）商业银行零售产品种类繁多，主要有个人存款类零售产品、个人贷款类零售产品和零售中间业务产品。

（4）个人理财业务是一种重要的商业银行零售业务，是指商业银行为个人客户提供的财务分析、财务规划、投资顾问、资产管理等专业的服务，可以分为理财顾问服务和综合理财服务。

（5）商业银行零售业务的利润是零售业务的收益减去成本。商业银行零售业务面临三个层级的风险。我国零售业务发展迅速，我国各大银行已经将大力发展银行零售业务作为其战略转型的重点内容。

思考练习题

1. 简述商业银行零售业务在商业银行发展战略中的地位和作用。
2. 简述商业银行零售业务与其他业务的关系。
3. 简述客户关系管理对银行的意义。
4. 简述个人理财业务的分类。
5. 简述我国零售业务的发展现状。
6. 简述财富管理业务的主要类型。
7. 简述银行开展财富管理业务的原因。

第8章　商业银行国际业务

内容提要：*国际业务在商业银行业务体系中的地位越来越重要，为让读者更全面地认识商业银行国际业务，本章主要介绍商业银行国际业务历史发展、种类、内容和我国商业银行国际业务开展状况。其中，本章重点介绍的国际业务种类是国际结算业务、国际贸易融资业务、外汇资金业务。*

世界经济一体化的迅速发展，把货币和银行的国际作用提到一个新的高度，必然要求银行提供国际化的服务。同时，商业银行在日益激烈的竞争中，也要不断拓展自己的业务领域和业务范围，致力于开拓国际市场，以便在竞争中取得优势。在这种情况下，国际业务在商业银行业务活动中的地位日益重要，业务量逐年增加，来自国际业务的利润也不断增长。

第1节　商业银行国际业务概述

广义的商业银行国际业务是指一切涉及外币或外国客户的业务。其蕴含两层意思：一是指跨国银行在国外的业务活动；二是本国银行在国内所从事的有关国际业务的活动。目前，商业银行国际业务主要有三类：国际结算业务、国际融资业务与外汇资金买卖业务。相对国内业务而言，商业银行开展国际业务在组织形式和经营目标上都有其特殊性。

一、商业银行国际业务的发展历史

总体而言，商业银行国际业务是随着国际贸易、国际技术交流及国际投资等国际经济往来的发展而逐渐发展起来的，经营范围也是随着国际贸易结算形式的演变及国际投资工具的创新而不断扩大的。

在工业革命时期，资本主义生产力的快速发展导致了国际关系的深刻变化。一方面，工业化国家为扩大产品销路不断到世界各地占领市场；另一方面，工业化国家为获取廉价原料，国际分工迅速向国际领域扩张，国际借贷行为开始变得频繁，承担信用中介和支付中介的商业银行，通过设立海外分支机构或建立代理关系满足国际结算和国际借贷需求，原始的商业银行国际业务开始出现。

19世纪末20世纪初，资本主义生产力有了进一步发展。国际分工在这一时期呈逐年扩大趋势，国际贸易量同样呈逐年上升态势。商业银行网点与国际代理关系网络普遍形成，商业银行国际业务规模在不断扩大。另外，商业银行通过充实资本金，开展票据承兑、贴现等贸易融资业务直接促进了国际贸易的顺利进行和自身利润的显著增加。

20 世纪 50 年代，西方国家经历两次世界大战后开始进入经济恢复时期，在布雷顿森林国际货币体系下，汇率稳定，世界贸易总额增加迅速，商业银行国际业务也得到突飞猛进的发展。

进入 20 世纪 90 年代，随着西方国家加大对发展中国家资本输出，国际信贷规模稳步增长。同时，很多国家相继放松了对银行业的管制，各国银行开始在海外建立更多的分支机构。而国际金融市场（欧洲金融市场、国际银行间市场）的发展和高效支付系统（国际银行间电子支付系统）的建立更加促进了商业银行业务国际化，开辟了商业银行业务的新领域，极大丰富了国际银行的业务内容，提高了商业银行经营利润。同时，国际金融市场上利率和汇率波动频繁，利率风险和汇率风险的存在使得金融衍生工具层出不穷，为满足风险规避者风险管理的需求，商业银行的国际业务向金融衍生品扩展。这标志着商业银行国际业务进入了一个新的发展时期。

二、商业银行开展国际业务的原则及意义

商业银行经营国际业务仍以安全性、流动性和盈利性的协调统一为基本原则。但鉴于国际业务的特殊性，同国内业务经营相比其表现形式略有不同。就安全性与流动性而言，国际业务经营环境的不可预见性远高于国内业务，银行因此经营国际业务时面临更大的风险，其中以信用风险、外汇风险表现最为明显，如何借助多种有效方法降低经营国际业务风险或分散风险是商业银行必须考虑的问题。

商业银行通过开展国际业务可以起到清偿国际债权债务关系的作用，而国际债权债务的顺利清偿反过来又会进一步促进国际贸易及其他各种经济活动的顺利进行，是实现国际资金在全球金融市场流转、保障全世界再生产得以顺利进行的前提。具体而言，商业银行开展国际业务的意义有以下几方面：

（一）推动金融市场全球化

近 30 多年来，西方主要商业银行为实现规模经济和满足多元化发展的需要，纷纷采取了国际化的发展战略。这表现在两方面：一是积极推出国际业务新品种，提高国际业务的经营利润。二是许多商业银行选择在海外经济发达地区设立分支机构或跨国收购国外银行，其中以跨国并购表现最为突出，如德意志银行收购摩根格林费尔银行、荷兰国际银行收购巴林银行等。这些大商业银行跨国收购海外银行就是要达到国际化扩张的目的。由于国际商业银行海外分支机构的设立和跨国并购促使金融市场上国际交易更加频繁，因此推动了金融市场全球化的步伐。

（二）提高商业银行经营管理水平

首先，商业银行开展国际业务可以实现业务多元化或地区分散化。进而安全、有效地调整各项业务规模和增减业务品种，降低经营风险。其次，商业银行要在日趋激烈的国际竞争中占据优势，就要加大技术资源、人力资源的投入力度，以适应全球金融一体化的发展潮流。最后，商业银行在开展国际业务过程中能够充分了解国际经济发展动态，获取大量国外金融信息。这些信息的获得能够为自身经营决策提供坚实依据，也为客户提供信息参考。

（三）提高商业银行经营效益

首先，商业银行通过开展国际业务可以充分提高资金使用效率，增加经营利润。其次，商业银行在海外设立分支机构，其经营规模得以扩张，进而取得规模经济效应。降低经营成本，达到提高利润的目的。最后，商业银行海外分支机构的设立扩大了商业银行资金来源，尤其是选择在离岸金融中心设立分支机构，还可以有效规避国内一些法律对业务经营的限制，降低资金融通成本。

（四）应对国际同业竞争的重要手段

全球金融一体化步伐的加速，对一国商业银行来说既是机遇又是挑战。一国商业银行要充分利用机遇和应对挑战，就必须具有相对国外同行更明显的竞争优势。这一点可以通过以市场为导向，加大业务创新力度的竞争策略去实现。另外，一国商业银行在海外设立了分支机构或建立了代理关系，既可拓展国际市场又能壮大自身实力。因此，快速发展国际业务已成为一国商业银行应对越发激烈的国际同业竞争的重要手段。

三、国际业务的组织形式

商业银行国际业务的开展离不开建立有关机构或相关关系，最主要的是依赖于商业银行在海外设立的各种分支机构。由于各国对外开放程度及管制不一样，各家银行实力、战略不同，各国文化、经济、法律环境差异较大。因此，银行在国际组织机构的设计上也存在较大差异，下面以常见的几种组织形式进行相关介绍。

（一）代表处

代表处（Representative Office）往往是商业银行在国外设立机构、经营国际业务的第一步。代表处是非营业性机构，不办理银行业务，其主要作用是开展公共关系活动。

（二）代理行（Correspondent Sub-branch）

代理行是一种能转移资金与提供贷款但不能从国外吸收存款的海外机构，常常是为总行顾客提供贸易融资，也是其总行经营外汇交易的代理人。例如，中国某银行代理机构在美国市场上为本国政府、总行或为本国客户买卖美国政府债券。

（三）海外分支行（Foreign Branch）

海外分支行是商业银行在海外设立的营业性机构，其业务范围与总行保持一致，其中以存贷款业务、证券买卖业务及收费咨询服务为核心业务。总行对其活动负有完全责任，其从法律上讲是总行的一个组成部分，因此在财务上也并入总行资产负债表和损益表。分支行由于并非建立在境内，因此其经营要受东道国法律限制。由于是设立海外分支行，因此在地点选择上一般以能带来更大盈利机会的地方居多，而这些地方普遍具有业务量较大或能够享受政策优惠的特点。

（四）子公司或附属机构（Foreign Subsidiary）

当一国法律不允许外国银行在本地建立分行，这时的跨国银行可以通过入股控制当地银行或非银行机构，从而间接达到在该国开展国际业务的目的。正因为如此，其在法律上独立于总行，但直接或间接受总行控制。子公司有两种形式：一是全资子公司，即附属机构的资本金全由总行投入，总行对其控制性非常强；二是合资公司，其总行只占有附属机构部分股份。通过控股方式参与国际竞争，能够让非本土银行迅速进入当地金融市场。中国内地一些商业银行过去在我国香港地区常采用这种方式。

（五）联营银行（Affiliated Bank）

这种组织形式的特点是其法律地位、性质同附属银行类似。只是在联营银行中，任何一家外国投资者拥有的股权都在 50% 以下，其余股份可以为东道国所有也可以由外国投资者共有。联营银行是一种历史悠久的海外分支形式，始于 20 世纪的欧洲，当时一些无力单独经营国际业务的中小银行只能借助这种方式共担风险来开展海外业务。

四、商业银行国际业务的主要类型

（一）国际结算业务

商业银行国际结算业务通常分为汇兑、托收和跟单信用证业务。其中，汇兑业务根据使用信用工具的不同分为电汇、信汇和票汇三种；托收业务据托收时是否附有票据分为跟单托收和光票托收；跟单信用证业务是商业银行信用证业务中业务量最大的业务，也是商业国际结算中规模最大的业务。

（二）国际贸易融资业务

国际上商业银行开展的国际贸易融资业务主要有票据买入、进出口押汇、打包放款、进出口信贷等。实际上国际贸易融资业务是商业银行国际信贷业务的另一种形态，商业银行在办理这些业务时实质上是向要求办理的进出口企业发放了一笔贷款，在资产负债表上属于资产业务。

（三）外汇买卖业务

目前多数商业银行开展的外汇买卖业务有即期外汇买卖、远期外汇买卖、套期、套利、套汇交易等。其中，商业银行在银行间市场买卖外汇便是即期外汇买卖业务的一种，主要用于满足自身平衡外汇头寸、规避外汇风险的需要。此外，随着金融自由化程度的加深，商业银行不断开发新的外汇交易品种，如外汇远期交易、外汇期权交易等。

（四）离岸金融市场业务

离岸金融市场业务又称欧洲货币市场业务，是商业银行或其在国外的分支机构在离岸金融市场上向非居民办理的各种资金融通业务。离岸金融市场业务根据期限长短，分为离岸资金业务与离岸资本业务。随着国际金融市场全球化程度不断加深，离岸金融市场已成为整个金融市场的核心，商业银行离岸金融市场业务的规模也日趋扩大。

（五）发行国际债券

发行国际债券是商业银行在国际金融市场上筹集长期资金的重要方式，通过发行国际债券，商业银行能够筹集到较长期的可使用资金，使其资金来源多元化。

（六）国际投资业务

国际投资业务是指商业银行在国际范围内购买外国有价证券的活动。商业银行从事国际投资目的是在保持资产流动性前提下获取投资收益。一般而言，国际债券是商业银行开展国际投资业务的主要投资对象，因为国际债券普遍信誉较高，同时常常还有政府担保，投资风险相对较小，有时候还可获得债券利息收入不用征税的好处。

五、国际业务的运行规则

当前，世界范围内已建立起全球银行业运行的统一规则，这些规则极大地推动了金融市场和金融服务的全球化。其中，最有意义的三个规则是《国际银行业法案》《单一欧洲法案》和《巴塞尔协议》。以上规则对商业行开展国际业务做出了原则性规定，并在一定程度上消除了各国银行业的管制，促进了世界银行的国际化趋势。

商业银行除以上国际业务外，还包括保险业务、咨询、国际借贷等方面的业务。在本章的后面几节中，我们将重点介绍商业银行三种主要的国际业务。

第2节 商业银行国际结算业务

国际上因贸易或非贸易往来发生的债权债务，要用货币收付，以一定形式进行结算，这就产生了国际结算业务。国际结算分为贸易结算和非贸易结算。贸易结算是由于国际贸易引起的国际货币支付行为；非贸易结算是指由无形贸易活动引起的货币收付活动，非贸易结算的主要目是用于清偿债权债务关系或转移资金。与贸易结算相比，非贸易结算由于不涉及商品和货币的相对给付，因此结算手段较为简单。按资金运送方式不同国际结算可划分为现金结算和非现金结算。非现金结算是指不直接转移现金，而是通过使用各种支付工具和信用凭证传递国际资金支付或收取指示，通过各国银行划账来冲抵结算国际债权债务关系。除此之外，国际结算还包括国际赠与、援助或个人、团体等非经营性质的资金收付活动。本节仅对国际贸易结算业务进行简要阐述。

商业银行开展国际结算业务的基本原则是：同一银行的支票内部转账；不同银行的支票交换转账；按时合理的付汇；安全迅速的收汇。国际结算按研究对象又分为三个基本内容，即国际结算工具、国际结算方式和国际结算单据。

一、国际结算工具

国际结算普遍使用票据这种支付工具，通过相互抵账的办法来结算国内外债权债务关系。票据（Bills）具有一定格式，由出票人签发，无条件约定自己或要求他人支付一定金额。票据有广义与狭义之分，广义的票据是指一般的商业凭证，如提单、存单、保险单等都属于票据；而狭义的票据仅指以支付一定金额为目的，用于债权债务的清偿和结算的凭证。通常所说的票据是指狭义的票据，即汇票、本票和支票，在国内结算中一般以支票为主；而在国际结算中，则以汇票为主，本票和支票相对使用不多。

（一）汇票

汇票（Bill of Exchange）是国际结算中使用最为广泛的票据。《英国票据法》将汇票定义为一个人向另一个人签发的，要求即期、定期或在可以确定的将来向指定人或根据指令向来人无条件支付一定金额的书面命令。《中华人民共和国票据法》第十九条定义汇票是出票人签发的，委托付款人在见票时或在指定日期无条件支付确定的金额给收款人或持票人的票据。从定义可看出，汇票的实质是出票人的书面命令而且不附加任何条件。汇票的流通使用要经过出票、背书、提示、承兑、付款等法定程序。按出票人的不同，汇票分为银行汇票（Banker's Draft）和商业汇票（Commercial's Draft）。其中，银行汇票的出票人和付款人都为银行，商业汇票的出票人是工商企业或个人，付款人可以是工商企业也可以是银行。按承兑人的不同，汇票又分为商业承兑汇票（Trader's Acceptance Draft）和银行承兑汇票（Banker's Acceptance Draft）。前者建立在商业信用基础之上，后者建立在银行信用基础上，因此易于在市场上贴现转让流通。按支付期限的不同，汇票还有即期汇票（Sight Draft or Demand Draft）和远期汇票（Usance Draft or Time Draft）之分，即期汇票见票即付，远期汇票一般是在将来一个可确定的日期进行支付。

（二）本票

本票（Promissory Note）在《英国票据法》中的定义是：本票是出票人向收款人签发的，保证于见票时或于一定时期向收款人或持票人支付一定金额的无条件书面承诺。《中华人民共和国票据法》第七十三条规定："本票是出票人签发的，承诺自己在见票时无条件支付确定的金额给收款人或持票人的票据。本法所称本票，是指银行本票。"较汇票而言，本票无须承兑，因此其当事人只有收款人和出票人两个，且出票人即为付款人。本票按出票人的不同可以划分为一般本票与银行本票，一般本票的出票人是企业和个人，银行本票是由银行担任出票人角色，见票即付且具有信誉高、支付能力强的特点。本票付款期限一般为 2 个月，对超过付款期限提示付款的，代理付款人可不予受理。

（三）支票（Cheque）

在现代经济生活中，支票被大量地、广泛地使用，已经与现金一起构成两种最基本的支付工具。简单而言，支票是以银行为付款人的即期汇票（《英国票据法》的定义）。具体而言，支票是出票人签发的，委托办理支票存款业务的银行或者其他金融机构在见票时无条件支付确定金额给收款人或持票人的票据（《中华人民共和国票据法》的定义）。支票根据支付方式的不同可分为现金支票与转账支票两种；根据支票抬头不同又可分为记名支票（Cheque Payable to Order）与无记名支票（Cheque Payable to Bearer）。支票的实质是银行存款户根据协议向银行签发的无条件支付命令。需要注意的是，支票主要使用于国内结算，而在国际结算中使用不多。

本票、支票、汇票的区别在于支票只可以充当支付工具，一般不能充当信用工具（透支情形除外），而本票、汇票既可以充当支付工具也可以充当信用工具。

在对相关票据做过介绍后有必要再简要阐述下票据行为，常见的票据行为有出票、背书、承兑、提示、付款等。背书是指持票人在票据背面签名表明转让票据权利意图并交付给受让人的行为。其目的是为了转让票据权利。承兑是指远期汇票的付款人在汇票上签名，同意按出票人指示到期付款的行为。提示是持票人向付款人出示票据要求承兑或要求付款的行为。

二、国际结算基本方式

国际结算方式又称国际支付方式，是指收付货币的手段和渠道。这是国际结算的主要内容，其主要包括三种基本形式：汇款、托收、信用证。

（一）汇款

1. 汇款的涵义与当事人

汇款（Remittance）又称汇付，是银行（汇出行）应付款人要求，以一定方式将款项，通过国外代理行（汇入行）交付给收款人的结算方式。也就是说，付款人将款项缴付当地银行，委托其将款项付给收款人，当地银行接受委托后再委托收款人所在地的代理行，请其将款项付给收款人。汇款过程同邮局汇款无异，遵循的流程如图 8.1 所示。

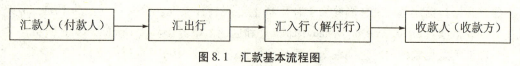

图 8.1　汇款基本流程图

如图 8.1 所示，汇款方式一般会涉及四个当事人：汇款人（Remitter），实务中以债务人或进口商或委托人为汇款人居多；收款人或受益人（Payee or Beneficiary），通常是指出口方或债权人；汇出行（Remitting Bank），即受汇款人委托汇出款项的银行，其职责是按汇款人要求将款汇给收款人；汇入行（Paying Bank），即受汇出行委托解付汇入款给收款人的银行，其职责是证实汇出行委托付款提示的真实性，通知收款人取款并付款。

（二）汇款的种类

根据汇出行通知汇入行付款的方式或汇款委托书的传递方式不同，汇款可以分为电汇、信汇和票汇三种。

1. 电汇（Telegraphic Transfer，T/T）

电汇是指汇出行应汇款人的申请，通过加押电报或电传或 SWIFT，指示或授权汇入行解付一定金额给收款人的汇款方式。电汇的特点是安全、高速，适用于金额大的汇款。其业务结算流程如图 8.2 所示。

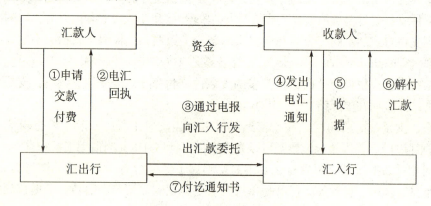

图 8.2　电汇结算方式流程图

2. 信汇（Mail Transfer，M/T）

信汇是一种汇出行应汇款人申请，用航空信函指示汇入行解付一定金额给收款人的汇款方式。其业务流程与电汇方式基本相同，差别仅在于汇出行将信汇委托书邮寄给汇入行，而不是采用电信方式授权。信汇的优点是收费低廉，但缺点是由于通过航邮方式传递结算工具，因此速度比电汇慢很多，而且信汇传递途中易被耽搁，只适用于一些金额不大的汇款。

3. 票汇（Banker's Demand Draft，D/D）

票汇是汇出行应汇款人申请，开出银行即期汇票交汇款人，由其自行携带出国或寄送给收款人，凭票据收款的汇款方式。票汇的特点是具有很大的灵活性，持票人取款并不固定某一人，持票人取得票据后还可以背书转让给他人。同时，汇票遗失和被窃的可能性也较大，因此票汇对金额小的汇款较为适用。票汇业务流程与电汇、信汇稍有不同，如图 8.3 所示。

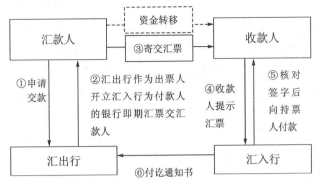

图 8.3　票汇结算方式流程图

4. 三种汇款方式比较

电汇、信汇、票汇三种汇款方式各有利弊，我们从结算工具、成本费用、安全性、结算速度四个角度对其进行简要比较。

电汇使用电报、电传或 SWIFT，用密押证实；信汇使用信汇委托书或支付委托书，用印鉴或签字证实；票汇方式使用银行即期汇票，通过印鉴或签字证实。电汇方式由于使用现代化通信，因此业务成本较高，收费也较高；信汇与票汇费用较电汇低。

在安全性上，电汇使用银行间直接通信，减少了中间环节，安全性高；信汇则必须通过银行和邮政系统实现，因此信汇委托书有可能在邮寄途中遗失，导致收款人不能及时收到汇款，其安全性比不上电汇方式。票汇虽然灵活适用，但却有损毁风险，背书转让产生的一系列债权债务关系容易使当事人陷入汇票纠纷。

在结算速度上，电汇是一种最快捷的汇款方式，一般当天处理，汇款能短时迅速到达对方，尽管费用较大，但可用缩短资金在途时间的利息弥补；信汇方式因为资金在途时间长，操作手续繁多，所以该方式已显得有些落后；票汇是由汇款人邮寄给收款人，或者自己携带至付款行所在地提示付款，比较灵活简便，适合支付各种费用，其使用量仅次于电汇。

（二）托收（Collection）

1. 托收的涵义

托收是出口商出具汇票，委托其所在地银行通过进口地银行向进口商收取货款的方式。银行办理托收业务时，一般是作为出口商的代理商。出口商将代表货权的商业单据与汇票一起通过银行向进口商提示，进口商一般只有付款之后才能取得货权凭证，这样可以有效避免国际贸易中钱货两空的风险。

2. 托收的基本流程

国际结算中的托收业务流程与第 6 章第 2 节中间业务章节托收结算流程完全一致，为避免重复，这里不再赘述。

3. 托收的种类

托收按照有无附属货运单据分为光票托收和跟单托收。光票托收是汇票的托收没有附带货运单据。跟单托收是指收款人将汇票连同所付的货运单据交本地托收行委托收款。根据代收行交付货运单据给付款人的不同条件，托收又可以分为付款交单和承兑交单两种付款条件。付款交单（Documents Against Payment，D/P）指被委托的代收行必须在付款人付清票款后才将货运单据交给付款人。承兑交单（Documents Against Acceptance，D/A）是代收行于付款人承兑后即将货运单据交给付款人，付款人在承兑汇票到期日才履行付款义务的一种方式。

（三）信用证（Letter of Credit，L/C）

在托收方式下，出口商能控制单据，但其最终能否收回货款还取决于进口商信用；进口商即便掌握了付款主动权，但其能否收到与合同规定相符的货物则又取决于出口商的信用。国际贸易中的双方往往难以了解对方资信情况，因此都存在风险。这也就为进出口双方需要第三者充当中间人和担保人创造了条件，信用证中的银行便扮演了这样一个角色。

1. 信用证结算方式及作用

信用证结算简而言之，就是银行开立的一种有条件承诺付款的书面文件；这个条件就是提供符合信用证规定的各种单据。信用证结算方式具有三个显著特点：开证行负有第一付款责任；信用证是一种独立文件，不受交易合同的约束；信用证业务是纯粹的单据业务，其处理的对象是单据而非货物。

信用证参照不同分类标准可以分为许多种类。常见的分类有根据是否附有货运单据分为跟单信用证和光票信用证；根据开证行对信用证所承担的责任可分为保兑信用证和不保兑信用证；根据收益人使用信用证的权利是否可转让可分为可转让信用证与不可转让信用证。

国际商会《跟单信用证业务指南》将信用证的用途描述为为购买外国货物和外国设备融通资金；有助于开证行向进口商融通资金；为商业和有关方面在交易中提供信息和安全因素。归纳起来，信用证的主要作用体现在两个方面：一方面是保证出口商安全收款，进口商安全收货；另一方面是银行为进出口商提供资金便利，使相隔较远、互不信任的商人能够进行贸易。

2. 信用证国际结算流程及商业银行信用证结算注意事项

信用证在国际结算中涉及的业务流程与第6章商业银行信用证支付结算方式（如图6.3所示）完全一致。为避免重复，本章节不再赘述。本节仅对商业银行信用证结算中应该注意的问题进行详细阐述。

在信用证结算中商业银行扮演角色的不同其注意问题也略有不同，当商业银行以开证行角色出现在信用证结算中时，其工作重心是审查申请人开证申请，调查资信情况，即便申请人资信状况良好，商业银行为降低银行本身承担的风险起见，仍应该要求申请人提供一定金额的押金或出具质抵押书。当收到单据与信用证相符时，商业银行应该立即付款而且应该偿付议付行、付款行、保兑行或偿付行垫付的资金；当发现单据与信用证条款不符时，商业银行应该拒付。

如果信用证结算中商业银行作为通知行，那么其开展业务时应该注意做好两个方面工作：一方面是验明信用证真实性，谨防运用假信用证的诈骗行为，保护收益人的利益；另一方面是对收到的信用证进行仔细审查，发现有不完整地方应及时通知受益人。

作为付款行时，其主要职责是认真核对单证后再行付款。作为偿付行时，商业银行应该仔细审查开证行发来的偿付授权书，只要索偿金额不超过授权金额，偿付行就可以向议付行或付款行付款。作为保兑行时，由于其对开证行的偿付责任不可撤销，因此商业银行应重点考查开证行的信用，只有在对开证行的资信情况和信用证条款做深入研究后方可确定是否给予保兑。

第 3 节　商业银行国际融资业务

商业银行国际融资业务的重点是为进出口商提供方便贸易的金融服务，在不同阶段，商业银行根据贸易双方业务特点与实际需要会提供以资金融通为核心的各种配套金融服务。商业银行国际融资业务按服务主体的不同可细分为国内融资与国际融资。当一国商业银行在国际金融市场上向另一个国际银行、其他金融机构、政府、公司企业及国际机构提供融资服务时即为商业银行的国际融资业务。国际融资业务根据期限长短不同又可分为短期贸易融资和中长期出口信贷。国际信贷虽然不在这一范畴内但也是国际融资业务的重要部分。商业银行开展国际融资业务与国际结算业务，极大地方便了国际贸易与经济往来，促进了世界经济的发展。国际贸易融资、国际银团贷款、项目融资是三种比较典型的国际融资方式，由于贸易融资与国际银团贷款经实践证明是能给商业银行带来高额回报的业务，在现代商业银行国际融资业务中也处于核心地位。因此，本节将重点介绍国际贸易融资、国际银团贷款这两种典型的国际融资业务。

一、国际贸易融资

国际贸易融资又称进出口融资，是商业银行基本的信贷业务。所有银行都把贸易融资放在重要地位，有些国际上知名大银行的贸易融资甚至占其营业额的一半以上。贸易融资业务之所以具有如此重要的地位，是因为它是一项特殊的银行业务，其发展不仅要影响到银行的收益，还影响到其他业务的发展。

国际贸易融资按进出口双方融资形式与渠道可进行多重划分，根据融资对象不同可以分为进口贸易与出口贸易融资；根据融资表现形式不同可以分为资金融通和信用融通；根据融资期限不同可以分为短期贸易融资和中长期贸易融资。短期贸易融资包括打包放款、出口押汇、进口押汇；中长期贸易融资主要包括进出口信贷、福费廷等。下面分别加以介绍。

（一）打包放款

打包放款是指出口地银行以出口商提供的国外银行开立的不可撤销信用证为抵押物，向出口商发放的一种有使用限制的特殊贷款。打包放款实际上是进口地银行向出口商提供的一种短期贸易融资，在形式上与抵押贷款类似。

打包放款业务操作流程大致是：首先，出口商向出口地商业银行提出打包放款申请，银行经过对申请人的信誉和资产状况审核后，决定是否接受申请。其次，银行接受申请的情况下让国外银行开立符合商品买卖合同的信用证，之后到银行办理放款手续。再次，出口商取得贷款后即刻组织出口商品的原料购买、生产和运输。最后，出口商用发货后取得的货运单据向银行议付所得款项归还贷款。打包放款业务中，一般的放款期限是180天以内，金额不能超过抵押信用证的80%，利率参照流动资金贷款利率确定。

（二）进出口押汇

1. 出口押汇

出口押汇是指出口地商业银行在接受出口商提交的全套出口单据为抵押的前提下，出口商根据商品买卖合同规定的发货时间发出货物然后用各种单据和自己开立的汇票从出口地商业银行提前取得部分或全部货款的国际贸易结算过程。在出口押汇业务中，进口商提交的各种单据必须符合办理押汇银行的要求，如果出口商开立的汇票被拒付，银行可以对该出口商行使追索权。出口押汇包括信用证项下的出口押汇和托收项下的出口押汇，两者不同之处在于前者押汇行的索汇对象为对应信用证的开证行，收汇安全性有保障；而后者索汇对象为进口商，是否能收汇要依赖于进口商的资信程度，有一定风险。

出口押汇的特点是客户能在国外收汇款项到达之前提前从银行得到垫款，从而资金周转得以加快。银行在办理出口押汇时仍保留了对出口商的追索权。

2. 进口押汇

进口押汇是由开立信用证的银行对作为开证申请人的进口商提供的一种资金融通，其实质是银行对进口商的短期放款。在进口押汇业务中，进口商必须在规定时间内付款赎单提货，出售后以所得货款归还银行为其垫付资金及利息。

进口押汇的特点是由于银行只有在进口商签发信托收据时才向其提交提货单，因此这是一种有物权做抵押的放款业务。进口押汇的时间较短，一般在1~3个月，因此这类资金融通适用于进口商从事的流动速度较快的进口贸易。

（三）进出口信贷

1. 出口信贷

出口信贷是出口银行在本国政府支持下，为促进本国产品出口而向进出口贸易的卖方或买方提供的资金融通活动。大多用于大型成套设备的出口，因此时间一般较长，通常为2~7年，也有长达10年的，属于中长期国际贸易融资。出口信贷的特点表现为它是与本国出口密切联系的贷款、具有官方资助性质、贷款利率低于市场利率、利差由政府补贴。根据贷款发放对象的不同，出口信贷分为买方信贷和卖方信贷。

买方信贷（Buyer's Credit），即出口国商业银行向进口商或进口国商业银行提供的专门用于进口商采购本国技术设备或产品的中长期贷款。在买方信贷情形下，出口商大多会要求进口商事先支付相当于商品价值15%左右的定金，因此该贷款额度会控制在贸易总额的85%以内。买方信贷的偿还是在进口设备投产后分批偿还。

卖方信贷（Seller's Credit），即当出口商出口技术设备或产品时出现资金短缺，出口国商业银行向其提供的中长期贷款支持，以缓解其生产资金不足的问题。与买方信贷类似，出口商大多会要求进口商提供约为商品价值总额15%的定金，卖方信贷额度被控制在贸易总额的 85% 以内。

2. 进口信贷

进口信贷是指本国银行向进口商发放的由出口国商业银行提供的、专用于进口出口国技术设备或产品的中长期贷款。进口信贷实际上是出口信贷中的买方信贷形式。只不过办理该业务时，出口国商业银行对买方提供的贷款不直接向其发放，而是通过进口国的商业银行间接发放。因此，进口信贷向进口商提供的资金融通，实质上是由出口国商业银行向其进口商提供的资金融通。

（四）福费廷（Forfeiting）

福费廷是一项包购业务，是出口商将经过进口商承兑的中长期商业票据无追索权地售予银行，从而提前取得现款。福费廷的机制是出口资本货物的出口商先开出一张以进口商为付款人的远期汇票。由于是远期汇票，因此须经作为付款人的进口商承兑，经过承兑后再携带至信誉卓著的国际性商业银行让其担保，担保后的远期汇票由承做福费廷业务的银行（包买银行）买下，包买银行一旦买下就把全部风险，包括政治风险和外汇风险全都转移到自己身上。正因为如此，商业银行办理该业务时不但会对购买设备的进口商的资信、偿还能力进行严格审查，而且还会重点对担保行的资信和担保能力进行审查。福费廷融资方式对进出口双方均有好处：出口商把远期汇票卖给了包买银行就立即收到现款，把一笔远期买卖变成了现汇交易；进口商则能以延期付款方式进口货物。

二、国际银团贷款

20 世纪 60 年代后期，国际债务危机的出现使得商业银行不敢贸然加大对深陷危机国家的信贷力度，但国际资金需求随着资本密集型行业的兴起又趋于强烈。在这样一个背景下，欧洲货币市场上出现了一种联合贷款的融资方式。这种联合贷款实质上就是国际银团贷款。国际银团贷款又称辛迪加贷款（Syndicated Loan），是由一家银行牵头，多家跨国银行参加，共同向一个企业、政府或项目提供贷款的融资方式。在这种融资方式下，银行间彼此合作，共同承担贷款风险，提高了借贷双方安全性。目前，银团贷款方式已成为国际银行开展巨额贷款业务的首选。

（一）国际银团贷款的种类与业务优势

银团贷款按不同的分类标准可以划分为不同的种类，按贷款期限可以分为定期贷款与循环贷款；按借款人同贷款人关系又可以分为直接银团贷款和间接银团贷款。其中，定期贷款是在确定时期内由贷款人提供一笔特定数量资金的贷款，同时约定贷款有效期内，借款人有权利一次或分批提取贷款，但已偿还部分不再提用。循环贷款则不同，其借款人可以按自己意愿灵活使用、偿付及反复支用贷款，待到到期日一次还清余额。直接银团贷款则是由银团内各家贷款银行直接向借款人放款，但必须在贷款协议中约定由代理人办理贷款事宜。间接银团贷款是由牵头行先向借款人放款，然后该银行将贷款权售给参与行，放贷管理工作由牵头行负责。

开展国际银团贷款业务对于商业银行而言，有着单一贷款所不具有的好处。首先，通过组织、参与银团贷款，商业银行可以分散贷款风险，增加对借款人的控制实力。其次，国际银团贷款使得一些本来无力参与国际贷款的中小商业银行得以提供国际贷款，提供了走向国际信贷市场的机会。最后，商业银行参与国际银团贷款可以很快树立国际形象，加强与国际同业的联系合作，进而有利于拓展国际经营规模。

（二）国际银团贷款的参与者

国际银团贷款参与者包括借款人、担保人与贷款银行。贷款银行又分别以牵头行（Lead Bank）、管理行（Management Bank）、代理行（Agent Bank）、参与行（Participating Bank）的形式出现。所谓牵头行，其实是银团的组织者，可以是一家银行也可以是由多家银行组成的管理小组。牵头行主要负责有关贷款协议和法律文件的订立工作。管理行则是由若干牵头行组成的管理小组，主要负责管理借贷中的一切事务，协助好牵头行做好全部贷款工作。同时，在贷款中出现贷款总额低于借款需求时管理行负有补足余额的责任。代理行是牵头行中的一家银行，其职责是负责发放、回收和贷款管理工作，更多情况下牵头行便是代理行。参与行是受牵头行邀请以本行资金参加贷款的银行，参与行参加银团并按一定比例认购贷款额度。

（三）国际银团贷款的运作

国际银团贷款在具体操作时大体上需要历经以下六个步骤：一是由借款人选择牵头行，选择的标准是信誉卓著。二是在牵头行同借款人谈判确定贷款的各项条件后，由借款人向牵头行提交授权筹资书，之后牵头行便开始组织银团。三是牵头行向其选择的银行发出参与银团贷款的邀请信，寻找到参与行。四是确定国际银团贷款的代理行集中管理有关贷款的各项事务。五是代理行负责向各参与行筹资，发放贷款并按协议规定计息。六是由代理行负责收回本金和利息，同时按各银行出资比例汇送参与行。

第4节　商业银行国际外汇资金业务

外汇资金业务也是商业银行基本的国际业务，是将一种货币按既定汇率兑换成另一种货币的活动。开展外汇买卖业务的目的主要是为了满足进出口企业支付货款及旅游者支付劳务费用、投资者输入输出资本等对外汇的需求。从其目的可以推断，银行开展外汇资金业务的对象主要有银行同业及有外币兑换需求的贸易企业、跨国公司与个人。银行同业之间的外汇买卖由于规模巨大因此称为批发性业务，而银行与一般客户之间的外汇资金业务则属于零售业务。一般而言，银行在金融市场上的外汇买卖是从两个层次展开，一是满足客户兑换货币的需要，二是降低自身外汇头寸和外汇债权或债务因汇率变化导致的外汇头寸风险而在同业市场上进行轧差买卖的需要。从业务性质上进行界定，银行外汇业务可分为即期外汇资金业务、远期外汇资金业务、外汇衍生工具业务三大类，这些也是本节重点介绍的内容。在实践中，商业银行一般都设有专门的部门来经营上述的外汇资金业务。由于商业银行开展国际外汇资金业务必须在外汇市场中进行，因此有必要先对外汇市场做简要介绍。

一、外汇市场

外汇市场是指由外汇需求和外汇供给双方以及外汇交易中介机构所构成的外汇买卖

场所和网络。① 其分类标准有多种，这里只介绍常见的两种。根据市场参与者的不同，外汇市场可分为外汇柜台市场和银行间外汇市场。外汇柜台市场也称为零售市场，一般是在银行网点的柜台完成的外汇交易，市场参与者是企业和个人。银行间外汇市场则是经营外汇业务的银行之间进行外汇交易的场所和网络。另外，根据交易办法的不同，外汇市场又可分为有形市场和无形市场。西欧大陆国家外汇市场多为有形市场，比如巴黎、法兰克福、布鲁塞尔等外汇市场。无形市场没有固定的交易场所，外汇交易完全通过通信网络完成，交易从询价到交割完成这个过程，交易员并不见面。无形外汇市场已成为当今国际外汇市场发展的主流。

（一）汇率标价

一切以外国货币表示的可用于国际结算的支付手段都可以称之为外汇。外汇的范围根据 2008 年 8 月《中华人民共和国外汇管理条例》的相关规定，主要为外币现钞，包括纸币、铸币；外币支付凭证或者支付工具，包括票据、银行存款凭证、银行卡等；外币有价证券，包括债券、股票等；特别提款权；其他外汇资产。外汇买卖或外汇交易是国际金融市场上外汇供给者和需求者在不同货币之间按照一定汇率进行相互交换的活动。在这里，汇率以一个核心参量的形式出现在外汇交易过程中。

汇率是外汇的标价，就是一种货币相对于另一种货币的价格之比。根据汇率表示中两种货币所起作用不同，可以将其分为基准货币（Base Currency，作为报价基础的货币）和报价货币（Quotation Currency，变动反映汇率高低的货币）。例如，2009 年 6 月 2 日人民币与美元之间汇率是 USD100 = RMB682.88，这一等式表明美元是基准货币，人民币是报价货币，兑换 1 美元需要 6.828 8 元人民币，或者兑换 1 元人民币需要 1/6.828 8 美元。

根据本币在汇率表示中的作用不同，汇率报价又有两种方式，即直接报价和间接报价。直接报价又称应付标价法，是以外币为基准货币，本币作为报价货币，一定单位外国货币为标准，用一定量本国货币来表示外国货币的价格。间接报价（应收标价法）恰恰相反，是以外币作为报价货币，本币作为基准货币。直接标价法和间接标价法间存在倒数关系。就上例的汇率站在中国的银行的角度是直接报价，但如果由美国的银行报出那便是间接报价。我国采用直接报价法，英国、加拿大及美国常采用间接报价法。

（二）汇率种类

汇率种类很多，下面选择其中典型的几种汇率进行简单介绍。

1. 按外币挂牌的档数分为单档汇率和双档汇率

单档汇率指银行对每一种货币只有一个牌价。银行向客户买入或卖出外汇均按此汇率办理，这种汇率极少使用。一般来说，商业银行采用的是双档汇率，也就是说，报价时同时报出其愿意购买与卖出同一货币的价格，即买入价和卖出价。在直接标价法下，较小的是外币买入价，较大的是外币卖出价；间接标价法下恰恰相反。买卖价之间的差额是银行的收入。

2. 按制定汇率的方法分为基本汇率和套算汇率

基本汇率是指本国货币与基准货币的汇率，是套算本币对其他货币汇率的基础。从

---

① 陈彪如. 国际金融市场［M］. 上海：复旦大学出版社，1998：130.

两对已知汇率中套算出的第三对汇率，即交叉汇率或套算汇率，如1美元=7.5元人民币，同时1美元=3.5瑞士法郎，则1瑞士法郎=2.14元人民币。这个人民币兑换瑞士法郎的汇率即为套算汇率。

3. 按外汇交割期限分为即期汇率和远期汇率

即期汇率（Spot Rate）是指外汇买卖双方成交之后，在两个交易日内进行资金交割的汇率。远期汇率（Forward Rate）是买卖双方约定在未来某一日期办理交割的汇率，比如3个月后的汇率。两个汇率往往不一样，以某种外汇汇率为例，远期汇率高于即期汇率称该种外汇的远期汇率为升水（Premium）；反之，称该种外汇远期汇率为贴水（Discount）。

4. 按买卖对象的不同分为现汇汇率和现钞汇率

现汇汇率是指银行买卖现汇时使用的汇率。现汇汇率又分为买入汇率（汇买价）和卖出汇率（汇卖价）。汇买价是银行向客户买入即期外汇时使用的汇率。例如，6月2日市场报出的欧元（EUR）与人民币的外汇牌价为EUR100=962.14/931.71，其中汇买价为962.14，汇卖价为931.71。现钞汇率是银行买卖外币现钞时使用的汇率，由于外币现钞汇率要扣除将其运送至国际金融中心发生的运保费等费用，因此各国现钞汇率均低于现汇汇率。

二、商业银行外汇买卖业务的种类

目前国际金融市场上外汇买卖方式多种多样，随着金融衍生产品的发展，使得外汇交易手段日新月异，但是归纳起来，商业银行从事外汇交易的方式一般有以下几种类型：即期交易、远期交易、套汇与套利交易以及外汇期货、外汇期权与互换交易。

（一）即期交易（Spot Transaction）

即期交易是指外汇买卖双方以外汇市场上的即期汇率成交，并于第二个交易日进行交割的交易活动。例如，A、B两家商业银行通过电话按英镑（£）1=人民币（￥）10.553的汇率达成了一笔即期外汇交易，金额是200万英镑。第二天，A银行将200万英镑划入B银行账户，而B银行将2110.6万元人民币划入A银行账户便完成了交易。即期交易运用极广，商业银行在调拨资金、接受客户委托办理汇出汇款、汇入汇款、出口收汇等业务时常采用即期交易方法。

（二）远期交易（Forward Transaction）

远期交易又称期汇交易，是交易双方事先约定好外汇交割时间、价格，到期后按照合同规定办理交割的一种外汇买卖。期限一般为1个月至6个月，通常为3个月。商业银行远期外汇业务主要是为了平衡自身持有的外汇头寸从而避免因汇率变动造成损失。除此之外，开展远期外汇业务还能带来三方面的作用。一是有效满足进出口企业在支付货款过程中防范汇率变动的需求，帮助进口商锁定进口成本、出口商实现套期保值目的。二是让投资者和借贷者可以找到一个便利的规避远期汇率风险的手段。三是满足投资者利用外汇远期进行投机获利的需求。

以远期交易锁定进口付汇成本实例如下：

2009年6月2日美元兑人民币汇率为USD100=RMB682.8，根据贸易合同，进口商A

公司将在 7 月 15 日支付 1 500 万元人民币的进口货款。由于 A 公司的外汇资金只有美元，因此需要通过外汇买卖，卖出美元买入相应人民币来支付货款。A 公司担心美元对人民币汇率下跌将增加换汇成本，于是同中国银行做一笔远期外汇买卖，按远期汇率 681.4 买入 1 500 万元人民币，同时卖出美元的数量为 1 500÷681.4＝2.201 万美元。现金交割日为 7 月 15 日，在这天 A 公司向中国银行支付 2.201 万美元，同时中国银行向 A 公司支付 1 500 万元人民币。由此美元兑人民币的成本被固定下来。无论外汇市场的汇率水平如何变化，A 公司都将按 681.4 的汇率水平从中国银行换取人民币。假如 A 公司未进行外汇交易，当 7 月 15 日的即期汇率下跌，比如跌至 674.8 时，A 公司必须按该汇率买入 1 500 万元人民币，同时卖出美元 2.223 万美元。同做远期外汇相比 A 公司将多支出美元 2.223－2.201＝0.022 万美元。

需要指出的是，远期外汇交易虽然能锁定进口商进口付汇的成本，规避付汇成本上升的风险，但同时也转让出了付汇成本下降的可能收益。

（三）套汇（Space Arbitrage）与套利交易（Interest Arbitrage）

套汇是指交易者利用同一时间不同外汇市场上汇率存在一定的差异，通过低价买入高价卖出策略赚取一定收益的外汇买卖活动。根据交易复杂程度的不同，套汇交易分为直接套汇和间接套汇。直接套汇又称双边套汇，是指交易者利用同一时间两个外汇市场上存在差异，采用低买高卖获取收益的行为。比如某外汇交易者在某一时刻得知瑞士和巴黎外汇市场上美元与欧元的汇率如下：

瑞士 1 美元（USD）＝0.706 9/79 欧元（€）

巴黎 1 美元（USD）＝0.708 7/97 欧元（€）

这表明此刻美元在瑞士市场上的价格低于在巴黎市场上的价格，该交易者可以在瑞士市场上以 0.707 9 价格买入美元，卖出欧元。同时，通知在巴黎市场上的代理行以 0.708 7 的价格卖出美元，买入欧元。在不考虑交易费用的情况下，通过该笔交易，套汇获得 0.708 7－0.707 9＝0.000 9 美元的盈利。

间接套汇又称三边（角）套汇，是交易者利用同一时间三个外汇市场上汇率存在差异，同样采用低买高卖策略获取收益的外汇买卖行为。

例如，某一时刻伦敦、纽约、香港三个市场有如下报价：

伦敦 1 美元＝7.751 5 港币

纽约 1 美元＝0.609 2 英镑

香港 1 英镑＝12.722 9 港币

这说明存在套汇机会，具体套汇过程可以这样进行：假设投资者先在香港外汇市场上买入 100 万英镑，同时卖出 1 272.29 万港币；然后投资者可以将买入的 100 万英镑拿到纽约外汇市场上卖出，换入 100÷0.609 2＝164.15 万美元；最后投资者拿换入的 164.15 万美元到伦敦市场上全部卖出，可换入 1 272.40 万港币。对比其在香港市场上的港币换出额度，可以获取收益 1 272.40－1 272.29＝0.11 万港币。

套利交易是指利用不同国家或地区短期投资利率的差异，将资金从利率低国家或地区转移到较高利率国家或地区进行投资，从而赚取利率差额的外汇交易。例如，在法国年利率水平是 7%，而美国为 4%；那么，美国投资者将会在外汇市场上买入即期法郎卖出即期美元，以获得较高的法郎利率收益。同时，为抵补外汇风险，美国投资者会在外汇市场上卖出远期法郎的同时买入远期美元，大量这种交易的结果是在即期市场上法郎升值、美元贬值，在远期市场上则法郎贬值、美元升值，即美元的远期汇率相对于即期汇率为升水。当升水额完全反映了法美两国之间的利率差时，美国投资者将美元兑换成法郎而获得的利率收益会被升值了的美元（贬值了的法郎）所抵消，于是在外汇市场上达到平衡，套利交易不复存在。

（四）外汇衍生品交易

1. 外汇期货交易（Foreign Exchange Future）

这是指在期货交易所内通过公开竞价方式成交后，承诺在未来某一特定日期以约定价格交割某种特定标准量货币的外汇交易。其主要特点有：交易对象为标准化的期货合约；交易采用保证金形式，具有杠杆作用。期货交易的载体是期货合约，在期货合约中，交易商品的数量、等级、交割时间和地点等条款都是标准化的，只有期货价格是唯一的变量。一张完整的期货合约构成要素主要有交易单位、最小变动单位、交割时间、保证金比率等条款。

2. 外汇期权交易（Foreign Exchange Options）

这是指买卖双方达成一项外汇买卖的权利合同，在向卖方支付一定的费用（Premium）后买方有权在到期日（Expiration Date）或到期日前要求卖方按照协定汇率（Strike Price or Exercise Price，期权合约买方购买或出售外汇的价格）买进或卖出约定数量货币，由于买方有权放弃或不履行所商定的外汇交易合同，因此外汇期权交易实质上是一种权利的买卖，出售者为权利的卖方。期权交易特点是：买方购买的是一种权利，而不是义务；卖方由于收取期权费因而必须承担事先约定的期权到期时买或卖的义务；期权买方风险有限，即为期权费，但卖方风险却很大。外汇期权交易基本要素包括期权有效期、期权权利金、敲定（履约）价格。

按交易方式的不同期权交易分为看涨期权（Call Option）和看跌期权（Put Option）。看涨期权也称买入期权，是指期权的买方在规定的期限内，有权按合同规定的价格购买某种特定金融工具；看跌期权则恰恰相反。例如，某英国银行持有 100 万美元现金，为规避美元贬值风险该银行可以购买伦敦国际金融期货交易所的看跌期权，通过购买合约，英国银行能够将兑换汇率固定在执行价格，规避了汇率下跌风险。当然，如果外汇的市价等于或高于执行价格时，期权的买方可以放弃其拥有的权利，仅仅损失期权费而已。

3. 外汇掉期交易（Swap Transaction）

这是指买入某日交割的甲种货币，卖出乙种货币的同时，卖出金额相等的于另一日交割的甲种货币，买入乙种货币。也就是说，掉期交易是两笔方向相反、金额相等、期限不同的外汇交易。掉期交易主要用于套期保值，规避外汇风险获取更可观的利润。

例如，日本 J 公司有一项对外投资计划，投资金额为 500 万美元，预期在 6 个月后收回。J 公司预测 6 个月后美元相对于日元会贬值，为了保证投资收回，同时又要能避免汇率变动的风险，便做买入即期 500 万美元对卖出 6 个月 500 万美元的掉期交易。假设当时即期汇率为 1 美元(USD) = 96.327 2/96 日元，6 个月远期汇率为 96.326 0/86.328 6，投资收益率为 10%，6 个月后现汇市场汇率为 1 美元 = 95.648 6/94 日元。该投资者买入即期

500 万美元支付日元额为 500×96.329 6=48 164.8 万日元，在不做掉期情况下投资利润为 500×(1+10%)×95.648 6-48 164.8=4 441.93 万日元。做掉期交易情况下，6 个月后将收回本金 500×96.326 0=48 163 万日元，收到投资收益为 500×10%×95.648 6=4 782.43 万日元，对应的投资利润为 48 163+4 782.43-48 164.8=4 780.63 万日元。因此，做掉期比不做掉期能多获利 338.7 万日元（4 780.63-4 441.93）。

三、商业银行外汇资金业务的管理

国际金融市场上的各国货币之间汇率因布雷顿森林体系的瓦解而显现出剧烈波动特征，汇率风险因此更是变幻莫测，商业银行开展外汇资金业务因汇率的瞬间变动便有可能带来巨大损失或收益。因此，商业银行出于谨慎经营原则，理应加强对外汇资金业务的管理。

（一）选择最合适的交易对手

一般而言，选择资信良好的交易对方是外汇交易安全、顺畅进行的前提。选择交易对手时商业银行应重点考虑交易方的资信度、报价速度和报价水平（报价要能基本反映市场汇率的动向，从而具有竞争性）。

（二）熟悉交易规则，灵活运用交易策略

由于外汇交易的典型特征是高风险性，因此在进行外汇交易前，商业银行应该详细了解交易的程序与规则。特别是在进入一个新的外汇市场或选择一种新的金融工具时，更应该以谨慎态度，同时对客观情况有了清楚把握后，再通过灵活的交易策略参与市场交易。

（三）选择和培养高素质的交易员

外汇交易中，交易员的地位至关重要。因为好的交易员能给商业银行带来丰厚的利润，而素质不过硬的交易员则恰恰相反，其可能让商业银行面临巨大灾难。因此，选择心理素质高、专业能力强的人才作为交易员并给予严格的交易培训是商业银行的理性选择。

（四）切实做好汇率分析预测工作

由于汇率波动要受各种经济或非经济因素的牵制影响，因此商业银行在外汇交易中预测汇率走势时应该采用基本分析法和技术分析法，通过这两种分析方法考察汇率中长期趋势，从而为是否参与市场交易提供决策参考。

（五）加强内部控制与业务创新

在加强内部控制方面，商业银行开展外汇资金业务要有专职管理部门，从上到下做到信息通畅、快捷、安全有效。开展风险业务应执行严格授权制度，明令禁止任何越权行为发生。对外汇交易记录进行定期稽查和严格监督。在业务创新方面，商业银行要以市场导向为基础开发新产品，并给予开发人员合理奖励以激发整个工作部门的创新活力。

第 5 节　我国商业银行国际业务的开展

国际业务作为银行非利息收入的主要业务之一，是我国银行业未来盈利增长的主要动力，能够有效推动我国银行业的国际化进程。同时，国际业务也是现代商业银行向国外拓展，从而获取更大生存空间的重要手段。由于国际业务对银行而言具有收益高、见效快的特点，因此已成为各家商业银行的必争之地。特别是我国加入世界贸易组织以后，各商业银行迫于竞争压力，在狠抓本币业务的同时，也都纷纷将眼光瞄准了国际金融业务。国际业务的开展给部分商业银行带来的直接效益已占到总收入的 10% 左右。具体的业务开展情况可以通过以下几个方面加以描述：

一、我国境内开展国际业务的商业银行状况

1986 年以前，我国的国际业务基本上是由中国银行独家经营，其市场占有率始终在95% 以上。随着我国金融体制改革的深化和经济的发展，单一银行办理国际业务已难以满足国民经济发展的需求。1984 年 10 月，我国商业银行国际业务的独家垄断的局面开始发生改变。中国工商银行深圳分行首先获准开办了国际业务。1986 年，中国人民银行决定允许专业银行沿海开放城市、经济特区的分支行开办国际业务。1988 年，国家外汇管理局下放对专业银行分支机构经营国际业务的审批权限，工、农、中、建四大国有商业银行办理国际业务开始在全国铺开。与此同时，交通银行、广东发展银行和福建兴业银行等也获准办理国际业务。自 20 世纪 80 年代后建立起来的全国性中小股份制商业银行，如上海浦东发展银行、深圳发展银行（现在的平安银行）等均在开业伊始就瞄准了风险小、成本低、利润高的国际贸易业务，国际业务经过了从无到有的过程，并取得了突飞猛进的发展。截至 2014 年年末，我国有四大国有控股商业银行，12 家（民生银行、浦发银行、平安银行、兴业银行、恒丰银行、光大银行、浙商银行、招商银行、华夏银行、交通银行、中信银行）全国股份制商业银行，几十家外资银行和 100 多家城市商业银行都经办了国际业务。

二、我国商业银行国际结算业务发展状况

总体而言，我国商业银行国际结算业务发展正处于逐年稳步攀升态势中，20 世纪 80年代后期开始建立的数家股份制银行，虽然成立后的一段时间内还是以区域性经营为主，但区域经营状况在 2000 年以后出现了转机，纷纷通过增资扩股、引进战略投资者等方式，逐步走上国际化发展的道路。如果从 2014 年市场占有份额数据来看，可以明显发现，国有商业银行的市场占有量要远远高于中小股份制商业银行，尤其是中国银行仍远远领跑于国内其他商业银行，如图 8.4 所示。

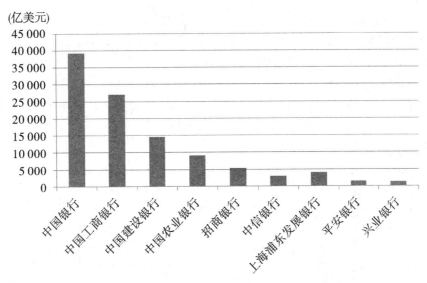

图 8.4　2014 年中国主要商业银行国际结算业务量简图

尽管如此，中小股份制商业银行由于起点低、基数小等缘故，其开展国际结算业务取得了比国有商业银行更快的增长速度。也就是说，通过国际结算量年增幅指标所体现出来的国际业务竞争实力，股份制银行要高于国有商业银行，具体数据如表 8.1 所示。

表 8.1　　　　　主要商业银行国际结算业务量对比表　　　　　单位：亿美元

银行名称	2008 年	2014 年	年增幅(%)①
中国银行	17 000	39 200	14. 9
中国工商银行	7 500	27 000	23. 8
中国建设银行	3 088	14 600	29. 6
中国农业银行	4 813	9 021.4	11. 1
招商银行	1 662	5 384.46	21. 6
中信银行	1 309	3 012	14. 9
上海浦东发展银行	881	3 978.19	88. 7
平安银行	398	1 465	24. 3
兴业银行	565	1 170.24	12. 9

三、国内商业银行国际融资业务状况

伴随我国经济融入世界经济体步伐的加快，我国经济发展对外依赖的程度在加深。这种对外依赖体现在作为推动国民经济快速发展"三驾马车"之一的出口，相比于消费和投资越来越占据主导地位。基于这样一个背景，出口贸易在最近几年得到了前所未有

① 年增幅计算公式 $= \sqrt[6]{\dfrac{2014 年数据}{2008 年数据}} - 1$。

的迅速发展。根据世界贸易组织（WTO）公布的数据，2014 年我国出口占全球出口比重由 11.7%提高到 12.2%，我国连续两年位居世界第一出口大国。国际贸易的持续快速增长为我国商业银行国际结算和贸易融资业务带来了巨大的发展空间。这也给商业银行发展国际融资业务创造了条件。有宽松的外部条件作为保障，国内商业银行出口贸易融资业务现在已进入了良性发展时期，不管是在总量上还是在增量上都有所体现。尽管如此，国内银行同业之间还是明显存在一些差距，具体如图 8.5 所示。

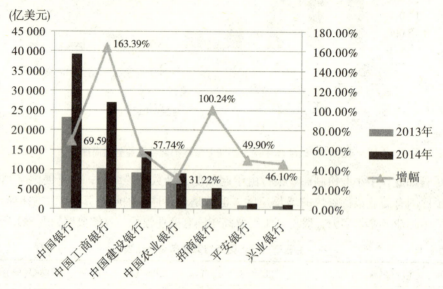

图 8.5　2013 年、2014 年我国主要商业银行进出口贸易融资量增长比较图

四、国内商业银行外汇资金业务现状

近两年来，国际汇市上欧元、日元相对美元波动较频繁，然而很多企业，尤其是大型企业，存在着大量的外汇资产和负债。外币每一价位的变化，都会对企业财务状况产生巨大影响，我国商业银行针对这种情况，纷纷推出各种金融衍生产品，如远期结售汇、远期外汇买卖等都颇受客户青睐，银行通过这种业务不仅增加了外汇收益，同时也扩大外汇资金业务结算量。中国人民银行 2014 年金融统计报告显示，截至 2014 年 12 月末，我国境内金融机构外汇各项存款余额达到 5 735 亿美元，同比增长 30.8%，外汇贷款余额为 8 351 亿美元，同比增长 7.5%。由于全球经济复苏比较缓慢，2014 年增幅比 2013 年低6.2 个百分点。但总体而言，我国商业银行外汇资金业务整体发展速度还是比较快的。

另外，中国银行作为我国国际化程度最高的商业银行，在办理外汇资金业务方面仍然具有独特的优势。目前，中国银行拥有遍布全球 37 个国家和地区的机构网络，其中境内机构超过 10 000 家，境外机构 600 多家。1994 年和 1995 年，中国银行先后成为香港、澳门的发钞银行。在全国各大城市涉外饭店、商店、旅游景点，基本上都是由中国银行设立外币兑换点，装备接受国际卡的 POS 机和先进的 EDC 机（国际信用卡授权及电子清算系统），其他银行较少进入也较难进入，而这些都与其发达的国际业务不无关系。

尽管中国银行外汇资金业务在国内长期占据主导地位，但是伴随国内其他商业银行外汇资金业务的迅速发展，这种差距正逐渐趋于缩小。例如，招商银行通过专业化设计，创立国内首个 24 小时连续报价的个人自助交易的外汇期权产品，使外汇期权成为国内普通投资者人人都能够参与的交易品种。

【本章小结】

（1）商业银行国际业务是指业务经营范围在由国内延伸到国外，即业务的国际化。其一般包括了两方面内容：一是跨国银行在国外的业务活动；二是本国银行在国内从事的有关国际业务。商业银行开展国际业务主要是通过代表处、代理行、海外分支行、子公司、联营行等组织机构来完成。商业银行开展国际业务提高了银行经营效益与经营管理水平、推动了金融市场的全球化，更是应对愈发激烈的国际同业竞争的重要手段。

（2）国际结算业务从业务性质上定位，应该归类为商业银行传统的中间业务，主要包括汇款、托收、信用证。汇款是最为简单的国际贸易结算方式。托收是一种卖方据发票金额开立汇票，委托出口地银行通过其在进口地的银行向买方收取货款的结算方式。信用证是现在国际贸易结算中运用最多的一种支付方式，其付款责任由银行承担，因此能够保证出口商安全收到货款。

（3）国际贸易融资是商业银行国际融资业务最核心的业务，主要包括打包放款、出口押汇、进口押汇、进出口信贷、福费廷等。其中，前三种归类于短期贸易融资，后两种是长期贸易融资。进出口信贷划分依据是贷款的对象。而福费廷则是一项包购业务，即出口商将经过进口商承兑的中长期商业票据无追索权地售予银行，从而提前取得现款。

（4）外汇资金业务是商业银行重要和基本的国际业务，从形式上可以分为两类：一是按照银行客户要求进行货币兑换；二是商业银行为了本身头寸调拨经营国外业务或从国外业务中获取以本币表示的收益。金融衍生工具的诞生标志着现代金融技术进入了一个新的发展时期，在这样一个背景下外汇交易的方式也不断推陈出新，目前，最主要的外汇交易方式有即期（现货）外汇交易、远期外汇交易、套汇与套利交易和包括外汇期货、外汇期权、外汇掉期在内的衍生品交易。由于银行在进行外汇资金交易时面临着风险，因此银行应在经济理性原则下经营外汇业务，注重制定合适的经营策略。

（5）我国商业银行国际业务正处于蓬勃发展时期。特别是加入 WTO 后，面对外来金融机构的激烈竞争，我国商业银行在拓宽业务范围，走出国门上做出了很大努力，同时也取得骄人的业绩。但不可忽视的是，由于各个商业银行发展起点不同，又存在竞争实力上的差距，因此在国际业务开展上明显表现出一定的差距。

思考练习题

1. 简述商业银行开展国际业务常见的组织形式。
2. 简述商业银行国际业务的主要类型。

3. 何谓银团贷款? 参与者有哪些? 其业务操作程序是怎样的?

4. 试比较说明国际结算中不同的汇款结算方式。

5. 简述商业银行如何管理外汇资金业务。

6. 简述商业银行开展国际业务的意义。

7. 主要的银行外汇买卖业务有哪些?

第 9 章　电子银行业务

内容提要：本章主要叙述电子银行业务的基本概念、特点以及相对传统银行业务的优势。本章简要概括了电子银行业务产生的背景以及电子银行对传统商业银行经营的冲击和影响，对电子银行业务的经营成本收益进行了分析，着重介绍了电子银行业务的主要功能、电子银行业务的风险管理，我国商业银行电子银行业务的发展现状，并阐述了互联网金融兴起对电子银行业务的冲击和影响。

20 世纪 90 年代以来，随着计算机网络技术和电子信息技术的高速发展，家用计算机的广泛使用，电话、手机的普及，电子商务的兴起，特别是以互联网技术为核心的现代计算机网络技术在银行业的应用和推广，银行业开始进入了一个新的历史发展阶段——电子银行发展阶段。

第 1 节　电子银行业务产生的背景以及对商业银行的影响

一、电子银行业务产生的背景

20 世纪 80 年代以来，高速发展的现代信息技术展现出前所未有的发展空间和应用领域，信息技术浪潮也给银行业带来了巨大的影响。随着现代信息技术不断运用于银行业，银行业利用现代信息技术的广度和深度也在不断提高，电子货币、数字货币的出现，尤其网上银行的产生等，使传统货币的形式、内涵、结构、支付方式以及银行的定义、银行的物理形态等都发生了深刻的变化。这种变化对传统银行业既带来重大的冲击，又对银行业的发展起着巨大的、积极的推动作用。在此历史背景下，电子银行业务应运而生。

电子银行业务的产生有其客观必然性，具体来讲包括以下三个方面：

（一）高速发展的现代信息技术为电子银行业务的产生和发展奠定了坚实的物质和技术基础

信息技术的进步为银行服务的创新奠定了基础，不仅给银行带来了成本的降低、交易效率的提高和服务内容手段的创新，更重要的是，借助信息技术，现代商业银行彻底改变了传统的思维模式、经营模式和管理模式。现在，信息技术已经成为银行各项活动的重要工具。

（二）客户对银行服务的多样性和个性化需求促进了电子银行业务的产生和发展

随着社会信息化程度的不断提高，客户对金融服务的要求越来越多样化。许多客户越来越多地接受新鲜事物，他们希望得到更新、更好、更便捷、更富效率的银行服务，愿意通过使用更先进的技术来提高他们的生活质量、经营能力或管理水平。电子银行与传统银行服务相结合，形成了营业网点、网上银行、电话银行、手机银行、自助银行等多渠道的综合服务界面和服务体系，顺应了多元化、多渠道的市场需求。

（三）银行间日益激烈的竞争成为电子银行业务产生的重要原因

银行发展到今天，市场竞争的焦点不再是推销现有的金融产品，而是如何有效分析客户的金融需求，及时提供满足客户个性化需要的金融服务。从表面上，电子银行只是增加了服务渠道而已，但实际上，通过搭建多渠道、一体化的电子金融服务平台，使银行实现了与客户随时随地的互动。通过收集客户信息，挖掘客户需求，设计高附加值、多元化、个性化的金融产品，大大提高了银行客户关系管理能力，彻底改变了银行与客户的关系，促使银行经营模式实现了由"从产品为中心"向"以客户为中心"的革命性转变。

另外，发展电子银行业务可以减轻一线员工应付一般性结算服务的工作量，将精力投入到能够带来更多效益的项目中去，同时利用电子银行产品可以简化各项银行产品的审办流程，加强银企管理，加快信息交流。

二、电子银行的产生对商业银行的影响

电子银行的发展对传统银行业产生了巨大的影响，主要表现在：

（一）商业银行和非银行金融机构之间的界限越来越模糊

由于电子银行的交易成本低廉，电子银行的发展使银行和其他金融机构能够迅速地处理和传递大量的信息，打破了商业银行和非银行金融机构之间的专业分工，各种金融机构提供的服务日趋相似，商业银行向保险公司、投资银行等非银行金融机构进行业务渗透。商业银行将逐步转变为理财型、咨询型的金融机构，不同金融机构的差别分工日趋淡化的"大金融"格局将逐步显现。

（二）银行业将从"分业经营"逐步转向"混业经营"

电子银行的发展使银行业务的内涵和外延发生了重要的变化，银行开始涉足资本市场或金融衍生品市场，大量非银行金融产品及其衍生品已成为当今银行的重要产品，传统业务给银行带来的收益逐渐退居其次。银行服务的综合化、全能化已成为现代银行的发展趋势。

（三）加剧了金融"脱媒"趋势，证券市场作用有所加强

由于市场主体能够通过网络方式方便、快速地获取各种市场信息，这将吸引更多的金融交易从传统的金融机构转向金融市场，特别是证券市场，结果是加剧了金融"脱媒"趋势，直接融资的数量大大增长，证券市场作用得到加强，而传统银行和金融机构的作用却受到削弱。

（四）金融服务业将出现"两级发展、协同共存"的格局

随着电子银行业务的发展，银行服务将出现两个趋势：标准化和个性化。一是以

更低的价格大批量提供标准化的传统银行服务；二是在深入分析客户信息的基础上为客户提供个性化的银行服务，重点在理财和咨询业务、由客户参与业务设计等方面。银行将充分利用不断发展的大量信息技术深入分析客户，更好地满足客户个性化的需求。

（五）电子银行业务改变了银行传统的运作模式

随着高科技的迅猛发展，电子银行业务的运作模式趋向虚拟化、智能化。银行不再需要在各地区大规模设置分支行来扩展业务，只要利用互联网这个平台便可将银行业务伸向世界的任何一个角落。传统银行业务借助资本、人力、物力等资源争夺客户的经营模式将转变为借助技术、管理等智能资本的电子化经营模式。在传统业务中，银行以存款贷款利差为主要收入来源。伴随电子银行业务的高速发展，中间业务的收入、代理业务的收入将大量增加。从某种意义上说，电子银行业务的高速发展改变了银行传统的运作模式，进而改变了银行的收入结构。

（六）电子银行业务将会使传统的银行营销方式发生改变

电子银行能够充分利用网络与客户进行交互式沟通，从而使传统银行的营销活动以产品为导向转变为以客户为导向，能根据客户的具体要求去创新具有鲜明个性的金融产品，最大限度地满足客户日益多样化的金融需要。

（七）对管理水平提出更高要求

首先，电子银行产品的出现，对于传统的柜面业务产生了较大的冲击，如何协调二者共同的发展是值得管理者关注的问题。其次，电子银行对于交易的安全性和银行内部风险防范提出了更多、更高的要求。最后，电子银行业务的发展还面临一定的法律风险。

第 2 节　电子银行的概念及特点

一、电子银行的概念

电子银行（Electronic Banking）的范畴非常宽泛，银行界对它的定义也不尽相同，如"电子银行是为客户提供的非接触式银行服务""电子银行是指以网络为媒介、以客户自助服务为特征，为客户提供全方位金融服务的离柜业务"。

2001 年 5 月，巴塞尔银行监管委员会发布的《电子银行的风险管理原则》将电子银行定义为：持续的技术革新和现有的银行机构与新进入市场的机构之间的竞争，使得从事零售和批发业务和客户可以通过电子的销售渠道来获得更为广泛的银行产品和服务，这统称为电子银行业务。国际清算银行认为，电子银行业务泛指利用电子化网络通信技术从事与银行业相关的活动，提供产品和服务的方式包括商业销售终端（POS机终端）、自动取款机（ATM）、智能卡等设施。中国银监会于 2006 年 3 月 1 日施行的《电子银行管理办法》将电子银行业务定义为：商业银行等银行业金融机构利用面向社会公众开放的通信通道或开放型公众网络以及银行为特定自助服务设施或客户建立的专用网络，向客户提供的银行服务。

本书将电子银行定义为：以计算机、通信技术为媒介，客户使用各类接入设备自助办理银行业务的新型银行服务手段。

二、电子银行的特点

电子银行是社会信息化高度发展的产物，其产品和服务有以下特点：

（一）客户自助服务

客户自助服务是电子银行有别于传统商业银行的最大特点。通过各种电子渠道，客户可以自行操作完成各类交易和银行服务，从而可以有效缓解柜台的压力，降低成本。

（二）提供多方位、全天候服务

电子银行提供超越时空的"AAA"式服务（Anytime，Anywhere，Anyhow），客户可以通过电话、互联网、手机等多种形式得到一年 365 天，每天 24 小时的全天候金融服务，而且使用方便、快捷。

（三）业务多样，综合性强

电子银行业务覆盖了个人、企业金融服务的多个方面，利用一体化的电子网络平台将各种业务进行重新组合，不仅简化了银行业务流程，还可以扩大销售范围，改进目标市场产品，进行电子银行产品的创新。电子银行业务还可以提供很多柜台上无法办理的人性化服务，这对于吸引和留住那些要求越来越高的优质客户无疑起到决定性作用。

（四）科技含量高

电子银行产品主要依赖于当今世界信息技术的发展，广泛采用了计算机技术、通信技术、自动化技术等。技术是否先进、交易平台的结构设计是否科学合理，都将直接影响到电子银行业务的发展以及运营成本的高低。随着科技的发展，银行系统更趋于电子化、科学化、网络化。

（五）边际成本低

电子银行成本较高，但是建成后客户的增长与提供的服务成本之间没有明显的递增关系。因此，电子银行提供的功能越多，客户使用次数越多，单笔服务的成本也就越低。

（六）需要复合型人才

电子银行业务的全面综合和高科技的特性，要求电子银行客户服务人员必须既熟悉传统柜台业务又精通电子银行业务，同时对金融业和计算机发展有一定了解的人才。美国安全第一网络银行（Security First Network Bank，SFNB）创立之初，员工只有 10 多人，一个办公地址，几乎所有业务都在网上进行。这就要求员工不但要有熟悉的业务技能，还必须具备很高的计算机水平以及灵敏的应变能力。

第 3 节　电子银行业务产品及功能

一、电子银行业务产品及功能综述

电子银行是指以计算机、通信技术为媒介，客户使用各类接入设备自助办理银行业务的新型银行服务手段。在此基础上，按产品使用方式和渠道的不同，可以分为网上银行、电话银行、手机银行、自助银行、ATM、POS 以及多媒体自助设备等。电子银行业务的产品功能基本包括了除现金交易外的资产、负债和中间业务等全部银行服务功能。概括起来，电子银行产品的功能如表 9.1 所示。

表 9.1　　　　　　目前我国电子银行业务可提供的主要金融产品和服务

第一类服务：个人业务	第二类服务：公司业务	第三类服务：信息服务	第四类服务：客户服务
1. 个人转账业务 2. 汇款业务 3. 代收代付 4. 证券买卖 5. 外汇买卖 6. 消费贷款 7. 信用卡服务	1. 内部转账 2. 账户现金管理 3. 代收代付 4. 工资管理 5. 信用管理 6. 集团财务管理 7. 其他公司业务	1. 公共信息发布 2. 银行业务介绍 3. 利率信息 4. 投资理财咨询 5. 银行机构介绍 6. 市场信息	1. 客户资料管理 2. 客户信息查询 3. 业务申请 4. 其他

二、网上银行

网上银行又称网络银行或虚拟银行，是以因特网（Internet）技术为基础，通过互联网这一公共资源实现银行与客户之间的链接，来提供各种金融服务，实现各种金融交易。通俗地说，网上银行就是在因特网上建立的一个虚拟的银行柜台，为客户开展各项金融服务。客户只需坐在家中或办公室里轻点鼠标，就可以享受以往必须到银行网点才能得到的金融服务。

网上银行主要有两种模式：一种是无任何分支机构、完全依托互联网开展银行业务的纯粹的虚拟银行，兴起于欧洲的"第一自助（First Direct）""艾格（Egg）"银行以及我国前海微众银行也属于这种形式；另一种则是在现有银行基础上，以互联网为服务平台拓展传统银行业务的"水泥加鼠标"银行，如花旗银行、大通曼哈顿、美洲银行等开设的网上银行，我国网上银行绝大多数采取这一模式。

从我国各商业银行开展的网上银行业务情况来看，网上银行几乎提供了所有传统柜面业务的服务，甚至还有更多银行柜面没有的服务。目前，在国内开办网上银行业务的主要中外银行网址如表 9.2 所示。

表9.2   在我国开办交易类网上银行业务的主要中外银行及其网址

名称	网址
中国工商银行	www.icbc.com
中国银行	www.bank-of-china.com
中国建设银行	www.ccb.com.cn
中国农业银行	www.abchina.com
交通银行	www.bankcomm.com
民生银行	www.cmbc.com
招商银行	www.cmbchina.com
平安银行	www.bank.pingan.com
香港东亚银行	http：//www.hkbea.com.cn/
香港上海汇丰银行	www.hsbc.com.cn
恒生银行	www.hangseng.com.cn
渣打银行	www.standardchartered.com.cn
花旗银行	www.citibank.com.cn

商业银行一般根据服务对象的不同，将网上银行分为个人网上银行和企业网上银行。以下主要就个人网上银行、企业网上银行的产品功能进行具体介绍。

（一）个人网上银行产品的功能

个人网上银行为客户提供了丰富的产品，包括账户信息查询、缴纳各种费用、网上购物在线支付、投资理财等各个方面，几乎涵盖了除现金存取外的全部个人金融业务。

（1）账户信息管理。账户信息管理是个人网上银行最基本和最常用的产品，该产品主要为个人客户提供基本信息查询、余额查询、交易明细查询、账户挂失等账户查询服务。此外，各家银行还分别开发了一些特色服务。例如，中国工商银行提供电子工资单查询，客户可以查询个人工资单明细，了解本人每月工资收入的具体细项内容。又如，民生银行的跨行资金归集3.0业务为个人客户尤其是小微客户打造了强大、便捷、高效的跨行账户管理和资金归集服务。

（2）转账汇款业务。转账是指个人客户通过网上银行从本人注册账户向同城同行的其他账户进行资金划转的金融服务；汇款是指个人客户通过网上银行从本人注册账户向同城他行或异地的其他账户进行资金划转的金融服务。目前国内各商业银行都提供个人账户间转账汇款、任意账号间转账汇款、跨行汇款等业务功能。

（3）缴费支付。缴费支付是向个人客户推出的，在线查询和缴纳各种日常费用的一项综合服务功能。通常各商业银行都提供如下业务功能：在线自助缴纳手机费、电话费、上网费、学费、水费、电费、养路费、车船使用税等。在缴纳方式上，大多数商业银行都推出了"委托代扣"的方式，即客户在线与银行签署费用扣缴协议，银行根据协议内容定期从客户账户中扣取一定金额的费用。这种方式进一步简化了客户操作。

（4）投资理财服务。投资理财是银行通过提供基金、证券、外汇等系列投资、理财产品，满足不同客户进行各种投资的需要，实现个人资金保值增值的金融服务。通常各商业银行都提供网上证券买卖、网上黄金买卖、网上外汇买卖等业务功能，很多银行还提供了包括网上实现通知存款和定期存款的存款类理财服务。

（5）通知提醒。通知提醒是商业银行为个人提供的个性化的增值信息服务，包括通过短信或电子邮件（E-mail）方式发送账户余额变动提醒、财经证券信息、外汇信息、重要信息提示等业务功能。

（6）B to C 网上支付。B to C 网上支付是指企业（卖方）与个人（买方）通过因特网进行电子商务交易时，银行为其提供网上资金结算服务的一种功能。B to C 网上支付对网上购物协助服务，大大方便了客户网上购物，为客户在相同的服务品种上提供了优质的金融服务或相关的信息服务，加强了商业银行在传统竞争领域的竞争优势。

（7）客户服务。该服务主要为客户提供修改登录密码、个人客户资料、积分查询以及个性化页面设置等功能。

（8）个人财务分析。该服务为个人提供财务分析图，提供个性化的财务分析，包括支付分配图、支出明细报表、收入分配图、收入明细报表、现金流量图、收支对比图等。

目前，各商业银行正在继续为客户开发更加个性化的产品，更加注重开发各种信贷产品、投资理财产品，尤其是国际理财产品。

（二）企业网上银行产品的功能

企业银行服务是网上银行服务中最重要的部分之一。其服务品种比个人客户的服务品种更多，也更为复杂，对相关技术的要求也更高，因此能够为企业提供网上银行服务是商业银行实力的象征之一。目前，国内外商业银行的企业网上银行都为企业提供了丰富的产品功能，帮助企业实现对资金的高效管理。通常商业银行的企业网上银行主要包括以下功能：

（1）账户管理。账户管理主要为企业提供各类银行账户的基本信息查询、余额查询、企业资金运营明细查询、电子回单查询等服务功能。

（2）代收业务。代收业务是指银行为收费企业提供的向其他企业或个人客户收取各类应缴费用的功能，通常需要事先签订收费企业、缴费企业或个人、银行三方协议后银行才能提供此项功能。

（3）付款业务。付款业务是企业客户通过网上银行将其款项支付给收款人的一种网络结算方式，一般包括集团账户间转账汇款、任意账号间转账汇款、跨行汇款等。

（4）B to B 在线支付。B to B 在线支付是专门为电子商务活动中的卖方和买方提供的安全、快捷、方便的在线支付结算服务。

（5）投资理财。投资理财是银行通过提供基金、证券、外汇等系列投资理财产品，满足不同企业客户的各种投资需要，实现企业资金保值增值的金融服务。

（6）代理行业务。代理行业务是商业银行专为银行同业客户提供的网上代理签发银行汇票和网上代理汇兑业务。其中，网上代理汇兑是指商业银行通过网上银行接受其他商业银行（被代理行）的委托，为其办理款项汇出和汇入的服务；网上代理签发银行汇票是指其他商业银行（被代理行）使用代理行的银行汇票凭证、汇票专用章和专用机具，通过代理行网上银行为其开户单位或个人签发银行汇票，并由代理行所有通汇网点兑付的行为。

（7）网上信用证。网上银行信用证业务为企业客户提供了快速办理信用证业务的渠道，实现了通过网络向银行提交进口信用证开证申请和修改申请、网上自助打印有关信用证申请材料以及网上查询等功能。

（8）票据托管。票据托管实现了集团客户对总部和分支机构所持票据的信息录入、查询以及票据贴现、质押、转让、托收等功能。

（9）企业年金。网上企业年金服务为企业年金客户全面掌握本单位、下属单位以及员工的年金相关信息提供了一种简单方便的渠道。

（10）集团理财。集团理财是通过网上银行为集团客户提供的集团内部资金上收、下拨与平调等业务。集团理财以及由此延伸的网上现金管理，能有效帮助大型企业集团实现由高负债、高费用、高成本的粗放型经营管理模式，向低负债、低费用、低成本的集约型管理模式转变，特别适合在全国范围内经营的企业集团，并已经在众多的集团客户中得到了广泛应用。

当前，随着市场上企业网上银行产品的高度同质化，众多商业银行逐渐把差异化的方向放在高端企业用户身上，满足不同需求，积极开展资产管理业务，特别是国际理财产品、全球账户管理、全球范围的支付结算等企业网上的产品创新，以进一步增强高端客户对银行的忠诚度。

三、电话银行

电话银行（Phone Bank）使用计算机电话集成（CTI）技术，采用电话自动语音和人工坐席等服务方式，为客户提供丰富、快捷、方便的金融服务，集个人理财和企业理财于一身，是现代通信技术与银行金融理财服务的完美结合。电话银行具有使用简单，操作便利；覆盖广泛，灵活方便；手续简便，功能强大；成本低廉，安全可靠；服务号码统一的特点。我国商业银行的电话银行分个人电话银行业务和企业电话银行业务两种，个人电话银行业务基本包括账户查询、对外转账、外汇买卖、基金买卖、银证转账等服务，企业电话银行一般只能开展查询类业务。

个人电话银行的主要功能如下：

（1）账户查询：客户可查询在开户银行开立的活期存折、零存整取、定期一本通、信用卡、借记卡、贷记卡等账户余额及未登折、当日、历史明细。

（2）转账服务：实现自己的注册卡下所有账户之间的资金划转，可以进行活期转活期、活期转信用卡、活期转零存整取、活期转定期一本通、信用卡转活期等。

（3）自助缴费：可自助查询和缴纳在银行柜面登记的缴费项目，如电话费、手机费、水电气费等。

（4）银证转账：能实现客户银行账户与证券保证金账户之间的资金划转及两端账

户余额的查询。

（5）银证通：可以直接使用自己的银行活期账户进行股票交易，包括股票的买入、卖出、撤单以及股票查询、资金查询、行情查询、委托查询、成交查询、申购配号查询等。

（6）基金业务：可以利用电话银行进行基金交易，包括基金的认购、申购、赎回、自动再投资以及资金余额查询、基金余额查询、当日明细查询、历史明细查询、基金代码查询、基金净值查询等。

（7）外汇买卖：可使用个人外汇买卖专用存折账户进行外汇交易，包括外汇的即时买卖、货币代码查询、汇率查询、账户余额查询、买卖明细查询等。

（8）公共信息：可以查询开户银行发布的各种信息，如存款利率、外汇牌价、基金净值、货币代码、公告信息等。

（9）业务申请：客户在电话银行中可以自助下挂账户、自助申请基金业务、自助申请外汇买卖业务。

（10）账户挂失：客户可通过此项业务办理自己信用卡、存折等账户的紧急临时挂失。

在传统的电话银行功能业务的基础上，不少银行对于电话银行的功能、业务办理形式进行了拓展，开发出不少很实用的功能。使用以上这些功能，可以让客户在使用电话银行的时候获得更加愉悦的体验。

电话银行的一种重要的形式是呼叫中心（Call Center），以网络（Web）为平台的呼叫中心，可以充分利用互联网设施和技术，允许客户以任意方式，如语音、数据、传真、电子邮件和视频等开展业务，如查询余额、最新的支票付款和存款，支付电话费和电费，更改 ATM 账号和其他类型账号的个人识别代码（PIN）等，完成语音与客户数据资料的实时转接和协同运行，为客户提供快捷方便的个性化服务。

四、手机银行

手机银行（Mobile Bank）也称移动银行，是利用移动网络（GSM/CDMA）和计算机系统的无线连接，实现客户与银行信息、数据的交换。手机银行目前在国内已形成相当的规模，几乎所有银行都提供此项服务，已经成为我国电子银行的主要业务模式之一。

目前国内手机银行按实现方式主要分为两种模式，即短信手机银行（Short Message Service，SMS）和 WAP（Wireless Application Protocol，即无线上网协议）手机银行模式。短信手机银行的工作原理是客户通过移动电话网的短消息系统送到银行，银行接到信息并进行处理后，将结果返回手机，完成各项金融理财业务，如账户管理、多功能资金转账、自助缴费、证券服务、外汇买卖等；WAP 手机银行模式的工作原理是银行为客户提供基于 WAP 协议的网上银行产品和服务，客户通过手机的 WAP 浏览器，访问银行网站并完成所需的自助业务。

与网上银行和电话银行相比，手机银行功能相对比较简单，而且也以小额支付为主，这主要受目前有关技术环境和条件的影响。虽然目前从整体上看，手机银行业务量所占的比重并不大，服务的功能也仅局限于基本的转账和查询功能，但随着互联网与无线通信技术的发展，国内手机银行的客户群体迅速扩大。截至 2014 年年底，我国手机银行客户规模达到 5.46 亿户，仅中国工商银行的手机银行客户总数就超过了 3.6 亿户。[①]

目前，国内商业银行推出的手机银行的用户界面和操作方式不尽相同，但其提供的服务功能基本一致，主要包括以下几大类：查询服务、转账汇款、缴费支付、投资理财等。

（1）查询服务，使自己的账户情况一目了然。除了查询余额和明细以外，手机银行还有来账查询、积分查询、日志查询、公积金查询等功能。

（2）转账汇款，比到网点更省时省力。如果收付款双方都是手机银行客户，利用手机到手机转账功能，付款方在不知道收款方银行账号的情况下，只要知道其手机号码就能完成转账汇款操作。

（3）缴费支付功能。让客户足不出户就能完成缴纳手机费、水电煤气费等多种费用，既快捷又方便。

（4）为客户投资理财提供最大的方便。客户可以通过手机银行办理买卖基金、买卖国债、银证业务等理财业务，安全快捷，还能查询实时的股市行情。

（5）个人账户管理，方便客户按时还款，不至于产生拖欠。个人账户管理包括以下两个方面：一是个人贷款账户管理。客户通过个人贷款查询服务，可以快速了解当前贷款账户情况，在第一时间知悉贷款到期情况，以便及时还款。二是信用卡账户管理。与信用卡有关的账户信息都可以通过手机银行查询，如余额查询、账单查询、积分查询，还可以及时给信用卡还款，以免产生拖欠。

五、自助银行

自助银行是指商业银行在营业场所以外设立的自动取款机（ATM）、自动存款机（CDM）等，通过计算机和通信等电子化手段，提供存款、贷款、取款、转账、货币兑换和查询等金融服务的自助设施，包括具有独立营业场所提供上述金融业务的自助银行和不具有独立营业场所仅提供取款、转账、查询服务的自动取款机（ATM）两类。

自动取款机分在行式和离行式两种模式，银行客户使用持有的银行卡，可以通过 ATM 进行取款、余额查询、转账交易等银行业务。

银行客户在特约商户消费时，可以使用持有的银行卡，通过银行安装在商场的 POS 机终端进行转账支付。

自助银行综合网点一般包括自动取款机、自动存款机、自助终端等。客户可以办理自助存取款、账务查询、综合信息查询、缴纳公用事业费、转账、补登存折等业务。

自助银行由于具有运行成本低、效率高的特点，在国内大中城市的发展速度很快，已成为金融机构设立新网点和改造旧网点的主要方式。以中国工商银行为例，截至

---

① 数据来源：中国电子银行网（http://www.cebnet.com.cn）。

2014 年 6 月底，该行拥有自助银行 21 000 多家，较 2008 年 7 085 家增加了 2 倍。[1] 同时，招商银行、光大银行等更将自助银行视为重要的发展手段，在营业网点中占有很高的比重。

从我国发展趋势分析，小型银行将更多地采用全功能自助银行作为业务拓展的主要手段，而大型银行则会依托现有传统网点发展 ATM 机作为银行柜台的补充，未来自助银行将向更高级的无人银行发展。

六、多渠道电子商务在线支付

多渠道的电子商务在线支付是指从事电子商务的当事人（包括消费者、厂商和金融机构）以网络、电话、手机等方式，在线完成货币支付或资金转移的过程。网上支付、电话支付、移动支付是电子商务支付的三种主渠道。

随着网络经济的高速发展以及我国网民的增多，信用系统、物流配送体系等外部条件的逐渐完善，电子商务市场经历了一个高速发展时期。电子商务的发展要求信息流、资金流和物流三流的畅通，其中资金流主要是指资金的转移过程，包括付款、转账、兑换等过程。在因特网上开展电子商务，支付方式可以使用在线的电子支付（如"一网通""支付宝"），也可以采用离线的传统支付方式，如利用邮政、电传等方式，即所谓的"网上贸易、网下结算"。传统支付方式缺点是效率低下，失去了电子商务本来应具备的快捷特点。因此，电子商务的资金转移主要通过在线支付来实现。

目前，电子支付业务已经进入快速发展阶段，国内推出支付产品的企业众多，如支付宝、Chinapay、汇付天下、快钱、好易联、腾讯等数十家。据艾瑞咨询调查统计，2013 年中国商业银行电子银行交易笔数超过 1 000 亿笔，电子银行交易笔数替代率达到 79.0%，网上银行交易规模超过 900 万亿元。值得一提的是，截至 2014 年年底，以支付宝为首的第三方互联网支付交易规模达到 80 767 亿元，同比增速达到 50.3%。[2]

（一）网上支付

目前，主要的网上支付工具有信用卡、电子现金、电子支票系统。

（1）信用卡支付方式。电子商务中先进的方式是在因特网环境下，通过一定的安全协议（SET 安全电子交易协议、SSL 安全保护协议等）控制，进行网上直接支付，具体方式是用户、商家、银行等网上企业通过第三方认证机构进行信用认证。认证机构保证电子货币的使用安全可靠，通过有关加密信息到银行，进行在线方式验证信用卡号和密码，最后进行货币支付。

（2）电子现金方式。电子现金是以数字化方式存在的现金货币，其发行方式包括存储性质的预付卡（电子钱包）和纯电子形式的用户数字、数据文件等形式。电子货币可匿名使用，不受银行账户的限制，不需要在线验证，电子钱包还可以随时添加现金数额，方便携带和使用，特别适合于小额度的支付。

（3）电子支票系统。电子支票的英文为"E-Cheek"，也称数字支票，是将传统支

---

[1] 数据来源：中国电子银行网（http://www.cebnet.com.cn）。

[2] 数据来源：艾瑞咨询（http://report.iresearch.cn/）。

票的全部内容电子化和数字化，然后借助于计算机网络（因特网和金融专网）完成支票在客户之间、银行与客户之间以及银行与银行之间的传递，实现银行客户间的资金支付结算。或者简单地说，电子支票就是纸质支票的电子版。典型的电子支票系统有 E-Cheek、NetBill、NetCheque 等。

目前，基于因特网的电子支票系统在国际上仍然是新事物，处于发展之中。虽然金融专网上运行的电子资金转账 EFT 和 SWIFT 系统与电子支票的应用原理类似，但距离移植到因特网上进行实际应用还有一个过程。

（二）电话支付

电话支付业务是基于中国电信固定电话网络及合作金融机构清算系统，通过电话支付终端向用户提供自助支付、自助金融等电子支付服务的电信增值业务。电话支付终端是一台集刷卡槽、交易快捷键和显示屏于一体的电话机，用户只需一条固定电话线，安装终端并开通业务后，即可足不出户进行刷卡缴费、商品订购、自助金融等。

（三）移动支付

移动支付（手机支付）是指利用移动电话采取编发短信息或拨打某个号码的方式实现支付。移动支付系统主要涉及三方：消费者、商家及无线运营商。因此，移动支付系统大致可以分为三个部分，即消费者前端系统、商家管理系统和无线运营商综合管理系统。

第 4 节　电子银行业务经营成本和效益

一、电子银行成本的核算

电子银行服务具有初始成本高昂的特征。商业银行投资电子银行业务将会导致银行总成本的增加，这个过程表现为图 9.1（A）中的总成本曲线是不断上升的。

电子银行提供虚拟金融服务的生产成本与消费者分享虚拟金融服务的规模之间呈弱相关性或近似无关，因此就提供一次服务来讲，电子银行又具有边际成本低廉的规模经济特征，电子银行业务的平均成本也会随着客户的不断增加和产品的不断增多而降低，如图 9.1（B）所示。

电子银行业务的成本包括机器设备折旧费、邮电通信费、新产品研发及其维护费用、电子银行交易费用、各级行电子银行业务营销推广费用、各级行电子银行业务宣传费、各行专职人员的工资费用、管理费用。

二、电子银行效益的核算

电子银行从其服务的对象和内容来看，是为客户提供支付结算、代理业务和信息服务为主的中间业务，其收入应纳入中间业务核算范畴。商业银行按照资产、负债、中间业务并举的原则，大力发展电子银行业务，增加电子银行的效益显得尤其重要。电子银行业务在加快业务创新、稳定与吸引优质客户、分流柜面业务、提高银行经营

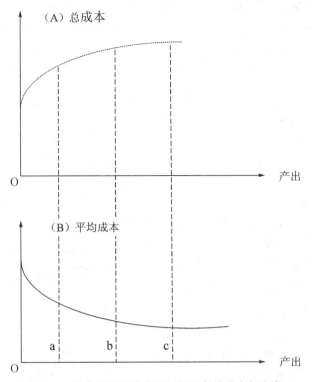

图 9.1　商业银行提供电子银行服务的成本与产出

效益、提升银行综合竞争力方面的作用日益突出。电子银行的主要产品为网上银行、电话银行、ATM 和自助银行，在此暂且把电子银行业务的效益划分为直接效益和间接效益两大类。

（一）电子银行业务直接效益的构成和核算

电子银行业务的直接效益从来源上可分为电子银行业务收入、年服务费收入、代理类业务收入、代理基金业务收入、代理国债业务收入等方面。

（1）电子银行业务收入。其具体内容包括：核算电子银行客户证书、读卡器售价与工本费的差额，网上收费站业务的收入，办理网上 B to B、B to C 等在线支付业务向特约网站收取的手续费收入。

（2）年服务费收入。其具体内容包括：核算网上银行和电话银行年服务费收入，即对企业客户收取的电子银行客户证书的年费收入、对个人客户收取的网上银行年服务费收入、对个人客户收取的电话银行年费收入。

（3）电子银行代理类业务收入、代理基金业务收入、代理国债业务收入。由于目前代理业务品种有限，市场尚未做大，效益不明显，但今后可能是发展重点之一。

（二）电子银行业务间接效益的构成和核算

电子银行间接效益包括稳定优质客户带来的效益，竞争他行客户所带来的资产、负债和中间业务等综合效益，在减少网点、人员方面节约的费用，维护客户关系方面的效益，提高银行整体竞争能力等方面的效益。

（1）分流柜面压力，减少员工节约的费用。通过将电子银行方式实现的交易量，按照每位柜台营业人员的平均业务量折算成所需人数，按照该行平均的人员费用标准，换算成相应的金额。而相应的经营性费用由于难以测算而不统计在内。

（2）竞争他行客户带来的资产、负债业务效益。电子银行可满足企业加强资金监控，加快资金流动，提高资金安全和效益的需求，因此不仅巩固和拓宽了与银行现有客户的银企合作，而且对于他行的优质客户也具有强大的吸引力。

（3）电话服务中心（Call Center）人工坐席服务折算价值。电话银行人工坐席接听客户咨询、投诉的电话数量，按照网点专职咨询人员每日接待客户咨询人次的标准，折算成相应的效益。

（三）效益分析

电子银行业务的盈利途径较为单一，能够带来较大效益的产品有限，因此应加强产品创新能力，开发出更多高效益的产品，才能进一步提高电子银行的直接盈利能力。

（1）电子银行业务与传统业务方式相比具有成本优势。电子银行业务单笔业务成本比柜面业务低，具有较为明显的成本优势。与此相比，国外电子银行的成本优势显得更为突出。据国外银行统计，处理一笔资金清算业务，传统银行分支机构的处理成本是 1.07 美元，网上银行为 0.1 美元。

由于电子银行业务具有高投入的特点，在业务发展初期，由于业务量较少，因此单笔交易成本较高，但随着交易量的攀升，电子银行的单笔成本将呈现快速下降的趋势。

（2）电子银行逐渐成为银行中间业务利润的主要来源。核心业务具备三个标准：一是成为收入的主要组成部分；二是满足客户的主要需要；三是代表未来的发展方向。目前我国商业银行电子银行业务收入占全部中间业务收入的比重接近 20%，向客户提供了包括信息服务、资金交易、理财服务等在内的较为全面的金融服务。同时，电子银行作为一个创新能力极强的平台，能够带动资产、负债、中间业务等各项产品进一步发展，进而带动相关的产品创新，使过去很多在柜台无法实现的业务在电子银行渠道实现。依托电子银行，可以为更多高价值客户设计更多高效的理财方案，提供更多差异化、个性化的服务，形成新型的合作关系，实现双赢，并且实现商业银行增长方式和盈利结构的优化。

第 5 节　电子银行业务的风险分类与风险管理

一、电子银行业务的风险分类

由于电子银行具有网络化和虚拟化的特点，其潜在风险已日益凸显，并已引起全球金融界高度重视。如何有效地防范电子银行的风险，已成为当今金融界最重要的课题之一。2001 年，巴塞尔委员会发表了《电子银行风险管理原则》（Risk Management Principle for Electronic Banking），将电子银行中与技术相关的风险归结为：操作风险、声誉风险、法律风险和其他风险。中国银监会认为，电子银行业务主要存在两类风险：一类是系统安全风险，主要是数据传输风险、应用系统设计的缺陷、计算机病毒攻击等；另一类是传统银行业务所固有的风险，如信用风险、利率和汇率风险、操作风险等，但这些风险又具有新的内涵。

本书将电子银行业务风险定义为商业银行因开办电子银行业务或已开办的电子银行业务，在经营和运营过程中由于主观或客观因素诱发的，可能给银行带来资金、业务、声誉和法律损害的事件，并将其大体划分为操作风险、声誉风险、法律风险和其他风险等。[①]

二、电子银行业务的风险管理

电子银行业务风险管理是指开办电子银行的商业银行通过风险识别、风险评估、风险应对，对电子银行业务的各类风险实施有效控制和妥善处理，期望达到以最小的成本获得最大安全保障的管理活动。一般来说，电子银行业务风险管理活动包括风险管理目标与政策、安全体系和技术、内部控制机制、风险监测与识别、风险信息处理与报告、信息披露和客户教育、应急处置、事后评价与持续改进等内容和流程。

（一）风险管理目标与政策

银行的管理层要根据银行的发展战略、风险偏好和市场因素，决策和制定电子银行业务风险管理的目标和政策，确定电子银行业务风险指导方针。决策层制定的风险管理政策和目标要自上而下地层层传递和分解，直到基层单元。

（二）安全体系和技术

商业银行要依据电子银行风险管理目标与政策，组建电子银行业务的管理部门，构建电子银行业务的安全体系，选择和运用合适的安全技术和产品。电子银行系统是一个计算机网络系统，因此选用适当的安全技术产品是构建电子银行业务安全体系的基本条件。电子银行的安全技术包括"防火墙"技术、客户身份认证技术、数字加密和数字签名技术、防攻击技术和网络安全技术等。

（三）内部控制机制

内部控制机制是指为实现电子银行业务的风险管理目标，通过制定和实施一系列制度、程序和方法，对风险进行事前防范、事中控制、事后监督与纠正的动态过程与机制。

（四）风险监测与识别

风险监测与识别是指通过对电子银行业务的运行情况和运行环境的监控和分析，识别、评估和监控各类电子银行业务风险的机制。风险监测和识别体现了主动防范和积极应对的现代商业银行风险管理思想和策略，是有效防范、应对和化解风险的基础。

（五）风险信息处理与报告

风险信息处理与报告是指对各级电子银行业务营运单元的风险报告按照规定的路径和要求进行传递、归集、报告和处置的工作机制和流程。

---

① 各类风险的定义参见本书第 11 章商业银行经营风险管理。

（六）信息披露和客户教育

信息披露是指商业银行根据监管要求、客户服务和市场需要，在适当的时间，通过适当的方式和渠道对客户进行电子银行业务的信息发布、风险提示、事项告知的工作机制和流程。电子银行业务在方便客户的同时，也在一定程度上增加了客户遭遇风险的可能性。使客户了解、接受和适应电子银行业务带来的变化，是电子银行业务抵御风险的社会基础。

（七）应急处置

应急处置是指在电子银行发生重大突发事件时的处置机制和流程。应急处置的机制和流程一般应包括事件的甄别、应急预案的制定和启用、媒体和社会的公关维护、法律的支撑和善后的处理等环节和内容。

（八）事后评价与持续改进

事后评价与持续改进是指对电子银行业务风险管理的整体能力和绩效、风险事件的识别及处理流程和结果、应急处置的措施和效果，进行的定期或不定期的事后评价和改进的工作机制和流程。引入和有效发挥事后评价和持续改进机制的作用，可以促进电子银行业务风险管理体系的自我优化和自我完善。

第6节　我国电子银行业务发展现状

我国电子银行经过十几年的发展，已经进入快速发展的新阶段。随着信息科技的快速发展、应用环境的日益成熟、客户对电子银行认识的加深和接受程度的提高，银行业竞争的日趋激烈，我国银行加快了电子银行建设。目前已形成集自助银行、电话银行、客户服务中心、网上银行、手机银行等在内的多层面的电子银行产品体系。

一、我国电子银行发展历程简述

世界范围内电子银行的发展主要经历了四个阶段。第一阶段是计算机辅助银行管理阶段，这个阶段始于20世纪50年代，直到20世纪80年代中后期；第二阶段是银行电子化或金融信息化阶段，这个阶段是从20世纪80年代后期至20世纪90年代中期；第三阶段是网络银行阶段，时间是从20世纪90年代中期至21世纪初。第四阶段是网络银行成熟及个性化发展要求日益突出阶段，时间从21世纪初至今。

我国电子银行是在现有商业银行基础上发展起来的，把银行传统业务捆绑到自助终端、电话、因特网等渠道上，向客户提供电子服务窗口。

20世纪80年代末，国内银行开办了银行卡业务。随着银行卡业务的快速发展，进入20世纪90年代后，银行开始推出自动柜员机（ATM）和销售点终端机（POS）服务。它们的出现标志着我国电子银行的萌芽，但当时大多数人并没有把对它们的认识上升到电子银行的层面上，甚至对什么是"电子银行"都不能解释清楚。随着互联网的崛起及计算机、数据库、通信技术的迅猛发展，电子商务活动引起了银行业的高度关注，我国银行业开始从战略高度来统筹考虑电子类业务问题。

1992 年，我国开通了第一个电话银行系统，客户通过拨打电话，可以进行查询、指定账户转账、缴费业务等，这也是我国银行客户服务中心的早期形式。随后，国内银行经历了普通语音电话银行、语音传真电话银行、微机图文电话终端企业银行和银行电话服务中心（Call Center）几个阶段。1999 年，中国工商银行上海分行、中国建设银行北京分行、中国建设银行广州分行等在国内建立了第一批单点集中的银行客户服务中心。

1995 年 10 月 18 日，美国亚特兰大成立了全球第一家纯网上银行——美国安全第一网上银行（SNFB），网上银行开始在全球范围内快速发展。在国内，中国银行于1996 年率先推出自己的门户网站。1997 年 7 月，中国银行网上银行系统正式投产，首次将传统银行业务延伸到互联网上。1998 年 3 月 6 日，中国第一笔互联网网上电子交易成功。1999 年以来，基于国内网民数量的几何增长和应用环境的日益成熟，网上银行在我国获得了迅猛发展，招商银行、建设银行、工商银行、农业银行、交通银行、光大银行、民生银行、华夏银行等众多商业银行以及国家开发银行、中国进出口银行等政策性银行相继推出了自己的网站和网上银行，业务覆盖了全国所有地区，业务品种从信息类、查询类服务发展到交易类银行业务，网上银行交易额近几年都保持在20% 以上的增长率。

2000 年 2 月 14 日，中国银行与中国移动通信集团公司签署了联合开发手机银行服务合作协议，并于当年 5 月 17 日正式在全国范围内先期开通北京、上海、深圳等 26 个地区手机银行服务。几乎与中国银行同时，中国工商银行也于 2000 年 5 月 17 日开通了手机银行系统，并首先在北京、天津等 12 个省市分行开通。

2000 年 3 月 24 日，招商银行发布信息，宣布已与广东移动深圳公司合作，联合在深圳推出手机银行服务，随后在重庆、武汉等几个城市推出。2000 年 4 月 26 日，中国光大银行宣布推出手机银行服务。2004 年 9 月，中国建设银行手机银行项目推出，并于 2005 年年初与中国联通达成协议，使用码分多址（CDMA）手机的建设银行用户可以用手机缴纳水、电、气、电话、交通等各项费用。交通银行、民生银行等银行也都相继推出了手机银行业务。2004 年，在有线电视视讯宽带网基础上，以电视机与机顶盒为客户终端实现联网，办理银行业务的一种新型自助金融服务——家居银行概念在国内兴起，目前中国银行、建设银行、招商银行正在国内部分地区进行试点。电子银行逐渐成为银行竞争的主战场和争取客户的重要手段。

随着技术的普及和发展，电子银行业务逐渐成为各商业银行招徕客户、维护客户关系的重要手段。然而随着网络银行业务的成熟，各商业银行间同质化日益严重，各商业银行不得不开始谋求通过差异化服务来稳固和抢占自身的市场地位。例如，中国建设银行于 2014 年推出"善融商务"特色服务平台，该平台作为同业首创，包括了企业商城（B2B）、个人商城（B2C）、"房 e 通"等服务，充分聚合了"商"和"融"的特点，涵盖商品批发、商品零售和房屋交易等领域，既能为客户提供全流程电子商务在线交易服务，又有信贷融资、信用卡分期、金融理财等特色金融服务。①

通过回顾我国电子银行发展历史可以看到，我国电子银行建设的基本路径是：自

---

① 数据来源：新华网（http://www.xinhuanet.com/）。

助终端→自助银行→电话银行→客户服务中心→网上银行→手机银行。我国电子银行的发展史同时也是一部创新史，电子银行就是在不断的创新中产生和发展起来的。

二、我国电子银行业务发展现状介绍

自 1998 年 3 月我国首家网上银行开通至今，短短十几年的时间，我国的电子银行业务已经迅速发展起来，初步建立了以电话银行、手机银行、网上银行和自助银行为主的立体电子银行体系，形成了以招商银行、工商银行等的先行者优势和其他商业银行纷纷效仿、追随的竞争格局，并且正在向着"人有我优，人优我新"的竞争战略转变，呈现出"百家争鸣，百花齐放"的新景象。

（一）国内网上银行发展现状

自从 1996 年中国银行开国内网上银行之先河以来，国内各大商业银行也纷纷跟进，网上银行业务在我国迅速发展起来。到目前为止，我国商业银行几乎都拥有自己的专用网址和主页，并可以借助网页开展实质性的网上银行业务。据艾瑞咨询的统计数据显示，截至 2014 年 5 月，仅建设银行个人网上银行开户数就达到 1.6 亿户，这个数字是 2008 年整个中国网上银行开户数的总和。网上银行的交易额也快速增长，2013年，我国网上银行交易规模达 930.2 万亿元，较 2012 年增长 24.6%，连续多年保持20%以上的增长率。① 从数据显示的高增长率可见，同传统营业网点相比，网络银行的发展势头可谓一日千里（如图 9.2 所示）。

图 9.2　2009—2017 年中国网上银行交易规模及增长率

资料来源：综合企业公开财务报表及银监会统计信息，根据艾瑞统计预测模型估算。

---

① 数据来源：艾瑞咨询（http://report.iresearch.cn/）。

目前我国网上银行业务开展较好的是中国工商银行和招商银行。中国工商银行于2000 年推出网上银行业务，旗帜鲜明地将网上银行、电话银行、手机银行归为一类，统称电子银行；树立了以"金融 e 通道"为主品牌，以"金融 e 家""工行财 e 通""95588"为子品牌的电子银行品牌体系；形成集资金管理、收费缴费、金融理财、电子商务和营销服务功能于一体的综合金融服务平台。其个人网上银行品牌"金融 e 家"拥有 12 大类，60 多项功能；企业网上银行品牌"工行财 e 通"能为企业和同业机构提供 6 大类，36 种自助金融服务。截至 2014 年年底，中国工商银行个人网上银行客户已达 1.8 亿户，手机银行客户达 1.4 亿户，电话银行客户达 1.1 亿户。中国工商银行电子银行交易额超过 400 万亿元人民币，同比增长近 20%，再创历史新高，目前中国工商银行拥有国内最庞大的电子银行客户群体。中国工商银行的网上银行在国内外多次获得殊荣：连续多年赢得美国《环球金融》杂志评选的"中国最佳个人网上银行"称号，在 2005 年 12 月中国互联网产业品牌 50 强的评选活动中，获得网上银行类第一名。

招商银行于 1997 年 4 月推出银行网站，是国内第一家推出网上银行业务的银行，目前已形成了以网上企业银行、网上个人银行、网点支付、网上商城、网上业务五大子系统为主的网上银行服务体系。截至 2014 年年底，招商银行企业网上银行用户突 54 万户，网上交易金额突破 48.48 万亿元，个人网上银行用户超过 1 863.25 万户，交易规模达到 8 000 亿元以上。据不完全统计，招商银行网上银行约占行业市场份额的 5% 左右。①

中国银行网上银行业务于 1997 年 7 月启动，目前主要提供"企业在线理财""汇划即时通"和"银证快车"三大系列服务。其个人网上银行推出了特色业务"外汇宝"、开放式基金等多种自助投资服务；企业网上银行中的特色服务"报关即时通"和"期货 e 支付"可以使用户轻松实现网上支付通关税费、异地报关以及期货保证金出入支付等。

中国建设银行于 2004 年 4 月推出网上银行系统 3.0 版，统一了电子银行品牌"e 路通"，先后推出全国龙卡支付、柜台签约、"查得快"、网上双币种贷记卡业务等，并逐步向着"客户足不出户，全面提供银行业务"的目标迈进。

中国农业银行在 2000 年建成网上银行中心，2005 年 3 月成立了专门的电子银行部，网上银行服务新增了贷记卡业务、智能安装包、漫游汇款、企业及个人跨中心实时到账、批量复核等功能。

上海浦东发展银行是开展网上银行业务的后起之秀，其"轻松理财""电子客票""网上二手房"等服务独具特色。"轻松理财"系列产品集网上银行、电话银行、手机银行等强大功能于一身，从支付、投资、理财、融资、资讯等方面为客户搭建了一个轻松高效的理财平台。2006 年 4 月，浦发银行推出的"浦发创富——公司网银离岸查询服务"，可以使企业客户及时掌握离岸业务信息，方便客户开展离岸业务。

（二）国内电话银行发展现状

电话银行早在 1992 年就在我国出现了，但直到 1999 年国内建立第一批银行客户服

---

① 数据来源：招商银行 2014 年年报。

务中心，电话银行才进入快速发展时期。此后，银行业的客户服务中心又提出了统一号码、统一监控、统一路由、统一分配、集中管理的战略思路，各商业银行陆续进行了数据大集中，把电话银行业务集中到总行统一管理，实现了业务处理模式的标准化和管理的集约化。

现在，我国电话银行的产品种类进一步丰富，功能进一步完善，不仅能提供账户查询、转账、代理缴费、银证转账、外汇买卖等业务，各银行还推出了自己的特色服务。例如，2004 年，中国工商银行实现了电话银行国内异地以及我国香港与内地的漫游功能；2005 年 8 月，招商银行推出以英语作为操作平台语言的英语版电话银行，为外国商务人士提供更为便捷的服务。

此外，电话银行的产品线也进一步拓展，开发出了一系列更适合电话银行特点的新产品。例如，中国银行的"黄金宝"业务和中国工商银行的"买卖纸黄金"业务都可以通过电话银行进行；工商银行和建设银行推出了基于电话银行平台的电话彩票投注业务；工商银行和招商银行的电话银行还能为电子商务提供 B2C 在线支付功能，客户在网上定购产品后，可以通过电话银行进行转账支付。

（三）国内手机银行发展现状

截至 2014 年年末，我国手机银行客户规模达 5.46 亿户，交易规模超过 12 万亿元人民币。由于手机具有便捷及时的特性，客户可以得到随时随地的服务，这样一种大众化的便捷通信工具成为支付工具是一种必然趋势。

我国的手机银行业务始于 1999 年。2000 年，中国移动联合多家商业银行推出了手机银行业务，提供账户查询、转账、缴费和证券信息等服务。2004 年开始，各大银行纷纷推出的新一代手机银行业务，可以进行现金存取以外的大部分银行业务。例如，中国建设银行于 2005 年年初推出的手机银行服务采用 BREW（Binary Runtime Environment for Wireless，无线应用下载）传输技术，实现了全国开通、全网漫游，使用 CDMA 手机的建设银行用户可以直接用手机缴纳水、电、气、电话、交通等各项费用。

国内的手机银行业务大多是以 SMS 制式来服务，即银行短信服务。2005 年年初，交通银行推出了 WAP 通信方式的手机银行服务，可以说是国内第一家"真正"的手机银行。其业务包括个人理财、外汇宝、基金业务、公共服务、卡号管理五大类，客户可以通过无线上网或短信方式实现账户查询、账户转账、外汇买卖、基金代销等在线金融交易。

（四）国内自助银行发展现状

ATM 系统和 POS 系统在我国的发展非常迅速。截至 2013 年年底，我国 ATM 装机量达到 52 万台，并在 2014 年超越美国成为世界上拥有 ATM 设备最多的国家。据万得资讯数据显示，截至 2013 年，我国联网 POS 机市场保有量达到 712 万台，连续多年呈高速增长趋势。

2003 年，银联组织的成立实现了在 ATM 上跨行交易，大大加快了其推广应用。现在的 ATM 自助终端除了能提供修改密码、查询余额、取现等传统功能外，还可提供存款、转账、缴费和其他高级功能。

随着无线技术和网络技术的发展，目前我国还出现了无线 ATM、无线 POS、智能刷卡电话等新型的支付终端。无线 POS 可应用于星级宾馆、餐饮娱乐、百货超市、票务配送、交通运输等服务，如航空票务及商品配送行业，可携带 GPRS 移动 POS 机上门刷卡，一手刷卡一手交货，既方便了客户，又保证了货款的安全。2006 年 4 月，一种集成了刷卡支付功能的新型电话面世，支付方式带来一场新的变革。

（五）互联网金融兴起对电子银行业务的影响

近年来，随着京东、阿里巴巴以及苏宁等电子商务平台涉足金融领域，探索互联网金融业务。电子商务+金融的互联网新模式焕发了极强的生命力。以阿里巴巴为例，阿里巴巴已经实现了包括贷款、担保、信用卡、保险以及支付结算等业务在内的全方位金融解决方案。截至 2013 年年底，第三方支付市场规模达到人民币 16 万亿元。当年共处理互联网支付业务 150.01 亿笔，金额达 8.96 万亿元，分别较 2012 年增长 43.47%和 30.04%。支付机构共处理移动支付业务 37.77 亿笔，金额达 1.19 万亿元，分别较 2012 年增长 78.75%和 556.75%。其中，支付宝市场占有量超过 50%，成为中国乃至世界最大的第三方支付手段。2012 年，"余额宝"的出现极大地刺激了互联网金融创新的发展。截至 2014 年年底，"余额宝"规模达 2 500 亿元人民币，客户超过 4 900 万户，发展成为货币基金市场不容忽视的强大力量。2013 年，阿里巴巴设立淘宝理财事业部，开始涉足保险等业务。

互联网金融给传统商业银行带来了强大的冲击，使得金融巨头们感到了深深的寒意。某商业银行董事长上任伊始就表示："互联网金融的发展会彻底颠覆传统商业银行的经营模式、盈利模式和生存模式，这需要我们做出变革。"[1]

【本章小结】

（1）高速发展的现代信息技术、客户对银行服务的多样性与个性化需求、银行间日益激烈的竞争是商业银行电子银行业务产生的大背景，而电子银行的蓬勃发展导致了商业银行和非银行金融机构之间的界限越来越模糊、银行业由"分业经营"逐步转向"混业经营"、金融"脱媒"趋势加剧、金融服务业出现"两级发展、协同共存"的格局。

（2）电子银行是指以计算机、通信技术为媒介，客户使用各类接入设备自助办理银行业务的新型银行服务手段。其产品和服务包括以下特点：自助服务、多方位全天候服务、边际成本低、科技含量高、业务多样、综合性强等。

（3）电子银行的产品按使用方式和渠道的不同，可以分为网上银行、电话银行、手机银行、自助银行、ATM、POS 以及多媒体自助设备等。电子银行业务的产品功能基本包括了除现金交易外的资产、负债和中间业务等全部银行服务功能。

（4）电子银行服务具有初始成本高昂、边际成本低等特征。电子银行的效益可划分为直接效益和间接效益两大类，电子银行业务在加快业务创新、稳定与吸引优质客

---

[1] 《创新发展电子银行加快传统业务转型》，http://www.nmg.cei.gov.cn/gflt/201412/t20141215_100659.htm

户、分流柜面业务、提高银行经营效益、提升银行综合竞争力方面的作用日益突出。

（5）电子银行业务主要存在两类风险：一类是系统安全风险，主要是数据传输风险、应用系统设计的缺陷、计算机病毒攻击等；另一类是传统银行业务所固有的风险，如信用风险、利率和汇率风险、操作风险等，但这些风险又具有新的内涵。

（6）自 1998 年 3 月我国首家网上银行开通至今，短短几年的时间，我国的电子银行业务已经迅速发展起来，初步建立了以电话银行、手机银行、网上银行和自助银行为主的立体电子银行体系，形成了以招商银行、工商银行等的先行者优势和其他商业银行纷纷效仿、追随的竞争格局，并且正在向着"人有我优，人优我新"的竞争战略转变，呈现出"百家争鸣，百花齐放"的新景象。

（7）信息技术的快速发展，实现了互联网开放、平等、协作、分享的精髓。以互联化、数字化、智能化为特色的信息技术创新给电子商务、电子支付、网上金融超市在内的互联网金融创新带来了活力和契机，传统的商业银行经营模式面临着互联网创新的有力挑战。

思考练习题

1. 简述电子银行发展给金融行业带来的影响。
2. 简述电子银行的产品和服务的特点。
3. 简述电子银行经营成本的特点。
4. 简述电子银行服务的风险。
5. 简述我国电子银行的发展历史。
6. 简述互联网金融的发展对电子银行的冲击。
7. 试比较传统金融与互联网金融的区别和联系。

第 10 章　商业银行营销管理

内容提要：商业银行营销是现代商业银行经营中的一个重要特色，也是商业银行竞争力的体现。本章介绍了商业银行营销的概念、商业银行营销管理的演进过程、商业银行市场营销的三个战略步骤、商业银行实施客户经理制的必要性、银行形象识别系统的重要性及其基本的组成部分、我国商业银行营销管理的发展历程和现状。

银行营销是企业市场营销在金融领域的进一步发展和应用。银行是经营货币这种特殊商品的企业，与一般的工商企业有很大的区别，因此银行营销也有别于普通企业的营销，具有自己的特点。

第 1 节　商业银行营销管理概述

商业银行营销管理就是要充分利用诸如市场定位、促销、分销等一系列营销方法和技巧，满足客户需要，促进银行产品或服务的销售，实现银行盈利。

一、商业银行营销的涵义和组成部分

（一）市场营销的定义

市场营销最早起源于日本，现代意义上的市场营销起源于 19 世纪中叶的美国。美国国际收割机公司的创办人塞勒斯·麦考米克在收割机销售中创造了市场研究、定价政策、服务推销、维修服务、分期付款、销售贷款等多种营销手段。自此，市场营销逐渐成为现代市场经济活动的重要组成部分，并取得了长足的发展。

美国营销协会（American Marketing Association，AMA）于 2004 年在整合全球营销理论界和实践界诸多贡献的基础上，对"市场营销"下了一个比较权威的定义：市场营销既是一种组织职能，也是为了组织自身及利益相关者的利益而创造、传播、传递客户价值，管理客户关系的一系列过程。这一定义强调了营销活动要渗透到全部组织职能中，要以客户为中心，重视客户关系。

（二）银行营销的涵义和过程

按照国际货币基金组织的分类标准，商业银行属于金融服务业。所谓金融服务，是指金融机构运用货币交易手段融通有价物品，向金融活动参与者和顾客提供的共同受益、获得满足的活动。商业银行营销是市场营销学在银行业务中的具体应用。然而在经济全球化不断深入、金融管制逐渐放松的环境下，商业银行所提供的产品和服务

已经超越传统的银行业务范围。因此，商业银行营销应该放在金融服务营销的范畴中讨论。

商业银行营销的目标是通过向消费者提供所需求的金融服务，满足客户金融需求，为客户创造并传递价值，从而实现自身的收益最大化。银行营销过程大致可以分为六个步骤（如图10.1所示）。从图10.1中可以看出，银行营销是一个循环的过程，它以确定和满足消费者对银行服务的需求为出发点和终结点。步骤（2）、（3）、（4）是营销的具体组合，是商业银行营销管理的主要部分。有效的营销组合是银行取得成功的关键。步骤（5）是商业银行向客户传递价值、实现自身收益的过程。成熟的销售管道有利于银行产品快速推向市场，抢在其他银行模仿生产类似产品之前占领市场。步骤（6）是研发环节，这是商业银行保持产品或服务与市场同步的秘诀。营销过程的各个环节是紧密相连、并行不悖的，这一过程中客户关系的管理一直贯彻始终。

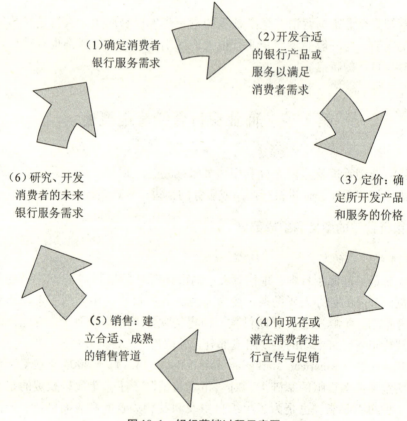

图10.1 银行营销过程示意图

资料来源：阿瑟·梅丹. 金融服务营销学［M］. 王松奇，译. 北京：中国金融出版社，2000.

（三）银行营销的组成部分

银行营销是一项综合、连续的管理活动。由于银行产品或服务的易复制性，银行营销就显得尤其重要。营销效率关系到商业银行能否在竞争中取得优势。为了实现高效营销，银行必须建立完善的营销系统，将各种为实现营销目标的经营要素整合起来，形成一个体系。一般来说，银行营销系统包括环境分析系统、营销战略计划系统、营销组合系统、营销组织与控制系统四部分。

银行营销环境分析系统包括宏观环境与微观环境。宏观环境主要包括政治环境、经济环境、技术环境、法律环境、社会文化环境等；微观环境主要包括银行自身环境、客户环境、竞争者环境以及其他机构与组织环境等。

银行营销战略计划系统是指银行根据银行现在和未来的营销目标，结合自身特点与外部环境来选择营销战略体系的过程。银行营销战略主要包括市场领导者战略、市场竞争者战略、防御型战略、市场进攻型战略、市场追随者战略、市场夹缝战略、市场渗透者战略等。营销计划应该根据银行所处不同阶段，运用不同的具体战略、策略，开展营销活动，从而实现商业银行营销目标。

银行营销组合系统主要负责银行营销策略的选择，包括产品策略、定价策略、分销策略、促销策略、银行形象设计策略、人才策略等。

银行营销组织与控制系统负责银行营销过程的具体执行。组织系统是以营销经理为中心，领导所有营销人员，相互配合、协调工作；控制系统是指当营销计划出现偏差时，及时对计划做出反应，评估计划执行情况，随时调整营销计划。

二、商业银行营销的主要特征

商业银行营销对象是金融产品和服务，这与一般商品的营销有以下的不同特征：

（一）不可感知性

大多数银行服务具有不可感知性，这是因为服务本身不具有物理度量尺度。因此，普通消费者很难对银行产品或服务进行智力理解，产品本身也无法向消费者进行展示、示范，消费者的决策过程也由此显得更加复杂。

（二）不可分割性

银行产品除了某些是可分割的，如养老金方案，大多数是综合性服务，而服务本身也是一种过程化的、被体验的东西，因此银行产品一般具有不可分割性。

（三）银行业务具有相似性和差异性

金融业务大多为无形产品，而且金融业务的可复制性较强，各个银行提供的金融产品非常相似，可区分性很低。同时，银行服务在生产和消费的过程中，其服务质量很不稳定。不同产品、不同时间，银行服务都是有差别的。

（四）双向信息交流

银行服务不是一次性买卖，而是一种长时间内的双向交易。这种信息交互方式使消费者可以对银行"用脚投票"，也使商业银行可以收集到消费者的一系列关于账户情况、信用情况等有价值的信息。

三、商业银行营销的主要任务

银行营销作为一项综合性的管理活动，其根本目的是为了实现自身的收益，达到利润最大化的目标。除此以外，银行营销还必须完成以下几项任务：

（一）有效满足客户的需求

满足客户需求是银行开展营销活动的前提和最终目的，离开这一目标，银行的营销活动就会失去方向。因此，银行在营销中必须把满足客户需求作为中心。

（二）强化全体员工的营销意识

银行作为服务业的一种，任何一个员工的态度代表着银行的整体形象，任何一个部门的所作所为都对营销效果有影响。银行内部各个部门甚至每个员工都必须相互合作，这样才能达到最好的营销效果。可以说，银行营销是全体员工的共同事业。因此，必须强化每个员工的营销意识。

（三）自觉维护社会利益

银行在现代经济活动中发挥着支付中介、信用中介、信用维护、信用创造等一系列功能，对整个社会的资金配置起着关键性的作用。因此，银行的营销活动必须兼顾到整个社会的发展与社会的长远利益。银行营销的目标应该是自身利益与社会利益的双赢。

四、商业银行营销管理的发展历程

商业银行营销管理经历了以下几个阶段：

（一）排斥期

1958 年以前银行处于卖方市场，银行服务供不应求，银行掌握着自己产品的供应，完全没有必要去营销，也没有营销的观念。

（二）导入期

1958 年举行的全美银行协会会议第一次公开提出金融业应该树立市场营销观念。这一时期，各种银行业和非银行金融机构大量成立，金融业的竞争日益激烈，银行的垄断地位发生动摇，银行从业人员也改变了以前对营销观念的排斥态度，银行营销管理时代正式到来。

（三）传播期

20 世纪 60 年代，西方银行零售业务发展迅速，竞争加剧，一些银行试图吸取消费品市场的经验，广泛应用广告与促销手段。当时人们对银行营销的认识十分肤浅，认为银行营销只不过是广告和促销的代名词，营销人员的主要任务也仅仅是做好广告宣传，以此来吸引顾客。

（四）创新期

20 世纪 80 年代，银行业的竞争更加激烈，一些银行逐渐意识到有必要寻找一种新的方法以区分自己和竞争者，银行开始意识到金融创新是一项潜力更大的营销活动。金融管制的放松进一步促进这种创新活动的发展，很多新型金融工具应运而生。

（五）系统化期

20 世纪 90 年后，银行业的迅速发展，进一步推动了营销管理的变革。银行视营销为分析、计划、执行、控制等环节构成的系统。这一阶段，银行对营销有了更深入的理解，将银行营销看成一个整体。为了更好地营销，银行必须综合分析各种因素，将银行营销系统化，促使银行各个部门相互合作。

第 2 节　商业银行市场细分和定位

商业银行市场营销的成功，很大程度上取决于能否正确辨认和分析不同消费者的不同需求，然后设计一套有针对性的营销组合来满足这些需求。因此，银行营销成功的关键在于正确地进行市场细分，做到有的放矢，有针对性地采取营销策略，有效地展开目标市场的营销。

一、商业银行市场细分的益处

市场细分是指把一个异质市场（需求不同的市场）划分为若干个更小、更匀质的市场的过程。简单地说就是将一个复杂市场分成一个单纯市场的集合。有效的市场细分必须满足四个条件：细分市场的特征必须是确定的、可度量的；每个子市场都应当可以通过恰当的营销策略得到；每个子市场都必须有产生利润的可能；不同的子市场对应不同的营销活动。

商业银行进行市场细分的益处主要体现在：市场细分能更加精密地将银行资源与市场要求匹配，进而减少损耗；能更加精确地满足消费者需求，增加消费者满意度；能够选择某一些消费群体，使得银行能够将精力集中在范围更小的目标上，因此能够深刻了解该消费群体的需求和要求；可以通过把已知的消费群体的特征应用到新的、潜在的消费者身上，来预测新的消费者的需求；可以通过提高消费者满意程度来保留消费者，通过消费者群的变化来预测消费者的需要。[1]

二、商业银行市场细分的基础

市场细分的基础是指"用于消费者分类的消费者某个特征或某组特征"[2]。细分的基础广义上可分为两类："特定的消费者"基础和"特定的情况"基础。这两组基础还可以根据它们是否能被客观测量（可观测），或者是否必须要经过推断才能得出（不可观测）进行分类（如表 10.1 所示）。

表 10.1　　　　　　　　　　　市场细分表[3]

特定客户	特定情境	
可观测	地理人口统计： 文化、社会经济、地理、人口因素	行为： 用户状态、使用情况 频度、品牌效应以及赞助和使用情况
无法观测	心理： 人格特征和生活方式	心理描述： 利益、态度、感知、偏好和意图

① Jeffrey S. Harrison, Caron H. John. Foundations in Strategic Management [M]. 5th edition. 大连：东北财经大学出版社，2005.

② Wendell R. Smith. Product Differentiation and Market Segmentation as Alternative Marketing Strategies [J]. Journal of Marketing, 1956, 21 (1).

③ R. E. Frank, Y. Wind. Market Segmentation [M]. N. J.：Prentice Hall, 1972.

（一）地理及人口统计细分

地理是最早用于细分市场的变量，银行可以根据国家、地区、城市规模等因素将整个市场划分为不同的小市场，开发不同的银行产品和服务，采取不同的营销策略和措施。人口统计变量是依据年龄结构、性别结构、家庭规模、家庭生命周期等因素来细分市场。

（二）社会经济细分

社会经济细分主要是指基于社会阶层和经济收入变量所做的市场细分。社会阶层是对人们的教育背景、职业和收入的衡量。研究表明，在对资金的储蓄和投资方面，较低社会阶层一般倾向于选择一个更加有形的业务。相反，较高社会阶层则倾向于承担更多的风险，从有形性更小的储蓄中寻求更高的回报（Median，1984）。按收入细分，个人客户可以分为高、中、低三个阶层。不同收入阶层的客户有不同的银行服务需求。

（三）心理细分

心理细分是根据消费者的生活方式和个性，通过心理学分析，判断消费者的需求类型，对市场进行细分。例如，针对追求时髦的年轻人的营销策略与针对过普通日子的老年人的营销策略是不同的。

（四）行为细分

根据消费者对产品的了解程度、态度、使用情况及反应等将他们分成不同的群体，叫做行为细分。主要的行为因素变量包括购买时机、购买方式、购买数量、使用者状况、品牌忠诚度等。

三、商业银行目标市场的选择

目标市场是指商业银行为满足现实的或潜在的客户需求，在市场细分的基础之上，确定将要进入并重点开展营销活动的特定的细分市场。市场细分之后，商业银行应该根据自己的目标和能力，选择目标市场，可以选一个也可以选几个，这取决于商业银行对细分市场结构和自身资源状况的分析。合理选择、确定目标市场的方式至关重要，将直接影响到商业银行经营的成败。概括来说，商业银行可以采用的目标市场战略有以下三种：

（一）无差异策略

无差异策略是指商业银行将整个市场视为一个目标市场，用单一的营销策略开拓市场，即用一种产品、一种市场营销方式针对市场所有的客户需求。无差异策略的实质就是不进行市场细分，这样做的一个好处是节省成本，缺点是忽略了客户需求的差异性，缺乏针对性。

（二）差异性策略

与无差异策略恰恰相反，差异性策略是指银行把整个市场按一定标准分成若干个子市场后，从中选取两个或多个子市场作为目标市场，并分别为每个目标市场设计一套专门的营销组合。这一策略的优点是相对风险较小、能充分利用目标市场的各种经营要素，缺点是成本费用较高，适合大中型银行采用。

（三）集中性策略

集中性策略是指银行将整个市场按一定标准细分为若干个子市场后，从中选取一个子市场作为目标市场，针对这一个目标市场，设计一种营销组合，集中人力、物力、财力投入其中。这一策略的特点是目标集中。这一策略的优点是能更仔细、更透彻地分析和熟悉目标客户的需求，能更好地贴近客户需求，从而能使银行在某个子市场获得垄断地位。这一策略的缺点是风险较大。这一策略适用于资源不多的中小银行。

四、商业银行市场定位

市场定位是指商业银行选择细分市场以后，根据其实际的业务范围、目标市场的竞争状况、自身的内部条件等，进行自身形象设计，把自己同竞争者区别开来，显示出自己的特色，以求在这一细分市场中占据较有利的地位。市场定位的目的是为自己的产品创立鲜明的特色和个性。因此，商业银行在进行市场定位时，既要了解客户对产品各种属性的重视程度，又要了解竞争对手的产品特色，最终实现目标定位。商业银行市场定位的过程可分为以下五个步骤：

（一）确定定位层次

确定定位层次，即要确定银行服务所针对的客体，可以是某个行业、某类公司、某种产品组合等。一般来说，确定定位层次有四个层次：

（1）行业定位：银行业整体的定位。

（2）机构定位：把商业银行作为一个整体在银行业中的定位。

（3）产品和服务部门定位：将银行产品分门别类，确定各类产品的定位。

（4）个别产品和服务定位：某项特殊产品的定位，如对信用卡业务进行定位。

（二）识别重要属性

识别重要属性，即识别目标市场客户群体所具备的属性或者重要特征。这是影响目标市场客户购买决策的重要因素。很多时候，客户决定购买一项产品主要不是因为这种产品本身的属性，而是他们感觉到了不同银行在这种产品间的差别。例如，众多客户接受昂贵的白金卡不是因为这种信用卡本身的功能，而是因为这种卡是其身份的证明。

（三）制作定位图

绘制定位图就是要在图上表示出本商业银行和竞争者所处的位置或本银行各项业务所处的位置。

（四）定位选择

定位选择，即如何设计、培养特色产品使其满足特定客户需求和偏好，并努力传递这些特色的过程。一般有三种定位方法：

（1）正向定位：针对不同需求和偏好推出不同产品。

（2）反向定位：推出与竞争对手不同特色的产品和服务。

（3）重新定位：针对不受客户欢迎、市场反应不好的产品进行的二次定位。

（五）执行定位

这是定位的最终目的，需要商业银行通过各种手段，如广告、员工服务态度和行为举止等传递出去，并取得客户的认可。商业银行要想让最终的定位与期望的定位一致，就必须使银行的各种营销因素都恰当地反映出这一定位，并能共同传播这一定位的银行形象。

第 3 节　商业银行营销战略

银行营销战略是银行开展具体营销活动的核心，营销战略选择合适与否直接关系到营销效果。随着社会经济的发展和全球一体化的进一步加深，金融市场的竞争日益激烈，为了占领市场、扩大市场份额，金融机构必须选择并应用好营销战略。

一、营销战略及其作用

"战略"一词最早是军事用词，后来被推广到其他领域，尤其是企业经营过程中。战略被认为是影响企业长期发展的一个重要因素。营销战略是指在一定时期内面对不断变化的市场环境，为求得生存与发展，在综合考虑外部市场机会与内部资源状况等因素的基础之上而进行的总体性谋划，是银行经营思想的具体体现，也是银行一切经营活动的指南。营销战略涉及三个方面的内容：确定市场目标、选择市场定位、制定合适的营销策略。有效的营销战略是银行充分利用自身资源、实现发展目标的基本保证，是关系到营销效果乃至是经营成败的关键因素。具体来说营销战略主要有以下作用：

（一）减少银行经营盲目性，使银行行动方向明确

银行经过对市场环境详细全面的观察与分析后制定的营销战略，不仅可以使银行在顺境中快速发展，也能考虑到逆境中应该采取的措施，从而使得银行能更好地把握未来的活动，在复杂的环境中避免重大失误和损失，同时也能更快地捕捉到机会。

（二）统一规划，使银行营销的各个环节能协调配合

银行的营销战略会影响到银行各个环节。合理的营销战略应该是产品的开发、定价、分销与促销策略的合理有效组合，是各个组织单位、人员结构、网点设置等方面的协调统一。

（三）调动银行员工的积极性，协调各个部门和营销部门的关系

有效的营销不仅仅是营销部门的事情，而是整个银行各个部门共同的目标。银行制定营销战略有利于在营销活动中形成一个共同的认识，加强不同部门的协调配合，使得部门间的矛盾和冲突能降低到最低点。同时，一个有效的营销战略也能够调动员工的积极性、主动性，增强凝聚力，提高工作效率。

二、银行营销战略的主要内容

20 世纪 70 年代以来，金融创新日益发展，营销战略的内容变得更加丰富，并逐渐趋于体系化。总体来说，市场营销战略包括产品策略、价格策略、渠道策略、促销策略等。以下分别是传统营销和现代营销的具体内容。

（一）传统营销战略的内容

20 世纪 80 年代以前，市场营销经历近百年的发展已经变得很成熟，营销策略组合要素也由最初的产品营销四要素发展为服务营销七要素。

（1）产品（Product）。产品，即核心产品—形式产品—附加产品（主要是无形产品）。为了在激烈的竞争中脱颖而出，银行在制定战略时必须以满足客户不同需求为根本出发点。

（2）价格/定价（Price）。一种金融产品的问世，对它的定价非常重要，合适的价格不仅可以促进金融产品的销售，也可以较大地提升银行利润，因此价格是银行营销的一个重要手段。

（3）分销渠道（Place）。不同的分销渠道直接影响银行的经营成本，进而影响银行的利润水平和长期发展。销售渠道的选择，涉及能否和中间商协调好关系，能否在合适的地点、合适的时间向消费者提供银行产品和服务。

（4）促销（Promotion）。促销是使顾客及时获得商业银行产品信息的有效手段，直接影响到营销活动的效果。银行可以借助于电视、报纸、现场宣讲等各种宣传活动，增强客户对产品的了解；树立银行形象，最终达到增加销售的目的。

（5）过程（Process）。过程是指银行对整个营销活动过程进行组织、协调与控制。整个营销过程，从始至终必须要有系统的管理，任何一个环节出错都会影响到整体。

（6）有形展示（Physical Evidence）。银行利用各种有形展示工具（如 POS、ATM 等终端设备）向客户生动、形象地传送各种营销信息，可以使消费者、员工更容易接受，也可以塑造良好的企业形象，使消费者产生信任感。

（7）人员（People）。在整个银行营销过程中，人员的素质是最重要的，只有高素质的人员才能做出高素质的营销，银行的营销目的才能达到。

（二）现代营销战略的内容

20 世纪 80 年代以后，银行业的竞争进一步加剧，市场营销战略也取得了进一步发展。理论界和实务界对市场营销战略做了更多的研究分析，认为营销战略还应该包括以下内容：

（1）营销主要对象。营销对象既可以是人也可以是物，既可以是有形的也可以是无形的。当然战略对象的中心应该是客户，通过对其特征进行详细分析，寻找所需服务，从而为开发新产品提供思路。此外，银行可以通过美化营业场所、改善服务态度来营造让客户满意的营销环境。

（2）公共关系（Public Relations）。现代营销学十分重视人际关系，甚至是将其作为衡量营销活动效果的一个重要指标。银行应该通过各种途径树立良好的形象，这是银行重要的无形资产。在各种宣传活动中，银行既要让客户充分了解本行的产品，又要努力向客户传达一个良好的公共形象，给顾客留下美好的印象，这样才能与客户建立长久稳定的关系，其营销效果也会事半功倍。

（3）政治力量（Political Power）。根据菲利普·科特勒的最新营销理论，在当前仍然存在大量贸易保护行为的情况下，营销机构不应只局限于顺从和适应环境，还要学会运用各种手段去影响环境，其中最重要的一项就是政治力量。政治为经济利益服务，这是现今国家政治的一个重要方面，外交使团大批量采购就是一个例证。

三、银行营销战略的主要特征

（一）营销战略的内容具有社会性

银行在制定营销战略的时候一定要考虑到对社会利益的影响，必须符合社会利益、国家利益。银行在现代经济金融生活中扮演着十分重要的角色，银行的每一项活动都要受到宏观经济政策的影响，因此营销战略必须与宏观经济政策相符，这样才能保证银行发展不会受到政策制约。

（二）效益性与稳定性

效益性是指银行营销战略要以最小的投入获得最优的效果。稳定性是指营销战略已经确定就不能随意更改。

（三）长期性与针对性

银行营销是关系到银行持续发展的问题，而非一时之举，因此银行在制定营销战略时必须着眼于未来。针对性是指银行在制定营销战略时要针对客户需求特征、周围环境特征、未来发展趋势，做出战略选择。

四、银行营销战略的主要类型

（一）市场领导者战略（Market Leader Strategy）

市场领导者是指那种规模较大、实力较雄厚、在金融市场处于主导地位的银行。市场领导者可以充分利用"第一位"的指导思想，努力在客户和公众心目中留下深刻印象，向公众努力宣传自身优势，维持并提高现有的市场占有率。

（二）市场竞争者战略（Market Challenger Strategy）

市场竞争者是指那种实力仅次于市场领导者，同样位于前列的企业。市场竞争者战略适合于较有实力的大型银行，他们可以凭借自身的优势与市场领导者展开竞争。市场竞争者相对于市场领导者来说必须要有某一方面的优势，必须能经得住市场领导者的反击。

（三）防御型战略（Defensive Strategy）

防御型战略是指面对强大竞争者所采取的一种防守反击战略。银行可以将服务集中于某些特定的群体，以保持一定的顾客量，维持现有市场占有率。这是一种比较保守的营销战略，但同时也是在竞争压力巨大的情况下，保持银行持续发展能力、维持核心业务的必要选择。

（四）市场进攻型战略（Offensive Strategy）

市场进攻型战略是指一种主动出击的战略，可以表现为增设分支机构，在地域上不断扩张；也可以表现为开发新型金融产品，在市场上不断扩大占有率。

（五）市场追随者战略（Market Followers Strategy）

市场追随者是指那些规模比较小、实力比较弱的中小银行。市场追随者战略是指银行接受当前的市场状况，全部或部分模仿市场领导者的产品和服务，同时努力塑造自身的特色。

第 4 节　商业银行营销组合

商业银行在对个人金融市场进行细分，并确立自己的营销目标市场之后，接下来便是规划营销方案，实施营销策略组合，使个人客户自愿接受为其提供的金融产品。商业银行营销组合策略一般应包括产品策略、定价策略、促销策略、分销策略、银行形象设计策略、人才策略等，本节将就与产品相关的前四种策略进行介绍。

一、商业银行产品策略

任何企业的经营目的都是在满足客户需求的同时获得企业应有的利益，商业银行也不例外。这一目的必须通过向客户提供令其满意的产品和服务来实现。因此，产品是商业银行生存的基础，产品策略是商业银行经营的前提和支柱，在其发展中占有重要地位。

（一）商业银行产品的基本层次

银行产品是指银行向市场提供的能满足人们某种欲望和需求的、与货币相关的服务，有狭义和广义之分。狭义的银行产品是指由银行创造的、可供客户选择的各种金融工具，即货币、票据等各种有形银行产品。而广义的银行产品则是指银行向市场提供并可由客户取得、利用或消费的一切服务，它既包括有形的银行产品，也包括存贷款、租赁、咨询等各种无形服务。一般来说，银行产品可分为以下五个层次：

（1）核心产品。客户所购买的基本服务和利益，本质上体现了金融产品的使用价值。

（2）基础产品。银行产品的基本形式，即各种硬软件的组合，是核心产品赖以实现的形式。

（3）期望产品。客户购买产品时通常希望和默认的一组属性和条件，表现为银行良好和便捷的服务。

（4）延伸产品。由某种产品衍生增加的服务和收益。

（5）潜在产品。延伸产品的进一步延伸，可能发展为未来的最终产品。

（二）商业银行产品组合策略

所谓产品组合，是指商业银行向客户提供的全部产品的有机组合方式，即所有银行产品的有机构成。

1. 基本概念

（1）产品线。具有高度相关性的一组银行产品。这些产品具有类似的基本功能，能够满足客户某一类的需求，如存款产品线。

（2）产品类型。产品线中各种可能的产品种类。

（3）产品项目。某个特定的个别银行产品，是金融产品划分的最小单位，如 3 年期的定期存款。

（4）产品组合宽度。产品组合中不同产品线的数量，即产品大类的数量或服务种类。

（5）产品组合深度。银行经营的每条产品线内所包含的产品项目的数量。

（6）产品组合的关联性。银行所有的产品线之间的相关程度或密切程度。

一个银行的产品组合是由多条产品线组成的，每条产品线又由多种产品类型构成，每种产品类型又包含了很多类产品项目。产品组合深度和产品组合宽度就是产品组合的两个度量化要素，确定产品组合就要有效的选择其宽度、深度和关联度。

2. 现有产品组合分析评价

参照波士顿管理咨询公司提出的产品规划组合方法，即波士顿矩阵进行分析评价。

该矩阵的纵坐标表示产品的市场增长率，横坐标表示本企业的相对市场占有率（市场份额）。根据市场增长率和市场占有率的不同组合，可以将企业的产品分成四种类型：明星产品、金牛产品、幼童（问号）产品和瘦狗产品（如图 10.2 所示）。一个企业的所有产品，都可以归入这四种类型，并且根据其所处的地位采取不同的战略。

（1）明星产品，即相对市场占有率和增长率都较高的产品。此类产品最有发展前途，很有可能成为现金牛产品，因此银行可加大对此类产品的投入，继续扩张市场。

（2）问号产品，也称"风险产品"或"幼童产品"，是指市场增长率高但相对市场占有率低的产品。银行应根据该类产品的前景分析，采取不同策略，或扶持，或退市。

（3）金牛产品，即市场占有率相当高但市场增长率已经很小的产品，是银行发展其他产品的重要资金支持者。此类产品虽已是厚利产品，但银行仍需改进其服务质量，以增加盈利。

（4）瘦狗产品，即市场增长率与相对占有率均较低的产品。银行经营此类产品得不偿失，应对其进行调整和整顿。

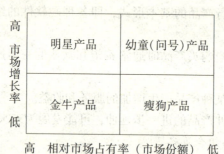

图 10.2　波士顿矩阵

（三）商业银行产品的生命周期策略

所谓银行产品的生命周期，是指银行产品从投入市场到被市场淘汰的整个过程，即银行产品在市场上的存在时间。根据客户对银行产品的使用或银行产品的销售情况，银行产品的生命周期可分为四个阶段，即导入期、成长期、成熟期和衰退期，如图 10.3 所示。不同生命周期的产品其客户需求程度和销售情况不同，银行应根据各阶段产品的不同特点和目标，采取不同的产品营销策略。表 10.2 以信用卡为例说明了不同生命周期的产品营销策略。

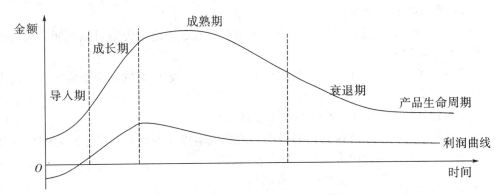

图 10.3　银行产品生命周期示意图

表 10.2　　　　　　　　　不同生命周期的信用卡的产品营销策略

	导入期	成长期	成熟期	衰退期
市场条件	少数对手，有限竞争，启动时销售缓慢，局限在某些地区	当其他组织发行信用卡时竞争增加，随着大众市场接纳，销售加快	竞争激烈，供应过量，大量的广告和促销	市场萎缩，需求不足
营销目标	唤醒和了解新产品的概念及试销	占有市场和增加销量以及增加价值	占据市场份额，保留客户，建立关系	积极转变，淘汰过时产品或将其转到成熟市场
产品	基本产品，要素有限	产品增值，增加要素，包括服务、保障，产品差异和市场细分	亲密关系联合，建立信用，联合品牌	产品单一，面临淘汰
价格	低价，无费用，利率决定价格	引入一些费用来抑制拥有更多种卡	费用普通化，适当缩短免息期	主要以降低产品价格为主要手段
促销	针对初步的接纳地区有选择的促销	大众广告，尤其是电视	当客户对价格更敏感时，促销变为直接邮寄，以鼓励基于特惠利率的转向行为	促销手段开始失灵

二、商业银行定价策略

银行产品的价格将直接影响其销售量，进而影响银行的利润。因此，定价策略是商业银行营销组合中的一个重要策略，是银行策略组合中唯一创造收入的策略。

（一）商业银行定价策略的影响因素

银行定价的主要目标包括利润最大化、最大限度的占有市场份额、主动应对市场竞争以及树立良好的银行形象等。为实现这些目标就必须考虑影响价格决策的各种因素：服务相对于客户的价值以及与某些特殊客户的关系；开发服务的成本；服务的吸引力是否广泛；竞争对手类似产品的价格；银行所期望的市场范围；服务成本是否可能被其他成本吸收。

（二）基本的定价方法

（1）成本导向定价法，即以产品成本为基础，在成本之上设定目标利润，从而确定价格。具体可细分为：

①成本加成定价法。在单位产品的总成本上加上一定比率的利润来确定。公式表示如下：

产品价格＝单位产品总成本×（1＋成本加成率）　　　　　　　　　（10.1）

②目标利润定价法。商业银行根据产品的总成本以及预计销售量来确定一个合适的目标利润率，在此基础确定价格。公式表示如下：

$$单位产品价格 = \frac{产品总成本 + 目标利润额}{预计销售量}$$　　　　　　　（10.2）

③收支平衡定价法。以盈亏平衡分界点为基础，引入预期利润。公式表示如下：

$$实际价格 = \frac{产品总成本 + 目标利润额}{预计销售量} + 单位可变成本$$　　　（10.3）

（2）需求导向定价法，即以客户对银行产品的理解、认知程度和需求作为基础。银行产品的价格由客户来定，银行在某种程度上只是价格的被动接受者。

（3）竞争导向定价法，根据同行业产品的价格定价。

（4）通行导向定价法，主要基于竞争者价格。

（三）商业银行产品的定价策略

所谓定价策略，是指银行根据金融市场中不同的变化因素以及各种因素的影响程度制定出适应市场变化又易于被客户接受的价格，从而更好地实现银行的营销战略目标。下面介绍商业银行常用的几种定价策略。

1. 高额定价策略

这是一种先高后低的定价策略，是指在银行新产品投放市场，市场竞争较少，销售量不会受到价格的影响时，银行制定较高的初始价格以获取高额利润。该策略必须满足以下条件：需求价格弹性低；大力宣传产品的优点和性能，提高产品的市场认知度；市场准入门槛很高，或者竞争者的反应不及时。

2. 渗透定价策略

与高额定价策略相反，该策略是先低后高的策略。采用较低的初始价格，打开市场，树立形象后，再相应提高产品价格，保持一定的盈利性，又被称为薄利多销定价策略。

3. 产品组合定价策略

该策略又称关系定价策略，是指把一揽子服务打包定价，对很多服务项目给予价格优惠，从而吸引顾客。

4. 创造超值商品策略

超值商品是指超过一般性的物美价廉水平，使客户总收益价值大于客户总付出，并接近或超过客户理想临界线的产品，形成一种价格震撼。

三、商业银行促销策略

促销是指商业银行以各种有效的方式向目标市场传递有关信息，以启发、推动或创造对银行产品和服务的需求，并引起购买欲望和购买行为的综合性策略活动。促销活动一般包括广告、人员推销、公共关系和销售促进等类型，各种活动又涉及促销客体、促销主体、促销的方式和市场的信息反馈等要素。

促销组合是商业银行用来实施促销过程，并直接与目标市场进行沟通的工具组合，主要包括广告、人员推销、公共关系和销售促进等沟通工具。

商业银行促销组合计划的制订分为四个步骤：确定包括定位、销售目标和沟通目标在内的促销目标，为营销人员提供执行促销组合的指导；根据边际成本分析，确定促销预算；根据地域特征、销售情况、市场潜能和目标市场份额，分配促销预算；评价促销组合的有效性。

四、商业银行分销策略

商业银行分销策略也称商业银行渠道策略，是指商业银行的销售渠道，也就是商业银行把金融产品和服务推向客户的手段和途径。根据不同的标准，商业银行营销渠道策略可以划分为不同种类。

（1）根据银行销售产品是否利用中间商，渠道策略可以分为直接营销渠道策略和间接营销渠道策略。前者是指银行将产品直接销售给最终需求者，主要以分支机构为主；后者是指银行通过中间商或借助一些中间设备与途径，把金融产品和服务销售给客户的策略，如自动柜员机等。

（2）根据营销渠道类型的多少，渠道策略可以划分为单渠道策略和多渠道策略。如果商业银行只是简单通过一个渠道来实现金融产品的销售，如银行提供的产品全部由自己来销售，称为单渠道策略；如果银行通过不同的渠道将相同的金融产品销售给不同的市场或客户，称为多渠道策略。

（3）根据金融产品的生命周期理论，在产品不同的阶段采取不同的营销渠道，则称为结合产品生命周期的渠道策略。

（4）组合分销渠道策略是指将银行分销策略与其他营销策略相结合的渠道策略。组合分销渠道策略主要分为分销渠道与产品生产相结合的策略、分销渠道与销售环节相结合的策略以及分销渠道与促销相结合的策略。

第 5 节　商业银行客户经理制

传统的市场营销以交易为中心，利用营销来争取客户和创造交易，因此又称交易营销。但随着消费文化与心理的改变以及科技的发展，交易营销逐渐被关系营销所取代，关系营销强调与客户建立长期、牢固、互信的客户关系的重要性，注重与客户的交流和沟通，提高客户对银行产品和服务的满意度，以此来增加市场份额，实现银行的经营目标。

一、商业银行客户经理制的基本内涵及其特征

客户经理制是对传统客户关系的创新，它是一种全新的"以客户为中心"的服务理念，是指直接由客户经理调查、掌握客户的需求，并向客户提供一揽子的金融服务，为客户提供解决问题的具体方案，在更好地满足客户需求的同时，实现商业银行的经营目标。客户经理的价值在于充当银行和客户之间的桥梁和纽带。其角色定位可以概括为以下几个方面：一是银行与客户之间的联络协调员。二是银行与客户业务的经办员。三是金融产品的导购员和咨询员。四是银行新业务的推销员。五是客户与市场信息的搜集员。

客户经理制是商业银行适应客户关系变化做出的客观、必然的选择。客户经理制包括以下内涵：

（1）充分体现为客户提供超值服务的理念。

（2）深入实施整体化营销。

（3）提供更具个性化的产品和服务。

（4）深化金融服务技术的应用。

（5）金融产品和服务的不断更新。

商业银行客户经理制作为一种全新的营销理念，区别于传统银行与客户关系，表现在以下四点上：

（1）商业银行服务客户的主动性。

（2）商业银行服务客户的全面性。

（3）商业银行服务客户的高效性。

（4）对商业银行客户经理要求的综合性。

二、商业银行客户经理制产生的背景

银行客户经理最早产生于西方经济发达国家，特别是拥有多家跨国银行的美国。20世纪80年代中后期，随着全球性金融创新热潮的出现，以美洲银行为代表的大型跨国银行率先推行了"以专门人员和专项支出，培育和发展长期目标客户，获取稳定的资金经营利润"的客户经理制度。客户经理制产生和发展有着深刻的现实及理论背景。

（一）竞争加剧是客户经理制产生的经济背景

20世纪80年代中后期，全球经济形势巨变，出现世界金融自由化浪潮，商业银行面临着其他银行及非银行金融机构的挑战。商业银行为了保证原有的盈利水平，维持原有客户资源，开始主动适应同业竞争需要，向重点客户派出客户经理进行重点营销。

（二）金融产品的趋同性、多样性和复杂性

金融产品的趋同性、多样性和复杂性要求有专业知识经验的人员为客户提供高质量、高效率、多层次、全方位、个性化的金融一体化服务，以此稳定和发展银行与客户的关系，赢得客户和市场。

（三）银行营销理论和管理理论二者相结合是客户经理制产生的理论基础

随着商业银行营销理论的发展，越来越多的银行开始认识到银行的营销实质是一

种关系营销，营销的目标是维持和增强客户关系，尤其是与老客户的关系。与此同时，各银行与非银行金融机构之间的竞争不断加剧，这促使商业银行对银行与客户关系进行重新定位，由最初的银行为中心，到 20 世纪 80 年代初期的产品中心，发展到 20 世纪 80 年代中后期的以客户为中心。只有以客户为中心，了解并满足客户的需求，增加客户对银行产品和服务的满意度，才能增进客户和银行之间的关系，抢占市场先机。

三、商业银行客户经理制的优势

传统商业银行（如国有商业银行）一般实行三级管理（总行、分行、支行）一级经营的运行模式。传统商业银行的经营管理主要存在以下缺陷："以业务为导向"的经营理念形成了科员制组织结构，而这种结构导致了资源配置不当、要素内部流动受阻、要素组合的空间连续性和时间连续性中断，使自觉性创新不足。自觉性创新不足进而又使要素组合恶化，从而进入恶性循环的怪圈。这种怪圈的直接后果就是商业银行规模不经济和范围不经济，竞争策略单一，竞争能力弱化。

客户经理制是商业银行为贯彻"以市场为导向，以客户为中心"的方针，为客户提供全方位金融服务而采取的一项新的组织和机制创新。因此，客户经理制能使商业银行赢得以下几方面竞争优势：

（一）使银行内部资源流动得到修补，降低了银行的组合成本

客户经理制使得商业银行内部资源流动通道人为割裂状态得到修补，各种要素流动更加畅通，大大降低了银行的组合成本，建立了良性循环，从而使商业银行的规模经济和范围经济得到帕累托改进，取得了成本优势。

（二）有利于为客户提供差异化服务，采用合适的服务营销组合策略

商业银行的客户在各方面都存在差异，因此其对银行产品和服务的需求也呈现出层次化、个性化、多元化的特点。银行通过建立客户经理制，对外以客户经理为代表，密切联系客户，时刻追踪客户的需求变化，并根据不同市场中客户的不同需求，提供差异化的便利性服务和支持性服务，采用合适的服务营销组合策略，这样可以最大限度地满足顾客（尤其是优质顾客）的需求，培养顾客的忠诚度，获取竞争优势。

（三）有利于银行获取客户和市场信息

客户是银行关注的焦点，银行需要根据客户的价值观念和需求变化来开发和定位银行产品。这就要求银行与客户之间要有密切的联系和沟通，及时把握客户的兴趣和需求。客户经理制变传统客户关系的银行中心为客户中心，从被动等待客户到主动了解客户，使商业银行占得了信息先机，从而在市场竞争中取得优势。

（四）有利于银行培养熟悉多种金融产品的复合型人才

在商业银行客户经理制中，客户经理是银行与客户之间的桥梁和纽带。客户经理既是客户的导购员、咨询员，更是客户信息的调查员和银行产品的推销员，要对不同的客户提供有针对性的、综合性的服务。这就要求客户经理不仅要熟悉多种金融产品的知识，并且要了解银行产品的营销技巧。客户经理制的实施有利于银行培养高素质的复合型人才，在竞争中占据人才优势。

第 6 节 商业银行形象识别系统（CIS）

一、CIS 的涵义及主要组成部分

（一）CIS 的涵义

企业形象是指社会公众和企业职员对企业的整体印象和评价，是企业的表现与特征在公众心目中的反映。CIS（Corporation Identity System），即企业形象识别系统，是指将企业文化和经营理念，统一设计，利用整体视觉体系（尤其是视觉表达系统）传达给企业内部和公众，使其产生对企业的一致认同感，以形成良好的企业印象，最终促成企业产品和服务的销售。

（二）CIS 的组成部分

从 CIS 的涵义我们不难看出，第一，企业形象识别是一种被明确的认知企业理念和企业文化的活动；第二，企业是以标志和标准字作为沟通企业理念和企业文化的工具。换言之，CIS 由 MI（Mind Identity，理念识别）、BI（Behavior Identity，行为识别）和 VI（Visible Identity，视觉识别）三部分组成。其中，理念识别是 CIS 的根本，是企业的精髓所在，体现企业经营的理念精神，给整个系统奠定了理论基础和行为准则，并通过行为识别和视觉识别表达出来。成功的行为识别和视觉识别就是将企业的独特精神准确表达出来。

1. 理念识别

所谓理念识别，就是确定企业自己的经营理念，企业对目前和将来一定时期的经营目标、经营思想、经营方式和经营状态进行总体规划和界定。理念识别包括企业精神、企业价值观、企业文化、企业信条、经营理念、经营方针、市场定位、产业构成、组织体制、管理原则、社会责任和发展规划等。理念识别对内影响企业的决策、活动、制度、管理等，对外影响企业的公众形象、广告宣传等。

2. 行为识别

置于中间层位的行为识别则直接反映企业理念的个性和特殊性，是企业实践经营理念与创造企业文化的准则对企业运作方式所进行的统一规划而形成的动态识别系统。行为识别包括对内的组织管理和教育，对外的公共关系、促销活动、资助社会性的文化活动等。行为识别通过一系列的实践活动将企业理念的精神实质推展到企业内部的每一个角落，汇集起员工的巨大精神力量。

行为识别包括以下内容：对内包括组织制度、管理规范、行为规范、干部教育、职工教育、工作环境、生产设备、福利制度等；对外包括市场调查、公共关系、营销活动、流通对策、产品研发、公益性和文化性活动等。

3. 视觉识别

视觉识别是以标志、标准字、标准色为核心展开的完整的、系统的视觉表达体系，将上述的企业理念、企业文化、服务内容、企业规范等抽象概念转换为具体符号，塑

造出独特的企业形象。在企业形象识别设计中，视觉识别设计最具传播力和感染力，最容易被公众接受，具有重要意义。

视觉识别系统包括基本要素系统和应用系统。基本要素系统主要是企业名称、企业标志、企业造型、标准字、象征图案、宣传口号、标准色等。应用系统则主要指产品造型、办公用品、企业环境、交通工具、服装服饰、广告媒体、招牌、包装系统、公务礼品、陈列展示以及印刷出版物等。

二、商业银行 CIS 的作用

（一）强化商业银行的品牌塑造

21 世纪的竞争，实质上是品牌的竞争，品牌就意味着市场、意味着效益。例如，就像我们喝可乐就会想到可口可乐公司一样，消费者的消费心理和行为会越来越多地受到品牌的影响。商业银行运用 CIS 的目的就是对商业银行的经营理念和商业银行的文化进行面向大众的视觉表达，从而得到大众的认可，塑造属于商业银行自己的独特品牌。

（二）树立整体形象，实现社会与经济双重效益

CIS 能使商业银行及其产品在客户心目中留下深刻而良好的印象，从而提高客户对商业银行及其产品的满意度和忠诚度，进一步扩大市场份额，获得经济效益。客户的认可使商业银行在新的市场上更有效地确立自己的地位，树立了商业银行在社会上的整体形象，又实现了社会效益。

（三）规范员工行为，增强银行内部凝聚力，提高员工的工作效率

通过 CIS 战略，商业银行可以把商业银行的经营理念完整地渗透到员工的意识中，让银行内部成员更了解银行的隐形文化、组织制度、管理规范，并使其转变为规范的行为，通过各种形式的组织教育活动，达到增强员工行动的一致性，增强企业凝聚力的目的。另外，CIS 还促使商业银行内部各部门协调工作，从而提高了部门员工的工作效率。

三、CIS 在商业银行中的运用

（一）理念识别的运用

理念识别是 CIS 的核心，决定了行为识别和视觉识别的设计和实施，代表的是一种企业文化和经营理念。商业银行可以通过以下两方面进行自己的理念识别建设：

（1）培养自己个性化的企业文化。企业文化是企业的灵魂，是企业发展的无形推动力，其核心是企业的精神和价值观。而 CIS 则是企业文化的体现和外化。商业银行可以用一些简短而富有哲理的话语概况其精髓，以便于员工铭记于心。商业银行应该根据其自身的行业性质、业务特点等，把风险文化、服务文化、团队文化等作为其企业文化的重点内容，以"信誉至上，服务第一"为经营理念的核心，培养符合自身的个性化银行文化。

（2）设计具有感召力的形象口号。形象口号是企业文化和经营理念的外化表现，既能规范企业的经营，又能引起消费者的关注，获得消费者的理解和认同。因此，形

象口号应能简练精准地概括行业的特色和经营宗旨，如花旗银行的口号是"代替统一服务的是那种能满足每一个单独顾客需要的服务"；汇丰银行的口号是"环球金融，地方智慧"；招商银行的口号是"因您而变"；等等。

（二）行为识别的运用

行为识别是对企业的理念和文化转化为经营行动的过程。对商业银行来说，首先，要制定银行规范，员工必须遵守的行为准则，尤其对业务操作规程、工作制度、岗位责任制度等几方面做出严格详细的规定，并且将其付诸实施。其次，要加强对员工的教育和培训，不断提高员工素质。最后，也是最重要的是注重银行外在形象的优化，如银行产品的质量、银行员工的服务态度和工作效率以及与客户的交流和沟通。

（三）视觉识别的运用

视觉识别是将企业的理念和价值观具体化、表象化、符号化的过程。作为商业银行，首先，应从视觉效果的基本要素着手，如关于银行的名称、标准字、标准色、品牌标志等几方面进行设计，突显出自身的特色。其次，要把这种视觉效果推及到应用项目上，如工作环境、员工制服、办公用品、企业赠品等。因为这些都是公众进入银行能直接映入眼帘的，而第一印象往往会在公众心中产生很深的烙印，所以必须将不同的视觉点都统一化，形成商业银行特有的风格。

第 7 节　我国商业银行的营销管理

我国商业银行营销的发展经历了四个阶段，面对变化中的环境，国内商业银行的营销也在因时、因势而变。

一、我国商业银行营销的发展历程

相对于全球银行业营销的发展，我国商业银行营销的发展大致经历了以下几个阶段：

（1）1978 年以前，计划经济体制下，商业银行属于国家金融管理机关，所有业务都由国家统一规定，没有自主选择的权利，也不存在银行之间的竞争，导致银行完全没有营销意识。

（2）改革开放前期，随着我国的金融体制改革和金融市场的发展，我国银行的经营管理出现了一定程度的企业化经营倾向，这个时期我国银行迈出了市场营销的第一步。但由于这一时期社会资金需求远大于供给，金融机构处于绝对的垄断地位，因此这一时期银行实施营销战略的压力和动力都不足。

（3）20 世纪 90 年代中期，我国银行开始重视广告与传播对营销的作用，利用各种渠道进行宣传。这一时期，我国从法律上进一步完善了对金融业的规范，消费者对金融产品服务也提出了更高的要求。但由于受传统观念的影响，各商业银行所运用的营销手段相当单一，只处于市场营销的初级阶段。

（4）20 世纪 90 年代后期，我国商业银行开始注重产品的开发，意识到客户需求和品牌的重要性。但是，由于市场细分粗糙，银行产品和服务的开发缺乏针对性，各商业银行相互模仿，银行产品服务缺乏竞争力、差异化。

二、我国商业银行营销管理的现状

（一）银行主动从事市场营销的意识不强

随着金融改革的深化，各银行普遍推行了 CIS 战略、开发新产品、建立分销渠道、营业推广及公关广告等营销策略，这对商业银行的业务拓展起了极大的促进作用，使各家银行的服务效率、服务态度及服务质量都上了一个新台阶。但是，系统的银行市场营销观念尚未建立，还没有真正确立"以顾客需求为中心"的营销理念，没有充分认识到客户关系的重要性。

（二）金融产品的开发还远远不能满足市场需求

金融创新的发展使得银行的营销工作不再单纯着眼于资金，而是立足于服务，即创造形式多样的金融产品，以满足不同市场的客户需要。在这一形势下，各家银行纷纷推出了自己的创新品种。例如，大额存单、定活两便储蓄、住宅与汽车等消费贷款业务，极大地方便了客户。但是，目前开发的金融新产品大多还只是各行之间的模仿复制，缺乏适合我国国情、符合顾客需求的新品种。许多在国际金融市场上广泛使用的新品种还未引入，金融产品创新的规模、层次和深度都远远不能满足市场的需要。

（三）分销渠道的结构不够合理

目前，商业银行的分销渠道得到较快的发展，许多银行相继开通了全国电子汇兑系统，代替了手工操作的传统联行结算方式，大大缩短了资金的在途时间。另外，自动柜员机的建立、通存通兑、电话银行及信用卡等的运用，为储户提供了方便，大大推进了金融产品的分销。但是，目前各银行分销渠道还存在许多不合理现象，盲目竞争，盲目上网点，而对网点成本和布局的合理性缺乏研究，这种数量型扩张的方式不利于银行服务效率的提高。

（四）缺乏总体策划与创意，具有一定的盲目性和随机性

目前，各商业银行在不同程度上利用广告等营销手段，并改进服务质量。各银行的广告投入明显加大，而且从领导到员工都开始重视与现有或潜在客户的良好关系，但这与作为营销战略核心并指导银行市场营销活动的银行营销理念还相距甚远。

三、我国商业银行营销管理的发展趋势

随着国际化的深入发展，国内商业银行的市场需求、竞争格局和技术手段也都发生了较大的变化。面对变化着的环境，国内商业银行的营销也将因时、因势而变，具体而言，将出现以下五个方面的趋势。

（一）清晰的市场定位将成为必然选择

近年来，国内商业银行在产品定位、品牌定位、企业定位等方面进行了初步探索，如中国工商银行定位于"身边的银行"，招商银行定位于"技术领先银行"等。但大多数银行的定位尚处于初始阶段，比较模糊，缺少特色。差异化的清晰定位将是未来国内银行抢占市场先机，获得竞争优势的必然选择。

（二）一对一营销将成为营销的主流模式

未来国内商业银行的营销将面临三大挑战：一是如何更加准确地评估客户价值，区分出盈利性客户，并进一步细分；二是如何进一步通过提供差异化、个性化、人性化的服务，维系现有的盈利性客户；三是如何进一步从满足客户需求，转向培育客户需求，挖掘更多的盈利性客户。一对一营销为国内商业银行提供了上述问题的解决方案。一对一营销强调以客户占有率而非市场占有率为中心，注重通过双向互动沟通和为客户提供量身定做的产品，与客户建立持久、长远的"双赢"关系。例如，国内商业银行推出的个人理财业务，就体现了一对一营销的思路与做法。预计在不远的将来，一对一营销的理论与实践将推广到商业银行的所有业务，贯穿于各个流程。

（三）品牌营销将成为大势所趋

营销竞争中产品的价格弹性越来越小，而品牌能有效地增加产品的附加值，为企业带来更高的市场份额和新的利润来源，因此品牌营销在国内商业银行营销中将占据越来越重要的位置。

一方面，国内商业银行已从国外银行和国内其他行业的成功的品牌营销实践中，认识到品牌这一无形资产的价值空间，有的还初步尝到甜头。例如，中国银行的"长城卡"，招商银行的"一卡通""一网通"，建设银行的"乐得家"住房金融服务等，通过品牌推广开展营销，取得了较好的成效。另一方面，由于银行机构越来越多、产品同质化越来越严重，商业银行需要借助品牌来塑造个性、扩大知名度、增强识别性和消费者的认同性。

未来国内商业银行品牌营销的着力点在于：一是不遗余力地塑造和提升各自的核心品牌；二是注重品牌发展的科学规划；三是大力推进品牌家族化建设；四是重视以品牌为中心的整合营销传播运作；五是加强品牌忠诚管理实践探索。

（四）网络营销将成为营销竞争的焦点

在网络经济发展的进程中，银行被推到网络资源整合者的位置。国内银行对这一角色的争夺战逐步拉开序幕，网络营销将成为新的营销竞争焦点。

网络经济曾以出人意料的速度向前发展，但在21世纪初却出人意料地陷入了低潮。网络经济"退潮"的根本原因在于对信用、安全、资金、物流、信息等资源缺乏有机整合，网络经济复苏的关键也在于对这些资源的有机整合。银行业的行业特性，使其在信息、支付、信誉、安全、客户等方面拥有他人无法取代的优势，非常适合电子商务对安全高效的资金支付服务、强大有力的信誉支持、持久可靠的安全保障以及方便快捷的商情沟通的需求。因此，银行业有必要也最有可能成为网络经济中各种资源的整合者。

（五）营销管理走向科学化

科学的营销管理是分析、计划、实施、领导和控制的整合流程，需要有专业人才、组织体系和管理机制的保证。未来国内商业银行营销管理将向科学化迈进，具体体现在以下方面：

（1）以市场为导向的营销管理机制加快建立。在营销体系内，将在完善营销职能岗位和部门专业化设置与分工的同时，通过设置区域经理等方式加强营销组织的纵向沟通与联系，加大重点区域市场的开发和差别营销力度，在营销终端建立以客户经理为主的专职营销队伍。在营销体系外，全面强化非营销部门对营销的辅助和支持功能，从而提高营销组织管理的内部效率，确立以营销为导向的组织体系，使银行保持敏锐的市场反应能力和强大的市场竞争能力。

（2）营销管理信息系统建设全面推进。经过多年努力和大量的投入，国内商业银行普遍建立了相对独立的电脑网络系统，但尚未具备全面支持营销管理的信息功能。未来各银行将全力推进营销管理的信息化，建立由营销情报系统、营销数据分析系统、营销决策支持系统和营销评价系统组成的完整的营销管理信息系统。特别是通过建立客户资料数据库，强化对客户资料的收集、分类和分析评价，使各类营销活动定位清晰、目标明确、效果量化，全面提高营销管理与决策的科学化和专业化水平。

（3）营销队伍建设不断加强。近年来，国内商业银行初步形成了各自的客户经理队伍，同时广泛引进市场研发、营销策划、公共关系、广告传播等营销专业人才，使原来单一的人才结构有了转变。未来几年，营销队伍的素质将成为决定各银行营销竞争胜负的关键，各银行将在营销队伍建设上进一步加大力度，在继续引进营销专业人才，全面推行客户经理制、品牌经理制的同时，营销培训将得到空前重视，培训投入将大幅度增加，培训的内容、手段、方式等都将发生巨大变革。

【本章小结】

（1）银行营销既是商业银行的一种组织职能，又是商业银行为了自身利益而创造、传播、传递客户价值，管理客户关系的一系列过程。银行营销的目的就是通过满足消费者的金融需求，为客户创造、传递价值而获取收益。

（2）银行服务具有不可感知性、不可分割性、差异性、双向信息交流等特征。

（3）影响银行营销的环境因素可分为宏观营销环境和微观营销环境，宏观环境包括政治法律环境、社会文化环境、经济环境、人口环境、科学技术环境等；微观环境是指银行自身环境、客户环境、竞争者环境、营销中介等。

（4）商业银行目标市场策略分为三个步骤，即市场细分、目标市场选择和定位。商业银行营销策略组合主要包括产品、价格、促销和渠道策略。

（5）银行客户关系管理贯穿于营销活动的全过程。其目的在于通过优化面对客户的工作流程以降低获取和保留客户的成本，从而赢得更多的客户。

（6）客户经理制是银行客户关系管理的新型手段，通过对银行业务流程的重组能更好地向客户提供服务，从而实现商业银行的经营目的。

（7）商业银行形象识别系统（CIS）主要由理念识别（MI）、行为识别（BI）和视觉识别（VI）组成。CIS 的合理应用可以提升商业银行品牌形象，促进其实现社会与经济双重收益。

（8）经过几十年的发展，我国的商业银行营销管理取得了长足的发展，但是也存在着很多问题。商业银行必须把握住未来营销管理的发展趋势，因时、因势而变，这样才能在激烈的竞争中持续发展。

思考练习题

1. 简要介绍商业银行营销流程。
2. 银行为什么要进行市场细分? 市场细分的基础是什么?
3. 银行如何对现有产品组合进行分析?
4. 影响商业银行产品定价策略的因素有哪些?
5. 试述银行市场营销观念的基本内容,并结合社会经济的发展变化特征,说明市场营销观念的形成和发展。
6. 简述商业银行战略的主要类型,并分析其适用条件。
7. 结合生命周期理论,试分析某一款商业银行产品的生命历程。

第 11 章　商业银行经营风险管理

内容提要：风险管理与商业银行的日常经营密切相关，风险管理水平是现代商业银行核心竞争力的重要组成部分。本章在《巴塞尔新资本协议》关于商业银行的全面风险管理框架下，从风险的识别、计量、监测与报告、控制四个方面，分别对商业银行面临的四大主要经营风险（信用风险、市场风险、操作风险和流动性风险）进行深入阐述。

1988 年，以《巴塞尔协议》的出台为标志，管理先进的国际性商业银行开始进入了以资本为核心的现代风险管理时代。2004 年 6 月和 9 月，《巴塞尔新资本协议》和 COSO《全面风险管理框架》先后出台，为商业银行识别自身面临的各类金融风险，利用有效的风险管理技术和信息系统，建立并逐步完善全面的金融风险管理体系，最大限度地减少各类金融风险可能形成的损失提供了操作指南。金融危机后推出的《巴塞尔协议Ⅲ》进一步加强了对于系统性风险的管理，提高了对银行资本充足率的要求。随着我国金融业改革的逐步深化，商业银行也越来越深刻地认识到：实行有效的风险管理在其稳健经营管理中具有重要意义；具备优于竞争对手的风险管理能力和水平，是一家商业银行最重要的核心竞争力。

第 1 节　商业银行风险与全面风险管理体系

一、商业银行风险的定义与成因

（一）商业银行风险的定义

"风险"是一个被普遍使用的词汇，频繁出现在经济、政治、社会等领域。基于国内外金融理论界和实务工作者的普遍认识，风险的定义主要有以下三种：第一，风险是未来结果的不确定性（或称变化）；第二，风险是损失的可能性；第三，风险是未来结果（如投资的实际收益率）对收益率期望值的偏离，即波动性。这几种风险的定义各有特点，其中第二种定义属于传统意义上对风险的理解，也符合目前金融监管当局对商业银行风险的监管模式和商业银行对风险的管理逻辑，因此本章在讨论"风险"这一概念时采用了第二种定义。

（二）商业银行风险的成因

商业银行风险状况既受到其所处的宏观经济环境影响，也与其经营管理活动密切相关，毕竟商业银行是靠"经营"风险来获取利润的特殊企业。归纳起来，商业银行风险的成因主要有以下几方面：

1. 市场的变化莫测造成了商业银行的经营风险

现代商业银行的经营活动已经深入到了市场的所有领域，而在市场各参与主体的激烈竞争中，市场的变化难以预测。由于受到自身经营水平的限制以及市场变化的影响，参与市场活动的商业银行很难保证其经营期望值和实际的情况完全吻合，因此必然会承担一定的经营风险。

2. 高额刚性的负债经营模式造成了商业银行的经营风险

商业银行以货币和货币资金为经营对象，自有资本在其资产结构中仅占很小的比例，绝大多数资金是商业银行对社会公众、国家机关、企事业单位的负债。而负债具有到期还本付息的刚性约束，这种刚性约束对于富有弹性的银行资产来说，可能会造成负债与资产在数量、期限和利率结构方面的矛盾，如果矛盾激化到一定程度，可能使社会公众对商业银行失去信心，形成挤兑风潮，导致经营风险。

3. 市场中的信息不对称导致风险发生

由于商业银行在贷款前后都无法完全了解客户，客户很容易产生机会主义行为，使商业银行面临着"逆向选择"和"道德风险"，而这两种行为都给处于信息劣势的商业银行带来很大的经营风险。

二、商业银行经营风险的分类

作为一类"经营"风险的特殊企业，为了有效地识别和管理风险，商业银行有必要对其所面临的风险进行明确的分类。结合商业银行经营的主要特征，按诱发风险的原因，巴塞尔委员会将商业银行面临的风险划分为信用风险、市场风险、操作风险、流动性风险、国家风险、声誉风险、法律风险以及战略风险八大类。[①] 以下简要介绍前四类风险：

（一）信用风险

信用风险是指由于债务人或交易对手未能履行合同所规定的义务、信用质量发生变化而影响金融产品价值，给债权人或金融产品持有人造成经济损失的风险。信用风险既存在于传统的贷款、债券投资等表内业务中，也存在于信用担保、贷款承诺等表外业务和金融衍生产品交易中。信用风险通常包括违约风险、结算风险。信用风险具有明显的非系统性风险特征，观察数据较少且不易获得。

（二）市场风险

市场风险是指由于市场价格（包括金融资产价格和商品价格）的波动导致商业银行表内、表外头寸遭受损失的风险；市场风险可以分为利率风险、汇率风险、股票风险和商品风险四个大类。在利率市场化进程和汇率市场化改革不断推进的背景下，利率风险和汇率风险是我国商业银行将面临的重要市场风险。

---

① 中国银行业从业人员资格认证办公室．银行业从业人员资格认证考试辅导教材——风险管理［M］．北京：中国金融出版社，2007.

（三）操作风险

操作风险是指由于人为错误、技术缺陷或不利的外部事件造成损失的风险。操作风险可以分为由人员、系统、流程和外部事件所引发的四类风险，并由此分为七种表现形式：内部欺诈，外部欺诈，聘用员工做法和工作场所安全性，客户、产品及业务做法，实物资产损坏，业务中断和系统失灵，交割及流程管理。

（四）流动性风险

流动性风险是指商业银行无力为资产的增加或负债的减少提供融资而造成损失或破产的风险。因此，流动性风险包括资产流动性风险和负债流动性风险。当商业银行流动性不足时，其无法以合理的成本迅速增加负债或变现资产来获取足够的资金，从而影响其盈利水平，极端情况下会导致商业银行资不抵债而破产。

三、商业银行全面风险管理流程

伴随着风险管理技术的进步和金融监管的逐渐规范，商业银行风险管理经过了资产风险管理阶段、负债风险管理阶段、资产负债风险管理阶段、资本管理阶段并最终进入全面风险管理阶段。尤其是以《巴塞尔新资本协议》的推出为标志，现代商业银行由以前单纯的信贷风险管理模式转向信用风险、市场风险、操作风险并举，信贷资产与非信贷资产并举，组织流程再造与技术手段创新并举的全面风险管理模式。

商业银行全面风险管理流程是指商业银行董事会、高级管理层和商业银行所有员工各自履行相应职责，有效控制涵盖全行各个业务层次的全部风险，进而为本行各项经营目标的实现提供合理保证的流程。这一风险管理流程可以概括为风险识别、风险计量、风险监测和报告、风险控制四个主要步骤。其中，风险管理部门承担了风险识别、风险计量、风险检测的重要职责，而各级风险管理委员会承担风险控制、管理决策的最终责任。

（一）风险识别

适时、准确地识别风险是风险管理的最基本要求。风险识别包括感知风险和分析风险两个环节。感知风险是通过系统化的方法发现商业银行所面临的风险种类、性质；分析风险是深入理解各种风险内在的风险因素。由于业务日益多样化以及各类风险的相关性日益复杂化，商业银行识别风险的难度也在逐渐增大，而延误或错误判断风险，都将直接导致风险管理信息流动和决策的失效，甚至造成更为严重的风险损失。因此，识别风险必须采用科学的方法，避免简单化与主观臆断。

制作风险清单是商业银行识别风险的最基本、最常用的方法。此外，常用的风险识别方法还有专家调查列表法、资产财务状况分析法、情景分析法、分解分析法、失误树分析方法。

（二）风险计量

风险计量是实现全面风险管理、有效实施资本监管和经济资本配置的基础，而风险模型是风险计量不可缺少的工具。计量信用风险的模型有 RiskMetrics、Creditmetrics、KMV 等，计量市场风险的模型有 VaR、CVaR 等，计量操作风险的模型有操作风险高级计量法等。《巴塞尔新资本协议》通过降低监管资本要求等手段，鼓励商业银行采用各种高级的风险量化技术。但值得警惕的是，高级风险量化技术通常伴随着计量方法的复杂化，进而可能形成新的风险——模型风险。因此，商业银行应当根据不同的业务性质、规模和复杂程度，对不同类别的风险选择适当的计量方法，基于合理的假设前提和参数，尽可能准确地计量面临的所有风险。

（三）风险监测和报告

风险监测包含两个层面的具体内容：一是监测各种可量化的关键风险指标以及不可量化的风险因素的发展趋势，确保风险在进一步恶化之前将情况提交相关部门，以便其密切关注并采取适当的控制措施；二是报告商业银行所有风险的定性、定量评估结果，并随时关注所采取控制措施的实施效果。

风险报告是将风险信息传递到商业银行内外部门和金融监管机构，帮助其了解商业银行风险管理状况的工具。国际先进银行均已纷纷建立起了功能强大、动态或交互式的风险监测和报告系统，以提高商业银行整体的风险监测效率和质量。

（四）风险控制

风险控制可以采取风险分散、风险对冲、风险转移、风险规避和风险补偿等措施，对经过识别和计量的风险，进行有效管理和控制。

（1）风险分散是指通过多样化的投资来分散和降低非系统风险的方法。例如，通过多样化的授信，商业银行的信贷业务可以被视为是相互独立的，因此大大降低商业银行整体信贷资产面临的风险。

（2）风险对冲是指通过投资或是购买与标的资产收益波动负相关的某种资产或衍生产品，来冲销标的资产潜在损失的一种风险管理策略。风险对冲可以管理系统性风险和非系统性风险。

（3）风险转移是指通过购买某种金融产品或采取其他合法的经济措施将风险转移给其他经济主体的一种风险管理方法。风险转移可分为保险转移和非保险转移。

（4）风险规避是指商业银行退出某一业务或市场，以避免承担该业务或市场具有的风险。在现代商业银行风险管理实践中，风险规避主要是通过经济资本配置来实现的。对于不擅长因而不愿承担的风险，商业银行可以设定非常有限的风险容忍度，对该类风险配置非常有限的经济资本，迫使业务部门降低对该业务的风险暴露，甚至完全退出该业务领域。

（5）风险补偿是指事先（损失发生以前）对所承担的风险进行价格补偿。对于那些无法通过风险分散、对冲或转移进行管理，而且又无法规避、不得不承担的风险，商业银行可以采取在交易价格上附加风险溢价的方式，获得承担风险的价格补偿。

第 2 节　商业银行信用风险管理

就我国商业银行的发展现状而言，信用风险仍然是其面临的最大的、最主要的风险种类，因此信用风险也就成了商业银行风险管理最重要的内容。所谓信用风险管理，是指商业银行在对面临的信用风险进行识别、计量的基础上，采取相应的措施控制风险。在商业银行信用风险管理的流程中，信用风险的识别和计量是基础，信用风险的监测与报告是手段，信用风险的控制是目的。

一、信用风险的识别

信用风险识别是指商业银行在信用风险发生之前，对业务经营中可能发生的信用风险种类、生成原因进行分析、判断。信用风险的识别可以从客户和业务两个维度进行分析。从客户类型角度入手，分别对单一法人客户、集团法人客户、个人客户的信用风险进行分析；从业务类型角度入手，分别对单一贷款业务、贷款组合业务、非贷款业务的信用风险进行分析。本节从客户类型角度分类介绍信用风险识别的基本步骤。

（一）单一法人客户

商业银行在对单一法人客户进行信用风险识别和分析的时候，首先必须要求客户提交基本资料，以对客户的基本情况和与商业银行业务相关的信息进行全面的了解。其次，商业银行应对客户的经营成果、财务状况以及现金流量情况进行分析。再次，对客户的非财务因素进行分析，并与财务分析进行相互印证。非财务因素分析主要是对管理层风险、行业风险、生产与经营风险、宏观经济及自然环境等方面的分析和判断。最后，商业银行还应对客户进行担保分析，担保方式主要有保证、抵押、质押、留置和定金。

（二）集团法人客户

商业银行在对集团法人客户进行信用风险识别和分析的时候，可以参考前述的单一法人客户分析步骤，但集团法人客户的状况通常更为复杂。与单一法人客户相比，集团法人客户的信用风险具有以下明显特征：内部关联交易频繁；连环担保十分普遍；财务真实性差；系统性风险较高。因此，商业银行对集团客户的信用风险进行识别时，要密切注意是否存在商业银行对集团法人客户多头授信、过度授信、不适当分配授信额度的问题，是否存在集团法人客户通过关联交易、资产重组等手段在关联方之间不按公允价格原则转移资产或利润等问题。

（三）个人客户

商业银行在对个人客户进行信用风险识别和分析的时候，要考虑到自然人业务资金规模小但业务复杂而且数量巨大的特点。商业银行应重点关注个人客户的资信情况（内外部征信系统记录和第一还款来源）、资产和负债情况（确认借款者平均月或年收入与稳定性、其他可变现资产情况、其他负债或担保情况）、贷款用途、还款来源及担保（是否以价值稳定、易变现的财产提供抵押，是否办理财产保险或贷款信用保险）等信息。目前，大部分中资银行要求客户经理在完成以上调查后，随即填写"贷前调查报告"并将客户资料一起呈送个人贷款审批部门；而国外先进银行已经广泛使用自动受理系统，只要把客户相关信息输入个人信用评分系统，系统即可输出评分结果和是否贷款的决定。采用自动受理系统开展个人信贷业务，将有助于节约调查成本，提高办理个人信贷业务的运营效率。随着我国个人征信系统的逐步完善和商业银行经营管理的现代化，我国商业银行也将会积极开发和使用自动受理系统开展个人信贷业务。

二、信用风险的计量

信用风险的计量方法先后经历了从专家判断法、信用评分模型到违约概率模型的发展历程。自从巴塞尔委员会鼓励有条件的商业银行使用基于内部评级体系的方法来计量违约概率、违约损失，并据此计算信用风险对应的资本要求后，违约概率模型便成了现代商业银行计量信用风险的主要工具，并随之推动了商业银行信用风险内部评级体系的发展。

《巴塞尔新资本协议》明确要求，有条件的商业银行采用内部评级法计量信用风险时，应基于二维的内部评级体系：一维是客户信用评级，另一维是债项评级。通过客户评级、债项评级计量单一客户或债项的违约概率和违约损失率之后，商业银行还必须构建组合计量模型，用以计量组合内各资产的相关性和组合的预期损失。

（一）客户信用评级

客户信用评级是商业银行对客户偿债能力和偿债意愿的计量和评价，反映客户违约风险的大小。客户评级的评价主体是商业银行，评价目标是客户违约风险，评价结果是信用等级和违约概率（PD）。符合《巴塞尔新资本协议》要求的客户评级必须具有两大功能：一是能够有效区分违约客户，一般来讲，不同信用等级的客户违约风险随着信用等级的下降而呈加速上升的趋势；二是能够准确量化客户违约风险，即能够估计各信用等级的违约概率，并能控制估计误差。

违约概率的估计包括两个层面：一是单一借款人的违约概率；二是某一信用等级所有借款人的违约概率。常用的估计方法是历史违约经验、统计模型和外部评级映射三种方法。作为一种数量方法，违约概率模型对数据要求较高。

（二）债项评级

债项评级是对交易本身的特定风险因素进行计量和评价，反映客户违约后的债项损失大小。特定风险因素包括抵押、优先性、产品类别、地区、行业等。与客户评级注重交易主体的信用水平不同，债项评级是在假设交易主体已经违约的情况下，针对每笔债项本身的特点预测其可能的损失率。因此，一个债务人只有一个客户评级，而同一个债务人的不同交易可能会有不同的债项评级。

对贷款的债项评级主要是通过计量借款人的违约损失率来实现。违约损失率是指给定借款人违约后贷款损失金额占违约风险暴露的比例。[1] 计量违约损失率的方法主要有市场价值法和回收现金法。但由于预测债务违约时的价值或现金流非常困难，加之金融机构在这方面积累的数据不够充分，导致商业银行在估计违约损失率时面临极大的挑战。

需要指出的是，债项评级和我们平时所说的信贷资产风险分类存在一定区别。信贷资产风险分类是在综合考虑了客户信用风险因素和债项交易损失因素后，根据预期

---

[1] 贷款损失金额包括两个层面：一是经济损失，考虑所有相关因素，包括折现率、贷款清收过程中较大的直接成本和间接成本；二是会计损失，只考虑商业银行账面损失，包括违约贷款未收回的贷款本金和利息两个部分。违约风险暴露是指债务人违约时的预期表内表外项目暴露总和。

损失大小把信贷资产分为正常、关注、次级、可疑、损失五个类别，并将后三种统称为不良贷款，主要用于贷后管理；而债项评级只考虑债项交易损失的特定风险因素，可同时用于贷前审批、贷后管理，体现的是对债项风险的预先判断。

（三）组合信用风险的计量

由于存在风险组合的分散化效应，投资组合的整体风险小于其所包含的单一资产风险的简单加总。但由于信用风险的收益分布难以计量，信用风险组合模型开发的进展缓慢。信用风险组合模型可以分为解析模型和仿真模型。目前使用得比较广泛的模型包括 CreditMetrics 模型、Credit Portfolio View 模型、Credit Risk+模型。

三、信用风险的监测和报告

信用风险的监测是指信用风险管理者通过各种监控技术，动态捕捉信用风险指标的异常变动，判断其是否已达到引起关注的水平或已经超过限值。监测的对象可分为客户和贷款组合两个层面。信用风险指标包括潜在指标和显现指标两类。按照中国银监会对原国有商业银行和股份制银行进行信用风险评估的标准，信用风险指标包括了经营绩效类指标、资产质量类指标和审慎经营类指标三类。经营绩效指标包括总资产净回收率、股本净回收率、成本收入比；资产质量类指标是指不良贷款比例；审慎经营类指标包括资本充足率、大额风险集中度、不良贷款拨备覆盖率。

按照巴塞尔委员会的商业银行信息透明度要求，信用风险报告应覆盖以下内容：经营战略、风险管理程序以及针对产生信用风险活动进行的内部控制；目前贷款质量和其他重要交易方的风险暴露；贷款集中情况；贷款损失准备和这些准备在各期之间的变化情况；总体头寸（贷款、投资、交易和表外风险暴露）；衍生品合约的潜在信用风险暴露的信息；抵押和担保的使用情况；信用评级和资产组合风险计量模型的使用情况；关于贷款限额和内部评级的使用。

四、信用风险的控制

（一）限额管理

限额是指对某一客户（单一法人或集团法人）所确定的、在一定时期内商业银行能够接受的最大信用风险暴露。其与金融产品和其他维度信用风险暴露的具体状况、商业银行的风险偏好、经济资本配置等因素有关。限额管理对控制商业银行各种业务的风险是很有必要的，其目的是确保所发生的损失总能被事先设定的风险资本覆盖。当限额被超越时，商业银行必须采取各种措施来降低风险，如降低风险暴露水平、使用衍生品、证券化等金融工具转移风险。限额管理可以分为单一客户限额管理、集团客户限额管理、资产组合限额管理、国家与区域限额管理四类。

（二）授信审批

授信审批是在信用分析的基础上，由获得信用授权的审批人在规定的限额内，结合交易对方或贷款申请人的风险评级，对其信用风险暴露进行详细的评估之后作出信贷决策的过程。信用风险暴露是指由于交易对方不能履行合约或偿还债务而可能出现损失的交易金额，在计算时不考虑抵押、其他信用升级或信用保护工具。在评估过程中，既要考虑交易对方的信用等级，又要考虑具体债项的风险。信用评估过程不仅直接影响了信贷决策结果，而且考验着决策层的信用管理水平。授信审批一般应遵循下列原则：第一，审贷分离原则，授信审批应当完全独立于贷款的营销和贷款的发放；第二，统一考虑原则，应对可能引发信用风险的借款人的所有风险暴露和债项做统一考虑和计量；第三，展期重审原则，原有贷款和其他信用风险暴露的任何展期都应作为一个新的信用决策，需要经过正常的审批程序。

（三）贷款定价①

贷款定价的出发点是风险管理中的补偿原则。贷款定价的形成机制比较复杂，市场、银行和监管机构三方面是形成均衡定价的主要力量。一般认为，贷款定价需要考虑资金成本、经营成本、风险成本、资本成本等方面的因素。因此，美国银行家信托公司最先提出计算风险调整后资本收益率（RAROC）来为贷款定价，一般公式为：

$$RAROC = (某项贷款的一年收入-各项费用-预期损失)/经济资本 \tag{11.1}$$

贷款定价不仅受单个借款者风险的影响，还应考虑商业银行当前资产组合结构的影响。重点考虑一项贷款进入资产组合后将会改变组合的整体风险，这种风险的变化可通过计算边际风险价值（CVaR）得到。

（四）经济资本计量与配置

信用风险经济资本是指商业银行在一定置信水平下，为了应对未来一定期限内信用风险资产的非预期损失而应该持有的资本金，数值上等于信用风险资产可能带来的非预期损失。在银行业务实践中，经济资本的计量取决于以下几个方面：一是置信水平，反映了经济资本对损失的覆盖程度，置信水平越高，经济资本对损失的覆盖程度越高，其数额也越大；二是银行风险计量水平，体现为银行是基于单笔资产还是整个组合计量非预期损失，计量时是否考虑资产组合间的相关性。在实现了对信用风险经济资本进行计量的基础上，商业银行可根据各地区、各行业、各信贷产品非预期损失占比或边际非预期损失占比情况，将银行总体资本配置到各个维度。

（五）信用衍生产品

近年来，随着金融创新，银行在信用风险的管理中越来越多地使用信用衍生产品。信用衍生产品不仅允许商业银行在无需出售或消除其资产负债表内贷款等信贷产品的前提下改变其信贷产品组合的风险收益，而且使得商业银行得以规避不利的税收支付时间安排。其实质是通过将信用风险从其他风险中剥离出来，以一定代价转嫁给其他机构，最终达到降低自身对信用风险的暴露水平。

第3节 商业银行市场风险管理

20世纪90年代以来，国际金融市场的剧烈波动导致了许多金融机构出现巨额的损失或倒闭。鉴于市场风险管理在商业银行风险管理中的重要地位，2001年，巴塞尔委

---

① 详细内容参见本书第4章商业银行贷款业务。

员会将市场风险和信用风险、操作风险一起列为商业银行三大风险。中国银监会也发布了《商业银行市场风险管理指引》和《商业银行市场风险现场监管检查手册》，进一步推进了国内商业银行市场风险管理水平。在商业银行市场风险管理的流程中，市场风险的识别和计量是基础，市场风险监测与报告是手段，市场风险控制是目的。

一、市场风险的识别

伴随着我国利率市场化进程和汇率改革的逐步深入，我国商业银行主要面临的市场风险有利率风险和汇率风险。

（一）利率风险

利率是经济运行中的重要变量，对商业银行持有的各项资产负债都有着重要影响。导致利率波动的因素很多，如宏观经济环境和经济周期、中央银行的货币政策、市场价格水平、资本市场发展情况、国际经济与金融环境等。利率风险是指由于利率意外的变动，商业银行的实际盈利状况和实际市场价值产生的与其预期值的偏离。按照风险来源的不同，商业银行面临的利率风险可以分为重新定价风险、收益率曲线风险、基准风险和期权性风险。

1. 重新定价风险

重新定价风险也称为期限错配风险，是最主要和最常见的利率风险形式，来源于商业银行资产、负债和表外业务之间的到期期限（就固定利率而言）或重新定价期限（就浮动利率而言）所存在的差异。这种重新定价的不对称性使商业银行的收益或内在经济价值会随着利率的变动而变化。

2. 收益率曲线风险

收益率曲线风险是指收益率曲线的非平行移动对商业银行不同期限的资产、负债的收益或内在经济价值产生的不利影响。

3. 基准风险

基准风险是指在利息收入和利息支出所依据的基准利率变动不一致的情况下，即使考虑到资产、负债和表外业务的重新定价特征相似，但因其现金流和收益的利差发生了变化，也会对商业银行的收益或内在经济价值产生不利影响。

4. 期权性风险

期权性风险也称为选择权风险，是指利率变化时，商业银行客户行使隐含在商业银行资产、负债和表外业务中的期权（如债券或存款的提前兑付、贷款的提前偿还等选择条款）给商业银行造成损失的可能性。

（二）汇率风险

汇率风险是指由于汇率的不利变动而导致银行业务发生损失的风险。根据风险产生原因的不同，汇率风险大致可以分为以下两类：

1. 外汇交易风险

外汇交易风险包括为客户提供外汇交易服务时，未能立即进行对冲的外汇敞口头寸和银行对外币走势有某种预期而持有的外汇敞口头寸。

2. 外汇结构性风险

外汇结构性风险，即因为银行资产与负债之间币种的不匹配而产生的价值波动。

二、市场风险的计量

市场风险的计量方法经历了由简单到复杂、由单一风险类别计量到组合风险计量的发展过程。早期的单一风险类别计量方法主要是敏感性分析方法，如利率缺口分析、利率的久期分析、外汇敞口分析；随着商业银行业务种类和风险技术的进步，使用风险价值（Value at Risk，VaR）方法衡量正常市场条件下银行资产组合的预期损失，以及使用压力测试估算极端条件下银行的潜在损失也成了现代商业银行市场风险管理的基本手段。

（一）利率缺口分析方法

利率缺口分析方法是衡量利率变动对银行当期收益影响的一种方法。这里的缺口是指利率敏感性资产与利率敏感性负债的差额。利率敏感性资产或负债是指在一定期间内展期或根据协议需要按市场利率定期重新定价的资产或负债，定价的基础是可供选择的货币市场基准利率。利率敏感性缺口公式为：

$$Gap = RSA - RSL \tag{11.2}$$

其中，Gap 表示缺口，RSA 表示敏感性资产，RSL 表示敏感性负债。

Gap 大于 0，被称为正缺口；Gap 小于 0，被称为负缺口；Gap 等于 0，被称为零缺口。一般说来，如果 Gap 为正，利率上升时，商业银行获得的净利息收入就会增加；反之，获得净利息收入就会减少。当 Gap 为负或为零时，可以展开类似的分析。

（二）利率久期分析

利率久期分析也称为持续期分析或期限弹性分析，是衡量利率变动对银行经济价值影响的一种方法。久期是对金融资产的利率敏感程度或利率弹性的直接衡量，是金融资产价值对利率的一阶导数，可以近似地写成：

$$\Delta p = -p \times D \times \frac{\Delta y}{(1+y)} \tag{11.3}$$

其中，p 代表当前金融工具的价格，Δp 代表价格的微小变动幅度，y 代表收益率，Δy 代表收益率的变动幅度。

$$D = \frac{\sum_{t=1}^{T} t \times C_t / (1+y)^t}{\sum_{t=1}^{T} C_t / (1+y)^t} \tag{11.4}$$

其中，D 为久期，C_t 依次为各个现金流的值，t 依次为现金流的发生时间，T 为金融资产的合约到期时间，y 代表收益率。

通过计算每项资产、负债和表外头寸的久期，可以计量市场利率变化所产生的影响。

（三）外汇敞口分析

外汇敞口分析是衡量汇率变动对银行当期收益的影响。外汇敞口的来源是银行表内外业务中的货币错配。当银行某一币种的多头头寸与空头头寸不一致时，所产生的差额就形成了外汇敞口。在存在外汇敞口的情况下，汇率的变动可能会给银行的当期收益或经济价值带来损失，从而形成汇率风险。在进行敞口分析的时候，银行应当分析单一币种的外汇敞口以及各币种敞口折成报告货币并加总扎差形成的外汇总敞口。

（四）风险价值

风险价值（Value at Risk，VaR）是指给定一定的持有期、置信水平、市场风险要素之间相关关系等前提下，利用假定的市场风险要素（利率、汇率等）概率分布，估计市场风险要素变动对某项资金头寸、资产组合或机构造成的最大可能损失。风险价值分为均值风险价值和零值风险价值。均值风险价值是以期末资产组合的预期价值为基准来测量风险，度量的是资产价值的相对损失，均值风险价值 $= E(W) - W^*$，$E(W)$ 是期末资产组合的期望价值，W^* 为资产组合在一定置信水平（c）下的最小价值；零值风险价值是以初始价值为基准测度风险，度量的是资产价值的绝对损失，零值风险价值 $= W_0 - W^*$，W_0 是期初资产组合的价值，W^* 为资产组合在一定置信水平（c）下的最小价值；在商业银行风险管理中，均值风险价值的使用更为广泛。在假设市场风险要素概率分布为正态分布情况下，均值风险价值 $= W_0 \times \alpha \times \sigma \times \sqrt{\Delta t}$，其中 W_0 是期初资产组合的价值，α 是置信水平下的临界值，σ 是资产组合收益率的方差，Δt 为投资的持续时间。风险价值通常是由银行的内部市场风险计量模型来估算。目前，常用的风险价值模型技术主要有三种：方差—协方差法、历史模拟法和蒙特卡洛法。现在，风险价值已成为计量市场风险的主要指标，也是银行采用内部模型计量风险资本要求的重要依据。

（五）压力测试

压力测试又称为压力试验，是对极端市场条件下资产组合损失的评估。压力测试包括情景分析和系统化压力测试。情景分析旨在评估金融市场中的某些特殊情景或时间对资产组合价值变化的影响，评估了市场波动性变化和相关性影响，明确给出了某情景下资产组合的损失，虽然没有像风险价值方法那样指明损失发生的概率，却可以和风险价值互为补充。系统化压力测试是用不同市场风险要素、不同程度的大幅波动构造了一系列极端情景，并评估这些极端情景对资产组合的影响，从而产生一系列压力测试结果。

三、市场风险的监测和报告

市场风险监测和报告应当包括如下内容：按业务、部门、地区和风险类别分别统计的市场风险头寸；按业务、部门、地区和风险类别分别计量的市场风险水平；对市场风险头寸和市场风险水平的结构分析；盈亏情况；市场风险识别、计量、监测和控制方法及程序的变更情况；市场风险管理政策和程序的遵守情况；市场风险限额的遵守情况，包括对超限额情况的处理；压力测试的情况；市场风险经济资本分配情况；对改进市场风险管理政策、程序以及市场风险应急方案的建议。

先进的风险管理信息系统是提高市场风险管理效率和质量的核心。商业银行的风险管理信息系统应当有能力将完整的市场风险信息，按照交易人员、风险管理专业人员、高级管理层和董事会的要求，在最短的时间内自动生成以下报告：投资组合报告、风险分解"热点"报告、最佳投资组合复制报告、最佳风险规避策略报告等。

四、市场风险的控制

（一）限额管理

常用的市场风险限额管理包括交易限额、风险限额和止损限额等。商业银行在实施限额管理的过程中，还需要制定并实施合理的超限额监控和处理程序。

交易限额是指对总交易头寸或净交易头寸设定的限额。总头寸限额对特定交易工具的多头头寸或空头头寸分别加以限制；净头寸限额对多头头寸和空头头寸相抵后的净额加以限制。

风险限额是指对采用一定的计量方法所获得的市场风险规模设定限额。例如，对采用内部模型法计量得出的风险价值设定的风险价值限额。对期权性头寸设定的期权性头寸限额，期权性头寸限额是指对期权价值的敏感性参数设定的限额。

止损限额是指所允许的最大损失额。通常，当某项头寸的累计损失达到或者接近止损限额时，就必须对该头寸进行对冲交易或立即变现。止损限额具有追溯力，即适用于一日、一周、一个月内或其他一段时间内的累计损失。

（二）市场风险对冲

商业银行可以使用金融衍生产品等工具，在一定程度上控制或对冲市场风险。利用衍生产品对冲市场风险具有明显的优势，如构造方式多种多样、交易灵活便捷等，但通常只能消除部分市场风险，而且可能会产生由交易对手带来的信用风险。特别需要高度重视的是，金融衍生产品自身就潜藏着巨大的市场风险，商业银行必须正确认识和理解各种衍生产品的风险特征、多种金融产品组合在一起后的复杂性以及利用其对冲市场风险所需具备的强大的知识和信息技术支持。

（三）市场风险经济资本配置

商业银行还可以借助市场风险内部模型，通过配置一定数量的经济资本，来抵御市场风险可能造成的损失。巴塞尔委员会的《资本协议市场风险补充规定》对市场风险内部模型提出以下定量要求：置信水平采用99%的单尾置信区间；持有期为10个营业日；市场风险要素的历史数据观测期至少为1年；至少每3个月更新一次数据。在此基础上，市场风险监管资本 =（附加因子+最低乘数因子3）×风险价值，附加因子在0到1之间。但在银行实施内部市场风险管理时，可以根据其风险偏好和风险管理策略选择不同于监管部门要求的置信度和持有期来计算风险价值，经济资本的计算也是如此：市场风险经济资本=乘数因子×风险价值。现在，越来越多的商业银行开始进行市场风险经济资本的内部配置。资本配置有自上而下法和自下而上法。在采用自上而下法时，商业银行将经济资本分解并配置到每个交易员、次级投资组合、各项交易或业务部门，分解方法一般是采用风险价值贡献法（VaRC），从而使得投资组合整体的风险价值等于每个金融产品的风险价值贡献之和。在采用自下而上法时，商业银行根据各业务单位的实际风险状况计算其所占用的经济资本，考虑风险抵减效应后，累积加总所获得的资产组合层面的经济资本小于或等于各业务单位经济资本的简单加总，采用自下而上法得到的各业务单位所占用的经济资本，通常被用于绩效考核。

第 4 节　商业银行操作风险管理

操作风险自商业银行诞生起就伴随在其左右，时时刻刻存在于商业银行的经营过程中。值得注意的是，操作风险存在着与信用风险、市场风险本质的不同。承担信用风险、市场风险可以给商业银行带来相应的收益，承担操作风险却不能；相反，操作风险的存在还为商业银行带来了可能出现意外损失的严重隐患。在商业银行操作风险管理的流程中，操作风险的识别和计量是基础，操作风险的监测与报告是手段，操作风险的控制是目的。

一、操作风险的识别

根据《巴塞尔新资本协议》和中国银监会 2007 年发布的《商业银行操作风险管理指引》的规定，操作风险的识别可以从以下四个角度进行：人员因素引起的操作风险、内部流程引起的操作风险、系统缺陷引起的操作风险和外部事件引起的操作风险。

人员因素引起的操作风险主要是指因商业银行员工发生内部欺诈、失职违规等原因引起的风险。内部欺诈和失职违规属于商业银行多发性的操作风险。内部欺诈是指员工故意骗取、盗用财产或违反监管规章、法律或公司政策而造成的损失，我国商业银行员工违法行为导致的操作风险主要集中于内部人作案和内外勾结作案两种。失职违规是指内部员工因过失没有按照劳动合同、内部员工守则、相关业务及管理规定操作或者办理业务造成的风险，其中商业银行员工越权行为常常是危害很大的一种操作风险。

内部流程引起的操作风险是指由于商业银行业务流程缺失、设计不完善，或者没有被严格执行而造成的损失，主要包括财务或会计错误、产品设计缺陷等方面。财务或会计错误是指商业银行内部在财务管理和会计账务处理方面存在流程错误。在我国，由于根据新的会计准则进行了财务制度的重新设计和相应管理流程的调整，这方面的操作风险应予以关注。产品设计缺陷是指银行产品在业务管理框架、权利义务结构、风险管理要求等方面存在不完善。目前中资商业银行竞相模仿国外先进金融工具，在条件方面更加优惠、流程更加简便，如果相应内部流程缺失、设计不合理或者执行不到位，就有可能产生这类操作风险。

系统缺陷引起的操作风险是指由于信息科技部门或服务供应商提供的计算机系统或设备发生故障或其他原因，商业银行不能正常提供部分、全部服务或业务中断而造成的损失。系统缺陷引起的操作风险主要包括数据或信息质量不符合要求、违反系统安全规定、系统设计或开发的战略风险以及系统的稳定性、兼容性、适宜性缺失。

外部事件引起的操作风险是指由于外部突发事件或外部人员故意欺诈、骗取、盗用银行资产等违法行为，对商业银行的客户、员工、财务资源或声誉可能造成的负面影响。外部事件引起的操作风险主要包括自然灾害、恐怖威胁、外部欺诈或盗窃、洗钱、政治风险、监管规定更改、业务外包服务中断等方面。

二、操作风险的计量

巴塞尔委员会认为，操作风险是商业银行面临的一项重要风险，商业银行应为抵御操作风险造成的损失安排经济资本。《巴塞尔新资本协议》中为商业银行提供三种可供选择的操作风险经济资本计量方法，即基本指标法、标准法和高级计量法。三种计算方法在复杂性和风险敏感性上是逐步增强的，我国商业银行目前多采用基本指标法和标准法计量操作风险。

基本指标法是以单一的指标作为衡量商业银行整体操作风险的尺度，并以此作为基础配置操作风险资本的方法。资本计算公式如下：

$$K_{BIA} = \left[\sum_{i=1}^{n} (GI_i \times \alpha) \right] / n \tag{11.5}$$

其中，K_{BIA} 表示基本指标法需要的资本，GI 表示前三年中各年为正的总收入[1]，n 表示前三年中总收入为正数的年数，$\alpha = 15\%$（由巴塞尔委员会统一设定）。

标准法的原理是将商业银行的所有业务划为 8 类产品线[2]，对每一类产品线规定不同的操作风险资本要求系数，并分别求出对应的资本，然后加总 8 类产品线的资本，得到商业银行总体操作风险资本（K_{TSA}）要求。总收入在这里是个广义的指标，代表业务规模。其公式如下：

$$K_{TSA} = \left\{ \sum_{1}^{3} max \left[\sum (GI_{1\sim8} \times \beta_{1\sim8}), 0 \right] \right\} / 3 \tag{11.6}$$

$GI_{1\sim8}$ 表示 8 类产品线过去 3 年的年均总收入；$\beta_{1\sim8}$ 表示由巴塞尔委员会设定的一系列固定百分数。

高级计量法是指商业银行在满足巴塞尔委员会提出的资格要求以及定性和定量标准的前提下，通过内部操作风险计量系统计算监管资本的要求。商业银行一旦采用高级计量法，未经监管当局批准，不可退回使用相对简单的方法。目前，业界比较流行的高级计量法主要有内部衡量法、损失分布法以及记分卡等。巴塞尔委员会对实施高级计量法提出了具体标准，包括资格要求、定性标准、定量标准、内部数据和外部数据要求等。

三、操作风险的监测和报告

商业银行应该制定一套程序来定期监测、报告操作风险状况和重大风险事件。

（一）风险监测

风险检测可以从风险诱因、关键风险指标、因果分析模型三个角度对商业银行面临的操作风险进行分析。

操作风险涉及的领域广泛，形成原因复杂，其风险诱因主要可以从内部因素和外部因素两个方面来识别。从内部因素来看，包括人员、流程、系统及组织结构引起的

---

[1] 总收入定义为：净利息收入+非利息收入，不包括银行账户中出售证券实现的盈利，也不包括保险收入。
[2] 根据巴塞尔委员会的要求，在标准法中，八类银行产品线分别为公司金融、交易和销售、零售银行业务、商业银行业务、支付和结算、代理服务、资产管理和零售经纪。

操作风险；从外部因素来看，包括外部经营环境变化、外部欺诈、外部突发事件和经营场所安全性所引起的操作风险。从实际上看，操作风险的形成，特别是较严重的操作风险，往往是上述因素同时作用的结果。因此，对这些因素进行严密监测，有助于商业银行及时发现风险。

关键风险指标（KBI）是指用来考察商业银行风险状况的统计数据或指标，它可以为操作风险提供早期预警。操作风险关键指标包括人员风险指标（如从业年限、人均培训费用、客户投诉占比等）、流程风险指标（交易结果与核算结果差异、前后台交易中断次数占比等）、系统风险指标（如系统故障时间、系统数量等）和外部风险指标（如反洗钱警报数占比等）。为了便于决策，商业银行应该为所选定的风险指标设定限额（如上下不超过 3%、不超过人民币 1 000 万元等），并确定相应的监测频率，便于风险管理部门及时向高级管理层发出预警。

因果分析模型就是对风险诱因、风险指标和损失事件进行历史统计，并形成相互关联的多元分布。该模型可以确定哪一种或哪些因素与风险具有最高的关联度，从而为操作风险管理指明方向。为了量化操作风险，因果关系模型运用 VaR 技术对操作风险进行计量，包括以下 5 个步骤：定义操作风险和对操作风险进行分类、文件证明和收集数据、建立模型、重新进行数据收集、最终确定模型并实施。现在越来越多的金融机构采取实证分析法来寻找风险诱因，并分析检验损失事件与风险诱因间的因果关系。

（二）风险报告

风险报告内容大致包括风险状况、损失事件、诱因及对策、关键风险指标四个部分。提交给高级管理层的风险报告中首先要列明经评估后商业银行的风险状况，风险状况结果通常以风险图、风险表等形式来展示。风险报告要对当期发生的损失事件进行分析，至少包括事件的起因、事件的发生经过、是否还存在类似的事件、是否已经采取或准备采取防范措施。对于各种风险状况，报告应给出不同类型风险的风险诱因，即什么因素造成了风险的存在。针对风险诱因，报告需提出相关的应对建议。报告还应对风险指标的变化情况、与限额的距离等作出分析和解释，以帮助商业银行准确预测风险的变化趋势。

四、操作风险的控制

根据商业银行管理和控制操作风险的能力，可以将操作风险划分为四大类：可规避的操作风险、可降低的操作风险、可缓释的操作风险和应承担的操作风险。对于可规避的操作风险，商业银行可以通过调整业务规模、改变市场定位、放弃某些产品等措施让其不再出现；对于可降低的操作风险（如交易差错、记账差错等），商业银行可以通过采取更为有力的内部控制措施（如轮岗、强制休假、差错率考核等）来降低风险发生频率；对于可缓释的操作风险（如火灾、抢劫、高管欺诈等），商业银行往往很难规避和降低，甚至有些无能为力，但可以通过制定应急和连续营业方案、购买保险、业务外包等方式将其转移或缓释。而对于应承担的风险，商业银行需要为其计提损失准备或分配资本金。

健全的内部控制体系是商业银行有效识别和防范操作风险的重要手段。加强内部控制建设是商业银行管理操作风险的基础。巴塞尔委员会认为，资本约束并不是控制操作风险的最好方法，对付操作风险的第一道防线是严格的内部控制。健全有效的内部控制应该是不同要素、不同环节组成的有机体。从要素方面看，内部控制必须包括内部控制环境、风险识别与评估、内部控制措施、信息交流与反馈、监督评价与纠正五个要素。从运行方面看，内部控制是一个由决策、建设与管理、执行与操作、监督与评价、改进五个环节组成的有机系统。长期以来，商业银行内部控制问题一直困扰着我国银行业。内控失灵是造成商业银行案件频发的直接原因，而隐藏在内部控制失灵现象背后的则是内部控制要素的缺失和内部控制运行体系的紊乱。加强和完善商业银行的内部控制体系建设已经成为我国商业银行防范操作风险的迫切需要。

第5节 商业银行流动性风险管理

虽然流动性风险通常被认为是导致商业银行破产的直接原因，但实质上，流动性风险是信用、市场、操作等风险长期积累、恶化导致的结果。流动性风险管理是商业银行资产负债管理的重要组成部分，需要通过对流动性进行定量和定性分析，从资产、负债和表外业务等方面对流动性进行综合管理。根据银行业长期实践，良好的流动性风险管理将对商业银行经营起到以下积极作用：增进市场信心，向市场表明商业银行是安全的并有能力偿还借款；确保银行有能力实现贷款承诺，稳固客户关系；避免商业银行的资产廉价出售；降低商业银行借入资金所需要支付的风险溢价。在商业银行流动性风险管理的流程中，流动性风险的识别和计量是基础，流动性风险监测与报告是手段，流动性风险控制是目的。

一、流动性风险的识别

对流动性风险的识别和分析，必须兼顾商业银行的资产和负债两方面，即流动性集中反映了商业银行资产负债状况及其变动对均衡要求的满足程度。影响资产负债流动性的因素包括资产负债期限结构、币种结构和分布结构。

资产负债结构是指在未来特定时段内，到期资产数量与到期负债数量的构成状况。理想情况下，到期资产与到期负债在数量上应该正好匹配；如果未能匹配，则形成了资产负债的期限错配，并可能因此产生流动性风险。最常见的资产负债期限错配情况是商业银行将大量短期借款用于长期贷款，即"借短贷长"。但通常认为商业银行正常范围内的、"借短贷长"资产负债结构特点引致的持有期缺口，是一种正常的、可控性较强的流动性风险。

币种结构是指从事国际业务的商业银行具有的多币种的资产与负债结构。根据巴塞尔委员会的规定，商业银行应对其经常使用的主要币种的流动性状况进行计量、监测和控制，并定期检查现金流不匹配的情况。

分布结构是指商业银行资金来源和使用的分布结构。商业银行应重点关注其资金来源（如存款）和使用（如贷款）的同质性，以形成合理的来源和使用分布结构，争取获得稳定的、多样化的现金流量，降低流动性风险。通常，以零售资金来源为主的商业银行，其流动性风险相对较低。

二、流动性风险的计量

选择恰当的流动性风险评估方法，有助于把握和控制商业银行的流动性风险。流动性风险评估方法包括：流动性比率/指标法、现金流分析法、缺口分析法、久期分析法。

（一）流动性比率/指标法

流动性比率/指标法是各国监管当局和商业银行广泛使用的方法之一，其做法是首先确定流动性资产的种类并进行估值，然后确定合理的比率/指标并用于评估和监控。常用的比率/指标包括：

（1）现金头寸指标＝（现金头寸+应收账款）/总资产。该指标越高意味着商业银行满足即时现金需要的能力越强。

（2）核心存款比例＝核心存款/总资产。核心存款是指那些相对来说对利率变化不敏感、稳定性高的存款，对于同类商业银行而言，该比率高的商业银行流动性也相对较好。

（3）贷款总额与核心存款的比率是一种传统的衡量商业银行流动性的指标，比率越小则表明商业银行存储的流动性越高，流动性风险越小。

（4）流动资产与总资产的比率。该比率越高则表明商业银行存储的流动性越高，应付流动性需求的能力也就越强，但值得注意的是，商业银行的规模越大则该比率越小，因为大银行不需要存储太多的流动性。

（5）大额负债依赖度＝（大额负债-短期投资）/（盈利资产-短期投资）。从事积极负债管理的商业银行一般被认为对大额负债有较高的依赖度，而对主动负债比例较低的中小银行来说，大额负债依赖度通常为负值。因此，该指标仅适合用来衡量大型特别是跨国商业银行的流动性风险。

（6）流动性覆盖率（LCR）＝优质流动性资产/未来 30 日内资金净流出量≥100%。流动性覆盖率是短期流动指标，是指在未来 30 日内资金流出量的覆盖比率要大于等于 100%。

（7）净稳定融资比例（NSFR）＝可得到的稳定融资资金/所需的稳定融资资金≥100%。净稳定融资比例是长期流动指标，是指银行有稳定的资金来源来保证银行在 1 年及以上的经营。

（二）现金流分析法

通过对商业银行短期内的现金流入和现金流出的预测和分析，可以评估商业银行短期内的流动性状况，现金流入和现金流出的差异可以用"剩余"或"赤字"来表示。历史数据研究表明，当"剩余"额与总资产之比小于 3%～5% 时，商业银行便需要对可能出现的流动性风险提高警惕。实践证明，为了合理预计商业银行的流动性需求，应当将商业银行的流动性"剩余"或"赤字"与融资需求在不同的时间段内进行比较（如未来 90 天），其目的是预测出新贷款净增值（新贷款额-到期贷款-贷款出售）、存款净流出量（流入量-流出量）以及其他资产和负债的净流量，然后将上述流量预测值加总，再与期初的"剩余"或"赤字"相加，获得未来时段内的流动性头寸。如果商业银行规模很大而且业务非常复杂，则分析人员所能获得完整现金流量的可能性和准确性随之降低。因此，在实践操作中，现金流分析法和缺口分析法通常一起使用，互为补充。

（三）缺口分析法

缺口分析法是巴塞尔委员会认为评估商业银行流动性的较好方法，在各国商业银行得到广泛应用。为了计算商业银行的流动性缺口，需要对资产、负债和表外项目的未来现金流进行分析，计算到期资产（现金流入）和到期负债（现金流出）之间的差额。需要注意的是，在特定时间段内虽没有到期，但可以不受损失或承受较少损失就能出售的资产应当被计入到期资产。商业银行必须确保缺口得到有效控制，必要的时候，能够有足够的能力迅速补充资金。

在实践中，商业银行还可以计算由贷款平均额和核心存款平均额之间的差额构成的所谓融资缺口。如果缺口为正，商业银行必须动用现金和流动性资产，或者进入货币市场融资。以公式表示为：融资缺口=-流动性资产+借入资金，或者表示为：借入资金=融资缺口+流动性资产。换句话说，商业银行的融资缺口和流动性资产的持有量越大，商业银行从货币市场上需要借入的资金也越多，从而流动性风险也越大。如果缺口为零或为负，则说明商业银行短期内流动性风险水平较低。

（四）久期分析法

由于利率变化直接影响商业银行的资产和负债价值，造成流动性状况发生变化，因此久期分析法经常被用来评估利率变化对商业银行流动性状况的影响。其公式为：

久期缺口=资产加权平均久期-（总负债/总资产）×负债加权平均久期

当久期缺口为正值的时候，如果市场利率下降，则资产价值增加的幅度比负债价值增加的幅度大，流动性也随之加强；反之，则流动性也随之减弱。当久期缺口为负或是为零的时候，同理分析。

三、流动性风险的监测

近年来，由于商业银行业务发展，商业银行对监测流动性风险的要求越来越高，监测的复杂程度和重要性也日益突出。流动性风险的监测主要包括流动性风险预警、流动性压力测试和流动性情景分析。

（一）流动性风险预警

流动性风险预警是指在流动性风险发生之前，各种内、外部指标或信号通常会表现出明显变化。内部指标或信号主要包括商业银行内部有关风险水平、盈利能力、资产质量以及其他可能对流动性产生中长期影响的指标变化。外部指标或信号主要包括第三方评级、所发行的有价证券的市场表现等指标出现不利变化。融资指标或信号主要包括商业银行的负债稳定性和融资能力的变化。及时、有效地监测上述预警指标或信号，有助于商业银行及时纠正错误，并适时采取正确的风险控制方法。

（二）流动性压力测试

流动性压力测试是指商业银行根据不同的假设情况（在可量化的极端范围内），定期对因资产、负债及表外项目变化所产生的现金流量及期限变化进行流动性测算，以正确预测未来特定时段的资金净需求，确保商业银行储备足够的流动性来应付各种极端状况。

（三）流动性情景分析

流动性情景分析是指商业银行的流动性需求分析可分为正常状况、自身流动性危机、整体市场危机三种情景下，尽可能考虑到任何可能出现的有利或不利的重大流动性变化。将特定时段内的预期现金流入和现金流出之间的余额相加，可以把握商业银行在上述情景下的流动性演变和资金净余缺情况，从而准确把握商业银行的流动性状况。

四、流动性风险的控制

目前，我国商业银行多通过成立计划资金部门负责日常流动性管理，该部门负责制定本外币资金管理办法，对日常头寸的监控、调拨、清算等进行管理，并通过对贷存比、流动性比率、中长期贷款比例等指标的考核，加强对全行流动性的管理。具体来说，其包括以下几个方面：

（一）对本币的流动性风险管理

在具体操作层面，对本币的流动性风险管理可以简单分为三个步骤：设立相应的比率/指标，判断流动性变化趋势；计算特定时段内商业银行总的流动性需求；根据现金流量计算特定时段内商业银行的流动性缺口。

（二）对外币的流动性风险管理

在我国外币流动性管理的实践中，通常包括以下两种方式：一是使用本币资源并通过外汇市场将其转为外币，或使用该外汇的备用资源。例如，根据商业银行在流动性出现波动时利用外汇市场和衍生产品市场的能力，可以由总行以本币为所有外币提供流动性。二是管理者可以根据某些外币在流动性需求中占较高比例的情况，为其建立单独的备用流动性安排。

（三）制订流动性应急计划

我国金融市场不够成熟，货币市场和债券市场吸纳流动性风险的能力有待提高，商业银行流动性管理过程中可能遇到的突发事件和不可预测情况将时有发生。因此，我国商业银行应制订本外币流动性管理应急计划，包括危机处理方案和弥补现金流量不足的工作程序等。

【本章小结】

（1）巴塞尔委员会将商业银行面临的风险划分为信用风险、市场风险、操作风险、流动性风险、国家风险、声誉风险、法律风险以及战略风险八大类。其中，前四类风险是商业银行面临的最主要的风险。商业银行全面风险管理可以概括为风险识别、风险计量、风险监测和风险控制四个主要步骤。

（2）信用风险是指由于债务人或交易对手未能履行合同所规定的义务、信用质量发生变化而影响金融产品价值，给债权人或金融产品持有人造成经济损失的风险。信用风险计量先后经历了从专家判断法、信用评分模型到违约概率模型的发展历程。信用风险的控制方法有限额管理、授信审批、贷款定价和经济资本计量与配置等。

（3）市场风险是指由于市场价格（包括金融资产价格和商品价格）的波动导致商业银行表内、表外头寸遭受损失的风险。市场风险可以分为利率风险、汇率风险、股票风险和商品风险四个大类。风险计量方法包括利率缺口分析、利率的久期分析、外汇敞口分析、风险价值（Value at Risk，VaR）、压力测试等。市场风险的控制方法有限额管理、市场风险对冲、市场风险经济资本配置等。

（4）操作风险是指由于人为错误、技术缺陷或不利的外部事件所造成损失的风险。操作风险可以分为由人员、系统、流程和外部事件所引发的四类风险。《巴塞尔新资本协议》中为商业银行提供三种可供选择的操作风险经济资本计量方法，即基本指标法、标准法和高级计量法。健全的内部控制体系是商业银行有效识别和防范操作风险的重要手段。加强内部控制建设是商业银行管理操作风险的基础。

（5）流动性风险是指商业银行无力为负债的减少或资产的增加提供融资而造成损失或破产的风险。因此，流动性风险包括资产流动性风险和负债流动性。流动性风险评估方法包括：流动性比率/指标法、现金流分析法、缺口分析法、久期分析法。流动性风险的控制方法包括：对本币的流动性风险管理、对外币的流动性风险管理、制订流动性应急计划。

思考练习题

1. 我国商业银行经营管理中可能面临哪些风险？对这些风险进行控制的手段有哪些？

2. 简要叙述采用二维的内部评级体系计量信用风险应该注意哪些问题。

3. 市场风险正日益成为商业银行经营风险的重要来源，对其进行控制可以从哪些方面入手呢？

4. 操作风险伴随着商业银行经营管理的全过程，对其监测可以从哪些方面入手呢？

5. 流动性风险往往是导致商业银行破产倒闭的直接原因，请简要叙述流动性风险的评估方法有哪些。

6. 简述商业银行全面风险管理的流程。

7. 商业银行进行风险控制的方法有哪些？

第 12 章　商业银行绩效管理

　　内容提要：要学会对商业银行的业绩和绩效进行评价，应该从学习和熟悉商业银行的主要财务报表开始。本章首先介绍了这些报表，包括资产负债表、损益表和现金流量表，它们是反映商业银行一定经营期间的财务状况和经营成果的主要财务工具。在此基础上，本章介绍了商业银行绩效评价的指标体系以及运用一定方法对这些指标进行综合分析、分解和比较，最终得出比较客观的评判。最后，本章对商业银行的成本和利润管理进行了介绍和分析。

　　对于任何一家现代企业的经营者和拥有者来说，对企业经营绩效作出正确的评价和管理是一项需要引起高度重视的工作，也是保持企业经营长盛不衰的核心竞争力。考虑到现代商业银行经营业务独特性和对现代社会经济的深远影响，如何建立正确的商业银行绩效管理体系向来是银行经营者、监管机构关注的焦点，也是本章准备讨论的问题。

第 1 节　商业银行财务报表

　　商业银行的财务报表是根据企业会计准则编制的、反映银行某一特定日期的财务状况或者某一时期的经营成果、现金流量等会计信息的表格式文件。商业银行的财务报表是传递财务信息的基本途径，是了解商业银行经营管理情况的基本依据，为银行绩效的评价提供了必要信息。银行财务报表包括资产负债表、损益表、现金流量表、财务报表附注等。由于篇幅的限制，我们这里主要对最重要的资产负债表、损益表、现金流量表进行重点介绍。

一、资产负债表

　　银行的资产负债表旨在反映银行在某一时点上（通常为年末、半年末、季度末、月末）全部的资产、负债和所有者权益状况。资产负债表是对银行特定时点上的财务状况的总结，反映银行各种会计要素的存量，因此是一张静态报表。资产负债表可以总结银行在某一时点实际拥有的资产总量及构成情况、资金来源的渠道及具体结构，从而从总体上判断银行的资金实力与清偿能力等。

　　银行的资产负债表由资产、负债和所有者权益三大部分组成。在编制原理上，与普通企业一样采用复试记账的方法，遵从"资产＝负债＋所有者权益"这一会计恒等式。实际上，银行的负债和所有者权益代表了银行资金的来源，资产则代表了资金的运用，上述会计恒等式实际上也表明了资金运用等于资金来源的道理。在具体的各个项目排列上，该报表会按照资产和负债的流动性程度从高到低排列，即流动性强的排在前，流动性较差的排在后面。例如，流动资产在前，固定资产在后，流动负债在前，长期负债在后。商业银行资产负债表的基本构成如表 12.1 所示。

表 12.1　　　　　　　　　　　20××年度某银行资产负债表　　　　　　　　单位：百万元

资产	金额	负债及所有者权益	金额
流动资产：		流动负债：	
库存现金	780	短期负债	97 000
存放中央银行款项	2 100	短期储蓄存款	26 200
存放同业款项	6 800	财政性存款	4 710
拆放同业及其他金融机构	3 450	同业存放款项	10 400
短期贷款	68 000	同业及其他金融机构拆入	1 260
应收进口押汇	1 886	卖出回购款项	1 170
应收利息	810	汇出汇款	1 080
其他应收款	790	应解汇款	621
贴现	39 000	存入短期保证金	1 600
买入返售款项	8 000	应付利息	10 200
短期投资	7 200	应付职工薪酬	290
一年内到期的长期投资	3 270	应交税费	527
流动资产合计	142 086	其他应付款	1 000
长期资产：		流动负债合计	156 058
中长期贷款	33 000	长期负债：	
非应计贷款	16 000	长期存款	13 000
减：贷款损失准备	1 320	长期储蓄存款	2 900
长期债券投资	20 000	存入长期保证金	180
长期股权投资	160	长期应付款	1
减：长期投资减值准备	50	长期借款	12 000
固定资产原价	4 000	应付债券	800
减：累计折旧	1 600	其他长期负债	620
固定资产净值	2 400	长期负债合计	29 501
减：固定资产减值准备	400	负债合计	185 559
固定资产净额	2 000		
在建工程	6	所有者权益：	

表12.1（续）

资产	金额	负债及所有者权益	金额
长期资产合计	72 436	实收资本/股本	1 900
其他资产：		资本公积	1 500
无形资产	40	盈余公积	300
长期待摊费用	126	一般风险准备	1 560
抵债资产	1 000	未分派利润（累计亏损）	700
其他长期资产	210	外币报表折算差额	24 379
其他资产合计	1 376	所有者权益合计	30 339
资产总计	215 898	负债与所有者权益合计	215 898

（一）资产项目

资产是由银行过去的交易或者事项形成的、由银行拥有或者控制的、预期会给银行带来经济利益的资源。银行资产可以分为流动资产、长期资产、固定资产、无形资产和其他资产。

1. 现金资产

现金资产是流动性最强的资产种类，可以随时满足客户的提存要求和贷款申请，因此被称为一级准备。现金资产由以下四个部分组成：

（1）库存现金，即银行金库中的纸币、铸币以及同中央银行发生往来但尚未在运送中的现金；

（2）托收中存款项，即已签发支票送交储备银行但相关科目尚未贷记的部分；

（3）存放同业的活期存款；

（4）在中央银行准备金账户上的存款。

由于现金资产几乎是无收益的，对其保管运送还要发生一定的成本，因此各商业银行都力图在缴足准备金、确保银行流动性的前提下尽量减少现金资产。

2. 二级准备

二级准备并不是一个独立科目，它包括了若干具有较强流动性的资产项目，如交易账户证券、拆放同业及其他金融机构、短期投资中的证券投资。在表 12.1 中，二级准备主要指拆放同业及其他金融机构和短期投资中的证券投资。

3. 买入返售款项

买入返售款项是指购买时按照协议约定于未来某确定日起返售的资产将不在资产负债表予以确认。买入该类资产的成本包括利息，在资产负债表中列示为"买入返售款项"。

4. 贷款

贷款是银行资产中比重最大的一项，也是传统上银行收入的主要来源。贷款可以根据不同的标准划分为不同的种类，如按照贷款的用途可以分为消费贷款、不动产贷款、工商业贷款、农业贷款等，按照贷款的期限可以分为短期贷款、中期贷款和长期贷款。表12.1中的"贷款损失准备"项目是中长期贷款的递减科目,反映了银行对未来可能发生的贷款损失的预计值。

5. 证券投资

证券投资是银行重要的盈利资产。它可以划分为短期投资和长期投资两部分。短期投资以保有流动性为目的,也包括二级准备在内;长期投资则以盈利为目的。商业银行持有的债券可以分为三类:国库券及政府机构债券、市政债券和企业债券、票据。出于安全性的考虑,商业银行一般不允许持有股票和投机级的企业债券,因此视为无信用风险的政府债券在商业银行的证券投资中比重较高。

6. 固定资产

固定资产主要指银行房产、设备的净值。其所占比重一般较低,属于非盈利性资产。

7. 其他资产

其他资产包括无形资产、长期待摊费用、抵债资产和其他长期资产。

(二) 负债项目

负债是由过去交易或事项形成的现时义务,履行该义务预期会导致经济利益流出企业。负债按照期限的长短分为流动负债和长期负债。

1. 流动负债

流动负债由短期存款、短期储蓄存款、同业拆入、向中央银行借款、短期借款、发行短期债券、其他流动负债等项目组成。流动负债的共同特点是期限短、金额波动大、难以稳定运用。

2. 长期负债

长期负债主要是指期限在 1 年以上的负债。长期负债一度是商业银行资金的最主要、最稳定的来源。但自负债管理理论流行以来,一些大的商业银行日益重视利用借入资金来支持资产业务的扩展,使得长期负债的地位有所动摇。长期负债主要包括长期存款、长期储蓄存款、长期借款、发行长期债券、其他长期负债等项目。长期负债的特点是期限较长、金额稳定、可供银行长期使用。

(三) 所有者权益

所有者权益是所有者在企业资产中享有的经济利益,其金额为资产减去负债后的余额,也称为净值项目。根据《金融企业会计制度》的规定,商业银行的所有者权益项目除包括实收资本/股本、资本公积、盈余公积和未分配利润外,对于存贷业务中提取的一般准备、从事保险业务提取的总准备金、从事证券投资业务提取的一般风险准备、从事信托业务提取的信托赔偿准备也是所有者权益的组成部分。

二、损益表

商业银行的损益表又称为利润表,是反映一定时期内银行收入、支出和利润状况等经营成果的财务报表。与资产负债表不同,损益表是一种流量报表,是银行在报表期间内资金流动的动态体现。通过对损益表的分析,可以了解银行的盈亏状况,分析盈亏增减变化的原因,考核盈亏计划的执行情况,从而发现问题,改善管理,以促进银行的经济效益的提高。某银行的损益表基本构成如表 12.2 所示。

表 12.2　　　　　　　　　　20××年度某银行利润表　　　　　　　单位：百万元	
项　目	金额
一、营业收入	8 600
利息收入	5 400
金融企业往来	750
手续费收入	209
贴现利息收入	1 560
买入返售收入	70
证券销售差价收入	115
汇兑收益	143
其他营业收入	353
二、营业支出	3 800
利息支出	2 800
金融企业往来支出	860
手续费支出	60
卖出回购支出	24
汇兑损失	1 856
三、营业费用	2 600
四、投资净收入	824
五、营业利润	3 024
减：营业税金及附加	410
加：营业外收入	32
减：营业外支出	70
六、利润总额	2 576
七、计提的资产减值准备	1 800
八、税前利润	776
减：所得税费用	194
九、净利润	582

银行损益表主要由以下三部分组成：

（一）营业收入

1. 利息收入

利息收入主要包括贷款利息收入、证券投资利息收入以及其他利息收入（如存放央行款项、存放和拆放同业和其他金融机构款项等）。利息收入是商业银行最主要的收入来源，我国商业银行利息收入占总收入的比例高达 80% 以上。当然，从发展趋势来说，随着商业银行中间业务、表外业务的开拓，利息收入在总收入中的比重会有所下降，下降程度则受各银行的业务格局而定。

2. 手续费收入

手续费收入来源广泛，包括结算和清算业务收入、理财业务收入、银行卡业务收入、投资银行业务收入、代理业务收入、电子银行业务收入、担保及承诺业务收入、托管业务收入等。从国际上来看，手续费收入将成为商业银行越来越重要的收入来源。

3. 其他营业收入

其他营业收入主要包括信托业务收入、租赁业务收入、证券销售差价收入、同业往来收入及其他非利息营业收入等。

（二）营业支出

1. 利息支出

利息支出是银行最主要的支出，而利息支出中最主要的部分又是存款利息支出。利息支出总体上反映了银行从社会获取资金的代价。

2. 薪金与福利支出

薪金与福利支出是银行支付给管理人员与职工的费用总额，不仅包括支付员工的工资、奖金及其他福利支出，还包括缴纳的各种保险费用支出。

3. 资产使用费

资产使用费包括银行房产设备的维修与折旧费用、房屋设备的租赁费用、预计相应的税款支出。

4. 其他营业费用

其他营业费用包括业务费用、广告费用以及出纳短款损失等。

（三）利润

按照计算方法的不同，银行的利润可以分为税前利润和净利润两种。

1. 税前利润

税前利润是银行营业收入减去各项营业支出后的余额。该指标实际上也标明了银行的应税利润额。当然，当这一指标小于或等于零时，银行当年无需缴纳企业所得税。

2. 净利润

净利润等于税前利润减去企业所得税后的余额再加上免税收入。该指标综合反映了银行在一定时期的经营业绩和成果，是银行绩效评估的基本指标。

三、现金流量表

商业银行现金流量表是综合反映银行在一个经营期间内的现金流量来源、运用及增减变化情况的财务报表，是反映银行经营状况的三大报表之一。我们知道资产负债表作为静态报表，不能反映财务状况变动的原因；而动态的损益表仅着眼于盈利状况而不能反映资金运用的全貌。因此，要想全面的考察和分析银行的经营状况，就必须再编制现金流量表，以弥补资产负债表和利润表的不足，将利润与资产、负债及所有者权益的变动结合起来，对银行财务状况的变化做出综合的解释。

现金流量表按照"现金净流量 = 现金流入 - 现金流出"进行编制。报表由三个部分组成：经营活动产生的现金流、投资活动产生的现金流、筹资活动产生的现金流。每个部分又分别由现金流入项目、现金流出项目和现金流量净额来构成，详细反映各类活动现金流动状况。某银行的现金流量表基本构成如表 12.3 所示：

表 12.3　　　　　　　　　　20××年度某银行现金流量表　　　　　　　　单位：百万元

项目	金额
一、经营活动产生的现金流	
收回的中长期贷款	1 330
吸收的活期存款净额	15 726
吸收的活期存款以外的其他存款	19 070
同业存款净额	1 957
向其他金融企业拆入的资金净额	-13 050
收取的利息	7 970
收取的手续费	307
收到已于前期核销的贷款	3
收回的委托资金净额	500
收到其他与经营活动有关的现金	890
现金流入小计	47 753
对外发放的中长期贷款	2 580
对外发放的短期贷款净额	29 000
对外发放的委托贷款净额	501
存放同业款项净额	2 290
拆放其他金融企业资金净额	-2 670
支付的利息	3 670
支付的手续费	70
支付给职工及为职工支付的现金	1 040
支付税费	848
支付其他与经营活动有关的现金	1 700
现金流出小计	41 699
经营活动产生的现金流量净额	6 054
二、投资活动产生的现金流	
收回投资所收到的现金	8 160
取得债券利息收入所收到的现金	855

表12.3(续)

项目	金额
处置固定资产、无形资产和其他长期资产收回的现金净额	
收到其他与投资活动有关的现金	
现金流入小计	9 015
购买固定资产、无形资产和其他长期资产所支付的现金	870
权益性投资所支付的现金	4
债券型投资所支付的现金	621
现金流出小计	1 495
投资活动产生的现金流量净额	7 520
三、筹资活动产生的现金流量	
增加股本所收到的现金	327
发行债券所收到的现金	210
现金流入小计	537
支付已发行债券利息	15
支付新股发行费用	2
分配股利或利润所支付的现金	1
现金流出小计	18
筹资活动所产生的现金流净额	519
四、汇率变动对现金的影响	649
五、现金及现金等价物净增加额	14 742

(一) 现金来源

1. 经营中所得现金

经营中所得的现金来源由净利润扣除应计收入,加上非付现费用构成。在这里,应计收入和非付现费用因为没有引起真实的现金流入和流出,因此相应地从净利润中扣除和计入,以反映经营活动所产生的现金流。

2. 资产减少所得现金

资产减少所得现金是指减少非现金资产所得资金,一般情况下,银行贷款等非现金资产减少越多,相应增加的现金越多。

3. 增加负债、增发股本所得现金

该项目反映了银行从外部获得新资金的来源。

(二) 现金运用

1. 支付现金股利

支付现金股利是指银行以现金形式发放股利直接导致的现金流出。

2. 支付现金增加资产

这里的资产包括有形资产、多种金融债权及现金项目。一般而言，银行为增加贷款资产而导致的现金流出较大。

3. 债务减少

负债业务是银行获取资金的主要方式，但债务还本付息是现金资产的流出，是一个现金运用的基本项目。

第 2 节　商业银行业绩评价指标体系

商业银行的绩效评价是指在对财务报表认真分析的基础上，运用一组财务指标和一定的方法对银行在一定的经营周期内的资产运营、财务效益、资本保值增值等经营目标的实现程度进行全面的考核和评判的活动。就经营目标而言，尽管不同的商业银行会有不同的发展阶段和相应的经营目标，但其根本出发点都是一致的，即追求股东财富或企业价值的最大化。

通常，对商业银行的绩效评价可以分为两步走：第一步是设计一组财务指标来对银行的经营业绩和成果进行分析和评价；第二步则是在第一步的基础上，基于实现股东财富最大化的原则，运用一定的方法将衡量不同侧面经营成果的各项财务指标有机结合起来，综合地对商业银行的绩效做出考核和评判。本节的主要内容就是讨论如何利用一组财务指标对商业银行的经营业绩进行全方位分析。在下一节中，我们则重点介绍绩效评价的第二步的做法。

一、商业银行业绩评价的特点和原则

商业银行业绩评价的核心内容就是对银行财务报表及相关资料进行的财务分析。由于商业银行是经营货币信贷业务的金融企业，在财务上整体表现为低资本、高负债，财务杠杆较大，经营风险高于一般的工商企业，同时作为整个宏观经济的运行中枢，其经营状况的涉及面广、影响力大，这些特征决定了商业银行财务分析的对象会更加广泛，对于其偿债能力、盈利能力以及资产质量的考查也会更加严格。在商业银行业绩评价和财务分析的过程中，必须严格遵循以下原则：

（一）信息充分

要保证财务分析结论的正确性，就必须获得充分的信息资料。我们不仅需要财务报表，还需要其他资料：银行编制的信贷计划、资金计划、财务计划等各项计划；银行的业务总结、专题报告、会议纪要等文件资料；监管部门、上级银行部门以及其他往来金融机构的指示、协议、合同等资料；宏观经济、金融系统运行状况的资料。只有在充分掌握了与银行经营活动息息相关的各项资料后，才能对银行的经营业绩作出客观、恰当的分析。

（二）静态分析与动态分析相结合

我们所利用的财务报表等资料都是对已完成的经营期间的描述和概括，因此对这些资料的分析是一种静态分析。此外，为了得出更为可靠的结论，有必要注意进行动态分析。比如说，将相关指标和数据进行银行自身的纵向对比，可以发现银行在新时期的变化与进步；将指标与同类银行或者银行系统的平均指标相比，发现分析对象与其他银行的差异性，为提高银行竞争力出谋划策。

（三）定性分析和定量分析相结合

因为在财务分析所涉及的信息中，既有明确的可量化的数据信息，也有不可量化的信息，所以我们既要运用标准化、程序化的分析模型和指标体系进行定量分析，还要对影响银行经营的外部环境和内部行为进行定性分析。比如说，宏观分析、行业分析、管理分析等。

二、商业银行业绩评价的指标体系

基于股东财富或企业价值最大化的出发点，商业银行的业绩评价指标体系分为四类：流动性指标、清偿力和安全性指标、风险指标、盈利性指标。这些指标基本代表了银行在实现经营目标过程中所受到的制约因素。

（一）流动性指标

商业银行是低资本、高负债营运的企业，其经营风险远大于其他企业，银行如果因流动性不足、偿债能力低下而引发挤兑甚至是倒闭，必然会严重威胁到国民经济和公众利益，其后果不堪设想。因此，对于商业银行来说，必须随时保证充分的流动性和支付能力，只有流动性得到妥善安排，银行经营的安全性和盈利性才能实现平衡。

通常，衡量流动性的指标如下：

1. 流动比率

流动比率＝流动资产÷流动负债×100%   （12.1）

该比率衡量了流动资产抵偿流动负债的能力。流动比率越大，表明银行的短期偿债能力越强。流动比率过低会影响银行的偿债能力，但过高则说明银行资金过多运用在收益率较低的流动资产上，影响银行的收益率。根据中国人民银行发布的《资产负债比例管理办法》的规定，商业银行人民币资产的短期流动比率不得低于25%，外币不得低于60%。

2. 现金比率

现金比率＝（现金+短期债券）÷流动负债×100%   （12.2）

该比率也是表明银行短期偿债能力的指标。与流动比率相比，现金比率的要求更高，即只把流动资产中流动性最强的现金和短期债券作为衡量银行对流动负债的抵偿能力。

3. 贷款占总资产比率

贷款占总资产比率＝贷款总额÷总资产×100%   （12.3）

贷款是银行主要的盈利资产，流动性较弱。若贷款占总资产的比率较高，则表明银行资产结构中流动性较差部分所占比例较大，流动性相对不足。当然，贷款也有期限之分，短期贷款的流动性要优于长期贷款，因此在计算该指标时，可以将一年内到期的贷款与贷款总额的的比例作为补充指标，进一步说明银行资产的流动性状况。

4. 存贷款比率

存贷款比率＝各项贷款余额÷各项存款余额×100%　　　　　　　　（12.4）

银行要保持对储户的支付能力，必须控制流动性较差的贷款数额。在计算存贷款比率时，通常要把委托贷款、同业借款从贷款余额中扣除，将财政性存款、同业存款从各项存款余额中扣除。根据我国《商业银行法》的规定，该比率不得超过 75%。

5. 预期流入流出现金比率

预期流入流出现金比率＝预期现金流入÷预期现金流出×100%　　　　（12.5）

该比率反映了现金的流动变化对银行流动性的影响，由于考查的标的是现金，因此可以涵盖经营过程中表外项目的影响。现金流入包括贷款回收、证券到期所得偿付、预期中的证券出售以及各类借款和存款的增加等，现金的流出包括正常贷款的发放、证券投资、支付提存等项目。一般来说，该比率大于 1，则表明银行的流动性水平较高，反之则反是。

6. 流动性覆盖率（Liquidity Coverage Ratio，LCR）

流动性覆盖率(LCR)＝优质流动性资产÷未来 30 日内资金净流出量>100%

金融危机后，巴塞尔委员会根据经济环境的变化提出对于流动性风险监管的两个指标：流动覆盖率和净稳定融资。流动性覆盖率比例是短期流动指标，是指在未来 30 日内资金流出量的覆盖比率要大于等于 100%。这是基于银行现金流量表测算出来的，资金流出量是巴塞尔委员会通过压力测试得出的资金缺口。优质资产具有低信用风险和低市场风险的特点，能迅速变现，弥补银行所需的资金缺口，分为一级流动资产和二级流动资产，并赋予相关的转换系数。

7. 净稳定融资比例（Net Stable Funding Ratio，NSFR）

净稳定融资比例(NSFR)＝可得到的稳定融资资金÷所需的稳定融资资金≥100%

净稳定融资比例是长期流动指标，是指银行有稳定的资金来源来保证银行在 1 年及以上的经营，要求该比例大于等于 100%。巴塞尔委员会指出稳定资金为在持续存在压力情景的设定下，银行在 1 年内能够保证得到的稳定权益类资金和负债类资金，可得到的稳定融资资金包括资本、有效期大于等于 1 年的优先股、来自零售客户的稳定和不稳定存款、有效期大于等于 1 年的债务和非金融机构 1 年内的定期存款。所需的稳定融资资金是根据银行表内外资产情况，由机构所持有或有融资而得的资产价值乘以对应因子，加权推算出来的。净稳定融资比例是在银行资产负债表的基础上，对银行长期的资产和负债进行调整，减少短期的资金错配，保持长期流动性。

（二）清偿力和安全性指标

银行的清偿能力是指银行运用其全部资产偿付债务的能力，反映了银行债权人所受保障的程度，清偿能力充足与否也在很大程度上影响着银行的信誉。从理论上来说，银行的破产和清算风险主要是由于资本与资产不匹配、资产规模过大、资本难以覆盖资产可能带来的损失。因此，清偿能力和安全性的指标主要是从描述资本的充足性来刻画的。

1. 净值/总资产

从会计学的角度来说，净值表示了总资产中属于银行所有者的部分，具有吸收资产损失、保护债权人利益的重要功能。考虑到银行破产和清算的威胁主要来源于资产经营不善带来的非预期损失，该比率实质上着眼于衡量银行的资产与所有者权益在规模上是否匹配，所有者权益是否能弥补资产非预期损失以保障基本经营秩序。

2. 净值/风险资产总额

第二次世界大战后，由于西方各国商业银行出现了资产多元化的趋势，除传统的贷款资产外，又增加了政府债券、证券投资等资产品种，鉴于各项资产的风险属性并不相同，形成损失的规模和可能性也不同。因此，该比率在净值/总资产的基础上，从总资产中扣除了现金、政府债券、对同业的债权等无风险资产，形成了风险资产总额，以此来衡量资产和资本的匹配性。该比率实际上是对净值/总资产指标的改良。当然，其局限性依然很明显：一方面，银行资本的构成很复杂，清偿能力也存在较大差异；另一方面，各项资产的风险程度是不一样的，更为重要的是，蓬勃发展的表外资产也并未被纳入到衡量的视野中，严重影响了该指标的准确性和权威性。

3. 《巴塞尔协议》框架下的资本充足性分析

随着对银行监管的国际合作加强，银行资本的监管理念也逐渐趋于统一。在《巴塞尔协议》以及《巴塞尔新资本协议》框架下，人们对资本保证银行经营安全的认识有了进一步的提高。一方面，银行的资本可以满足其正常经营、拓展业务和防范风险的目的，提高清偿力和安全性；另一方面，资本规模的过于扩大又不利于银行股东资本收益的提高。因此，银行的经营当局必须综合考虑监管、业务发展以及投资者的要求，保有恰当的资本量。在《巴塞尔新资本协议》框架下，衡量清偿能力和安全性的指标如下：

（1）资本充足率公式。

资本充足率＝资本总额÷风险加权资产总额×100%　　　　　　　　　　（12.6）

核心资本充足率＝核心资本÷风险加权资产总额×100%　　　　　　　　（12.7）

这正是我们在第2章中介绍的《巴塞尔协议》下的资本充足率计算公式，其详细计算过程、规定和意义见第2章，这里不再重复叙述。

（2）留存收益率公式。

留存收益率＝留存收益÷净利润×100%　　　　　　　　　　　　　　　（12.8）

从第2章中我们学习到，留存收益是商业银行增加资本充足率的重要内部渠道，而留存收益的多少则取决于相应的股利政策。该比率主要用于反映银行从净利润中留存下来补充资本和资金的部分。通常情况下，过高的分派股利会减少商业银行的资本金，影响到银行的清偿能力和安全性；而过低的分红则会打击投资者的积极性，妨碍银行在资本市场的融资行为。因此，商业银行都会逐渐形成自身稳定的股利政策。当然，具体某一经营时期的股利也还需要考虑银行经营的实际情况来定。例如，如果管理层预测银行未来可能大规模拓展业务或者宏观经济未来的波动风险可能增大，则股利分配可以适当减少，留存收益的比率却应该适当提高。

（3）杠杆率。金融市场创新工具和非银行金融机构的日益增多为银行带来高收益的同时，也积累了大量风险。银行将大量表内业务转移到表外，以快速达到资本金的要求。银行通过高杠杆率的经营模式虽然迅速达到了资本充足率的最低监管标准，但积累了大量银行风险，容易引发系统性风险，因此《巴塞尔协议Ⅲ》中引入杠杆率测度风险。杠杆率是资本和风险暴露的一个比率，是资本涵盖表内外风险资产总额的比率。巴塞尔委员会要求杠杆率保持在3%以内。

$$杠杆率 = 总资本 \div (表内总资产 + 特定表外资产) \tag{12.9}$$

总资本是指《巴塞尔协议Ⅲ》中的一级资本，表内总资产包括一般的资产负债表项目、证券融资交易和衍生品。《巴塞尔协议Ⅲ》规定衍生品继续采用《巴塞尔协议Ⅱ》中的扣除标准和监管净额的方法测算；表内项目则应扣除估值调整和专项准备，以保证会计核算结果相一致；对于表外项目中，无条件可撤销承诺采用10%转换因子转换为表内资产，其余的则按100%转换因子转换为表内资产。

（三）风险指标

商业银行经营的目的是追求盈利，但收益总是和风险相联系。商业银行面临着复杂多变的经营环境，在各种不确定性因素的综合影响下，其资产和预期收益存在着损失的可能。为了满足经营的安全性要求，商业银行必须把各类风险降低到可以承受的范围之内。下面是衡量商业银行经营风险的主要指标：

1. 信用风险指标

鉴于贷款是商业银行最主要的资产，因此通常用分析贷款资产的信用风险状况来反映银行资产的总体信用风险。

（1）不良贷款率。

$$不良贷款率 = 不良贷款余额 \div 贷款总额 \times 100\% \tag{12.10}$$

按照我国当前实行的贷款五级分类的方法，后三类贷款，即次级贷款、可疑贷款和损失贷款均属于不良贷款的范畴。由于这三类贷款的信用风险大，是造成未来损失的主要来源，因此不良贷款率越高，未来可能发生的损失就越大。

（2）贷款净损失率。

$$贷款净损失率 = (已冲销的贷款损失 - 冲销后回收账款) \div 贷款总额 \times 100\% \tag{12.11}$$

该指标反映了信用风险造成的银行信贷资产的真实损失情况。该指标还反映了银行信贷资产当前的信用状况。贷款净损失率越高，说明信贷资产的信用风险越大。

（3）不良贷款保障率。

$$不良贷款保障率 = (当期利润 + 贷款损失准备金) \div 不良贷款净损失 \times 100\% \tag{12.12}$$

该公式中，贷款损失准备金是商业银行在期末分析各项贷款的可回收性后，对预计可能产生的贷款损失而计提的损失准备，计入当期的费用，类似于普通企业的应收账款坏账准备。这一指标用以表示银行是否已经提前做好财务上的安排和准备，来弥补预期发生的信贷资产损失。不良贷款保障率越高，表明银行越有能力减少信贷损失给银行带来的不利影响。

（4）贷款集中度指标。

$$单一贷款客户集中度 = 余额最大的贷款客户各项贷款余额 \div 资本 \times 100\% \tag{12.13}$$

$$单一贷款客户集中度 = 余额最大的贷款客户各项贷款余额 \div 贷款总额 \times 100\%$$

$$\tag{12.14}$$

前十大信贷客户集中度＝余额最大的前十大信贷客户各项贷款余额÷资本×100%

(12.15)

前十大信贷客户集中度＝余额最大的前十大信贷客户各项贷款余额÷贷款总额×100%

(12.16)

贷款集中度的指标主要是用来监测银行对单一客户或者部分大客户的信用风险暴露是否过大的指标，防止信贷资产的投向过度聚集而承担过多的非系统性风险。根据《商业银行法》的规定，银行的单一借款人贷款余额占银行资本的比例不得超过10%。另外，中国人民银行规定了前十大贷款客户的贷款集中度不得超过50%。

（5）内部贷款比率。

内部贷款比率＝银行对其股东或经管人员的贷款余额÷贷款总额×100%　　（12.17）

内部贷款主要是指银行对其股东或经营管理人员的贷款，由于这些贷款对象都是银行的"内部人"或关联方，因此存在着较大的欺诈或舞弊的风险，发生坏账的可能性也很高。在一定程度上，该指标可以用来衡量银行面临的欺诈风险。一般来说，全部关联授信与银行资本的比率，不宜超过50%。

2. 市场风险指标

（1）利率风险指标。银行利率风险的大小主要受利率风险暴露的影响，而用来度量利率风险暴露的指标主要是利率风险缺口和利率敏感比率两个指标。其中，利率风险缺口＝利率敏感资产－利率敏感负债，利率敏感比率＝利率敏感资产÷利率敏感负债。利率敏感资产是指收益率随着市场利率变动而变动的资产，利率敏感负债是指成本随着市场利率调整而调整的负债。上述两个指标的资产和负债在期限上应该保持严格的一致性。

当利率风险缺口等于0或利率敏感比率等于1时，我们说银行此时不存在利率风险暴露。而利率风险缺口偏离0或者利率敏感比率偏离1时，则银行存在风险暴露，偏离的程度越大，银行面临的利率风险暴露就越大。

（2）汇率风险指标。商业银行的汇率风险指标是累计外汇敞口头寸比例。该比例表示累计外汇敞口头寸与资本净额之比，不宜高于20%。

3. 操作风险指标

操作风险可以用操作风险损失率来表示，该指标的计算方法是将操作风险所造成的损失与前三期净利息收入加上非利息平均值之比。

（四）盈利性指标

盈利性指标主要用来衡量银行运用资金获取利润并控制成本的综合能力。由于不同角色的参与者会将利润进行不同的分解并与不同的科目进行比较，因此衡量盈利性的指标比较多。其中，资产收益率和股权收益率是两个核心指标，如果利用一定的方法将这两个核心指标进行进一步的分析，就可以较准确地认识银行盈利能力的源泉。

1. 净资产收益率

净资产收益率亦称为股权收益率，用以衡量银行给其股东带来的回报率，因此该指标是银行股东最为关心的指标，也是银行资金运用效率和财富管理能力的综合体现。

净资产收益率＝净利润÷股权权益总额×100%

(12.18)

2. 每股盈余

每股盈余是净利润与发行在外的普通股股数的比值，反映了普通股的获利水平。该指标越高，即表明每一股可以分得的利润就越多，股东的投资收益越好，反之则反是。

$$每股收益=净利润÷发行在外的普通股股数×100\%\qquad(12.19)$$

3. 资产收益率

资产收益率是银行净利润与其资产总额的比值，反映了银行运用其全部资产获取利润的能力，是反映银行管理效率的一个比率，用以说明银行的管理团队将资产转化为利润的能力。

$$资产收益率=净利润÷资产总额×100\%\qquad(12.20)$$

4. 收入净利润

收入净利率是银行净利润与总收入的比值，是对银行利润表的一个很好的总结，可以反映出银行成本控制的能力，因此也是一个体现银行管理效率的指标。

$$收入净利率=净利润÷总收入×100\%\qquad(12.21)$$

5. 收入成本率

收入成本率，即总成本与总收入之比，反映银行每取得 1 元的收入所花费的成本（扣除资产损失准备）。银行管理层可以通过控制成本支出来降低成本率，从而提高盈利能力。

$$收入成本率=总成本÷总收入×100\%\qquad(12.22)$$

6. 资产毛利率

资产毛利率是银行利差收入与资产总额的比值，反映了银行管理层通过严格控制银行的收益资产和追求最廉价的融资来源能达到的毛利水平。如果资产毛利率得到提高，那么相应地资产收益率也会提高。

$$资产毛利率=(利息收入-利息支出)÷资产总额×100\%\qquad(12.23)$$

7. 收益利差率

收益利差率可以简称为利差率，反映的是银行作为资金借贷中介的有效程度以及在其经营领域中竞争的激烈程度。如果竞争很激烈的话，会导致平均资产收入率与平均负债成本率之间的利差受到挤压而缩小利差率。为增加收益，管理层必须千方百计地用其他途径来弥补收益利差的减少。

$$收益利差率=[(利息收入总额÷生息资产总额)-(利息支出总额÷付息负债总额)]×100\%\qquad(12.24)$$

其中：

利息收入总额=贷款利息收入+金融机构往来收入+投资收益

利息支出总额=存款利息支出+金融机构往来支出

生息资产总额=资产总额-非生息资产

付息负债总额=负债总额-非付息负债

非生息资产包括现金、其他应收款、委托贷款、固定资产净值、在建工程、其他资产和递延税项等。非付息负债包括财政性存款、汇出汇款、应解汇款、委托资金、应付股份利息、存入保证金、应付工资、应付福利费、应交税金、应付利润、其他应付款和预提费用等等。

通常,在计算收益利差率时,也可以单独计算存贷利差,方法是用贷款平均利息率减去存款平均利息率,即:

存贷利差率＝贷款平均利息率－存款平均利息率 　　　　　　　　　　　(12.25)

其中:

贷款平均利息率＝贷款利息收入÷贷款总额

存款平均利息率＝存款利息支出÷存款总额

第3节　商业银行绩效评价方法

在建立了商业银行业绩评价指标体系后,我们就可以分别从流动性、安全性、风险状况、盈利性等方面对商业银行的经营表现进行量化和评价了。然而,这些指标和评价毕竟只是从单个方面来表明银行的经营成果,要想进一步揭示财务报表中各项数据的联系及变化趋势,对银行一定经营时期的经营绩效进行综合的评价和判定,还需要运用专门的银行绩效评价方法来进行。

下面我们就介绍几种主要的商业银行绩效评价方法。

一、比率分析法

比率分析法是利用财务报表中两项相关数值的比率揭示银行财务状况和经营成果的一种分析方法。在财务分析中,比率分析法得到了相当广泛的运用。财务比率包括相关比率、结构比率和动态比率。

(一) 相关比率

相关比率是指同一时期财务报表中两项相关数值的比率。例如,利用资产负债表计算的资产负债率、资本充足率等指标属于相关比率。

(二) 结构比率

结构比率是指同一指标中的部分与总体之比。这类比率主要用以揭示部分与整体之间的关系,表明部分在整体中的重要程度。例如,现金与流动资产的比率、流动资产与全部资产的比率就属于这类比率。

(三) 动态比率

动态比率是指财务报表中某个项目不同时期的两项数值的比率,用来反映指标的发展变化趋势。动态比率可以进一步分为环比比率和定基比率,分别以不同时期的数值为基础揭示某项财务指标的增长速度和发展速度。

比率分析的主要内容基本等同于上一节中阐述的业绩评价指标体系。需要说明的是,比率分析法只是绩效评价方法的一个基础准备,需要与我们后面介绍的比较分析法、杜邦分析法一起使用,才真正体现出它的价值。

二、比较分析法

我们知道，孤立的指标数据是没有太大的价值的，并不能对银行的绩效做出评价，只有利用比较的方法才能显现出它的价值来。比较分析法就是将财务指标进行对比，计算差异，揭示银行财务状况和经营成果变化趋势的一种分析方法。比较的标准可以有很多，恰当的标准可以具备很高的价值。例如，将某一特定银行的财务指标与同行业的水平进行比较，就可以看出该银行与同业之间的差异之处，看到自身的优势和劣势所在；将特定银行的财务指标与自身的历史指标相比较，就可以看出银行经营出现了哪些变化，还存在哪些缺陷与不足。从这些我们可以看出，充分的比较是评价银行经营绩效、改善经营管理的重要手段。具体来说，常见的比较标准如下：

（一）法定标准

法定标准是银行监管当局为保证银行业稳健经营和运行而制定的具有法律效率的强制性标准，所有银行都必须执行。一般来说，满足法定标准是商业银行经营绩效所应达到的最低标准。

（二）计划标准

计划标准是银行管理层根据自身的条件和市场环境所制定的经营目标。与计划标准进行比较，可以看出银行是否完成了既定的经营目标或完成的程度有多高，从而有助于提高制订计划的水平和执行计划的水准。

（三）同业标准

同业标准是以银行业的特定指标数值作为财务分析对比的标准，具体的比较标准可以是整个银行业的平均水平、与银行质地相当的银行的水平或者先进银行的水平。

（四）历史标准

历史标准是指以前期银行的财务指标作为对比标准，这有助于分析银行的发展趋势。在一定的前提条件下，也可以将同业标准和历史标准交叉运用。例如，与先进银行的历史水平进行比较，可以看出自身与先进银行的差距有多大。

另外，值得注意的是，在运用比较分析法时，为了保证结论的可信性，必须使进行比较的各项指标具有尽可能大的可比性。因此，必须做到：时间区间选择的一致性；指标计算口径和方法的一致性；注意到银行规模上的差距，绝对数值比较和相对数值比较必须同时进行；注意具体宏观经济环境的影响。

三、杜邦分析法

杜邦分析法又称为综合分析法或因素分析法，是由美国杜邦公司创造的一种综合分析方法。该方法认为将银行业绩分为流动性、安全性、风险状况和盈利性四个方面，相互间欠缺关联性。杜邦分析法的意义就在于将银行经营业绩视为一个相互依存、相互影响的内部因素共同组成的系统。该方法从系统内盈利能力和风险因素的相互制约关系入手，对银行经营绩效做出了较为全面的评价和判定。

杜邦分析法是一种典型的综合分析法，以综合性极强的银行净资产收益率（ROE）为核心，利用主要财务比率之间的内在联系，运用因素分析的思想，重点揭示出商业银行盈利能力及其影响因素。根据分析细化程度不同，杜邦分析法可以分为二因素杜邦分析法、三因素及四因素杜邦分析法。

（一）二因素杜邦分析法

$$\text{净资产收益率（ROE）} = \frac{\text{净利润}}{\text{股东权益总额}} = \frac{\text{总资产}}{\text{股东权益总额}} \times \frac{\text{净利润}}{\text{资产总额}} \qquad (12.26)$$

其中：

$$\frac{\text{总资产}}{\text{股东权益总额}} = \text{权益乘数（EM）} \times \frac{\text{净利润}}{\text{资产总额}} = \text{资产收益率（ROA）}$$

即：

ROE = ROA × EM

ROE 为净资产收益率，是最能够体现银行经营目的——增加股东财富的一个指标。以此指标为中心，整个杜邦分析法都是围绕着如何更好地实现银行经营目的这一根本出发点进行的。该公式表明，银行净资产收益率水平由资产收益率和权益乘数的大小来决定。

资产收益率（ROA）是反映银行资产管理能力和盈利能力的指标，资产收益率的提高有助于提高净资产收益率。权益乘数（EM）则是反映银行整体财务风险水平的比率。EM 的提高虽然可以使净资产收益率增加，但 EM 过高也会使银行净资产的比重太低，使资本与资产规模不匹配，加大清偿风险，同时财务杠杆的扩大也会使银行面临更大的财务风险，加大 ROA 的波动幅度。因此，二因素的杜邦分析方法以净资产收益率为核心，揭示了银行风险和盈利能力之间的制约关系，对银行的绩效进行了准确地分析和评价。

（二）三因素及四因素杜邦分析法

1. 三因素杜邦分析法

三因素杜邦分析法是在二因素杜邦分析法的基础上，将资产收益率（ROA）进一步分解为资产利用率（AU）和收入净利率（PM）的乘积。其公式如下：

$$\text{净资产收益率（ROE）} = \frac{\text{总资产}}{\text{股东权益总额}} \times \frac{\text{净利润}}{\text{资产总额}}$$

$$= \frac{\text{总资产}}{\text{股东权益总额}} \times \frac{\text{总收入}}{\text{资产总额}} \times \frac{\text{净利润}}{\text{总收入}} \times 100\% \qquad (12.27)$$

其中：

$$\frac{\text{总收入}}{\text{资产总额}} = \text{资产利用率（AU）}$$

$$\frac{\text{净利润}}{\text{总收入}} = \text{收入净利率（PM）}$$

该方法的意义在于进一步分解出影响资产收益率（ROA）的影响因素资产利润率（AU）和收入净利率（PM）。尽管从表面上来看，AU 或 PM 的提高都会使资产收益率提高，从而提高净资产收益率的水平。但在实际中，AU 和 PM 常会呈现出此消彼长的关系，原因在于：如果 AU 较高，就意味着资产的周转速度较高，要实现这一点，往往需要 PM 做出一定的牺牲，靠薄利多销的方式实现资产快速周转；反之，若对 AU 水平的要求较低，则有可能实现较高水平的利润率，即 PM 水平提高。因此，银行业往往在高周转低利润、低周转高利润两种策略中进行权衡和选择。

2. 四因素杜邦分析法

四因素杜邦分析法则是在三因素杜邦分析法的基础上，进一步将收入净利率（PM）分解为收入成本率和成本利润率两个因素。其公式如下：

$$\text{净资产收益率（ROE）} = \frac{\text{总资产}}{\text{股东权益总额}} \times \frac{\text{总收入}}{\text{资产总额}} \times \frac{\text{总成本}}{\text{总收入}} \times \frac{\text{净利润}}{\text{总成本}} \times 100\%$$

其中：

$$\frac{\text{总成本}}{\text{总收入}} = \text{收入成本率}$$

$$\frac{\text{净利润}}{\text{总成本}} = \text{成本利润率}$$

该公式表明影响收入净利率（PM）的因素是收入成本率和成本利润率，说明了要想提高 PM 进而提高 ROE 的水平，就必须有效地控制成本费用，必须使收入的增长速度超过成本费用的增长速度。

从上述杜邦分析法中可以看出，净资产收益率涉及银行经营管理的方方面面。要想提高 ROE 的水平，更好地实现增加股东财富的经营目标，必须同时协调好财务杠杆利用、资金周转、成本控制等方面的关系，使各个因素相得益彰，共同提高银行经营的绩效水平。

（三）平衡计分卡法

比率分析法和杜邦分析法都是关注于商业银行的财务指标，而对商业银行的绩效评价中除了财务指标之外，还应重视非财务指标。罗伯特·卡普兰和大卫·诺顿于 20 世纪 90 年代提出的平衡记分卡法（Balanced Score Card，BSC）能使银行管理者全面地考察企业绩效。平衡记分卡以企业的战略愿景为中心，从财务、顾客、内部业务和学习与成长四个维度来综合评价企业的绩效。

建立商业银行平衡记分卡绩效评价体系的基本步骤如下：

1. 建立商业银行的战略愿景

商业银行的战略愿景主要描绘商业银行的理想境界，如客户满意、股东回报率高、员工价值实现等宏观层面的景象，反映商业银行对于自身的定位和长期发展目标。

2. 确立战略目标

从战略愿景出发，将其按照战略管理的内在要求，从财务、顾客、内部业务、学习与成长四个维度建立战略目标。

（1）财务维度战略目标：从股东角度界定，制定如何增长利润、降低成本和有效控制风险的战略。

（2）顾客维度战略目标：从顾客角度界定，考虑外部市场和顾客需求发展与变化，制定创造价值和差异化战略。

（3）内部业务维度战略目标：从为顾客和股东创造价值的需求出发，使商业银行的各种业务流程形成一个更有序的组合战略。

（4）学习与成长维度战略目标：使商业银行保持创新和发展的动力、支持商业银行为适应外部环境的各种变化而做出积极反应的战略。

3. 构成完整的平衡记分卡绩效管理体系

通过对与战略目标相关联的关键因素和关键业绩指标的定义和描述，将定性的战略目标转化为考核指标，最终形成一套完整的平衡记分卡绩效管理体系。

将定性的战略目标转化为考核指标的过程要确定四个维度之间的因果关系，正是通过这样的因果关系，平衡记分卡才将这四个维度集合成一个有机整体。

四、我国商业银行绩效管理

总体来说，我国商业银行绩效管理经历了以下三个阶段：

（一）以"规模最大化"为目标的阶段（1995—2000 年）

自 1995 年《商业银行法》颁布以来，我国银行业逐渐进入了商业化改革进程。此时，我国银行业尚无完整的绩效管理概念，主要工作集中在着手建立业绩的评价和奖励制度。这一时期的绩效管理的主要理念可以概括为追求"规模最大化"，这一点可以从当时主要的考核指标看出来，如行长目标责任考核、等级评定考核等。可以说，这是我国商业银行绩效管理的起步阶段，是探索科学绩效管理方法的启蒙阶段。

（二）以"利润最大化"为目标的阶段（2000—2004 年）

在这一时期，国内商业银行普遍开始关注利润的问题，绩效管理的理念也可以概括为追求"利润最大化"。在这一时期，各家商业银行逐渐用各种以利润为核心的经营效益指标取代原先的注重经营规模的指标来对其分支机构进行考核和评价。可以说，这一阶段是我国商业银行绩效管理的成长阶段，绩效管理的着眼点从经营规模向经营质量转变，绩效管理向着质量型、集约型、科学型的方向发展。

（三）以"价值最大化"为目标的阶段（2004 年以后）

2004 年，我国启动了对四大国有商业银行的股份制改革进程，标志着我国商业银行的改革也进入了全面提速的阶段。为了完成股份制改革及后期上市的目标，我国的商业银行必须加快改革，尽快使自身的经营模式、经营理念、绩效管理思想符合国际资本市场的要求。随着国有商业银行海外战略投资者的引入以及外资金融机构与中小股份制银行合作的深入开展，我国的商业银行普遍开始关注银行价值的问题，提出了追求"价值最大化"的绩效管理理念。绩效管理的核心逐渐转向以增加经济增加值为核心的指标体系中来。可以说，这是我国商业银行绩效管理走向创新和成熟的阶段，是一次质的飞跃。

第 4 节 商业银行成本利润管理

实现股东财富最大化是商业银行经营的根本目标，因此商业银行在经营过程中必须高度重视对成本和利润的管理。一方面，需要加强成本控制工作；另一方面，需要对价值创造过程中的资源进行有效整合，提升资源的价值贡献能力。总之，就是同时做好"开源"和"节流"两项工作，努力提高银行经营的效益。

一、商业银行成本管理

商业银行的成本是指商业银行在从事业务经营活动过程中发生的与业务经营活动有关的各项支出。要想进行科学的成本管理，首先需要对成本做一个分类，然后再根据成本的不同属性来制定恰当的管理方法。

（一）商业银行成本的分类

在这里，我们根据各项成本内容的形态和对盈亏影响的重要性将银行的成本分为以下六类：

1. 筹资成本

筹资成本是银行的主要成本，是指商业银行向社会公众以负债形式筹集各类资金以及与金融机构之间资金往来而支付的利息，主要包括存款利息支出和借款利息支出。筹资成本会随着银行负债规模的变动而变动，是商业银行成本管理的重点。

2. 经营管理费用

经营管理费用是指银行为组织和管理业务经营活动而发生的各种费用，包括员工工资、电子设备运转费、保险费等。该类成本与银行当期业务量无关，具有半固定成本的属性，适合进行单项成本控制。

3. 税费支出

税费支出是指随着银行业务量的变动而变动的各项税费支出，包括手续费、业务招待费、营业税金及附加等。该类成本属于变动成本。

4. 补偿性支出

补偿性支出是指银行在经营过程中需要按照一定比例进行计提和摊销的费用，包括固定资产折旧、无形资产摊销、递延资产摊销等。这类成本在一定的经营期间相对固定，可以视为约束性的固定成本，对其成本控制应着眼于提高业务量而降低单位成本。

5. 准备金支出

准备金支出是商业银行为应对各种意外损失而提留的资金，包括坏账准备金、投资风险准备金支出等。该类成本属于变动成本的范畴。

6. 营业外支出

营业外支出指与商业银行的业务经营活动没有直接关系，但需要从银行实现的利润总额中扣除的支出。该类成本与当期业务量无关，适合于采用弹性成本控制法来进行控制。

（二）商业银行成本管理的步骤和原则

随着成本管理理论的不断发展，各商业银行意识到成本管理不是简单的成本控制和成本降低，而需要统筹规划，使各个经营环节实现投入的科学化、产出的最大化。可以说，现代的成本管理是一种基于价值提升的成本约束，必须遵循一定的步骤和原则。

1. 成本管理的步骤

（1）成本预测。银行必须首先明确计划期内经营总目标和成本控制目标，然后以此为依据，在充分占有资料的基础上，运用合理的方法，根据不同成本的属性，进行成本的预测。

（2）制订成本控制计划。在完成了成本预测之后，银行应制订全面的成本控制计划。银行应该确定目标成本，规定成本限额，建立健全责任制，实现成本的归口分级管理。

（3）实施成本控制。当成本控制计划得以完成之后，就应该付诸实施。在实际的经营过程中执行成本计划和限额，控制费用，以保证实现成本控制的目标。

（4）对成本控制实施考核和评价。在经营期末时，商业银行应对已执行的成本控制计划进行全面的考察和评价，分析成本变化的原因，确定责任归属，找出解决问题的途径，以便后期能制订出更为科学合理的成本计划和限额。成本核算是该项工作的基础，是指根据不同的成本种类或成本计算方法，将各种费用开支进行分类、汇总、比较、评估的过程。

2. 成本管理的原则

成本管理遵循经济原则、因地制宜原则、全员参与原则和领导推动原则。

（1）经济原则。经济原则是指因推行成本管理而发生的成本，不应超过因缺少控制而丧失的利益。这就是说，银行的各项管理活动都是有成本的，而该活动的成本是不应超过建立这项控制所获得的利益。因此，经济原则要求我们在成本管理的过程中，应该具有灵活性，应该在重点领域中控制关键因素，而不是对所有成本都加以控制和限制。

（2）因地制宜原则。因地制宜原则是指成本管理系统必须个别设计，适合特定的部分、岗位和成本项目的实际情况，不可照搬别人的做法。由于不同的部门、岗位发生成本的属性不同，对其管理也应该采取不同的方法，制订相应的成本计划和定额，否则达不到理想的效果。

（3）全员参与原则。全员参与原则是指银行的每个员工都负有成本责任，成本管理也因此应该成为全体员工的共同任务。成本管理成功的关键就在于能否调动全体员工的积极性。因此，银行有必要切实让员工了解成本管理的重要性，制定恰当的成本标准，采用一定的激励措施，发动全体员工都积极参与到成本管理的过程中来。

（4）领导推动原则。领导推动原则是指由于成本管理和控制会增加对全体员工的约束，并非受人欢迎的事情，因此必须强调银行管理层的执行和推动作用。这就要求银行的领导层要有实施成本管理的坚定信心和决心，全力支持该项工作的开展，并以身作则，严格控制自身的成本。

（三）商业银行成本管理的方法

在实际中，商业银行常采用的成本管理方法包括标准成本管理法、弹性成本管理法、边际成本管理法。

1. 标准成本管理法

标准成本控制法是商业银行在建立标准成本的基础上，对各项成本支出进行控制和分析的方法。其实施步骤主要包括标准成本的制定和成本差异的分解和分析。

（1）标准成本的制定。实施标准成本控制法，首先必须制定标准成本。标准成本是通过精确的调查、分析与技术测定而制定的，用来评价实际成本、衡量工作效率的一种预计成本，基本排除了不应发生的各种"浪费"，可以视为一种"应该成本"。制定各项成本的标准成本时，都需要分别确定其用量标准和价格标准。在银行的经营中，用量标准表现为需要的各种资金量，价格标准常表现为各项资金成本，即标准利率。

（2）成本差异的分解和分析。由于标准成本是一种目标成本、理想成本，在经营中的实际成本往往与其有差异，这一差异就成为标准成本差异或成本差异。成本差异是反映实际成本脱离预定目标程度的信息。只有通过成本差异的分解与分析，才能真正找出成本偏离过高的真实原因，这正是标准成本控制法的关键所在。成本差异可分解为用量差异和价格差异。

以存款利息支出这项成本为例，其成本差异产生的原因就是存款付息利率脱离标准或吸收存款脱离标准，分别称为利率差异和用量差异。

存款利息支出差异＝实际利息支出－标准利息支出

利率差异＝实际存款额×（实际利率－标准利率）

用量差异＝（实际存款额－标准存款额）×标准利率

一般来说，标准成本控制法适用于那些比较容易确定标准用量和标准价格的成本项目，如银行的筹资成本就可以利用该方法进行成本管理。

2. 弹性成本管理法

弹性成本管理法是指随着经营活动的变化对某些成本进行相应的调整，对其进行伸缩管理的方法。弹性成本管理法主要适用于经营管理费用。

编制弹性预算的步骤是：一是选择业务量的单位；二是确定使用的业务量范围；三是逐项研究并确定各项成本和业务量之间的数量关系；四是计算各项预算成本，并用一定的方式来表达。在实际中，商业银行可以在全行管理费用弹性总预算初步确定的基础上，按照部门分解编制明细预算。通常选取一个或多个最能代表某项业务经营活动水平的指标，弹性预算的业务量范围，可定在 70%~110%。其预算的表达方式主要有水平法、公式法等。

3. 边际成本管理法

边际成本管理法是利用管理会计的量本利分析方法，通过建立筹资边际成本函数和资产边际收入函数对商业银行筹资成本进行控制的一种方法。

边际成本是指每增加一个单位负债时所新增的成本，边际收入是指每增加一个单位的资产所新增的收入。边际成本管理的目的在于使边际成本等于边际收入，从而实现银行利润的最大化。

二、商业银行利润管理

商业银行经营的目的在于利润的最大化，由于利润等于收入与成本的差额，因此银行的利润管理也可以引申为银行收入的管理。银行的收入主要包括各类资产带来的收入（其中主要是贷款利息收入和投资收益）、服务费和手续费收入等。随着商业银行竞争的激烈化和金融市场的发展，手续费收入在银行的收入中占比越来越高。

商业银行的利润管理应该做好以下几个方面的工作：

（一）掌握宏观经济信息变动，调整经营策略

商业银行有必要对利率、汇率等宏观经济变量以及相关的行业、地区和重要企业的动态变化及时追踪，使经营决策做到有的放矢，相应调整有关政策和策略。

（二）改善资产结构，提高资产收益率

努力调整银行的资产结构，在保障充分的分散组合的基础上，将资金重点投向那些资产收益率和资本回报率高的领域和业务中来，改善银行的经营效率。

（三）拓展金融市场业务，增加手续费收入

在条件具备的情况下，努力拓展金融市场业务，大力发展各种中间业务和表外业务，从而提高手续费收入，改善收入结构。

（四）加强利润中心的管理

根据收入的来源（渠道），商业银行的部分可以划分为贷款中心、投资中心等利润中心。在对利润中心进行管理时，应该明确指定业务指标，以保证银行总体收入或利润计划的实现。因此，加强利润中心的指标化管理是非常重要的。

（五）创新利润管理的理念和方法

通常，商业银行具体部分的业绩衡量，都是以利润绝对数值表示。但是，应该注意到，由于不同的业务在获取利润时所承担的风险程度是大相径庭的，因此仅用绝对数值的利润来统一衡量是不合理的。事实上，一些著名的银行破产案例都说明了这一点，如百富勤、巴林银行破产等事件中，银行管理层过分看重业务人员的绝对业绩而忽视了其所承担的巨大风险，是导致最终经营失败的重要原因之一。[1]

近年来，部分国际先进银行都开始采用经风险调整的收益（Return On Risk Adjusted Capital，RORAC）作为衡量业务和部门业绩的指标。使用这种指标，不是单纯以盈利绝对值为评判基础，代之以资金风险基础上的盈利贴现值作为依据，从而充分考虑了风险的因素，在很大程度上促使了商业银行收入或利润管理向着更为合理的方向上发展。

【本章小结】

（1）商业银行的财务报表是银行根据会计会计准则编制的、反映银行某一特定日期的财务状况或者某一时期的经营成果、现金流量等会计信息的表格式文件。财务报表是对商业银行业绩和绩效进行评价的基础。其主要的财务报表包括资产负债表、损益表、现金流量表。只有对三个报表进行全面综合分析，才能真实反映商业银行的经营状况。

（2）要对商业银行的业绩和绩效进行评价，首先必须建立一套业绩评价指标体系。

---

[1] 吴念鲁．西方商业银行成本、利润及纳税管理综述［J］．内蒙古金融研究，2008（7）．

具体来说，这套体系主要包括流动性、清偿力和安全性、风险性以及盈利性四个方面的指标。这些方面反映了商业银行经营过程中受到的约束和应考虑因素，有助于全面地展现银行的经营成果合格运行状况。

（3）在业绩评价指标体系建立起来后，可以采用比较分析法、杜邦分析法等方法对指标体系进行综合分析，客观评价银行的业绩和绩效。

（4）杜邦分析法是由美国杜邦公司创造的一种综合分析方法。该方法将银行经营业绩视为一个相互依存、相互影响的内部因素共同组成的系统。该方法从系统内盈利能力和风险因素的相互制约关系入手，对银行经营绩效做出了较为全面的评价和判定。根据分解程度的不同，杜邦分析法可以分为二因素杜邦分析法、三因素杜邦分析法及四因素杜邦分析法等。

（5）随着银行竞争的激烈化，商业银行越来越重视进行成本管理和利润管理。成本管理必须按照一定步骤，遵循经济、因地制宜、全员参与、领导推动等原则。具体的方法有标准成本法、弹性成本法、边际成本法等。在利润管理方面，商业银行应加强资产质量的管理，转变观念，用经风险调整的收益等先进指标来衡量银行的经营业绩。

思考练习题

1. 资产负债表、损益表、现金流量表的概念是什么？如何判断其属于静态报表还是动态报表？
2. 商业银行业绩评价体系包括哪四个方面的指标？
3. 比较分析法中常用的比较标准有哪些？
4. 我国商业银行绩效管理经过了哪些阶段？
5. 简述平衡记分卡绩效评价法的基本步骤及其优点。
6. 试用杜邦分析法分析一家银行的财务报表。

参考文献

[1] 毕明强. 中国商业银行贷款定价方法研究 [M]. 北京：经济科学出版社，2008.

[2] 朱文剑，陈利荣. 现代商业银行业务 [M]. 杭州：浙江大学出版社，2005.

[3] 张树基. 商业银行信贷管理 [M]. 杭州：浙江大学出版社，2005.

[4] 郑沈芳. 商业银行业务 [M]. 上海：上海财经大学出版社，2002.

[5] 博迪. 投资学 [M]. 6 版. 朱宝宪，等，译. 北京：机械工业出版社，2007.

[6] 张衢. 商业银行电子银行业务 [M]. 北京：中国金融出版社，2007.

[7] 牟冰. 我国电子银行业务创新及其风险防范研究 [D]. 北京：对外经济贸易大学，2006.

[8] 张磊. 我国电子银行业务发展战略与措施研究 [D]. 济南：山东大学，2005.

[9] 戴国强. 商业银行经营学 [M]. 3 版. 北京：高等教育出版社，2007.

[10] 刘瑛晖. 商业银行经营管理学 [M]. 北京：首都经济贸易大学出版社，2004.

[11] 任远. 商业银行经营管理学 [M]. 2 版. 北京：科学出版社，2009.

[12] 王淑敏. 商业银行经营管理 [M]. 北京：清华大学出版社，2007.

[13] 戴小平. 商业银行学 [M]. 上海：复旦大学出版社，2007.

[14] 俞乔. 商业银行管理学 [M]. 2 版. 上海：上海人民出版社，2007.

[15] 富兰克林·艾伦，等. 比较金融系统 [M]. 王晋斌，译. 北京：中国人民大学出版社，2002.

[16] 陈乐田. 银行法 [M]. 北京：法律出版社，2002.

[17] 黄达. 金融学 [M]. 北京：中国人民大学出版社，2004.

[18] 贾志丽. 商业银行零售业务 [M]. 北京：中国金融出版社，2008.

[19] 刘鹏涛，郑永俊. 零售银行业务条线管理 [M]. 北京：企业管理出版社，2009.

[20] 吕魏，阮红. 银行零售客户价值提升与管理 [M]. 北京：人民邮电出版社，2007.

[21] 中国银行从业人员资格认证办公室. 个人理财 [M]. 北京：中国金融出版社，2007.

[22] 张晋生. 商业银行零售业务 [M]. 北京：中国经济出版社，2000.

[23] 约瑟夫·A. 迪万纳. 零售银行业的未来：向全球客户传递价值 [M]. 覃东海，郑英，等，译. 北京：中国金融出版社，2005.

［24］张小民. 对我国商业银行个人理财业务的思考［J］. 财经视点，2009（6）.

［25］迪特尔·巴特曼. 零售银行业务创新［M］. 舒新国，译. 北京：经济科学出版社，2007.

［26］吕香茹. 商业银行全面风险管理［M］. 北京：中国金融出版社，2009.

［27］约翰·赫尔. 风险管理与金融机构［M］. 2版. 王勇，金燕敏，译. 北京：机械工业出版社，2008.

［28］中国银行从业人员资格认证办公室. 风险管理［M］. 北京：中国金融出版社，2008.

［29］任远. 商业银行经营学［M］. 西安：西安交通大学出版社，2007.

［30］蔡鸣龙. 商业银行业务经营与管理［M］. 厦门：厦门大学出版社，2008.

［31］庄毓敏. 商业银行业务与经营［M］. 2版. 北京：中国人民大学出版社，2005.

［32］中央国债登记结算公司. 证券投资基础［M］. 北京：中国金融出版社，2008.

［33］法伯兹. 高级债券资产组合管理：建模与策略的最佳实践［M］. 钱泳，译. 大连：东北财经大学出版社，2007.

［34］朱静，王卫华. 商业银行经营管理［M］. 北京：电子工业出版社，2008.

［35］杨有振. 商业银行经营管理［M］. 北京：中国金融出版社，2003.

［36］刘毅. 商业银行经营管理学［M］. 北京：机械工业出版社，2006.

［37］谢太峰. 商业银行经营学［M］. 北京：北方交通大学出版社，2007.

［38］祁群. 商业银行管理学［M］. 北京：北京大学出版社，2009.

［39］熊继洲，楼铭铭. 商业银行经营管理新编［M］. 上海：复旦大学出版社，2004.

［40］任远. 商业银行经营管理学［M］. 北京：科学出版社，2004.

［41］鲍静海，尹远成. 商业银行业务经营与管理［M］. 北京：人民邮电出版社，2003.

［42］张月飞. 商业银行业务与管理［M］. 杭州：浙江人民出版社，2009.

［43］林孝成. 国际结算实务［M］. 2版. 北京：高等教育出版社，2008.

［44］阿瑟·梅丹. 金融服务营销学［M］. 王松奇，译. 北京：中国金融出版社，2002.

［45］范云峰，张长建. 银行营销［M］. 北京：中国经济出版社，2006.

［46］郭晓冰. 银行营销实战技巧［M］. 北京：清华大学出版社，2006.

［47］菲利普·科特勒. 营销管理［M］. 梅汝和，等，译. 北京：中国人民大学出版社，2001.

［48］Jeffrey S. Harrison, Caron H. John. Foundations in Strategic Management［M］. 5th edition. 大连：东北财经大学出版社，2005.

［49］R. E. Frank, Y Wind. Market Segmentation［M］. N. J.：Prentice Hall, 1972.

图书在版编目(CIP)数据

商业银行学/王晋忠主编 . —2 版. —成都:西南财经大学出版社,
2016.4(2016.11 重印)

ISBN 978 - 7 - 5504 - 2247 - 6

Ⅰ. ①商… Ⅱ. ①王… Ⅲ. ①商业银行—经济理论—高等学校—教
材 Ⅳ. ①F830.33

中国版本图书馆 CIP 数据核字(2016)第 077880 号

商业银行学(第二版)

主 编:王晋忠
副主编:王 茜 陈薇薇

责任编辑:李特军
助理编辑:李晓嵩
封面设计:穆志坚 张姗姗
责任印制:封俊川

出版发行	西南财经大学出版社(四川省成都市光华村街 55 号)
网 址	http://www.bookcj.com
电子邮件	bookcj@ foxmail.com
邮政编码	610074
电 话	028 - 87353785 87352368
照 排	四川胜翔数码印务设计有限公司
印 刷	四川森林印务有限责任公司
成品尺寸	185mm×260mm
印 张	18.5
字 数	430 千字
版 次	2016 年 4 月第 2 版
印 次	2016 年 11 月第 2 次印刷
印 数	2001— 5000 册
书 号	ISBN 978 - 7 - 5504 - 2247 - 6
定 价	35.00 元